Andreas Paul
Von Affen und Menschen

Andreas Paul

Von Affen und Menschen

Verhaltensbiologie der Primaten

Wissenschaftliche Buchgesellschaft
Darmstadt

Einbandgestaltung: Neil McBeath, Stuttgart.

Einbandbild: Japanmakak auf der Insel Koshima (Foto: A. Paul).

Die Deutsche Bibliothek – CIP-Einheitsaufnahme

Paul, Andreas:
Von Affen und Menschen: Verhaltensbiologie der
Primaten / Andreas Paul. – Darmstadt: Wiss.
Buchges., 1998
ISBN 3-534-13869-4

Bestellnummer 13869-4

© 1998 by Wissenschaftliche Buchgesellschaft, Darmstadt
Gedruckt auf säurefreiem und alterungsbeständigem Offsetpapier
Satz: Fotosatz Janß, Pfungstadt
Druck und Einband: Frotscher Druck GmbH, Darmstadt
Printed in Germany
Schrift: Linotype Times, 9,5/11

ISBN 3-534-13869-4

Inhalt

Vorwort VII

Einleitung: Die peinlichen Verwandten 1

1. Altruismus und Kooperation 9
   Altruismus und Verwandtschaft 11
   Reziproker Altruismus 14
   Kooperation 19
   Gruppenleben 20
   Geschlechterbeziehungen 26

2. Aggression 33
   Konrad Lorenz und das „sogenannte Böse" 33
   Aggression aus soziobiologischer Sicht 35
   Aggression gegen Verwandte 38
   Aggressive Männchen, friedliche Weibchen? 40
   Schadensbegrenzung 45
   Über das Töten von Artgenossen 47
   Von Genen und Gegenstrategien 59
   Gruppengewalt 63
   Hartnäckige Mythen 68

3. Dominanz 70
   Was ist Dominanz? 71
   Strukturelle Vielfalt 75
   Dominante Weibchen 82
   Wird Dominanz vererbt? 87
   Cui bono? 90

4. Sexualität 95
   Das Paradox der Homosexualität 98
   Paarungssysteme 100
   Sexuelle Selektion, Körperbau und Fitnessmaximierung . . 107
      Sexualdimorphismus 108
      Genitale Selektion und Spermienkonkurrenz 109
      Sexualschwellungen 113
   Partnerwahl 118

5. Fortpflanzung 128
   Die Geschlechter-Asymmetrie 131
   Rang und Reproduktionserfolg bei Weibchen 136
   Reproduktive Unterdrückung 144
   Rang und Reproduktionserfolg bei Männchen 149
   Die „Combo"-Taktik 157
   „Sneaker"-Taktiken 157
   Der Fertilitätsfaktor 158
   Der Einfluß weiblicher Partnerpräferenzen 158
   Der Einfluß männlicher Partnerpräferenzen 159
   Der Saisonalitätsfaktor 160
   Der demographische Faktor 161
   Die Lebenszeit-Perspektive 161
   Status und Fortpflanzungsverhalten beim Menschen 162

6. Eltern und Kinder 167
   Elterliches Verhalten als Fortpflanzungsstrategie 169
   Eltern-Kind-Konflikte 172
   Hoffnungsvolle Nachkommen 175
   Väter 183
   Attraktive Babys 192

7. Intelligenz 200
   Gehirngrößen im Vergleich 202
   Werkzeuge 205
   Einsicht 209
   Selbstbewußtsein 212
   Ansichten über den Tod 215
   Sprache 221
   Kultur 226
   Die Evolution der Intelligenz 235
   Die Kunst zu überleben 236
   Die Jokerhypothese 237
   Das Treibhaus des Sozialen 238

Epilog 242

Anmerkungen 245
Literatur 261
Glossar 303
Register 307
   Personenregister 307
   Sachregister 310

Vorwort

Wir Menschen sind eine bemerkenswert vielseitig interessierte Spezies. Eines aber interessiert uns ganz besonders: wir selbst. Seit Jahrhunderten kreist die abendländische Philosophie um die Frage „Was ist der Mensch?" Antworten gibt es viele, aber eine Dimension wird dabei meistens ausgespart: die der Biologie. Dabei ist spätestens seit Darwin klar, daß die Biologie bei der Beantwortung dieser „Frage aller Fragen" ein Wörtchen mitzureden hat. Wenn Menschen nämlich – was wohl unbestritten ist – ein Produkt der Natur sind, gilt das berühmte Wort von Theodosius Dobzhansky auch für uns: Nichts in der Biologie macht Sinn, außer im Licht der Evolution!

Wenn dem so ist, werden wir wohl kaum begreifen, warum wir so sind, wie wir sind, wenn wir uns ausschließlich mit uns selbst beschäftigen. Erst der vergleichende Ansatz der Evolutionsbiologie eröffnet uns den Zugang zum Verständnis der menschlichen Natur. Daher liegt einer der wichtigsten Schlüssel zum Verständnis unserer selbst bei unseren nächsten lebenden Verwandten, den nichtmenschlichen Primaten. Das bedeutet natürlich nicht, daß alles, was etwa für den Schimpansen gilt, auch automatisch für den Menschen Gültigkeit besäße. Vergleichen heißt nicht gleichzusetzen: Man kann auch vom Verhalten des Kaninchens nicht ohne weiteres auf das des Hasen schließen. Mit anderen Worten: Um Menschen zu verstehen, reicht es nicht, nur *nicht*menschliche Primaten zu untersuchen. Deshalb handelt dieses Buch nicht *nur* von Affen, Halbaffen und Menschenaffen, sondern *auch* von Menschen.

Die Erforschung der Primaten hat in den letzten Jahren und Jahrzehnten rasante Fortschritte gemacht. Das ist gut und wichtig, hat aber auch zwei Nachteile, auf die hier aufmerksam zu machen ist: Erstens bringt der ungeheure Wissenszuwachs es mit sich, daß dieses Buch voll von Unterlassungssünden ist. Viele wichtige Aspekte des Primatenverhaltens werden gar nicht oder nur sehr oberflächlich angesprochen. Für den interessierten Leser habe ich nur einen Trost: das Literaturverzeichnis am Ende dieses Buches.

Zweitens befinden wir uns in einem sokratischen Dilemma: Wir wissen heute so viel, daß wir erst jetzt erkennen, wie *wenig* wir in Wirklichkeit wissen! Auf viele Fragen gibt es entweder noch gar keine oder ganz unterschiedliche Antworten. Letzteres kannn natürlich leicht verwirren – was nicht in meiner Absicht liegt. In meiner Absicht liegt es allerdings, dem

Leser zu zeigen, was wir alles noch *nicht* wissen. „Richtige" Lehrbücher wirken ja nicht zuletzt deshalb oft so langweilig und steril, weil sie den Leser in der trügerischen Sicherheit wiegen, alles sei bekannt, alles erforscht. Die Wirklichkeit – noch immer voller Rätsel, voller ungelöster Fragen – ist weitaus spannender.

Eine letzte Vorbemerkung ist angebracht. Die Erkenntnisse, die uns die Evolutionsbiologie vermitteln kann, sind keine Anleitung zum Glücklichsein. Die angeblich so gütige „Mutter Natur" ist längst nicht so harmonisch und idyllisch, wie wir sie gerne sehen. Vor allem aber ist sie moralisch vollkommen indifferent: Gene haben keine Moral – sie sind weder „gut" noch „böse". Mutter Natur sagt uns auch nicht, wie wir uns verhalten *sollten*; wer aus dem Sein versucht, ein Sollen abzuleiten, begeht einen Kardinalfehler: den des sogenannten „naturalistischen Fehlschlusses". Wenn wir von Mutter Natur allerdings lernen können, *warum* wir uns so verhalten, wie wir es tun, ist dies schon eine Menge: Selbsterkenntnis ist bekanntlich der erste Schritt auf dem Weg zur Besserung.

Ohne die Hilfe von Freunden und Kollegen wäre dieses Buch anders als es ist – wenn es denn überhaupt zustande gekommen wäre. Christian Vogel, dessen allzu früher Tod ein tiefes Loch gerissen hat, verdanke ich mehr, als ich sagen kann. Walter Angst, Ellen Merz, Gilbert de Turckheim und die Deutsche Forschungsgemeinschaft haben dazu beigetragen, daß ich mich über viele Jahre mit dem Verhalten nichtmenschlicher Primaten beschäftigen konnte. Vor allem Jutta Küster, aber auch Joachim Arnemann, Signe Preuschoft und viele Studentinnen und Studenten haben dieser Arbeit zum Erfolg verholfen und damit auch die Ideen, die in diesem Buch zum Ausdruck kommen, beeinflußt. Daß meine Einsichten in die Soziobiologie und Verhaltensökologie nicht unwesentlich von Eckart Voland und Carel van Schaik beeinflußt wurden, sei ebenfalls nicht verschwiegen. Carola Borries, Peter Kappeler, Andreas König, Jutta Küster und Carel van Schaik haben Teile des Manuskripts gelesen und ebenso kritisch wie konstruktiv kommentiert. Carola Borries und Helga Schulze haben Abbildungen zur Verfügung gestellt, und Alexander Fabig war immer hilfreich zur Stelle, wenn ich vor den Tücken des Computers kapitulieren mußte – was mehr als einmal der Fall war. Die Geduld von Christian Geinitz, der den Anstoß zum Schreiben dieses Buches gab, habe ich arg strapaziert. Uta Skamel schließlich, die es ebenso wie Jonas wundersamerweise auch privat mit jemandem aushält, der oft mehr Zeit am Schreibtisch verbringt, als einer Familie guttun kann, war meine strengste Kritikerin. Ihnen allen sei herzlich gedankt.

Göttingen, im Juni 1997   Andreas Paul

Einleitung: Die peinlichen Verwandten

Wenn wir nicht absichtlich unsere Augen schließen, so können wir nach unseren jetzigen Kenntnissen annähernd unsere Abstammung erkennen, und dürfen uns derselben nicht schämen.

Charles Darwin

Zwei wohlgeformte Schlüsselbeine, vier Schneidezähne in jedem Kiefer, zwei brustständige Milchdrüsen, Hände und Füße mit jeweils fünf Fingern und fünf Zehen, an deren Ende Nägel anstatt Krallen wachsen – der schwedische Naturforscher Carl von Linné (1707–1778) sah keine Alternative. Zwar gebührte der Krone der Schöpfung – „creatoris operum perfectissimum, ultimum et summum" – selbstverständlich der erste Rang auf der Stufenleiter des Lebendigen; aber für ein nur dem Menschen vorbehaltenes Luxusabteil schien dem ebenso korrekten wie pingeligen Oberbuchhalter der Natur in einer auf objektiven Kriterien gegründeten biologischen Systematik kein Platz. Also wies er der Gattung *Homo* (Menschen) in seiner 1758 veröffentlichten *Systema naturae* neben den Gattungen *Simias* (Affen), *Lemur* (Halbaffen, zu denen Linné auch die mit einer pelzigen Flughaut ausgestatteten Riesengleiter Südostasiens zählte, die heute als eigene Säugetierordnung geführt werden) und *Vespertilio* (Fledermäuse) einen Platz in der Ordnung der Primaten zu – nicht ohne dem „weisen" Menschen *(Homo sapiens)* den sibyllinischen Rat „Nosce te ipsum" *(Erkenne dich selbst)* mit auf den Weg zu geben. Das war für viele Zeitgenossen zweifellos ein Schock.

Mit Affen – wenn auch nur formal – auf eine Stufe gestellt zu werden, grenzte für die Menschen des christlichen Abendlandes, die sich als Ebenbild Gottes begriffen, an Häresie. Für sie waren Affen nichts anderes als Zerrbilder des Menschen, triebhafte Wesen, tückische Ausgeburten des Teufels. Hatte nicht schon im Mittelalter der *„Physiologus"* gelehrt, daß der Affe zwar einen Anfang habe, *„nämlich einen Kopf, aber kein Ende, nämlich keinen Schwanz, so wie auch der Teufel ..."*?[1] Wußte man nicht aus dem 1563 erschienenen „Thierbuch" des Zürcher Naturforschers Conrad Gessner, daß der Pavian *„vor geile frauwen und jungkfrauen anrennt und sy notzogen wil"*?[2] Den ganzen Abscheu vor den finsteren Gesellen drückte Alfred Brehm in seinem berühmten „Thierleben" noch 1864 aus: *„Man* *braucht nur das Affengesicht zu studiren, um zu wissen, weß Geistes Kind man vor sich hat.*"[3]

Kein Wunder, daß man sich eiligst bemühte, die göttliche Ordnung wiederherzustellen. Johann Friedrich Blumenbach (1752–1840), einflußreicher Professor für Anatomie in Göttingen, griff den Vorschlag auf, für den Menschen eine eigene Säugetierordnung, die der Bimana („Zweihänder"), zu schaffen. Alle anderen Primaten wurden von ihm kurzerhand zu „Vierhändern" (Quadrumana) erklärt. Damit waren Affen von Menschen allein auf der anatomischen Ebene – von der geistigen gar nicht zu reden – ungefähr so weit entfernt wie Schweine von Walen. Der nicht minder einflußreiche Londoner Anatom Sir Richard Owen, Zeitgenosse und Widersacher Darwins, darüber hinaus in England Anfang der 1850er Jahre *die* anerkannte Autorität in Sachen Affenanatomie, meinte sogar, dem Menschen gebühre eine eigene Unterklasse, da er sich vom Schimpansen ebenso grundsätzlich unterscheide wie dieser vom Schnabeltier (Schnabeltiere gehören zur kleinen Gruppe der eierlegenden Säugetiere, die in der biologischen Systematik als eigene Unterklasse von den übrigen Säugetieren getrennt geführt werden).

Aber in einer Zeit, in der der Evolutionsgedanke an Boden gewann, begann die Autorität von Leuten wie Owen zu verblassen. Thomas Henry Huxley (1825–1895), bekannt geworden als „Darwins Bulldogge", vertrat seit 1858 in öffentlichen Vorträgen ebenso eloquent wie aggressiv den Standpunkt, der Mensch stehe dem Gorilla anatomisch näher als der Gorilla einem Pavian. Genüßlich sezierte er vor den Augen seines erstaunten Publikums die Irrtümer jener, die glaubten, zwischen dem Menschen und der übrigen Tierwelt könne ein Grenze gezogen werden, *„die breiter wäre als die zwischen den unmittelbar auf uns folgenden Tieren"* [308]*. Am 24. November 1859 schließlich war der Skandal perfekt: Charles Darwin (1809–1882) hatte seine „Entstehung der Arten" veröffentlicht. Mit feinem Hintersinn sprach er das brisante Thema dort zwar nur in einem einzigen, kurzen Satz an: *„Licht wird auch fallen auf den Ursprung des Menschen und seine Geschichte"* [138]. Was das bedeutete, war freilich allen klar. *„Vom Affen sollen wir abstammen?"* empörte sich die Frau des Bischofs von Worcester. *„Mein Lieber, wir wollen hoffen, daß das nicht wahr ist. Aber wenn es wahr ist, wollen wir beten, daß es sich nicht herumspricht!"*

Schnee von gestern? Machen wir uns nichts vor: Religiöser Fundamentalismus feiert nicht nur in vielen Staaten des Nahen Ostens fröhliche Urstände. Der Vatikan hat zwar inzwischen eingeräumt, daß Darwin mit seiner

---

* Die Zahlen in eckigen Klammern verweisen auf Literatur im Literaturverzeichnis.

Evolutionstheorie nicht so ganz unrecht hatte; doch noch heute glauben mehr als 50 Prozent der amerikanischen College-Studenten an den Wortlaut der biblischen Schöpfungsgeschichte [538]. In Deutschland ist das sicher anders. Aber was denkt ein deutscher Oberschüler, der aus seinem Biologiebuch erfährt, daß sich „menschliche Eigenart nicht aus tierischen Vorformen erklären läßt" [68]?

Zugegeben: Unter aufgeklärten Zeitgenossen *hat* es sich natürlich längst herumgesprochen, daß wir nicht das Ergebnis eines einmaligen Schöpfungsaktes sind, sondern ebenso wie alle anderen Organismen unsere Existenz jenem Evolutionsprozeß verdanken, den Darwin vor fast 150 Jahren erstmals überzeugend zu erklären vermochte. Damit hatte Linnés Systematik eine natürliche Grundlage erhalten. Die Fledermäuse und Riesengleiter sind aus der Ordnung der Primaten zwar längst davongeflattert und -gesegelt und haben sich ihren eigenen Ast auf dem Stammbaum erobert. Aber wir Menschen sind – was immer wir sonst noch sein mögen – aus zoologischer Sicht unzweifelhaft Affen. *„Wäre der Mensch nicht in der Lage gewesen, sich selbst zu classifizieren",* schrieb Darwin 1871, *„so würde er niemals auf den Gedanken gekommen sein, eine besondere Ordnung zur Aufnahme seiner selbst zu errichten"* [139, S. 166].

Zur Ordnung der Primaten (die im Deutschen auch reichlich altbacken als „Herrentiere" bezeichnet werden) werden heute sechs Verwandtschaftsgruppen mit insgesamt wenigstens 250 Arten gezählt (Abb. 1)[4]:
- die madagassischen **Lemuren** (Überfamilie Lemuroidea) mit den Lemuren im engeren Sinn (Familie *Lemuridae*), den Wieselmakis (Familie *Lepilemuridae*), dem Fingertier (Familie *Daubentoniidae*), den Indris und Sifakas (Familie *Indriidae*) und den Maus- und Katzenmakis (Familie *Cheirogaleidae*),
- die kontinentalafrikanischen und süd- bzw. südostasiatischen **Loris** und **Galagos** (Überfamilie Lorisoidea, Familie *Lorisidae*),
- die südostasiatischen **Koboldmakis** (Überfamilie Tarsioidea, Familie *Tarsiidae*),
- die mittel- und südamerikanischen **Neuweltaffen** (Überfamilie Ceboidea) mit den Kapuzineraffen und ihren nächsten Verwandten (Familie *Cebidae*) sowie den Krallenaffen (Familie *Callitrichidae*),
- die in Afrika, Süd- und Südostasien beheimateten **Altweltaffen** (Überfamilie Cercopithecoidea) mit der Familie der Meerkatzenverwandten *(Cercopithecidae)*, zu denen neben den Meerkatzen auch die Makaken, Mangaben und Paviane sowie die Schlankaffen mit den asiatischen Languren und ihren afrikanischen Vettern, den Stummelaffen, gehören,
- sowie die **Menschenaffen und Menschen** (Überfamilie Hominoidea), die die klassische Systematik in drei Familien einteilt: die Gibbons oder

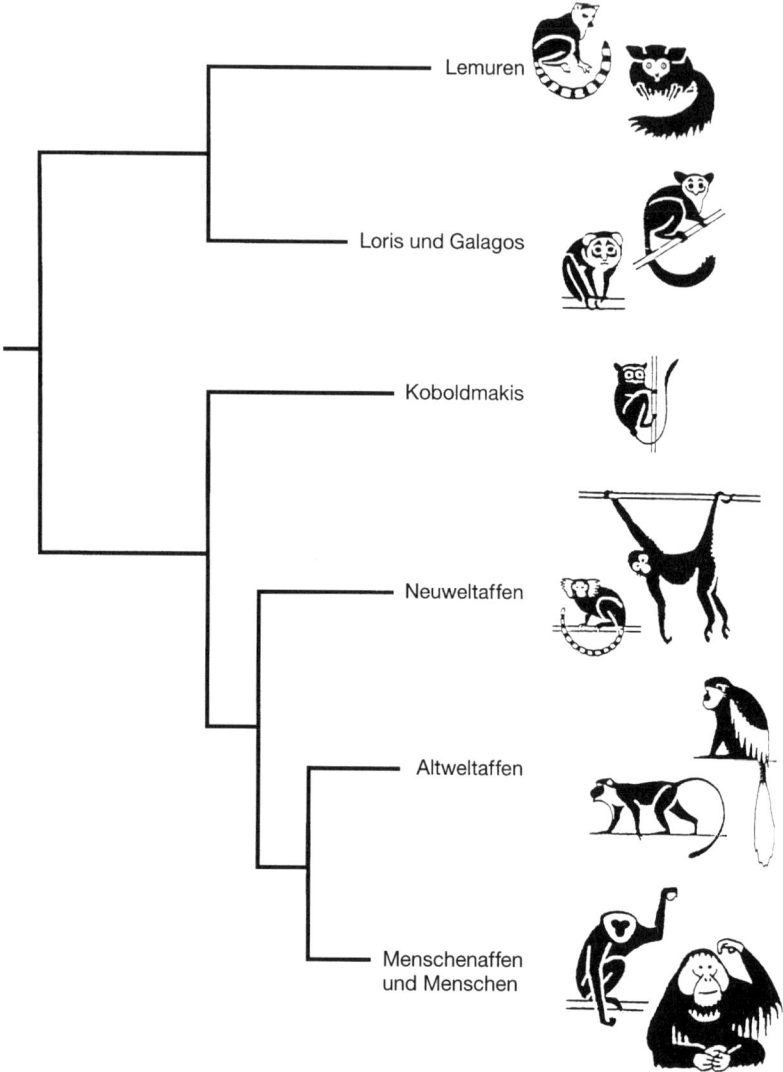

Abb. 1: Die 6 natürlichen Verwandtschaftsgruppen der Primaten. Lemuren, Loris, Galagos und Koboldmakis werden auch als „Halbaffen" (Prosimiae) den „echten" Affen oder „simischen" Primaten (Simiae) gegenübergestellt (Zeichnungen: H. Schulze)

„kleinen" Menschenaffen (Familie *Hylobatidae*), die „großen" Menschenaffen (Familie *Pongidae*) mit dem Orang-Utan, dem Gorilla, dem Schimpansen und dem Bonobo, und den Menschen (Familie *Hominidae*) mit dem „weisen Menschen" *(Homo sapiens)* als einzigem überlebenden Vertreter. Aus Gründen, die gleich noch näher zu erläutern sein werden, ist diese Einteilung in letzter Zeit allerdings unter heftigen Beschuß geraten. Viele Forscher tendieren dahin, die klassische Familie der Pongiden aus der Systematik zu tilgen und die „großen Menschenaffen" in die Familie der Hominiden mitaufzunehmen.

Primaten sind eine außerordentlich vielgestaltige und alte Säugetierordnung. Lemuren, Loris und Koboldmakis sind vergleichsweise ursprüngliche Formen und werden daher auch als Halbaffen *(Prosimiae)* den sogenannten „echten" Affen oder simischen Primaten *(Simiae*, im Angelsächsischen ist auch die Bezeichnung Anthropoidea üblich) gegenübergestellt. Allerdings sind die Koboldmakis mit den „echten" Affen näher verwandt als mit den Lemuren und Loris. Man trägt dem heute im allgemeinen dadurch Rechnung, daß man zwischen der Unterordnung der *Strepsirhini* (Primaten mit einem feuchtem Nasenspiegel, wie ihn auch Hunde oder Katzen haben), der die Lemuren und Loris angehören, und der Unterordnung der *Haplorhini* (Primaten ohne feuchten Nasenspiegel) unterscheidet.

Der Ursprung der Primaten verliert sich im Dunkel des Paläozäns, jener Epoche, die auf die Kreidezeit folgte. Ein unscheinbarer kleiner Halbaffe namens *Altiatlasius koulchii*, der vor etwa 60 Millionen Jahren in Nordafrika lebte, wird gegenwärtig als ältester sicherer Primat gehandelt [513]. Im erdgeschichtlichen Maßstab nur wenig später, vor etwa 55 Millionen Jahren, tauchen – ebenfalls in Nordafrika – die ersten Vertreter der „echten" Affen auf, die sich durch eine Reihe anatomischer Veränderungen (unter anderem auch ein größeres Hirngewicht) von den Halbaffen unterscheiden [392]. Die Spuren der ersten Menschenaffen – Abkömmlinge afrikanischer Altweltaffen – lassen sich bis ins frühe Miozän (23 Millionen Jahre vor unserer Zeit) zurückverfolgen. Aber erst vor wenig mehr als 4 Millionen Jahren trennten sich die Wege der Vorfahren der heutigen Menschenaffen und des Menschen. Aus jener Zeit stammen 1994 in Kenia und Äthiopien entdeckte Fossilien, die ein Mosaik aus menschenähnlichen und menschenaffenähnlichen Merkmalen aufweisen: Aufrecht sind diese *Ardipithecus ramidus* and *Australopithecus anamensis* genannten Arten offenbar gegangen, aber ihre Zähne und Kiefer zeigen teilweise noch deutliche Übereinstimmungen mit den Vorfahren der heutigen Menschenaffen [363, 713].

Darwins Ahnung, *„daß unsere frühen Urerzeuger auf dem afrikanischen Festlande lebten"* [139], hatte nicht getrogen. Niemand, der auch nur ein wenig Biologie zur Kenntnis zu nehmen geruht, kann heute noch bezweifeln, daß der Mensch systematisch zur Ordnung der Primaten gehört und hier wiederum in die unmittelbare Nachbarschaft der afrikanischen Menschenaffen zu stellen ist. Da die klassische Systematik uns selbst in dieser Ordnung zumindest noch eine eigene Familie (die der *Hominidae*) neben der der „großen" Menschenaffen *(Pongidae)* zugestand, stellte dies auch kaum noch einen Stein des Anstoßes dar. Aber wie immer, wenn man es sich recht gemütlich eingerichtet hat: Vor dem Besuch ungeliebter Verwandtschaft ist man selten sicher. Im Jahr 1984 machten nämlich molekularbiologische Untersuchungen der These, daß Menschen und Menschenaffen klar voneinander getrennte Schwestergruppen seien, endgültig den Garaus. Morphologisch stellen die „großen" Menschenaffen zwar eine recht einheitliche und vom Menschen gut abgrenzbare Gruppe dar; aber die DNA – also die Erbsubstanz – von Schimpansen und Menschen zeigt deutlich größere Übereinstimmungen als die von Schimpansen und Gorillas: Menschen- und Schimpansen-DNA unterscheidet sich nur in 1,6 Prozent der Basenpaare (jener Bausteine, aus der das Riesenmolekül zusammengesetzt ist), während der Unterschied zwischen Schimpansen- und Gorilla-DNA deutlich größer ist. Das weist darauf hin, daß Schimpansen und Menschen näher miteinander verwandt sind als Schimpansen und Gorillas (dasselbe gilt für die Schwesterart des Schimpansen, den Bonobo). Zumindest aus phylogenetischer Sicht kann also von einer sauberen Trennlinie zwischen Menschen und Menschenaffen keine Rede sein. Diese These war zunächst heftig umstritten, wird aber mittlerweile durch eine Reihe weiterer Untersuchungen gut gestützt [29, 544, 545].

Welche Schlußfolgerungen sollte man aus diesen Erkenntnissen ziehen? Der radikalste Lösungsvorschlag lautet, Schimpansen und Bonobos nicht nur in den bis dato exklusiven Klub der Hominiden mitaufzunehmen, sondern die drei Arten in einer gemeinsamen Gattung zu vereinigen – die dann aufgrund nomenklatorischer Regeln die Gattungsbezeichnung *Homo* erhalten müßte [150, 690]. Es gäbe also auf einen Schlag zwei weitere Menschenarten![5] Die Begründung für diesen unkonventionell erscheinenden Vorschlag ist von bestechender Einfachheit: Es gibt bei uns in Europa zwei Singvögel, die sich bis auf ihren Gesang äußerlich kaum voneinander unterscheiden – den Fitis und den Zilpzalp. Beide werden naheliegenderweise in die gleiche Gattung gestellt: Der wissenschaftliche Name des Fitis lautet *Phylloscopus trochilus*, der des Zilpzalp *Phylloscopus collybita*. Genetisch stehen sich die beiden Arten allerdings durchaus nicht so nahe wie Schimpansen und Menschen: Ihre DNA unterscheidet sich in 2,6 Prozent der Basenpaare. Ähnlich ist es beim Weißhandgibbon und beim Siamang. Auch zwischen ihnen ist die genetische Distanz mit 2,2 Prozent deutlich größer als die zwischen Schimpansen und Menschen, und doch werden auch sie in die gleiche Gattung *(Hylobates)* gestellt [150].

Objektiv hat also der Vorschlag, Schimpansen, Bonobos und Menschen in einer Gattung zu vereinigen, einiges für sich: Alles andere würde bedeuten, mit zweierlei Maß zu messen. Vertreter der klassischen Systematik verweisen allerdings darauf, daß Klassifikation und phylogenetische Rekonstruktion zwei verschiedene Dinge sind. Selbstverständlich müsse eine „natürliche Systematik" die tatsächlichen Verwandtschaftsbeziehungen berücksichtigen, aber Evolution kann sehr unterschiedlich schnell verlaufen: Brückenechsen und Quastenflosser sehen heute noch so aus wie ihre Vorfahren vor zig Millionen Jahren, was man von uns sicherlich nicht behaupten kann. Entsprechend sind die Menschenaffen auf einem sehr ähnlichen Evolutionsniveau stehengeblieben, während es in der menschlichen Linie zweifellos einen rasanten Fortschritt gegeben hat. Etwas weiteres kommt hinzu: Die Gene sind, wie der amerikanische Molekulargenetiker Susumo Ohno einmal sagte, nur kleine Oasen in der weiten Wüste des Genoms. Mehr als 90 Prozent der gesamten DNA sind nach heutigen Erkenntnissen offenbar funktionslos. Globale Unterschiede in der DNA verschiedener Spezies sagen also nur wenig darüber, welche genetischen Veränderungen wirklich bedeutend (weil funktionell wirksam) und welche unerheblich sind: Kleine Ursachen können große Wirkungen haben.

Dennoch ist nicht daran zu rütteln: Vom genealogischen Standpunkt aus gesehen sind Menschen und Menschenaffen keine klar voneinander getrennten Schwestergruppen. Wir gehören zusammen. *„Die Frage aller Fragen für die Menschheit – das Problem, welches allen übrigen zugrunde liegt und welches tiefer interessiert als irgendein anderes –,* [...] *die Bestimmung der Stellung, welche der Mensch in der Natur einnimmt und seiner Beziehungen zur Gesamtheit der Dinge"*, wie Huxley dies 1863 ausdrückte [308], war geklärt. Die Kröte ganz zu schlucken, fiel freilich schwer und tut es noch. Huxley selbst, ansonsten eifrigster Verfechter einer strikten Kontinuität, beeilte sich mit Blick auf die öffentliche Meinung zuzugeben, daß *„der Mensch zwar vom Vieh abstammen mag, aber mit Sicherheit nicht dazuzählt"*![6] So empfindlich der Schlag gewesen sein mochte, den Darwin der vielbeschworenen „Sonderstellung" des Menschen im Tierreich versetzt hatte – wirklich in Frage stellen mochte man sie nicht. „Zoologisch gesehen" mögen wir ja Affen sein – aber was heißt das schon? Sind wir nicht trotzdem etwas ganz besonderes, geradezu Einzigartiges? Zweifellos. Nur dürfen den Status der Einzigartigkeit auch Schimpansen, Schopfmangaben oder Schlankloris, ja selbst „gewöhnliche" Küchenschaben für sich beanspruchen: *Jede* biologische Art ist auf ihre Weise einzigartig.

Bei aller Einzigartigkeit sollten wir allerdings eines nicht vergessen: Uns alle – Menschen und Mangaben, Schimpansen und Schlankloris – verbindet auch etwas: eine lange Kette gemeinsamer Vorfahren. Was das bedeutet, ist vielleicht nicht für jeden offensichtlich. Zu seinen Vorfahren mag man schließlich stehen, wie man will. Aber es sind die Vorfahren, die den Schlüssel zur Beantwortung der Frage liefern, warum Lebewesen so sind, wie sie sind. Die Evolution, hat der französische Nobelpreisträger François Jacob einmal gesagt, arbeitet wie ein Flickschuster, der sich immer dessen bedient, was gerade zur Hand ist. Von unseren Vorfahren haben wir, die Nachkommen, etwas geerbt, das wir nicht ablehnen konnten: ihre Gene. Gene kontrollieren den Aufbau der Körper, in denen sie sich befinden, und damit auch den Mechanismus der verhaltenssteuernden Instanzen dieser Körper. Daher weisen alle Lebewesen – uns selbst eingeschlossen – Spuren ihrer evolutionären Vergangenheit auf.

Wie sehr die Spuren der Vergangenheit unser heutiges Verhalten beeinflussen, ist natürlich eine empirische Frage. Der schwindelerregende kulturelle Fortschritt, den wir erleben, scheint uns in unerreichbare Höhen zu heben. Aber bedeutet dies, daß es zwischen uns und den anderen eine grundsätzliche Diskontinuität, einen unüberbrückbaren Rubicon gibt? Unterscheiden wir uns von den anderen Primaten in den eigentlichen Grundmustern unseres Verhaltens? Der große Spötter Erich Kästner hatte seine Zweifel, als er 1932 sein Gedicht „Die Entwicklung der Menschheit" schrieb:

> Da saßen sie nun, den Flöhen entflohn,
> in zentralgeheizten Räumen.
> Da sitzen sie nun am Telefon.
> Und es herrscht noch genau derselbe Ton
> wie seinerzeit auf den Bäumen.

„Man braucht nur das Affengesicht zu studieren, um zu wissen, wes Geistes Kind man vor sich hat…"

▲

Dschelada
(*Theropithecus gelada*)

Hanumanlangur
(*Semnopithecus entellus*)
(Foto: C. Borries)

Berberaffe
(*Macaca
sylvanus*)

Siamang
(*Hylobates
symphalangus*)

Katta
(*Lemur catta*)

1. Altruismus und Kooperation

Alle Thiere, welche in Massen zusammen-
leben und einander vertheidigen oder ihre
Feinde gemeinsam angreifen, müssen in
gewissem Grade einander treu sein.

Charles Darwin

Mehr als ein Jahr war das Männchen, das unter der Nummer 415 bekannt war, unumstrittener Herrscher in seiner 100köpfigen Gruppe gewesen. Anders als andere Männchen war er kein Einwanderer. Als junger
Erwachsener hatte er die Spitzenposition in der Gruppe, in der er geboren
worden war, erklommen. Ein Zufall war das nicht: Er war der Sohn des
ranghöchsten Weibchens. An jenem Tag im September 1978 aber, als er bei
einem Kampf mit einer anderen Gruppe schwer verwundet wurde, sollte
sein Leben eine dramatische Wendung nehmen. Er infizierte sich mit Te-
tanusbazillen und verschwand – schwer angeschlagen. Tage später tauchte
er wieder auf. Mühsam folgte er der Gruppe in einiger Distanz, schien sich
aber langsam wieder zu erholen. Er begann, den Weibchen seiner Gruppe
das Fell zu pflegen – was erstaunte, denn früher war er durch solche
Freundlichkeiten Weibchen gegenüber nicht aufgefallen. Obwohl noch immer rekonvaleszent und körperlich behindert, begann er schließlich jene
Männchen, die seine Abwesenheit und Krankheit ausgenutzt hatten und
im Rang über ihn gestiegen waren, systematisch herauszufordern. Und er
war nicht allein: Seine Mutter, seine Schwester, sein jüngerer Bruder, Nichten und Kusinen, ja selbst einige andere ranghohe Weibchen, denen er zu
Gefallen gewesen war, unterstützten ihn, jagten und bissen seine Gegner.
Binnen weniger Wochen gelang es ihm, von ganz unten in der sozialen
Hierarchie der Männchen wieder nach ganz oben zu kommen. Nur seinem
jüngeren Bruder, der inzwischen in die Spitzenposition aufgestiegen war,
konnte er diesen Platz nicht mehr streitig machen.

Unter „Darwinismus" scheinen die meisten Menschen nur eines zu verstehen: einen ständigen Kampf – „mit Zähnen und Klauen, blutigrot", wie
es der Dichter Alfred Tennyson formuliert hatte – aller gegen alle, bei dem
nur der Stärkste überlebt. Das ist sicher nicht ganz unverständlich. Schließlich war Darwin selbst von der Unerbittlichkeit, die er in der Natur vor-

fand, zutiefst verunsichert: „*Was für ein Buch könnte ein Kaplan des Teufels über das plumpe verschwenderische, stümperhaft niedrige und entsetzlich grausame Wirken der Natur schreiben*", stöhnte er 1856 in einem Brief an seinen Freund, den Botaniker Joseph Hooker. Als er drei Jahre später seine Theorie vom „Kampf ums Dasein" der Öffentlichkeit präsentierte, war die Reaktion entsprechend: Vom „Amoklauf des Laissez-faire" schrieben die Zeitungen, und daß „alle Gesetze des Handelns und menschlichen Denkens auf die niedrigsten und gemeinsten Motive zurückgeführt" würden [147, S. 549].

Der sogenannte „Sozialdarwinismus", von „Darwinisten" wie Herbert Spencer (1820–1903) – den Darwin als „unseren großen Philosophen" bezeichnete – propagiert, tat ein übriges, Darwins Ideen in Mißkredit zu bringen: Vom „Sozialdarwinismus" führte der Weg schließlich direkt zu den Selektionsrampen von Auschwitz. Was schert es da noch, daß der „Sozialdarwinismus" mit Darwins Evolutionsszenario nicht mehr allzuviel zu tun hatte, es teilweise sogar ins Gegenteil verkehrte. Nicht um die Erhaltung einer „Volksgemeinschaft" oder Art geht es in Darwins Theorie, sondern um das Überleben und die Fortpflanzung von *Individuen*, deren schärfste Konkurrenten im „Kampf ums Dasein", wie Darwin klar erkannte, die eigenen Artgenossen sind.[1]

Daß Hobbes' Krieg aller gegen alle („bellum omnium contra omnes") dennoch nicht die ganze Geschichte war, war Darwin wohl bewußt. Konkurrenz war nach seiner Überzeugung zwar die Mutter aller Dinge. Ein einziges Elefantenpaar, rechnete er vor, würde bei ungehemmter Vermehrung nach 750 Jahren 19 Millionen Nachkommen haben. Bei der prinzipiellen Begrenztheit lebensnotwendiger Ressourcen mußte eine solche Vermehrungsrate – und die von Elefanten ist nicht eben hoch – die Individuen untereinander in einen erbitterten „Kampf ums Dasein" zwingen, in dem nur wenige – die besser Angepaßten – bestehen konnten [138]. Das schloß freilich nicht aus, daß „*sociale Thiere einander manche kleine Dienste*" verrichteten und „*ein Gefühl der Liebe zueinander*" hätten [139, S. 110 und 112]. Nicht, daß Kooperation, Altruismus und gegenseitige Hilfe die eigentlichen Grundprinzipien der Evolution wären, wie Fürst Pjotr Aleksejewitsch Kropotkin (1842–1921), Darwin-Anhänger und Anarchist, später meinte [347]. Aber diese sozialen Phänomene waren vorhanden, und sie mußten mit den Prinzipien der natürlichen Selektion erklärbar sein.

Altruismus und Verwandtschaft

Die Geschichte von Männchen „415", eines Angehörigen der Rhesusaffenpopulation der kleinen, Puerto Rico vorgelagerten Insel Cayo Santiago, ist eine Geschichte, die von Macht und Aggression handelt. Aber sie handelt auch von jenen „kleinen Diensten", die soziale Tiere einander leisten, von Treue und Altruismus. Und im Unterschied zu wohl so manch heroischer Geschichte, die Darwin in „Brehms Thierleben" gelesen hatte, hat sie sogar den Vorzug, wahr zu sein [104]. Ohne die Hilfe seiner Verwandten hätte „415" seinen hohen Rang wohl nie wieder erlangt.

Daß Verwandte einander unterstützen, scheint uns so vertraut, daß wir kaum ein Problem darin erkennen mögen. Aber es ist eines: Altruismus bedeutet – auch im gewohnten Sprachgebrauch –, daß man zugunsten eines anderen auf eigene Vorteile verzichtet.[2] In Darwins Selektionsszenario scheint für derlei Uneigennützigkeit kein Platz zu sein. Wie konnte das ebenso unbestechliche wie mitleidlose Auge der Selektion Verhaltenstendenzen zulassen, die das Überleben und den Fortpflanzungserfolg des Altruisten eher behindern denn befördern? Darwin sah das Problem: Die Ausbildung steriler Kasten bei sozialen Insekten, die zugunsten ihrer Königin „uneigennützig" auf eigene Fortpflanzung verzichten und statt dessen ihr bei dieser Arbeit helfen, schien ihm im Widerspruch zu seinen eigenen Prämissen zu stehen. Der Lösung des Problems kam er erstaunlich nahe: *„Bei den geselligen Instinkten"*, vermutete er, hätte *„die Zuchtwahl auf die Familie und nicht auf das Individuum zur Erreichung eines nützlichen Zieles eingewirkt"* [138, S. 376].

Erst Anfang der 60er Jahre unseres Jahrhunderts knüpfte sein Landsmann William Hamilton daran wieder an [248, 249]. Mit seiner Lösung half er freilich, dem langgehegten Dogma der „Arterhaltung" den Garaus zu machen. Die entscheidende Einsicht beruhte auf einem Perspektivenwechsel: Darwins Kampf ums Dasein findet zwar unter Individuen statt, aber Individuen sind letztlich nur, wie Richard Dawkins später bissig formulierte, kurzlebige Vehikel ihrer potentiell unsterblichen Gene [141]. Maßgeblich für den Ausbreitungserfolg von Genen ist nicht, ob ein Verhalten dem individuellen Organismus oder gar der Art dient, sondern nur, ob es ihnen selbst nützt. Hamiltons minutiös durchgerechnetes Szenario ergab, daß sich altruistisches Verhalten in der Evolution durchaus durchsetzen konnte – wenn der Altruist mit dem Begünstigten verwandt war. Verwandte haben, zusätzlich zur Grundausstattung, die allen Mitgliedern einer Art gemeinsam ist, überdurchschnittlich viele gleiche Gene: Eltern und Kinder 50 Prozent, Vollgeschwister im Durchschnitt ebenfalls 50 Prozent, Halbgeschwister 25 Prozent und so weiter. Wer die Fortpflanzungschancen naher Verwandter erhöht, tut also letztlich etwas für den Fortbestand seiner eigenen Gene. Honoriert wird dies von der Selektion freilich nur, wenn die Kosten für den Altruisten (bzw. dessen Gene) geringer sind als der Nutzen für den Begünstigten, wobei die Bilanz der Rechnung maßgeblich vom Verwandtschaftsgrad zwischen den Beteiligten abhängt. Anders ausgedrückt: Aus der Sicht der Gene zahlt sich Altruismus nur dann aus, wenn er sich als verkappter Egoismus erweist – auch wenn ihre Träger dies ganz anders empfinden mögen (die Gene selbst empfinden selbstverständlich gar nichts).[3]

Die Verwandten des Rhesusaffenmännchens „415" hatten nicht vollkommen uneigennützig gehandelt. Unabhängig davon, was sie dachten oder fühlten: Sie konnten darauf bauen, daß er ihren Genen Vorteile verschaffen würde. Hier mag man einen Schwachpunkt in der Argumentation erkennen: Niemand weiß, wie viele Kinder „415" in der Folgezeit gezeugt hat. Kosten und Nutzen eines Verhaltens sind nur schwer zu messen. Aber als eines der ranghöchsten Männchen war „415" in einer Position, die seinen Fortpflanzungschancen gewiß zuträglich war (vgl. Kapitel 5).

Verwandtenhilfe kann sich natürlich nur entwickeln, wenn Verwandte einander auch als solche erkennen. Sich vorzustellen, daß eine Mutter ihr eigenes Kind erkennt, ist – jedenfalls bei Säugetieren – noch nicht so furchtbar schwierig: Sie gebärt es und nährt es über eine lange Zeit. Aber was ist mit dem Vater, den Geschwistern, Onkeln, Neffen, Großeltern und all den anderen? Und selbst wenn man sich „kennt": Eine Vorstellung von dem so überaus wichtigen Verwandtschafts*grad*, der schließlich darüber bestimmt, wie viele Genkopien zwei Individuen gemeinsam haben, haben Tiere doch wohl nicht!?

Vor dem Hintergrund von Hamiltons Konzept der „Verwandtenselektion" (der Begriff wurde 1964 von John Maynard Smith eingeführt [401]), mit der man seinen genetischen Erfolg, die „Fitness", auf indirekte Weise steigern kann, ist die Frage, ob Verwandte sich überhaupt erkennen, natürlich ungeheuer wichtig. Entsprechend groß war das Echo, als 1980 ein Artikel im renommierten Fachblatt *Nature* verkündete, Schweinsaffen – eine südostasiatische Makakenart – könnten Verwandte erkennen, die sie nie zuvor gesehen hatten. Geschehen war folgendes: Man hatte die Affen kurz nach der Geburt von der Mutter getrennt und ihnen einige Monate später die Wahl geboten, sich einem leeren Käfig, einem mit einem unverwandten Artgenossen und einem mit einem Halbgeschwister väterlicherseits zuzuwenden. Das Ergebnis war eindeutig: 13 von 16 Kindern bevorzugten ihre Halbgeschwister [741]. Damit schien der Beweis erbracht, daß Primaten ihre Verwandten allein anhand äußerlicher Ähnlichkeiten erkennen können – ein Mechanismus, der in der Fachliteratur auch als „phänotypischer Abgleich" (engl.: „phenotype matching") bekannt ist.

Daß auch bei nichtmenschlichen Primaten Familienähnlichkeiten offensichtlich sind, weiß jeder, der sich mit ihnen beschäftigt. Als meine Kollegin Jutta Küster und ich uns daranmachten, genetische Vaterschaftstests bei Berberaffen durchzuführen (einer Art, bei der die Vaterschaft alles andere als offensichtlich ist, da sich die Weibchen mit so gut wie allen Männchen der Gruppe paaren), machten wir in vielen Fällen Vorhersagen, wer wohl der Vater welchen Kindes ist. Man mag es glauben oder nicht, aber wir haben in allen Fällen ins Schwarze getroffen! Die Sache hat nur einen Haken: Woher wußten die Schweinsaffenkinder, wie sie selber aussehen?

Es gibt viele Belege dafür, daß bei nichtmenschlichen Primaten zwischen Verwandten besonders enge Beziehungen bestehen, daß sie einander bevorzugt das Fell pflegen und einander unterstützen. Beispielsweise fand William McGrew, als er den Aufstieg von sieben Männchen der berühmten Schimpansenpopulation von Gombe zum ranghöchsten Männchen ihrer Gruppe untersuchte, daß alle sieben Männchen einen älteren Bruder hatten [405]. Auch bei Berberaffen hat die Hilfe älterer Brüder offenbar einen Einfluß darauf, welche Rangposition ein Männchen in seiner Gruppe erreichen kann [348]. Bei Krallenaffen verzichten erwachsene Nachkommen sogar zumindest für eine gewisse Zeit darauf, sich selbst fortzupflanzen, und helfen statt dessen, ihre jüngeren Geschwister aufzuziehen (allzu groß sind die Kosten, die mit diesem „Verzicht" verbunden sind, aber vermutlich nicht: In vielen Fällen dürften die Tiere Schwierigkeiten haben, ein eigenes Revier zu finden und sich selbständig zu machen [222]). In keinem dieser Fälle scheint es aber nötig, einen Verwandtenerkennungsmechanismus nach dem Muster des „phänotypischen Abgleichs" zu postulieren: Es handelt sich um mütterlicherseits („matrilinear") Verwandte.

Was matrilinear Verwandte einander „erkennen" läßt, ist naheliegend: Vertrautheit. Geschwister verbindet dieselbe enge, oft lang dauernde Beziehung zu ihrer Mutter, Tanten kennen ihre Neffen und Nichten, weil sie mit ihren Schwestern enge Beziehungen pflegen, Cousins und Cousinen sind ebenfalls oft zusammen und so weiter. Es ist ein fein abgestuftes Netzwerk aus Beziehungen, deren Enge dem Verwandtschaftsgrad entspricht. Freilich nur dem Verwandtschaftsgrad über die mütterliche Linie. Wenn zwischen den Geschlechtern keine exklusiven Sexual- und Sozialbeziehungen existieren, hat der Vertrautheitsmechanismus des Erkennens keine Chance: Väter können ihre Kinder nicht erkennen, und Halbgeschwister väterlicherseits (die denselben Vater, aber verschiedene Mütter haben) können nicht „wissen", daß sie miteinander verwandt sind. Woher „wußten" dann die Schweinsaffenkinder, daß ihre Halbgeschwister väterlicherseits ihre Geschwister waren? Die derzeit wahrscheinlichste Antwort lautet: Sie wußten es nicht! Nachfolgeexperimente erbrachten keinen Hinweis dafür, daß zwischen nichtmenschlichen Primaten etwas anderes als Vertrautheit ein Zusammengehörigkeitsgefühl entstehen läßt. Die ursprünglichen Ergebnisse stellten sich nicht wieder ein [207, 528].

Auch als Jutta Küster und ich im Labor die Vaterschaft von fast 300 Berberaffenkindern ermittelt hatten und wir uns daraufhin noch einmal ansahen, wie die Sozialbeziehungen zwischen den Tieren aussahen, fanden wir keinen Hinweis dafür, daß Berberaffenmännchen – die oft und gerne mit Kindern interagieren – in der Lage sind, ihre eigenen Kinder zu erkennen. Noch wichtiger: Die Männchen verspürten auch, wenn sich die Gelegenheit ergab, keinerlei Hemmungen, sich mit ihren eigenen Töchtern zu paaren, während wir ähnliches zwischen Müttern und Söhnen so gut wie nie gesehen hatten. Auch zwischen Halbgeschwistern väterlicherseits gab es im Gegensatz zu Halbgeschwistern mütterlicherseits kein „Inzesttabu" [351, 479]. Und um ehrlich zu sein: Wir hatten es nur gewagt, anhand von Familienähnlichkeiten Prognosen zu treffen, wenn es sich um Väter und Söhne handelte und letztere den Kinderschuhen entwachsen waren. Hinweise, daß die Tiere selbst, denen ihr eigenes Aussehen schließlich nicht bewußt ist, dazu auch in der Lage wären, gibt es aber nicht.

Der Mechanismus, den die Evolution zum Erkennen von Verwandten hier hervorgebracht hat, ist also alles andere als perfekt. Immerhin: Der Vertrautheitsmechanismus ist zwar nur eine Faustregel – berechnet werden Verwandtschaftsgrade von nichtmenschlichen Primaten sicher nicht (auch Menschen tun dies nur höchst selten) –, aber als solche erstaunlich treffgenau: Selbst entfernt Verwandte werden Nichtverwandten oft noch vorgezogen [473]. In der väterlichen Linie verliert der Mechanismus aber seine Kraft. Selbst bei paarlebenden Primaten wie bei uns bleibt immer ein Quentchen Unsicherheit: Es ist kein Zufall, daß Mütter und deren Verwandte Vätern so oft sagen, wie ähnlich ihr Baby ihnen doch sähe – während die Väter selbst und ihre Verwandtschaft hier deutlich skeptischer sind [135, 501].

Reziproker Altruismus

Verwandtenselektion ist nicht der einzige Weg, auf dem sich Altruismus in der Evolution entwickeln kann. Das Rhesusaffenmännchen „415" war nicht nur von seinen Verwandten unterstützt worden; auch einige unverwandte, hochrangige Weibchen kamen ihm zu Hilfe, nachdem er ihnen zuvor durch Fellpflege – Grooming – „zu Gefallen gewesen" war. „Grooming" ist eine Tätigkeit, die eine wichtige hygienische Funktion erfüllt: Bei japanischen Rotgesichtsmakaken beobachtete man, daß die Tiere einander dabei massenhaft Nissen entfernten – die Eier parasitärer Haarläuse [619]. Daß so etwas verbindet, ist naheliegend. Insofern besteht die einhellige Meinung, daß Grooming über die rein hygienische Funktion hinaus noch einen weiteren Effekt hat: Es schafft und verstärkt emotionale Bindungen. Das erklärt auch, warum viele Primaten viel Zeit investieren, um andere Gruppenmitglieder zu groomen – manche verbringen damit bis zu 20 Prozent des Tages [169].

Die Kosten, die ein Affe aufwendet, um einen anderen zu groomen, scheinen zwar nicht allzu hoch zu sein: ein wenig Zeit und die Möglichkeit, sich selbst mit Läusen oder anderen Parasiten zu infizieren. Er selbst hat aber davon nichts – so sieht es zumindest aus. Ein altruistischer Akt also, der eigentlich Verwandten gegenüber vorbehalten sein sollte. Altruistisches Verhalten kann sich jedoch lohnen, wenn es erwidert wird. Reziprozität ist, wie Robert Trivers 1971 erkannte, die zweite Schiene, auf der altruistisches Verhalten die Bewährungsprobe der Selektion bestehen konnte [634]. „Reziproker Altruismus" muß, damit er seinen Namen verdient, durch drei Merkmale gekennzeichnet sein:

- Das Verhalten muß dem Empfänger nützen (also geeignet sein, seine Überlebens- und Fortpflanzungschancen zu erhöhen) und gleichzeitig mit Kosten für den Altruisten verbunden sein,
- das Geben muß erwidert werden, und
- es muß eine Zeitverzögerung zwischen Geben und Erwidern stattfinden (ansonsten würden sich Kosten und Nutzen gegenseitig ausmitteln).

Der zweite Punkt ist, wie man aus der Alltagserfahrung weiß, besonders fragil: Das System ist anfällig für Schmarotzer. Ohne daß man sich persönlich kennt, häufig trifft und ein gutes Gedächtnis hat, hat reziproker Altruismus daher keine Chance, sich in einer Population auszubreiten.[4] Primatengruppen erfüllen freilich alle diese Voraussetzungen. Das ist natürlich noch keine Garantie, daß altruistische Akte tatsächlich auch erwidert werden. Aber es ist eine gute Basis, und im Fall unseres Männchens „415" schien es funktioniert zu haben.

Einzelfälle besagen selbstverständlich wenig. Daß Grooming eine Taktik ist, sich die Unterstützung kampfstarker Artgenossen zu sichern, zeigen aber auch experimentelle Untersuchungen, die Dorothy Cheney und Robert Seyfarth mit wilden Meerkatzen im Amboseli-Nationalpark durchführten. Sie nahmen einen Ruf auf Tonband auf, den die Meerkatzen in Auseinandersetzungen einsetzen, um Unterstützung anzufordern, und spielten ihn später mit einem versteckten Lautsprecher anderen Tieren vor, die sie dabei filmten. Daß Meerkatzen einander an der Stimme erkennen, wußten Cheney und Seyfarth bereits aus früheren Experimenten. Tiere, die ungefähr eine Stunde vorher vom Rufer gegroomt worden waren, blickten lange und intensiv in Richtung Lautsprecher, während die anderen kaum reagierten. Interessanterweise hatte vorheriges Grooming keinen Effekt auf die Hilfsbereitschaft von Verwandten. Sie reagierten in jedem Fall, wenn auch nicht so intensiv wie unverwandte Tiere, die vom Hilfesuchenden gegroomt worden waren. Mit anderen Worten: Hilfe von Unverwandten hat seinen Preis, die von Verwandten ist umsonst [540].

Blicke sind vielleicht ein recht schwacher Hinweis für „Hilfsbereitschaft" (von tatsächlicher Reziprozität gar nicht zu reden), wenngleich den Meerkatzen in dieser Situation natürlich gar nichts anderes übrigblieb. Ein anderes Experiment (an Javaneraffen) zeigt jedoch, daß Grooming nicht nur die Hilfs*bereitschaft*, sondern auch die Wahrscheinlichkeit einer *tatsächlichen* Hilfeleistung steigert. Charlotte Hemelrijk brachte zunächst zwei Affenweibchen – nennen wir sie A und B – dazu, sich zu groomen, (indem sie das Fell des einen mit etwas Sirup und ein paar Körnern „beschmutzte") und löste dann einen Streit mit einem dritten, rangtieferen Weibchen (C) aus, dem sie einige Nüsse zuschanzte. Hatte Weibchen A vorher Weibchen B gegroomt, erhielt sie von B Unterstützung gegen C. Die umgekehrte Kombination – Weibchen B hatte Weibchen A gegroomt – hatte dagegen keinen größeren Effekt auf die Hilfsbereitschaft von B als in Kontrollsituationen, in denen gar kein Grooming stattgefunden hatte. Damit war klar, daß es das *Geben* war, das die Erwiderung auslöste, und nicht etwa irgendein anderer Aspekt der Beziehung zwischen den beiden Tieren [277].

Trotz dieser eindrucksvollen Befunde sollte man sich aber davor hüten, Grooming grundsätzlich für einen altruistischen Akt zu halten, der mit dem Hintergedanken ausgeführt wird, sich potente Koalitionspartner zu sichern. Bei Meerkatzen und vielen anderen Arten ist es allerdings so, daß rangniedere Tiere ranghöhere öfter groomen als umgekehrt. Tatsächlich scheint es so etwas wie Konkurrenz um den Zugang zu möglichst ranghohen Groomingpartnern zu geben. Der Grund dafür scheint auf der Hand zu liegen: Ranghöhere Partner können einem effizienter helfen als rangtiefere [539]. Allerdings stellte sich in einer Laboruntersuchung an mehreren Meerkatzengruppen heraus, daß die als Groomingpartnerinnen von den anderen Weibchen allseits begehrten Alpha-Weibchen (die ranghöchsten Weibchen der jeweiligen Gruppe) sich keineswegs durch Unterstützung revanchierten [190]. Auch weibliche Languren groomen bevorzugt ranghöhere Weibchen – obwohl Langurenweibchen einander bei Auseinandersetzungen grundsätzlich nicht unterstützen [25]. Es muß also andere Gründe dafür geben, warum Primaten unverwandte Partner groomen, die meist ranghöher sind als sie selbst. Der Widerspruch klärt sich, wenn man weiß, daß Grooming auf den Gegroomten einen beruhigenden, fast schon einschläfernden Effekt hat [234].[5] Daher eignet es sich gut, um einen Aggressor zu besänftigen oder in der Nähe eines ranghöheren Tieres ungestört fressen zu können [550, 595]. Auch um Sexualpartner zumindest kurzfristig an sich zu binden, wird Grooming gerne eingesetzt. In diesen Fällen ist Grooming also nicht mit Kosten verbunden, sondern bringt dem vermeintlichen Altruisten einen unmittelbaren Nutzen! Im Falle unseres Männchens „415" scheint eine solche Erklärung zwar nicht zuzutreffen, aber klar ist, daß nicht alles, was wie Altruismus aussieht, tatsächlich auch Altruismus ist!

Auch ein anderes, fast schon „klassisches" Beispiel für reziproken Altruismus bei Primaten wird mittlerweile kritisch hinterfragt. Savannenpavianmännchen in Ostafrika bilden nicht selten Koalitionen, um einem anderen, ranghöheren Männchen ein paarungsbereites Weibchen abspenstig zu machen: Ein Männchen fordert ein anderes durch bestimmte Gesten auf, ihm zu helfen, und wenn dieses darauf eingeht (was oft der Fall ist), verjagen beide den Rivalen. Den „Preis" – das Weibchen – erhält der Bittsteller, der sich später für diesen Dienst beim Helfer auf gleiche Weise revanchiert. So ergaben es zumindest erste Analysen dieses Verhaltensmusters [456]. Spätere Untersuchungen mit einem größeren Datenmaterial konnten dieses Bild freilich nicht bestätigen. Zwar spielt auch nach diesen Untersuchungen das Prinzip „Hilfst du mir, so helf ich dir" bei der Koalitionsbildung von Savannenpavianen durchaus eine Rolle (wenn es auch nicht der Regelfall ist); aber eine viel entscheidendere Bedingung war nicht erfüllt: Der Helfer hatte eine ebenso hohe Chance, sich mit dem Weibchen zu verpaaren, wie der Bittsteller. In diesem Fall aber braucht man die Theorie des reziproken Altruismus nicht zu bemühen – die Hilfe ist nichts anderes als der Versuch, durch Kooperation einen eigenen Vorteil zu erringen. Selbst wenn dieser Versuch im Einzelfall (oder auch in vielen Fällen) nicht erfolgreich ist, wird ein Helfer auf lange Sicht mehr Nutzen als Kosten für sich verbuchen können. Nur wer nicht auf Hilfe angewiesen ist, kann es sich leisten, sie zu verweigern [47, 449].

Wechselseitige Hilfe bei Auseinandersetzungen ist auch bei anderen Primaten beobachtet worden [555, 693]. Daß es sich dabei stets um altruistische Akte handelt, die nur dem Begünstigten einen Vorteil bringen, wird man bezweifeln können. Zu viele Eigeninteressen können hier im Spiel sein. Das unterschiedliche Verhalten der Weibchen in dem Experiment von Hemelrijk dürfte dadurch allerdings kaum erklärbar sein.

Das Teilen von Nahrung ist ein anderer Kontext, bei dem reziproker Altruismus eine Rolle spielt. Anthropologen halten das Teilen von Nahrung oft für einen entscheidenden Schritt in der Menschheitsgeschichte. Um ein spezifisch menschliches Phänomen handelt es sich dabei freilich nicht: Viele sozial lebende Raubtiere teilen ihre Beute mit anderen Gruppenmitgliedern. Bei nichtmenschlichen Primaten ist das Teilen von Nahrung vor allem bei Schimpansen und Krallenaffen verbreitet. Schimpansen geben von ihrer Nahrung – gewöhnlich handelt es sich um Fleisch von Stummelaffen oder anderen Teren, die sie erbeutet haben – nur dann ab, wenn sie angebettelt werden. Krallenaffen dagegen teilen auch von sich aus – allerdings nur mit Jungtieren [408]. Reziprozität spielt daher bei dem System der Krallenaffen keine Rolle. Wilde Schimpansen teilen dagegen ihr Fleisch auch mit anderen Gruppenmitgliedern – freilich nicht mit allen; gegenüber potentiellen Rivalen halten sich Männchen in dieser Hinsicht außerordentlich zurück, Bündnispartner werden dagegen bevorzugt [447]. Versuche, die Frans de Waal mit Schimpansen in Gefangenschaft durchführte, zeigen, daß das Teilen reziprok abläuft: Wenn Tier A bereitwillig mit Tier B teilt, teilt B ebenso bereitwillig mit A. Wenn Tier B Tier C ungern etwas abgibt, hält sich auch C gegenüber B zurück. Mit Geizhälsen, die grundsätzlich alles für sich behielten, teilten auch die anderen nicht, sondern wiesen ihre Betteleien empört und aggressiv zurück [692].[6]

Nicht zu vergessen ist in diesem Zusammenhang eine andere Transaktion: Die Einladung zum Essen – sei es bei Kerzenschein oder McDonald's – mit der anschließenden Frage „Gehen wir zu dir oder zu mir?" ist keine besonders neue Erfindung. Schimpansen sind am ehesten geneigt, Jagd auf ihre bevorzugte Beute, die Roten Stummelaffen, zu machen, wenn sich ein paarungsbereites Weibchen in ihrer Gruppe befindet. Die Weibchen beteiligen sich kaum an der Jagd, bekommen aber – wenn sie paarungsbereit sind – überdurchschnittlich viel von der Beute ab. Für die Männchen scheint die Rechnung aufzugehen: Weibliche Schimpansen bevorzugen „großzügige" Männchen als Sexualpartner. Auch bei Bonobos sind derartige Transaktionen beobachtet worden; ob es sich hierbei um eine Form reziproken Altruismus handelt, ist aber zweifelhaft: Bonoboforscher stimmen darin überein, daß bei dieser Art die Weibchen die Kontrolle über begehrte Nahrung ausüben! Im übrigen gibt es noch ein grundsätzliches Problem: „Sex gegen Nahrung" ist zwar eine Form von Tausch; aber die Definition des reziproken Altruismus verlangt, daß beide Akte etwas „kosten" müssen! Kostet es das Weibchen etwas, wenn es sich mit einem männlichen Versorger paart?[7]

Welche Rolle reziproker Altruismus im Leben von Primaten spielt, ist nach wie vor umstritten. Daß „soziale Tiere einander manche kleinen Dienste verrichten", wie Darwin es ausdrückte, ist klar. Andererseits scheint die Betonung wirklich auf *klein* zu liegen: Jemandem etwas Nahrung abzugeben, wenn man selbst davon genug hat, schmerzt nicht besonders; jemanden eine Weile zu groomen, scheint ebenfalls nicht besonders aufwendig. Einem anderen bei einem Kampf zur Seite zu springen, hat natürlich eine andere Qualität. Aber auch dies verliert viel von seinem Nimbus, wenn der Gegner schwächer ist als man selbst – was häufig genug der Fall ist: In den Experimenten von Hemelrijk waren grundsätzlich beide koalierenden Weibchen ranghöher als die Gegnerin. Bei den Manövern der Savannenpaviane ist dies zwar anders, aber hier haben die Helfer, wie gesagt, ein handfestes Eigeninteresse. Es scheint also, daß Primaten bei einer Hilfeleistung zugunsten eines anderen, nicht verwandten Individuums die Kosten für sich selbst möglichst gering zu halten suchen. Angesichts der Unsicherheit, ob ein altruistischer Akt in der Zukunft erwidert werden wird, ist das sicher nicht ganz unverständlich.

Kooperation

Wenn, wie bei den Savannenpavianen, beide Partner eine faire Chance haben, aus einer gemeinsamen Aktion direkten Nutzen zu ziehen, wird man dies schwerlich als Altruismus klassifizieren können. Verhaltensbiologen reservieren für diese Form der Zusammenarbeit den Begriff der Kooperation oder des Mutualismus.[8] Kooperation ist im Tierreich weit verbreitet, da sich viele Ziele nun einmal leichter gemeinschaftlich erreichen lassen. Im Taï-Nationalpark an der Elfenbeinküste beispielsweise machen Schimpansen regelmäßig zu dritt oder in noch größeren Gruppen Jagd auf Rote Stummelaffen. Dabei gehen sie durchaus koordiniert vor: Die einen jagen das Opfer, andere schneiden ihm den Fluchtweg ab. Der Jagderfolg ist abhängig von der Anzahl der Teilnehmer; einzelne Jäger haben nur selten Glück (13 % erfolgreiche Jagden), Gemeinschaftsjagden mit fünf Teilnehmern waren dagegen zu 75 Prozent erfolgreich. In der Bilanz zahlte sich dies für alle aus, da jeder mehr Fleisch erhielt, als er allein hätte erbeuten können. Im tansanischen Gombe-Nationalpark jagen die Schimpansen dagegen häufig allein. Zwar sind auch in Gombe Gemeinschaftsjagden erfolgreicher als Einzeljagden – obwohl sie, wenn sie stattfinden, weniger koordiniert erscheinen. Aber dem einzelnen ist das Jagdglück immerhin in 50 Prozent der Fälle hold, so daß auch der Nettogewinn in der Regel höher ist. Es lohnt sich also nicht, zu kooperieren. Der Schweizer Schimpansenforscher Christophe Boesch, von dem diese Analysen stammen, glaubt, daß die unterschiedlichen Jagdstrategien der Schimpansen darin begründet sind, daß im Taï-Nationalpark die Bäume sehr viel höher und die Stummelaffen sehr viel scheuer als in Gombe sind. Ein einzelner Jäger hat dort wenig Aussichten auf Erfolg [72].

Ob man kooperiert oder nicht, hängt also von dem Vorteil ab, den sich der einzelne von einer Gemeinschaftsaktion versprechen kann. Auch das

Gruppenleben selbst kann als kooperatives Verhalten aufgefaßt werden, wenn das Verfolgen individueller Selbsterhaltungs- und Fortpflanzungsinteressen vom Zusammenhalt und dem Funktionieren einer Gemeinschaft abhängig ist.

Gruppenleben

Primaten zeichnet eine verwirrende Vielfalt von Sozialsystemen aus: Nachtaktive Halbaffen führen ein weitgehend solitäres Leben, obwohl einige von ihnen zumindest den Tag mit anderen Artgenossen verschlafen; manche Arten, wie die Gibbons der Alten und die Springaffen der Neuen Welt, leben in kleinen Familiengruppen mit einem Männchen, einem Weibchen und den gemeinsamen Jungen; viele Meerkatzen, Languren und Gorillas leben üblicherweise in Gruppen mit nur einem erwachsenen Männchen, aber mehreren Weibchen und deren Nachkommen; große Gruppen mit vielen Männchen, Weibchen und Jungtieren finden sich unter anderem bei Makaken, Pavianen und Schimpansen. Bei letzteren spalten sich die Gruppen immer wieder in Untergruppen wechselnder Zusammensetzung und Größe auf, wobei die Männchen sehr viel geselliger sind als die Weibchen. Ungemein komplexe, geschichtete Sozialsysteme schließlich finden sich bei Mantelpavianen und Dscheladas: Bei beiden Arten ist die basale Einheit eine kleine Gruppe mit einem Männchen und mehreren Weibchen; mehrere dieser Ein-Männchen-Gruppen schließen sich zu „Clans" zusammen, die wiederum mit anderen Clans „Banden" bilden; Banden vereinigen sich regelmäßig zu riesigen Herden, dic vicle hundert Individuen umfassen können [581].

Lange Zeit bemühte man sich, Zusammenhänge zwischen ökologischen Faktoren und sozialen Mustern herauszufinden – mit mäßigem Erfolg. Klar schien nur, daß *ein* Affe eigentlich gar kein Affe ist. Den entscheidenden Durchbruch schaffte 1980 der heute in Harvard lehrende Biologe Richard Wrangham [736, 737]. Wrangham besann sich auf das, was er von seinem Lehrer Robert Hinde in England gelernt hatte: Sozialsysteme sind letztlich Abstraktionen, die wir aus der Art der Beziehungen zwischen Individuen erschließen [286]. Real sind *Individuen*. Individuen aber haben keineswegs gleichgerichtete Interessen – selbst wenn sie in Gruppen leben. Besonders deutlich wurde die Diskrepanz zwischen den Geschlechtern: Weibchen, insbesondere Säugetierweibchen, benötigen viel Energie, um Kinder bekommen und erfolgreich aufziehen zu können. Nahrung ist der Faktor, der ihren Fortpflanzungserfolg limitiert. Männchen benötigen zwar ebenfalls Energie für ihren Lebensunterhalt, aber der ihren Fortpflanzungserfolg begrenzende Faktor ist der Zugang zu Geschlechtspartnerinnen.

So spektakulär klingt das nicht, aber man muß sich klarmachen, was es bedeutet: Weibchen orientieren ihr Verhalten, und das heißt auch: ihr Sozialverhalten, an ökologischen Gegebenheiten – vor allem an der Menge und Verteilung der vorhandenen Nahrung. Männchen dagegen müssen sich nach den Weibchen richten! Damit war klar, daß jede Analyse von Sozialsystemen bei den Weibchen beginnen mußte. Es war eine Kehrtwendung um 180 Grad: Bis in die 70er Jahre hatte man die Männchen als die eigentlichen „Macher" angesehen. Weibchen, denen man allenfalls noch die Mutterrolle zubilligte, galten als passiv und „unpolitisch". Jetzt waren sie es, die jeder Sozialstruktur ihren unverwechselbaren Stempel aufdrückten. Die Rolle der Männchen war zwar nicht zur Bedeutungslosigkeit geschrumpft, aber ihr Verhalten war sekundär – abhängig von dem, was die Weibchen tun.

Wenn Weibchen in erster Linie um Nahrung konkurrieren, sollte man eigentlich erwarten, daß sie sich möglichst weit verstreuen – also ein mehr oder weniger solitäres Leben führen. Manche tun dies auch: Neben jenen, die ohnehin solitär leben (Orang-Utans, nachtaktive Halbaffen), tendieren auch weibliche Schimpansen und Klammeraffen dazu, allein auf Nahrungssuche zu gehen, begleitet höchstens von ihren noch abhängigen Kindern. Auch weibliche Gibbons, Spring- und Nachtaffen meiden die Gesellschaft anderer Weibchen, leben allerdings mit Männchen zusammen. Bei vielen anderen Arten aber schließen sich die Weibchen zu Gruppen zusammen. Wrangham erkannte, daß es zwei Grundtypen weiblicher Gruppen gab: solche, bei denen sich die Weibchen zu eher lockeren Verbänden zusammenschließen, häufig die Gruppe wechseln und somit auch nicht näher miteinander verwandt sind, und solche, bei denen die Weibchen ihre Geburtsgruppe so gut wie nie verlassen, mithin nahe untereinander verwandt sind und sich durch enge, kooperative Beziehungen auszeichnen. Diesen zweiten Typ nannte Wrangham „female bonded"-Weibchen, die ein dauerhaftes, durch verwandtschaftliche Beziehungen zementiertes Bündnis schließen.

Der Schlüssel zur Erklärung dieser unterschiedlichen Organisationstypen lag nach Wranghams Überzeugung in der Ernährung. Er erwartete, daß Weibchen immer dann kooperative Bündnisse eingehen sollten, wenn sie sich bevorzugt von verstreut vorkommenden, aber gemeinschaftlich monopolisierbaren Ressourcen ernährten. Wenn Nahrung teilbar ist und verteidigt werden kann, macht Kooperation als Mittel der Konkurrenz Sinn: Zwei sind stärker als einer, und die halbe Portion ist immer noch besser als gar keine. Diese Bedingungen waren vor allem bei fruchtfressenden Primaten erfüllt – Früchte sind im Gegensatz zu den weit und uniform verteilten Blättern eine hochwertige Ressource, die ökonomisch

verteidigt werden kann. Erwartungsgemäß fand Wrangham, daß Fruchtfresser, wie Makaken, Savannenpaviane, Kapuzineraffen und andere, vorzugsweise in „female bonded"-Gruppen leben, Blätterfresser, wie Gorillas,
Rote Stummelaffen und (wie man heute weiß) viele Languren und Brüllaffen, dagegen nicht. Hinzu kam, daß aggressive Auseinandersetzungen an
den Grenzen der Streifgebiete zwischen Gruppen vom „female bonded"-
Typus nicht selten beobachtet werden und die Weibchen an solchen Auseinandersetzungen aktiv teilnehmen. Daß in die Kategorie der Nicht-„female bonded"-Arten auch Schimpansen, Bonobos und Klammeraffen gehören – alles Arten, die sich vorzugsweise von reifen Früchten ernähren –,
erklärt sich dadurch, daß hier Angebot und Nachfrage in keinem koope-
rationsfördernden Verhältnis stehen: Für größere Tiere – und Schimpansen,
Bonobos und Klammeraffen sind im Vergleich zu anderen, auf Früchte
spezialisierten, gruppenlebenden Primaten groß – zahlt sich Teilen bei einem begrenzten Angebot nicht aus. Es wäre nicht genug für alle da.

Wranghams Analyse hat unser Verständnis der Evolution von Sozialsystemen einen entscheidenden Schritt vorangebracht. Aber es blieben Fragen: Erstens: Wenn Konkurrenz um Nahrung den entscheidenden Anstoß
dafür gab, daß sich Primatenweibchen in Gruppen zusammenschlossen,
warum lebten dann auch die Arten, die in Nicht-„female bonded"-Gruppen
leben, nichtsdestotrotz in Gruppen? Zweitens: War es wirklich so, daß der
Nutzen des Gruppenlebens – Verteidigung von Ressourcen gegen konkurrierende Gruppen – die Kosten – erhöhte Konkurrenz zwischen den Gruppenmitgliedern – aufwog? Analysen des niederländischen Primatologen Carel van Schaik sprachen dagegen: In größeren Gruppen, die aus Wranghams
Sicht Wettbewerbsvorteile bringen mußten, hatten die Weibchen weniger
Kinder als in kleineren [652]. Drittens: Sollte man nicht erwarten, daß Druck
von außen, also Konkurrenz zwischen Gruppen, zu toleranten Umgangsformen im Inneren führt? Wrangham hatte genau das Gegenteil gefunden: Die
Weibchen vom „female bonded"-Typus zeichneten sich durch ziemlich rigide Hierarchien aus, die anderen dagegen nicht. Das deutete darauf hin, daß
der Konkurrenz innerhalb von Gruppen eine größere Bedeutung zukam als
der zwischen Gruppen. Unterstützung fand dieses Argument auch durch
Untersuchungsergebnisse des Amerikaners Charles Janson, der Kapuzineraffen im peruanischen Manu-Nationalpark beobachtet hatte: Aggressive
Auseinandersetzungen um Nahrung waren bei diesen Tieren zwischen Mitgliedern derselben Gruppe zehnmal so häufig wie zwischen Mitgliedern
verschiedener Gruppen. Auch der Erfolg bei der Nahrungsaufnahme (gemessen an der Kalorienzufuhr) variierte innerhalb von Gruppen weitaus
mehr als zwischen Gruppen [318].[9] Es sprach also einiges dafür, daß Wranghams Erklärung nicht der Weisheit letzter Schluß sein konnte [653].

Nach Ansicht seiner Kritiker hatte Wrangham den ihrer Ansicht nach entscheidenden Selektionsfaktor vorschnell beiseite geschoben: Raubfeinde. Primatenforscher werden zwar nur selten Zeuge, wie Raubfeinde eines ihrer „Studienobjekte" erbeuten. Das aber ist kein Grund, den Selektionsdruck, den Raubfeinde auf Primaten ausüben, als unwesentlich abzutun. Gruppenleben könnte ja gerade die Strategie sein, die es Primaten ermöglicht, sich zu schützen: Viele Augen sehen mehr als zwei, und ist ein Feind erst einmal entdeckt, stellt er kaum noch eine Gefahr dar. Außerdem erhöhen viele potentielle Opfer nicht nur rein statistisch die Chance, bei einem Angriff selbst ungeschoren davonzukommen – man kann sich in der Masse auch gut verstecken.

Daß Raubfeinde auf der anderen Seite auch dafür herhalten müssen, solitäres Leben von Primaten zu erklären, ist nur auf den ersten Blick ein Widerspruch. Es gibt zwei Strategien, sich vor Raubfeinden zu schützen: Die erste zielt darauf ab, möglichst *nicht entdeckt zu werden*, die zweite darauf, Feinde möglichst früh *selbst zu entdecken*. Nachtaktive Arten verfolgen tunlichst die erste Option: Da ihre Feinde vor allem auf ihr Gehör angewiesen sind, schützen sie sich am besten, wenn sie möglichst wenig Lärm machen und ein kryptisches Einzelgängerdasein pflegen. Gruppenleben würde die Wahrscheinlichkeit, Beute eines Räubers zu werden, deutlich erhöhen: Mehrere Tiere erregen leichter Aufmerksamkeit als ein einzelnes, und wäre eines erst entdeckt, gerieten auch die anderen in Gefahr (letzteres gilt vielleicht besonders für Tiere wie den Plumplori, der, wie der Name schon sagt, nicht zu den schnellsten gehört). Für tagaktive Arten macht es dagegen mehr Sinn, Raubfeinde frühzeitig zu entdecken, um rechtzeitig fliehen zu können [660].

Daß Raubfeinde im übrigen für *alle* nichtmenschlichen Primaten – einschließlich der großen Menschenaffen – eine ständige Gefahr für Leib und Leben darstellen, kann heute nicht mehr bezweifelt werden [70, 196, 639]: Im Taï-Nationalpark an der Elfenbeinküste beobachtete Christophe Boesch mehrfach, daß Leoparden Schimpansen angriffen, verletzten und sogar töteten. Boesch vermutet, daß für die Schimpansen des Taï-Waldes Leoparden die Todesursache Nummer eins darstellen: Für nahezu 40 Prozent aller Todesfälle sind seiner Schätzung zufolge Leoparden verantwortlich. Die Schimpansen haben sich darauf eingestellt: Anders als am Gombe-Fluß und in den Mahale-Bergen in Tansania, wo es kaum noch große Raubkatzen gibt, sind die Schimpansinnen im Taï-Wald meist in der schützenden Gemeinschaft mit anderen Weibchen und Männchen anzutreffen. Das Risiko, von Leoparden gefressen zu werden, könnte mithin auch der Grund dafür sein, daß die in den Wäldern südlich des Kongo lebenden Bonobos in größeren Gruppen auf Nahrungssuche gehen als die Schimpansen Ostafrikas [70]. Ähnliche Befunde existieren für Dscheladas, Mantelpaviane und Javaneraffen, die dort, wo es keine Raubfeinde gibt, in kleineren Gruppen leben als in anderen Gebieten [166, 358, 662]. Offenbar versuchen Primaten also die Kosten des Gruppenlebens zu minimieren, wenn der entsprechende Nutzen nicht vorhanden ist.

Die Primaten des Taï-Nationalparks unterstützen die Raubfeind-Hypothese aber noch auf andere Weise. Wenn zu Beginn der Trockenzeit die Schimpansen ihre Jagdsaison eröffnen, treffen die Roten Stummelaffen, ihre bevorzugte Beute, Gegenmaßnahmen: Sie suchen die Gesellschaft von Diana-Meerkatzen. Zusammen erreichen die beiden Arten eine Gruppenstärke von etwa 100 Tieren. Daß für diese Vergesellschaftungen tatsächlich die Schimpansen und nicht etwa die beginnende Trockenzeit oder irgendein anderer Faktor verantwortlich waren, konnten Ronald Noë und Redouan Bshary vom Max-Planck-Institut für Verhaltensphysiologie auf ebenso elegante wie einfache Art nachweisen: Sie spielten den Stummelaffen Schimpansenrufe vom Tonband vor. Die Reaktion war eindeutig: Die Stummelaffen suchten die Gesellschaft der Meerkatzen oder blieben, wenn sie bereits zusammen waren, länger bei ihnen [450].

Natürlich bleiben auch hier Fragen: Stummelaffen haben mit ihren teilweise über 70 Mitglieder starken Gruppen offenbar die obere Grenze des für sie erträglichen erreicht. Deshalb suchen sie bei Gefahr die Gesellschaft einer Art, die für sie keine Konkurrenz darstellt: Stummelaffen und Diana-Meerkatzen haben verschiedene Speisezettel. Aber weshalb leben sie *überhaupt* in Gruppen? Die Antwort wird vermutlich lauten: weil Angriffe von Schimpansen auch außerhalb der Jagdsaison nicht auszuschließen sind und Schimpansen im übrigen nicht die einzigen Feinde von Stummelaffen sind. Dann stellt sich aber eine andere Frage: Warum leben Javaneraffen, Mantelpaviane und Dscheladas auch in Gebieten, in denen sie *keine* Feinde haben, in Gruppen – in kleineren Gruppen zwar, aber eben doch in Gruppen? Auch hier ist eine theoriekonforme Antwort möglich: Merkmale heute lebender Arten sind das Ergebnis von Anpassungsprozessen, die in der Vergangenheit stattgefunden haben. Wenn aber Primaten sich in grauer Vorzeit unter dem Druck von Raubfeinden zu Gruppen zusammengeschlossen haben, können die Auswirkungen dieses Selektionsdruckes – der in der Gegenwart gar nicht mehr bestehen muß – aber nicht nur äußerlich gewesen sein. Sie müssen auch die Psyche, den verhaltenssteuernden Apparat der Tiere geprägt haben. Jeder Affe, der *nicht das Bedürfnis verspürte*, sich Artgenossen anzuschließen, hätte weniger Chancen als andere gehabt, seine Gene an die nächste Generation weiterzugeben – er wäre gefressen worden. Es wäre erstaunlich, wenn der Verlust des äußeren Druckes (Raubfeinde) – eine in vielen Fällen sicher recht junge

Junge männliche Japanmakaken spielen am Strand der Insel Koshima

Auseinandersetzungen zwischen männlichen Berberaffen sind oft von lautem Geschrei begleitet. Auf diese Weise werden Koalitionspartner auf den Plan gerufen.

Soziale Fellpflege oder „Grooming" ist viel mehr als „Lausen". Für viele Primaten wie diese männlichen Berberaffen ist es ein wichtiges Mittel, um Freundschaften zu knüpfen.

Entwicklung – auch die psychischen Bedürfnisse der Tiere völlig umgekrempelt hätte.

Es wäre aber auch möglich, daß dem Wranghamschen Erklärungsansatz – kooperative Verteidigung von Nahrungsressourcen – zumindest für Arten vom „female bonded"-Typus eine größere Bedeutung zukommt, als es auf den zweiten Blick erschien. Es könnte doch sein, daß es sich mit der Gefahr, von Konkurrenten ins Abseits gedrängt zu werden, ähnlich verhält wie mit den Affen, die vom Leoparden gefressen werden: Daß man es selten sieht, bedeutet nicht, daß die Gefahr (und damit der Selektionsdruck) nicht vorhanden wäre. Der durch die Konkurrenz ausgelöste „Rüstungswettlauf", in den alle Weibchen gezwungen werden, müßte schließlich zu einer Pattsituation führen. Ungleichgewichte sollten also eher selten zu beobachten sein und auch nur dann mit negativen Auswirkungen für die unterlegene Gruppe verbunden sein, wenn die Tragekapazität des Habitats erschöpft ist – die unterlegene Gruppe also keine Möglichkeit hat, sich ein anderes, gleichwertiges Wohngebiet zu erschließen [653].

Daß das Prinzip „wir gegen die anderen" ein durchaus ernst zu nehmender Faktor in der Evolution des Gruppenlebens von Primaten ist, zeigen Beobachtungen, die Dorothy Cheney und ihre Arbeitsgruppe an Grünen Meerkatzen des Amboseli-Nationalparks in Kenia machten. Im Verlauf der mehr als 10jährigen Beobachtungszeit fielen viele Affen Raubfeinden zum Opfer. Leoparden, Phytons, Paviane und Kampfadler wurden dabei beobachtet, wie sie Meerkatzen rissen. Etwa 15 Prozent der Meerkatzen kamen jährlich auf diese Weise ums Leben. Mitglied einer größeren Gruppe zu sein, minderte dieses Risiko nicht: Tatsächlich waren Tiere in größeren Gruppen gefährdeter. Das hatte allerdings wohl weniger mit der Gruppengröße zu tun als mit dem Habitat, in dem die Gruppen lebten: Es handelte sich um Gebiete mit permanenten Wasserstellen – ein Anziehungspunkt für viele Tiere, und damit auch für Raubtiere besonders attraktiv. Dieselben Gebiete boten allerdings auch den Meerkatzen die beste Nahrungsgrundlage. Daß Gruppen um den Zugang zu diesen Gebieten konkurrierten, und die Anzahl der kooperierenden Weibchen hier eine entscheidende Rolle spielte, war zweifelsfrei: Gruppen mit wenigen Weibchen wurde der Zugang verwehrt. Für den Fortpflanzungserfolg der unterlegenen Weibchen hatte dies einschneidende Folgen: Bei Weibchen, die keinen permanenten Zugang zu offenem Wasser hatten, betrug der Abstand zwischen zwei Geburten 21 Monate, bei den anderen nur 14 bis 16 Monate. Eine Verzögerung der Geschlechtsreife deutete sich bei den benachteiligten Gruppen ebenfalls an, und während der Trockenzeit starben erheblich mehr Tiere an Krankheiten als in den anderen Gruppen. All dies führte dazu, daß die unterlegenen Gruppen immer kleiner wurden. War schließlich nur noch ein einziges erwachsenes Weibchen am Leben, schlossen sich die Verlierer den Siegern an, wobei es keine Rolle spielte, wie viele jüngere Gruppenmitglieder noch da waren [106, 312, 313].

Raubfeinde haben, wie die Untersuchungen von van Schaik, Boesch, Noë und Bshary zeigen, zweifellos eine wichtige Rolle in der Evolution des Soziallebens von Primaten gespielt. Die Meerkatzen des Amboseli-Nationalparks – und sie sind nicht das einzige Beispiel [155, 510] – zeigen aber, daß auch Konkurrenz um Nahrung ein Faktor von nicht unerheblicher Bedeutung war. Zwar machen sich Tiere, die in Gruppen leben, selbst auch Konkurrenz, aber eine Mindestgruppengröße ist offenbar notwendig, um in der Konkurrenz mit anderen zu bestehen. Und es sind auch nicht nur Wranghams Weibchen-Bünde, die Kooperation als Mittel in der Konkurrenz mit anderen einsetzen; es gibt auch – nicht nur beim Menschen – Männchen-Bünde, deren Ziel es ist, sich gegenüber Konkurrenten Vorteile zu verschaffen. Wir werden im nächsten Kapitel mehr davon hören.

Geschlechterbeziehungen

Die Männchen haben wir bei unserer bisherigen Betrachtung ziemlich vernachlässigt. Das war vielleicht ein wenig voreilig. Schließlich leben bei *allen* gruppenlebenden Primaten Männchen und Weibchen das ganze Jahr zusammen. Warum eigentlich? Die Antwort schien zunächst ganz einfach: Sex! Diese These vertrat 1932 der später geadelte britische Anatom Sir Solly Zuckerman in seinem Buch „The Social Life of Monkeys and Apes". Zuckerman wußte zwar, daß sich Pavian- und Schimpansenweibchen nur in bestimmten Phasen ihres Zyklus paaren. Ohne großes Erstaunen stellte er sogar fest, daß man bei Gibbons (die in monogamen Beziehungen leben) überhaupt noch nie Paarungen beobachtet hatte. Dennoch behauptete er steif und fest, daß *„das Primatenweibchen allzeit bereit ist, die sexuellen Avancen des Männchens zu akzeptieren, während bei den niederen Säugern die Weibchen sich normalerweise nur in jenen kurzen Perioden paaren, wenn sie sich im physiologischen Zustand der Hitze befinden"* [745, S. 67]. „Allzeit paarungsbereit" – so hätten es die Männer zweifellos gern. Nur stimmt dieses Klischee noch nicht einmal für Menschenfrauen. Richtig war an Zuckermans Einschätzung nur, daß bei simischen Primaten (Affen, Menschenaffen und Menschen) die Phase, in der die Weibchen *im Prinzip* paarungsbereit sind, gegenüber „niederen Säugern" deutlich verlängert ist. Dummerweise gehören die Halbaffen in dieser Hinsicht aber auch zu den „niederen Säugern": Bei ihnen dauert der Zustand der „Hitze" maximal drei Tage an – während der übrigen Zeit ist ihre Vagina sogar durch eine

Membran verschlossen. Hinzu kommt, daß viele Halbaffen und Affen sich saisonal fortpflanzen. Beim Katta beispielsweise dauert die jährliche Paarungssaison nur zwei Wochen; während der übrigen 50 Wochen des Jahres spielt sich bei diesen Halbaffen auf dem sexuellen Sektor rein gar nichts ab. Dennoch leben auch bei ihnen Männchen und Weibchen das ganze Jahr zusammen.

Zuckermans „Sex gleich Bindung"-Hypothese ist zwar vielleicht nicht gänzlich falsch: Beim Menschen wird sie von manchen Autoren immer noch gehandelt, und auch bei Bonobos spielt sie eine Rolle (siehe Kapitel 4); einen generellen Erklärungswert hat sie aber offenkundig nicht. Wir müssen also nach anderen Antworten auf die Frage suchen, warum bei Primaten – im Gegensatz zu vielen anderen Säugern – Männchen und Weibchen so enge Beziehungen pflegen.

Beziehungen, sagt Hans Kummer, einer der „Silberrücken" in der Primatologie, sind eine Investition in die Zukunft [356].[10] *Was* zwei Individuen miteinander tun, *wie* sie es tun und *wie oft* sie es tun, hat Einfluß darauf, wie sie in Zukunft miteinander umgehen werden. Mit anderen Worten: Wir dürfen nicht nur auf das aktuelle Geschehen schielen, sondern müssen auch langfristige Konsequenzen im Auge behalten. Welche langfristigen Vor- und Nachteile ergeben sich also aus dem Zusammenleben der Geschlechter? Beginnen wir, da sie bisher ein wenig zu kurz gekommen sind, mit der Perspektive der Männchen.

Zunächst die Nachteile: Gruppenleben ist natürlich auch für Männchen mit Kosten verbunden – auch sie leben schließlich nicht nur von Luft und Liebe, sondern müssen sich ernähren. In dieser Hinsicht sind Weibchen (und Jungtiere) natürliche Konkurrenten. Allzu hoch scheinen diese Kosten in der Regel aber nicht zu sein, da die Männchen – die meist größer und stärker als die Weibchen sind – ihre Ansprüche im allgemeinen problemlos gegenüber Weibchen durchsetzen können. Nur bei den madagassischen Lemuren und den Bonobos liegen die Verhältnisse anders: Hier sind es die Weibchen, die gegenüber den Männchen Priorität beim Zugang zur Nahrung besitzen. Das ist für die Männchen aber offenbar kein Grund, die permanente Gesellschaft von Weibchen zu meiden.

Wo liegen die Vorteile? Aus evolutionsbiologischer Perspektive sind Männchen (ebenso wie Weibchen) von der Selektion dahingehend programmiert worden, ihren Fortpflanzungserfolg zu maximieren. Aus diesem Blickwinkel ist es naheliegend, daß Männchen, wenn Weibchen in Gruppen leben, versuchen, sich langfristig das Fortpflanzungsmonopol über eine möglichst große Gruppe von Weibchen zu sichern. Allerdings erklärt dieses Argument weder, warum bei Primaten mit einem saisonalen Fortpflanzungszyklus Männchen auch außerhalb der Paarungszeit mit Weibchen zusammenleben, noch warum viele, wie etwa die Gibbons, dauerhafte Beziehungen zu einem einzelnen Weibchen eingehen. Es könnte natürlich sein, daß ständige Anwesenheit die Wahrscheinlichkeit, auf ein empfängnisbereites Weibchen zu treffen, erhöht. Vor allem wenn Weibchen ihre Empfängnisbereitschaft nicht weithin signalisieren, ist es natürlich von Vorteil, auf Tuchfühlung zu leben. Auch dieses Argument kann allerdings nicht vollends überzeugen, da die Weibchen vieler, auch saisonaler Arten zumindest ihre Paarungsbereitschaft durch eine weithin sichtbare Sexualschwellung kundtun. Bleibt offenbar nur ein Argument: Wer ständig mit Weibchen zusammenlebt, ist wenigstens als erster zur Stelle, *wenn* ein Weibchen empfängnisbereit wird. Aber warum leben dann nicht auch bei Elefanten oder Hirschen die Geschlechter ständig zusammen?

Besonders weit sind wir, wie es scheint, noch nicht gekommen. Versuchen wir es also anders herum. Könnte es nicht sein, daß Männchen mit Weibchen zusammenleben, um bei der Aufzucht des Nachwuchses zu helfen? Bei einigen Arten – Krallenaffen, Springaffen, Nachtaffen und Springtamarinen – scheint männliche Hilfe bei der Aufzucht der Nachkommen tatsächlich notwendig zu sein. Zumindest bei Krallenaffen jedenfalls ist die Überlebensrate der Jungtiere offenbar von der Anzahl männlicher Helfer abhängig [341, 610]. Von Kapuzineraffen und Grünen Meerkatzen weiß man, daß die ranghöchsten Männchen der Gruppe (die möglicherweise die meisten Kinder gezeugt haben) besonders aufmerksam sind und Raubfeinde frühzeitig entdecken. In einem verbürgten Fall hat das Alpha-Männchen einer Meerkatzengruppe durch sein beherztes Eingreifen sogar ein Jungtier vor einem angreifenden Adler gerettet [30]. Allzu weit scheint aber auch dieser Erklärungsansatz nicht zu tragen: Erstens kümmern sich die weitaus meisten Primatenväter herzlich wenig um ihre Kinder (wir werden in Kapitel 6 sehen, daß selbst für Krallenaffen alternative Erklärungen nicht ausgeschlossen sind), und zweitens: Was ist mit den Männchen, die keine eigenen Kinder haben?

Wir müssen also wohl noch etwas tiefer graben. Erinnern wir uns an unser Rhesusaffenmännchen „415" vom Anfang des Kapitels. „415" war Weibchen, hieß es dort – etwas flapsig formuliert – „zu Gefallen gewesen". Und er hatte dafür auch etwas bekommen: Unterstützung. Der „Fall 415" ist kein Einzelfall: Rhesusaffenweibchen intervenieren nicht selten bei Auseinandersetzungen zwischen Männchen zugunsten jener, mit denen sie besonders enge Beziehungen unterhalten und nehmen damit offenbar auch Einfluß auf deren Rangposition [102]. Dasselbe Phänomen findet sich bei anderen Primaten: Irwin Bernstein beschrieb 1969 den dramatischen Aufstieg eines gerade erwachsen gewordenen Schweinsaffenmännchens. In heftigen Kämpfen verletzte es das alte Alpha-Männchen seiner Gruppe

tödlich und besiegte schließlich auch das an Platz 2 der Hierarchie stehende Männchen. Aber erst, als es auch das ranghöchste Weibchen getötet
hatte, das sich zusammen mit den beiden Alten einem Wechsel in der
Rangordnung widersetzt hatte, errang es selbst den Alpha-Status in der
Gruppe [55].

An Grünen Meerkatzen konnte der Einfluß ranghoher Weibchen auch
experimentell nachgewiesen werden. Als man aus 10 Gruppen das ranghöchste Männchen entfernte, regelte das jeweilige ranghöchste Weibchen
offenbar die Nachfolge: In der Hälfte der Fälle rutschte jedenfalls nicht
das bisherige Beta-Männchen in die Alpha-Position, sondern dasjenige, das
vom ranghöchsten Weibchen Unterstützung erhielt [499].

Andere Beobachtungen deuten darauf hin, daß sich gute Beziehungen
zu Weibchen auch auf der sexuellen Ebene auszahlen [573]. Könnte es also
sein, daß Männchen langfristige Beziehungen zu Weibchen aufbauen müssen, um sich Fortpflanzungschancen zu sichern? Das würde erklären, warum auch bei saisonalen Arten Männchen und Weibchen das ganze Jahr
zusammenleben. Bevor wir die Frage beantworten, müssen wir uns die
Geschichte aus der weiblichen Perspektive anschauen.

Aus weiblicher Sicht stellen Männchen zunächst einmal einen Kostenfaktor dar: Sie sind Nahrungskonkurrenten. Bei Weißschulter-Kapuziner-
affen *(Cebus capucinus)* entpuppten sich als heftigste Konkurrenten der
Weibchen nicht etwa die anderen Weibchen, sondern die Männchen der
Gruppe: Über 70 Prozent der aggressiven Auseinandersetzungen fanden
zwischen den Geschlechtern statt [514]. Für Weibchen können die Folgen
dieser Konkurrenz gravierend sein: Bei Bärenpavianen starben während
einer Dürreperiode in Namibia innerhalb von 5 Monaten 19 von insgesamt
60 erwachsenen Weibchen und ihren Jungtieren an Entkräftung, aber kein
einziges erwachsenes Männchen [253].

Die Vorteile, die Weibchen aus dem Zusammenleben mit Männchen
erwachsen, sind dagegen weniger offensichtlich: Schwanger werden können sie schließlich auch, ohne ständig Männchen um sich zu haben, und
als Helfer bei der Aufzucht der Kinder treten Männchen, wie gesagt, nicht
übermäßig in Erscheinung. Nützlich sind Männchen dennoch, und zwar in
dreierlei Hinsicht: Erstens können Männchen die Schlagkraft einer Gruppe in der Konkurrenz mit anderen Weibchen stärken. Wrangham hatte
geradezu postuliert, daß Weibchen Männchen als Bündnispartner „rekrutieren" sollten. Tatsächlich zeigte sich in einer Untersuchung an Braunen
Kapuzineraffen in Venezuela, daß die Anzahl der Männchen die Durch-
setzungsfähigkeit der jeweiligen Gruppen entscheidend beeinflußte [510].

Zweitens sind Männchen willkommene Helfer bei der Abwehr von
Raubfeinden: Sie sind wachsamer als Weibchen, entdecken Feinde früher

und glänzen gelegentlich sogar als erfolgreiche Verteidiger [126, 663]. Entsprechend könnte man erwarten, daß Männchen um so willkommener sind, je höher der Feinddruck ist. Das scheint tatsächlich so zu sein: Brüllaffen, die durch die Harpyie, einen auf Affen spezialisierten Greifvogel, besonders gefährdet sind, leben ebenso wie die afrikanischen Stummelaffen, in deren Verbreitungsgebiet der Kronenadler eine Gefährdung darstellt, in Gruppen mit mehreren Männchen. Stummelaffen, die in Gegenden zu Hause sind, wo es keine Kronenadler gibt, leben dagegen ebenso wie ihre asiatischen Verwandten, die Languren, üblicherweise in Ein-Männchen-Gruppen (der ebenfalls auf Affen spezialisierte südostasiatische Affenadler kommt nur auf den Philippinen vor, wo es keine Languren gibt) [657].

Drittens schließlich können Männchen als Schutz vor Aggressionen von Artgenossen – Fremden ebenso wie eigenen Gruppenmitgliedern – nützlich sein. Erste Hinweise dafür sind alt: Schon in den 30er Jahren beobachtete Clarence Ray Carpenter, daß sich Rhesusaffenweibchen in der Paarungszeit – wenn sie einen männlichen Begleiter im Rücken haben – häufiger gegen ranghöhere Weibchen auflehnen [96, 140]. Später beschrieb Hans Kummer, daß Mantelpavianweibchen das Männchen ihres Harems zu eben diesem Zweck *gezielt* benutzen – ein Verhalten, das unter der Bezeichnung „gesicherte Drohung" bekannt wurde [353, 357]. Von Orang-Utans, den einzigen solitär lebenden simischen Primaten, erfuhr man, daß Weibchen häufig von Männchen vergewaltigt werden – ein Phänomen, das aus allen menschlichen Gesellschaften bekannt ist, bei anderen Primaten aber eher selten auftritt [425, 460, 577]. Schließlich ergaben detaillierte Feldstudien – zunächst an Savannenpavianen, später auch an anderen Arten –, daß Weibchen zu bestimmten Männchen ihrer Gruppe besonders enge Beziehungen unterhielten [9, 573, 607].[11] Das Band, das diese Paare zusammenhielt, war weder Sex noch Verwandtschaft – der Begriff der „Freundschaft" ließ sich kaum noch vermeiden [573]. Die männlichen Freunde erwiesen sich als treue Bündnispartner ihrer Partnerinnen, sie unterstützten sie und ihre Kinder bei aggressiven Auseinandersetzungen mit anderen Männchen und Weibchen überzufällig häufig, und die Weibchen und ihre Kinder konnten in ihrer Nähe ungestört fressen [102, 282, 560, 573, 616].

Mit diesem Hintergrund sind wir gerüstet, die Frage erneut zu stellen: Müssen Primatenmännchen langfristig gute Beziehungen zu Weibchen aufbauen, um sich Fortpflanzungschancen zu sichern? Die These wurde vertreten und schien vor allem durch die erwähnten Freundschaften bei Savannenpavianen Unterstützung zu finden: Untersuchungen von Barbara Smuts ergaben, daß Männchen erheblich höhere Chancen hatten, sich mit einem Weibchen zu paaren, wenn sie mit diesem befreundet waren [573].

Leider ist aber auch diese These inzwischen wieder umstritten. Es zeigte sich nämlich, daß die meisten Freundschaften zwischen Savannenpavianen offenbar erst angebahnt werden, *nachdem* das Weibchen konzipiert hat [48]. Und bei Lemuren, Rhesusaffen und Japanmakaken zahlen sich Freundschaften für Männchen auf der sexuellen Ebene überhaupt nicht aus [102, 186, 282, 302, 325, 386]. Tatsächlich scheint es eher so zu sein, daß langjährige Freundschaft und Intimität das sexuelle Interesse aneinander eher hemmt als fördert (wir werden auf diesen merkwürdigen Befund im Kapitel „Sex" noch zurückkommen). Neulingen hingegen werfen sich Primatenweibchen nicht selten geradezu „an den Hals" [562].

Wie es scheint, sind wir der Antwort auf unsere Frage, warum bei nahezu allen Primaten (jedenfalls den tagaktiven) Männchen und Weibchen zusammenleben, noch keinen Schritt nähergekommen. Beide Geschlechter ziehen zwar vielfältigen Nutzen aus dem Zusammenleben und der Tatsache, *daß* sie miteinander kooperieren, aber einen wirklich einleuchtenden Grund, *warum* sie zusammenleben, haben wir bisher nicht gefunden. Müssen wir also wieder ganz von vorne beginnen? Vielleicht nicht so ganz.

Wir haben erfahren, daß allein lebende Weibchen der Gefahr sexueller Gewalt durch Männchen ausgesetzt sind – Orang-Utans bieten hierfür ein eindrückliches Beispiel. Wir haben erfahren, daß männliche Savannenpaviane nicht nur ihre Freundinnen, sondern auch deren Kinder vor Aggressionen anderer Gruppenmitglieder beschützen. Und wir haben erfahren, daß viele derartige Freundschaften offenbar erst dann angebahnt werden, wenn das Weibchen konzipiert hat. Es fehlt uns eigentlich nur noch ein winziger Baustein, damit das Bild komplett ist. Wie es scheint, heißt dieser Baustein *Kindestötung* [654].

Um Kindestötungen bei Primaten rankt sich ein langer Streit – wir werden darauf im nächsten Kapitel näher eingehen. Im Moment reicht es zu wissen, daß Kindestötungen bei Primaten nicht selten sind und in aller Regel von Männchen begangen werden, die sich (noch) nicht mit der Mutter gepaart haben. Für eine Mutter ist der Tod ihres Kindes natürlich ein herber Verlust. Wie kann sie sich (und ihr Kind) schützen? Eine Möglichkeit besteht darin, eine langfristige Allianz mit dem Vater des Kindes einzugehen [576, 580, 654, 656]. Damit hätten wir eine plausible Erklärung dafür, warum Männchen und Weibchen zusammenleben: Beide haben ein Interesse daran, den gemeinsamen Nachwuchs zu schützen. Geklärt wäre auch, warum Freundschaften oft erst nach der Konzeption gebildet werden: Im Vordergrund ständen für die beteiligten Männchen nicht die sich vielleicht in Zukunft ergebenden Paarungschancen, sondern der Schutz des Kindes. Auch andere Beobachtungen ergäben einen Sinn: Bei Javaneraffen, Brüllaffen, Mangaben, Savannenpavianen, Dscheladas und Hanumanlanguren bleiben

ältere Männchen, die ihre einstmals hohe Rangposition an jüngere Konkurrenten abgeben mußten, nicht nur in ihrer Gruppe (obwohl sie vielfach
offenbar kaum noch Fortpflanzungschancen haben), sondern reagieren
auch besonders sensibel auf Jungtiere in Gefahrensituationen. Die „Newcomer" zeichnen sich dagegen eher durch aggressives Verhalten aus.[12]

Mit Weibchen zusammenzuleben, um die eigenen Kinder zu schützen,
macht natürlich nur dann Sinn, wenn auch die Weibchen mit ihren Kindern
eng assoziiert sind. Bei tagaktiven Primaten, die mit Ausnahme des Orangs
sämtlich in gemischtgeschlechtlichen Gruppen (oder Paaren) leben, ist dies
auch durchgängig der Fall: Die ganz kleinen Kinder werden ständig getragen und etwas ältere entfernen sich selten weit. Bei vielen nachtaktiven
Halbaffen „parken" dagegen die Weibchen ihre zumeist recht schweren
Kinder in Nestern oder Astgabeln, während sie sich selbst auf Nahrungssuche begeben. Bezeichnenderweise sind es letztere, bei denen Männchen
und Weibchen *nicht* zusammenleben [654, 659].[13]

Natürlich sollte man daran denken, daß die Hypothese, die Gefahr der
Kindestötung sei die eigentliche Ursache dafür, daß bei den weitaus meisten Primaten die Geschlechter zusammenleben, eben nur dies ist: eine
Hypothese. Allerdings scheint es nach dem bisherigen Kenntnisstand die
einzige Hypothese zu sein, die die meisten bekannten Tatsachen einigermaßen widerspruchsfrei zu erklären und miteinander in Einklang zu bringen vermag.

Und noch eines sollten wir nicht vergessen: Bei unserer gesamten Betrachtung haben wir uns auf das beschränkt, was Aristoteles die „Zweckursachen" genannt hat. Zweckursachen, die in der Sprache der Verhaltensökologie auch „ultimate" Ursachen genannt werden, beschreiben den
Selektionsvorteil, den ein Organismus erlangt, wenn er das eine tut und
das andere läßt. Welche subjektiven Gefühle und Emotionen, welche „pro-
ximaten Wirkursachen" also Tiere und Menschen veranlassen, das eine zu
tun und das andere zu lassen, ist eine ganz andere Frage. Charles Darwin
war sich *„gewiß, daß in Gesellschaft lebende Thiere ein Gefühl der Liebe
zueinander haben"* [139, S. 112]. So weit müssen wir vielleicht nicht gehen.
Aber wir können sicher sein, daß Gefühle wie Liebe oder Sympathie nicht
vom Himmel gefallen sind – sie haben sich in der Evolution als Mittel zum
ultimaten Zweck bewährt. Mit seiner Einschätzung, daß *„die socialen In-
stincte ... ohne Zweifel vom Menschen ebenso wie von den niederen Thieren
zum Besten der ganzen Gemeinschaft erlangt worden sind"*, lag Darwin, der
der Lösung des Rätsels des Altruismus doch schon so nahegekommen war,
zwar ganz falsch [139, S. 137]. Aber Altruismus und Kooperation gehört
ebenso zum Darwinschen „Kampf ums Dasein" wie Konkurrenz, Ausbeu-
tung und Aggression.

2. Aggression

Kampf findet immer statt, wo mehrere nach gleichem Ziele streben; bei den Affen vergeht aber sicher kein Tag ohne Streit und Zank.

Alfred E. Brehm

Es war einmal ein berühmter Forscher. Der hatte eine sehr liebe alte Tante. Immer wenn die Tante ein Dienstmädchen neu eingestellt hatte – was häufig geschah –, war eitel Freude und das neue Dienstmädchen wurde überschwenglich gelobt. Aber die Freude währte nicht lange. Nach einiger Zeit wurde die Tante böse auf das neue Dienstmädchen und entließ es mit Schimpf und Schande wieder – ohne ersichtlichen Grund. Mit der Aggression, vermutete der berühmte Forscher, ist es wohl nicht anders als mit dem Hunger und dem Sex: Triebe verlangen nun einmal ihr Recht – auch wenn die Opfer gänzlich unschuldige Dienstmädchen sind.

Kein Tag ohne Streit und Zank: Bei den Affen ist es eben auch nicht anders als bei den Menschen, stellte Edgar Rice Borroughs, der Schöpfer des Tarzan, trocken fest. Kein Tag ohne Streit und Zank vergeht auch, wenn sich Biologen und Sozialwissenschaftler über die Ursachen der Aggression auseinandersetzen. Ist der Mensch „von Natur aus" böse oder gut? Ist die Gesellschaft die Wurzel allen Übels? Oder sind es unsere Gene, die uns zur Aggression verdammen? Muß das Tier in uns sich von Zeit zu Zeit einfach mal austoben?

Konrad Lorenz und das „sogenannte Böse"

Die Geschichte von der „sehr lieben alten Tante" ist wahr: Konrad Lorenz erzählte sie in seinem Buch „Das sogenannte Böse", das wie kein anderes die öffentliche Meinung über die Biologie der Aggression beeinflußt hat [373].

Zu Lorenz' bleibenden Verdiensten zählt es zweifellos, deutlich gemacht zu haben, daß Aggression – wie andere Verhaltensmuster auch – ein Produkt der Evolution ist, daß sie eine *Naturgeschichte* hat. Verhalten als Evolutionsprodukt zu deuten und nach seinem Anpassungswert zu fragen, war Anfang der 60er Jahre („Das sogenannte Böse" erschien 1963) so selbstverständlich nicht. „Politisch korrekt" war viel eher die Meinung, der Mensch käme als „tabula rasa" zur Welt, auf die die Umwelt nach Belieben schreiben könne. Lorenz vertrat dagegen sehr nachdrücklich die Auffassung, daß jedes Lebewesen und damit auch jede seiner Lebensäußerungen, einschließlich seelischer und geistiger Leistungen, nur als historisch gewordenes System, als Produkt der Stammesgeschichte verstanden werden kann. Dem wird die überwältigende Mehrheit der heutigen Biologen zustimmen. Davon abgesehen aber sollte sich die Lorenzsche Aggressionstheorie als gründlich revisionsbedürftig erweisen.

Für Lorenz war die gegen Artgenossen gerichtete Aggression bei Tieren *„im allgemeinen keineswegs nachteilig [...], sondern ganz im Gegenteil ein zu ihrer Erhaltung unentbehrlicher Instinkt"* [373, S. 77]. Das „sogenannte Böse" hatte etwas Gutes: einen „arterhaltenden Wert". Dieser „arterhaltende Wert" des ‚Aggressionstriebes' bestand nach Lorenz' Auffassung darin, daß Artgenossen den ihnen zur Verfügung stehenden Lebensraum so unter sich aufteilen, daß jeder sein Auskommen findet, daß die Stärkeren und Gesünderen in Rivalenkämpfen um Weibchen, Reviere und Rangstellungen ausgelesen werden und daß *„der beste Vater, die beste Mutter zum Segen der Nachkommenschaft ausgewählt"* wird [373, S. 71]. Auch der Mensch besitzt nach Lorenz einen *„von Anthropoiden-Ahnen ererbten Aggressionstrieb"*, der allerdings *„unter den Lebensbedingungen der Zivilisation sehr gründlich aus dem Gleise geraten"* sei [373, S. 47].

Trieben liegt definitionsgemäß eine endogene Erregungsproduktion zugrunde. Autonom und weitgehend unabhängig von Umweltreizen produzierte Impulse stauen sich so lange auf, bis ihre Entladung unvermeidbar wird. Nach diesem sogenannten „psychohydraulischen Motivationsmodell" *muß* der angesammelte Druck wie bei einem Dampfkessel nach einiger Zeit abgelassen werden. Es kommt zu spontanen und unvermeidbaren Aggressionsausbrüchen, im Extremfall sogar ohne äußere Auslöser im „Leerlauf" oder an einem Ersatzobjekt. Seine „liebe" alte Tante diente Lorenz als Beispiel.

Zweifel an dieser Dampfkesseltheorie kamen auch Kollegen und Mitarbeitern von Konrad Lorenz schon früh. Wolfgang Wickler fragte sich, warum sich eigentlich ein solcher „Angriffstrieb" *„durch Nichtbenutzen aufstauen, und das Lebewesen dazu veranlassen* [sollte]*, sobald es einige Zeit Ruhe vor Störenfrieden hatte, nun seinerseits andere stören und nach Gegnern suchen"* [719]? Heute ist klar, daß es einen solchen Angriffstrieb, der sich ungeachtet äußerer Umstände Luft verschaffen muß, nicht gibt.

Nicht bezweifelt wird indes, daß an der Bereitschaft, sich aggressiv zu verhalten, genetische Anlagen beteiligt sind. Man hat dies unter anderem durch Züchtungsexperimente mit Insekten, Fischen und Mäusen, bei denen Sozialisationseinflüsse ausgeschaltet wurden, nachweisen können [23, 384, 683]. Dies sollte man freilich nicht dahingehend mißverstehen, daß Gene Aggression (oder irgendein anderes Verhaltensmuster) grundsätzlich streng determinieren, ohne irgendwelche Freiräume zu lassen. So etwas mag für Tiere mit einer kurzen Lebensspanne und einer hohen Fortpflanzungsrate (und einer entsprechenden genetischen Variabilität unter den Nachkommen) vorteilhaft sein. Für langlebige Tiere, die sich wechselnden Umwelten gegenübersehen und sich erst spät und in Maßen fortpflanzen, wäre es fatal. Der dummdreiste Draufgänger, der ohne Rücksicht auf Verluste zuschlägt, ist kein Erfolgsrezept in der Natur.

Auch mit seiner Annahme, daß Aggression eine nützliche Funktion erfülle, lag Lorenz nicht ganz falsch. Nur suchte er auf der falschen Ebene: der Art. Gerechterweise sollte man anmerken, daß Lorenz keineswegs der einzige war, der glaubte, adaptiv (angepaßt) sei das, was der Arterhaltung dient. Diese Ansicht war lange Zeit „common sense" – ärgerlich ist nur, wenn sie auch heute noch unreflektiert verbreitet wird. Erst die Wegbereiter der Soziobiologie, allen voran der Brite William Hamilton und der Amerikaner George Williams, haben dieses Konzept hinterfragt und kamen zu einer gänzlich anderen Antwort: Adaptiv ist das, was der Verbreitung der eigenen Gene dient – unabhängig davon, ob es der Gemeinschaft nützt oder schadet [249, 722]. Auf größeren Widerhall (und teilweise erbitterte Ablehnung) stießen diese Ideen aber erst, als sie von Edward Wilson und Richard Dawkins populär gemacht wurden [725, 141].[1]

Aggression aus soziobiologischer Sicht

Unter Aggression versteht man jedes Verhalten, das gemeinhin darauf gerichtet ist, Artgenossen Schaden zuzufügen. Nach soziobiologischer Auffassung handelt es sich dabei um eine Verhaltensstrategie, die sich in der Evolution durchgesetzt hat, weil sie zur Vermehrung der Gene des aggressiven Individuums beitragen kann. Wenn Nahrung (oder irgendeine andere Ressource, die für das Überleben oder die Fortpflanzung wichtig ist) knapp ist, wird Konkurrenz die Folge sein. Physische Gewalt – oder auch nur ihre Androhung – kann ein Mittel sein, sich selbst auf Kosten anderer Ressourcen anzueignen. Natürlich ist Aggression keine *unausweichliche* Folge von Konkurrenz, wie Alfred Brehm einst suggerierte („Kampf findet immer statt, wo mehrere nach gleichem Ziele streben"); in der Selektion kann sich eine solche Strategie nur dann bewähren, wenn sie an die konkreten Lebensumstände angepaßt ist. Unter einer *Strategie* verstehen Biologen eine evolvierte „Regelsammlung", die festlegt, mit welcher Wahrscheinlichkeit welches Verhalten unter welchen Bedingungen gezeigt wird. Im Gegensatz zum herkömmlichen Sprachgebrauch wird dabei keinerlei bewußtes Planen oder absichtliches Handeln unterstellt. Was in der Selektion zählt, ist einzig das Ergebnis – gleichgültig, wie es zustande kommt. Wenn verschiedene Verhaltensoptionen oder *Taktiken* – je nach Situation – eingesetzt werden, spricht man von einer *konditionalen* Strategie [161].

Es sind im wesentlichen drei Faktoren, die darüber bestimmen, ob bei der Konkurrenz mit Artgenossen aggressive Mittel eingesetzt werden oder nicht:
– der zu erwartende *Nutzen* (etwa der Streitwert einer begehrten Ressource)
– die Einschätzung der *Chancen* (d. h. die Wahrscheinlichkeit zu gewinnen) und
– die *Kosten*, die durch eine aggressive Auseinandersetzung entstehen können (wenn man sich etwa eine Verletzung zuzieht).

Es ist leicht einzusehen, daß sich die aggressive Taktik in der Evolution nur durchsetzen kann, wenn auf der Habenseite ein Plus zu verbuchen ist: Der Nutzen einer Auseinandersetzung (gewichtet mit der Wahrscheinlichkeit zu gewinnen) muß größer sein als die Kosten, die der Streit verursacht.

Daß Primaten ihr Verhalten nach dieser Regel ausrichten, zeigen Versuche von Hans Kummer und seinen Mitarbeitern an Mantelpavianen: Gibt man einem Mantelpavianmännchen eine Dose mit Erdnüssen, wird dieser zweifellos begehrte Besitz auch von einem ranghöheren Rivalen respektiert. Weibchen hatten dagegen keinerlei Hemmungen, rangtieferen Rivalinnen Nahrung wegzunehmen. Der Grund für diesen Unterschied ist nicht, daß Männchen von Natur aus toleranter wären – gegen Weibchen und Kinder, aber auch gegen deutlich schwächere Männchen gehen sie genauso aggressiv vor wie die Weibchen untereinander auch. Es ist die Gefährlichkeit des Gegners, die die Taktik bestimmt: Männchen verfügen mit ihren langen, rasiermesserscharfen Eckzähnen über so gefährliche Waffen, daß sogar der Kampf gegen einen etwas Schwächeren gemessen am Nutzen der Beute zu kostspielig sein kann. Ungefährliche Gegner werden dagegen nicht respektiert [357, 546].

Wenn es um Weibchen als „begehrte Ressource" geht, wird die Sache natürlich erheblich komplizierter. Hier ist der „Streitwert" sicher höher – man könnte also erwarten, daß die Kampfbereitschaft steigt. Nur sind Weibchen eben keine Erdnüsse, sondern lebende Wesen mit eigenen Interessen und Handlungsmöglichkeiten: Ihr Verhalten kann einen entscheidenden Einfluß auf den Ausgang des Konfliktes haben. Wie sich zeigte, respektierten männliche Rivalen eine einmal etablierte Paarbeziehung um so eher, je höher der „Besitzer beim Weibchen im Kurs stand", wobei sie offenbar subtile Signale der Weibchen in ihre Kalkulation einbezogen. Nur die ranghöchsten Männchen scherten sich nicht um weibliche Vorlieben, sondern richteten ihre Taktik einzig nach der Rangbeziehung mit dem Gegner aus. Auch dies wirkt ausgesprochen rational: Zurückhaltung ist nicht nur deshalb angesagt, weil der „Besitzer" hochmotiviert sein könnte, sein „Eigentum" mit aller Macht zu verteidigen, sondern auch, weil der „Lohn" zweifelhaft ist: Unwillige Weibchen sind keine sichere Beute [28].

Wenn Konflikte also selten eskalieren, ist dies nicht Ausdruck von „Fairneß". Es geht nicht darum, den Gegner zu schonen, sondern die möglichen Risiken eines Beschädigungskampfes gegen seinen Nutzen (und die Gewinnmöglichkeiten) abzuwägen. Diese Kalkulation (die wie gesagt nicht bewußt durchgeführt werden muß) kann außerordentlich kompliziert sein. Beispielsweise können sich Kosten und Nutzen im Laufe eines Lebens ändern: Wenn ein Männchen am Anfang seiner Fortpflanzungskarriere steht, kann das Risiko einer Verletzung (mit langfristigen Folgen) viel schwerer wiegen als irgendein kurzfristiger Vorteil. Für ein altes Männchen kann die Rechnung ganz anders aussehen [141]. Empirische Überprüfungen von spieltheoretischen Modellen für das Kampfverhalten von Tieren [402], sind für Primaten auch deshalb so schwierig, weil die sozialen Konstellationen so komplex sind. Kombattanten sind so gut wie nie allein, und schon die bloße Anwesenheit von Freunden oder Verwandten kann die Gewinnchancen beeinflussen. Es reicht auch nicht, nur die physischen Risiken, die mit einem Kampf verbunden sind, zu betrachten: Einen Freund zu verlieren, kann schwerer wiegen als der kurzfristige Nutzen eines gewonnenen Kampfes [692].

Von der Vermutung, daß physische Beschädigung von Artgenossen ein unbedeutender Aspekt im Aggressionsverhalten nichtmenschlicher Primaten sei [354], mußte man dennoch Abschied nehmen. Blut spritzt – aus den genannten Gründen – zwar eher selten: Bei den als besonders aggressiv geltenden Rhesusaffen fand man, daß nur ein verschwindend geringer Anteil der Aggressionen zwischen Mitgliedern derselben Gruppe (es handelte sich um 3 Prozent) aus Beißereien bestand [57]. Noch seltener – in einem Prozent der Fälle – führen aggressive Auseinandersetzungen zwischen männlichen Savannenpavianen zu Verletzungen. Dieselbe Untersuchung fand freilich auch, daß jedes Männchen im Durchschnitt alle eineinhalb Monate verletzt wurde, und diese Verletzungen immerhin – ebenfalls im Durchschnitt – drei Wochen brauchten, um zu heilen [163]. Entsprechend sind die Körper vieler Affen – wenn man genauer hinschaut – übersät von Narben.

Auch die scheinbare Harmlosigkeit der eingesetzten Mittel – meistens drohen Affen einander nur – sollte nicht darüber hinwegtäuschen, daß die Folgen einschneidend sein können. Bei ceylonesischen Hutaffen *(Macaca sinica)* fand Wolfgang Dittus, daß über 80 Prozent aller Drohungen im Kontext der Nahrungsaufnahme stattfanden. Vor allem den jüngsten und schwächsten Mitgliedern der Gemeinschaft, jenen, die in der sozialen Hierarchie ganz unten standen, wurde dadurch der Zugang zur Nahrung erschwert. Die Konsequenzen waren, auch anderen Untersuchungen zufolge [655], eindeutig: Mehr als 80 Prozent der sozial benachteiligten Hutaffen starben, bevor sie überhaupt geschlechtsreif wurden – Dittus spricht von „sozial induzierter Mortalität" [153].[2]

Um sozial induzierte Mortalität handelt es sich zweifellos auch, wenn bei Rhesusaffen und Japanmakaken – Arten, die sich saisonal fortpflanzen – die Sterblichkeit unter den Männchen in der Paarungszeit steil ansteigt [176, 724].

Keine Frage also: Aggression ist ein eminent soziales Phänomen. Von „Triebbefriedigung" spricht heute niemand mehr. Der gute alte Brehm, ansonsten eine Quelle, die eher mit Vorsicht zu genießen ist, hatte in diesem Punkte recht: Aggression werden wir immer dort erwarten können, „wo mehrere nach gleichen Ziele streben". Keine Frage auch, daß man zur Friedfertigkeit erzogen werden kann: Junge Rhesusaffen jedenfalls, die man ein halbes Jahr lang mit etwas älteren Bärenmakaken vergesellschaftet hatte, nahmen viel von deren versöhnlicherem Umgangsstil an. Sie zankten sich zwar noch, aber sie vertrugen sich auch wieder [692]. Auch dies ist aus soziobiologischer Sicht keineswegs erstaunlich: Primaten, die ihr Aggressionsverhalten nicht an ihrer Umwelt orientieren, werden wenig Chancen haben, ihre Gene an die nachfolgende Generation weiterzugeben. In diesem Sinne sind die wissenschaftlichen Kinder der „klassischen Ethologie", die Soziobiologie und ihre Schwesterdisziplin, die Verhaltensökologie, den von ihrer „Mutter" – aus gutem Grunde – so sehr bekämpften Milieutheorien durchaus nahe.

Aggression gegen Verwandte

Wenn es das übergeordnete Ziel von Aggression ist, die genetische Fitness des Aggressors zu erhöhen, könnte man erwarten, daß man mit Verwandten grundsätzlich freundlich verkehrt, gegenüber unverwandten Individuen aber aggressiv reagiert. Natürlich ist dies eine simple – und daher unzutreffende – Schwarzweißmalerei, denn ebenso, wie es Konflikte zwischen Verwandten gibt, kann sich auch Kooperation mit Unverwandten auszahlen. Dennoch scheint es auf den ersten Blick schwer verständlich, daß in vielen Primatengesellschaften Aggressionen am häufigsten zwischen Verwandten beobachtet werden. Primatenmütter, die ihre eigenen oder nahe verwandte Kinder beißen, sind durchaus nichts Ungewöhnliches [59, 359, 694]. Niemand wird bezweifeln, daß es sich hierbei um Aggression handelt, obwohl manche Kulturen, wie die Samoaner (aber sicher auch viele Eltern anderswo), dies als Ausdruck elterlicher Liebe betrachten würden [557]. Biologen haben eine ganz ähnliche Erklärung parat: Solange elterliche Aggression die Kinder nicht nachhaltig schädigt, sondern eine erzieherische Funktion hat, kann sie den Kindern (und damit auch der Fitness der Eltern) auf lange Sicht nützlich sein [59]. Salopp ausgedrückt: Besser, man zeigt den Kindern selbst, wo es langgeht, als daß sie von anderen – mit möglicherweise weitaus negativeren Konsequenzen – in die Schranken gewiesen werden.

Natürlich ist dies eine Hypothese. Sie steht und fällt mit der Frage, ob alternative Erklärungsmöglichkeiten ausgeschlossen werden können. Die offensichtlichste Alternative ist, daß es keineswegs um das Wohl des Adressaten geht, sondern ganz direkt um das eigene Wohl. Denn handfeste Konflikte, bei denen die Beteiligten ganz unterschiedliche Interessen verfolgen, gibt es zweifellos auch zwischen Verwandten. Zwischen Eltern und Kindern ist ein solcher Interessenkonflikt sogar vorprogrammiert [636]. Kinder profitieren davon, daß sie von ihren Müttern gestillt werden. Das ist natürlich auch im Interesse der Mutter, aber zu langes Stillen kann über den physiologischen Effekt der sogenannten Laktationsamenorrhoe eine neue Konzeption hinauszögern [12, 439]. Für die Mutter ist zu langes Stillen also mit Fortpflanzungskosten verbunden. Entsprechend reagieren Primatenmütter auf die Stillversuche ihrer Säuglinge um so aggressiver, je älter diese werden. Bei sich saisonal fortpflanzenden Arten wie Berberaffen und Japanmakaken eskaliert die Aggressionshäufigkeit gegen ihre Kinder in der auf die Geburt folgenden Paarungszeit. Auf diese Weise erhöhen die Mütter ihre Chance, möglichst früh wieder zu konzipieren [735].

Entwöhnung ist aber zweifellos nicht der einzige Kontext, in dem Aggression zwischen Verwandten ein Mittel zur Lösung echter Interessenkonflikte darstellt. Einen extremen Fall beobachtete der amerikanische Primatenforscher Clarence Ray Carpenter, als er im September 1938 mehr als hundert Rhesusaffenmütter mit ihren Kindern in Käfigen von Indien nach Puerto Rico verschiffte. Als die Nahrung im Verlauf der langen Seereise knapp wurde und die Tiere gezwungenermaßen weniger gefüttert wurden, verwehrten die Weibchen ihren Kindern fast durchgängig den Zugang zur Nahrung, und mehrere Mütter „töteten ihre eigenen Babys" [97].[3] Auch bei Löwenaffen sind unter Laborbedingungen Todesfälle im Rahmen von Auseinandersetzungen zwischen Müttern und Töchtern vorgekommen. Im Freiland führen derartige Auseinandersetzungen normalerweise dazu, daß erwachsene Kinder aus ihrer Geburtsgruppe emigrieren [151, 338].

Aggressive Männchen, friedliche Weibchen?

In allen menschlichen Kulturen scheinen Männer eher zu aggressivem Verhalten zu neigen als Frauen. Dieser Geschlechtsunterschied tritt auch schon sehr früh in Erscheinung – mit 2 bis $2^1/_2$ Jahren [380]. Bei Erwachsenen sind geschlechtstypische Unterschiede in der Häufigkeit gewalttätiger Auseinandersetzungen überall auf der Welt nachgewiesen. Die kanadischen Forscher Martin Daly und Margo Wilson fanden in einer Vielzahl von Kulturen ein bemerkenswert einheitliches Bild: Ob im England des 13. Jahrhunderts, im Kongo Anfang der 50er Jahre, auf Grönland nach dem 2. Weltkrieg oder in Baden-Württemberg zu Beginn der 70er Jahre – überall war Mord und Totschlag unter Männern um ein vielfaches häufiger als unter Frauen [137]. Die bei uns „in Mode" gekommene Variante – Gewalt gegen Ausländer – offenbart dasselbe Muster: Die Täter sind fast durchweg Männer.

Die alte Frage „Angeboren oder erlernt?" liegt in der Luft, obwohl sie in dieser Form falsch gestellt und längst überholt ist. Es ist heute weithin akzeptiert, daß beide Komponenten – die genetischen Anlagen und die Umwelt – bei der phänotypischen Ausprägung von Merkmalen in enger Wechselbeziehung stehen. Es gibt kein Entweder-Oder, sondern nur ein festes, eindeutiges Sowohl-Als-auch. Da wir Kontraste eher wahrnehmen (und Demagogen ebenso wie Werbefachleute dies weidlich ausnutzen), fällt eine solche Einsicht natürlich einigermaßen schwer. Dabei kennen wir alle zumindest ein Beispiel: Fremdsprachen lernen fällt uns – jedenfalls den meisten von uns – im vorgerückten Alter ziemlich schwer; schon als Jugendliche mußten wir büffeln. Kinder dagegen saugen Sprachen auf wie ein Schwamm. Der „Schwamm" – das ist ein Werk der Gene: eine *angeborene Lerndisposition*, die uns das Lernen in jungen Jahren erleichtert, ja letztlich sogar ermöglicht. Mit der Aggression verhält es sich vermutlich nicht viel anders. Dennoch bleibt natürlich die Frage, ob der „Schwamm", der für die Entwicklung des Aggressionsverhaltens zuständig ist, im männlichen Geschlecht grundsätzlich aufnahmebereiter ist als im weiblichen. Die Daten vom Menschen scheinen darauf hinzuweisen, sind aber für sich allein nicht unbedingt beweiskräftig. Überzeugendere Antworten erhielten wir, wenn wir ein generelleres, nicht nur für Menschen gültiges Muster fänden.

Die meisten Biologen sind in der Tat der Meinung, daß – von Mäusen bis zum Menschen – Männchen in der Tat aggressiver sind als Weibchen [427, 435, 646]. Zwar sind Ausnahmen bekannt, wie zum Beispiel Zwergmeerkatzen *(Miopithecus talapoin)* und verschiedene Krallenaffen, bei denen die erwachsenen Weibchen als aggressiver gelten als die Männchen (interessanterweise trifft dieser Unterschied auf jüngere Zwergmeerkatzen nicht zu) [187, 338, 733]. Aber Ausnahmen bestätigen schließlich nur die Regel. Die physiologische Ursache schien ebenfalls klar: das in den interstitiellen Zellen des Hodengewebes gebildete männliche Sexualhormon Testosteron.

Testosteron wird schon von männlichen Föten gebildet, während es bei Weibchen im gleichen Entwicklungstadium praktisch nicht nachweisbar ist. Zahlreiche Studien deuten darauf hin, daß pränatale Testosteronwirkungen aggressives Verhalten beeinflussen können. Wenn man beispielsweise trächtigen Rhesusaffenweibchen Testosteron injiziert, verhalten sich die dadurch produzierten vermännlichten Töchter später deutlich aggressiver als ihre normalen weiblichen Altersgenossinnen. Sozialisationseinflüsse konnten hier ausgeschlossen werden: Die Tiere wurden nach der Geburt sofort von der Mutter getrennt und isoliert aufgezogen [239]. Es ist sogar vermutet worden, daß die Zirkulation der Hormone männlicher Föten im Blut schwangerer Weibchen diese aggressiver machen [188]. Quantitative Untersuchungen an einer größeren Zahl schwangerer Bärenmakakenweibchen *(Macaca arctoides)* stützen diese Ansicht aber nicht [443]. Ob unterschiedliche Testosteronmengen im Blut erwachsener Männchen deren Aggressivität beeinflußt, ist umstritten – eindeutig sind die Befunde nicht. Vermutlich sind derartige Hormonwirkungen jenseits eines kritischen Schwellenwertes vergleichsweise bedeutungslos [422]. Anders gesagt: Viel Testosteron bedeutet noch lange nicht viel Aggression. Testosteron als direkte physiologische Ursache aggressiven Verhaltens zu betrachten, wäre im übrigen zu einfach. Neuere Forschungen auf dem Gebiet der Psychoneuroendokrinologie deuten eher darauf hin, daß Testosteron aggressive Verhaltensäußerungen zwar fördern kann, aber nicht der eigentliche Auslöser ist [156, 530].

Welche Rolle auch immer hormonelle oder neurophysiologische Faktoren spielen mögen, sie sind nur ein Mittel zum Zweck. Warum die natürliche Selektion eine größere Aggressivität im männlichen Geschlecht gefördert haben sollte, erklären sie nicht. Tatsächlich haben Evolutionsbiologen wie Sarah Hrdy und George Williams die traditionelle Ansicht, nur Männchen seien aggressiv und konkurrenzorientiert, Weibchen dagegen friedlich und nach Harmonie bestrebt, scharf angegriffen [300]. Quantitative Befunde zum Aggressionsverhalten nichtmenschlicher Primaten zeigen in der

Tat, daß dieses Bild einer differenzierteren Analyse kaum standhält. Rhesusaffen sind am intensivsten untersucht worden, aber selbst hier sind die Ergebnisse widersprüchlich. Bei freilebenden Rhesusaffen in Nepal beobachtete man, daß Männchen doppelt so häufig wie Weibchen aggressive Interaktionen initiierten [620]. In einer Laborstudie ließ sich dagegen eine höhere Aggressionsrate im männlichen Geschlecht nur bei Kindern (im Alter von einem halben bis $1^{1}/_{2}$ Jahren) nachweisen. Bei älteren Tieren drehten sich die Verhältnisse sogar um: In fast allen untersuchten Verhaltenskategorien (Drohen, Jagen, Beißen etc.) zeigten die Weibchen, insbesondere die erwachsenen, signifikant höhere Werte als die Männchen [58]. Auch in anderen Studien und an anderen Arten fanden sich mal bei Weibchen, mal bei Männchen höhere Werte (Tab. 2.1).

Weibchen setzen auch nicht durchgängig mildere oder subtilere Aggressionsformen ein als Männchen. Im Gegenteil: Nicht nur bei Rhesusaffen, sondern auch bei Schweinsaffen, Bärenmakaken, Schopfmakaken und Mangaben ergab eine Laborstudie, daß die erwachsenen Männchen seltener zubissen als die Weibchen [61]. Eine mögliche Ursache für diese männliche Zurückhaltung haben wir schon bei Hans Kummers Mantelpavianen kennengelernt: die Gefahr, die mit der Eskalation eines Kampfes zwischen Männchen verbunden ist. Mit aggressiven Mitteln ausgetragene Konflikte können aber auch zwischen Weibchen ernste Konsequenzen haben: Bei einem Machtkampf zwischen mehreren Rhesusaffenclans am Yerkes Primate Center in Atlanta, der sich über Jahre hinzog und mit dem Sturz des bislang führenden Clans endete, kamen insgesamt 7 Weibchen und ein junges Männchen zu Tode. Sie waren in einem Akt kollektiver Gewalt von den konkurrierenden Weibchen regelrecht zusammengebissen worden [179]. Derartiges mag man natürlich als Gefangenschaftsartefakt abtun. Bis zu einem gewissen Grad trifft dies wohl auch zu: Im Freiland hätten die unterlegenen Weibchen eher die Möglichkeit gehabt, zu fliehen. Aber die Vermutung, daß eine unnatürlich hohe Individuendichte auf begrenztem Raum Gewalt geradezu provoziert, stimmt zumindest für Primaten nicht: Bei Schimpansen und Rhesusaffen ist unter solchen Bedingungen die Zunahme freundlicher und beschwichtigender Interaktionen weitaus auffälliger als die Zunahme aggressiver Akte. Primaten verfügen also durchaus über Mittel, konfliktbeladene Situationen zu meiden oder ihnen aktiv entgegenzuwirken [688].

Untersuchungen über den Zusammenhang zwischen Individuendichte und Aggressionshäufigkeit zeigen aber noch etwas anderes: Wenn bei zoo- oder laborlebenden Primaten eine im Vergleich zu ihren wilden Artgenossen erhöhte Aggressionsrate zu beobachten ist, dann offenbar nur unter den Weibchen [692]. Diese Beobachtung könnte uns helfen, einige der

Tab. 2.1: Geschlecht und Aggression bei nichtmenschlichen Primaten[4]

Art	Aggressiveres Geschlecht	häufiger verletztes Geschlecht
Bärenmaki *(Arctocebus calabarensis)*		Männchen (Freiland)
Potto *(Perodicticus potto)*		Männchen (Freiland)
Buschwaldgalago *(Galago alleni)*		Männchen (Freiland)
Kielnagelgalago *(G. elagantulus)*		Männchen (Freiland)
Zwerggalago *(Galago demidivii)*		Männchen (Freiland)
Katta *(Lemur catta)*		Männchen (Freiland)
Larvensifaka *(Propithecus verreauxi)*		Männchen (Freiland)
Gehaubter Kapuziner *(Cebus apella)*	Weibchen (Freiland)	
Mantelbrüllaffe *(Alouatta palliata)*		Männchen (Freiland)
Roter Brüllaffe *(A. seniculus)*		Männchen (Freiland)
Löwenaffe *(Leontopithecus rosalia)*	Weibchen (Labor)	
Hanumanlangur *(Semnopithecus entellus)*	Männchen (Freiland)	Männchen (Freiland)
Nilgirilangur *(Trachypithecus johnii)*	Männchen (Freiland)	
Grüne Meerkatze *(Cercopithecus aethiops)*		Männchen (Freiland)
Zwergmeerkatze *(Miopithecus talapoin)*	Weibchen (Labor)	
Rauchgraue Mangabe *(Cercocebus atys)*		Männchen (Labor)
Rhesusaffe *(Macaca mulatta)*	Männchen (Freiland) Weibchen (Insel) Weibchen (Labor)	Männchen (Freiland) Männchen (Insel) Weibchen (Insel) Männchen (Labor)
Bärenmakak *(M. arctoides)*	Männchen (Labor) Männchen = Weibchen (Labor) Weibchen (Labor)	Männchen (Labor)
Schweinsaffe *(M. nemestrina)*	Weibchen (Labor) (Männchen: schwere Aggressionen)	Männchen (Labor)
Japankakak *(M. fuscata)*	Männchen (Labor) Weibchen (Freigehege)	
Tibetmakak *(M. thibetana)*	Weibchen (Freiland)	Männchen (Freiland)
Ceylon-Hutaffe *(M. sinica)*	Männchen (Freiland)	
Anubispavian *(Papio anubis)*	Weibchen (Freiland)	Männchen (Freiland)
Gelber Pavian *(P. cynocephalus)*		Männchen (Freiland)
Bärenpavian *(P. ursinus)*	Männchen (Freiland)	
Schimpanse *(Pan troglodytes)*	Männchen (Freiland)	
Bonobo *(P. paniscus)*	Männchen (Freiland)	

oben erwähnten widersprüchlichen Befunde zu erklären: Weibchen konkurrieren, wie wir uns aus dem letzten Kapitel erinnern, in erster Linie um
Nahrung – oder um eine soziale Position, die ihnen den Zugang zur Nahrung sichert. In Gefangenschaft ist zwar üblicherweise mehr als genug Futter für alle da; aber um einen Futternapf wird mehr Streit entbrennen als
um die weitverstreuten Früchte im natürlichen Lebensraum der Tiere. Ob
ein Geschlecht aggressiver als das andere ist, hängt also nicht zuletzt von
äußeren Faktoren ab.[5]

Dennoch scheinen die Folgen männlicher Aggression in aller Regel
schwerwiegender zu sein als die weiblicher Aggression. Bei fast allen daraufhin untersuchten Arten weisen erwachsene Männchen häufiger Verletzungen auf als Weibchen oder Jungtiere (Tab. 2.1). Zwei Tatsachen sprechen dafür, daß diese Verletzungen tatsächlich auch von Männchen verursacht wurden: Erstens verfügen bei allen aufgeführten Arten die
Männchen über deutlich längere und schärfere Eckzähne als die Weibchen,
und die Art der Wunden – tiefe Schnitte und Stiche – zeigt gewöhnlich,
daß diese Waffen auch tatsächlich eingesetzt wurden (Weibchen fügen sich
mit ihren Zähnen Quetschungen oder Rißwunden zu). Zweitens werden
schwere Attacken gegen Männchen fast immer von anderen Männchen
ausgeführt. Ob auf der anderen Seite Verletzungen von Weibchen auch
tatsächlich von anderen Weibchen verursacht wurden, ist dagegen keineswegs so klar, denn auch Männchen setzen mitunter schwere Aggressionen
gegen Weibchen ein, um ihre Interessen durchzusetzen [580].

Wagen wir ein vorsichtiges Fazit. Daß Männchen „von Natur aus" aggressiv, Weibchen dagegen grundsätzlich tolerant, fürsorglich und friedlich
veranlagt seien, ist ein Klischee, das durch die Wirklichkeit nicht bestätigt
wird. Weibchen *können* – bezüglich der eingesetzten Mittel – genauso aggressiv wie Männchen sein, und nicht eben selten – wenn man die Häufigkeit aggressiven Verhaltens betrachtet – *sind* sie es auch. Todesfälle und
schwere Verletzungen werden aber – wenn es dazu kommt – weitaus häufiger von Männchen als von Weibchen verursacht. Unter dem Ökonomie-
gesichtspunkt sind diese Befunde nicht allzu schwer zu verstehen: Für
Weibchen, die tagtäglich um die für ihren Fortpflanzungserfolg entscheidende Ressource – Nahrung – konkurrieren, gehört Aggression zum Alltag,
um die eigenen Ansprüche durchzusetzen. Eskalationen der Gewalt um
Ressourcen von begrenztem Wert aber zahlen sich nicht aus: Eine Frucht
mehr oder weniger wird den Fortpflanzungserfolg nicht wesentlich beeinflussen, und die Ausschaltung einer Konkurrentin – die oft genug ja auch
Kooperationspartnerin ist – wird Weibchen nur selten einen Selektionsvorteil verschaffen. Für Männchen, die sehr viel direkter als Weibchen miteinander um Fortpflanzungsvorteile konkurrieren – nämlich um den Zugang

zu befruchtungsfähigen Eizellen, sieht das anders aus. Da die begehrte Ressource selten ist, werden zwar auch ernsthafte Kämpfe selten sein. Auch wird eine einzelne Kopulationsmöglichkeit mit ungewissen Zeugungschancen nur selten eine hohe Risikobereitschaft erzeugen. Ist das Risiko freilich gering, der zu erwartende Gewinn dagegen hoch, wird die Gewaltschwelle sinken. Auch wenn Männchen nicht grundsätzlich und unter allen Umständen aggressiver sind als Weibchen: Die Verbindung aus Gewalt, Sex und Macht scheint im männlichen Geschlecht sehr viel explosiver als im weiblichen.

Schadensbegrenzung

Manchmal kann man keinen Kampf gewinnen, ohne einen Freund zu verlieren, sagt der niederländische Primatenforscher Frans de Waal und beschreibt damit das grundlegende Dilemma, in dem sich Tiere, die in Gruppen leben, befinden [691]. Aggressive Auseinandersetzungen stellen zweifellos ein störendes Element dar, das dem Zusammenleben in kooperativen Gemeinschaften nicht gerade förderlich ist. Schadensbegrenzende Maßnahmen sind also zu erwarten, wenn es darum geht, möglicherweise nutzbringende Beziehungen – trotz aller Konflikte – nicht nachhaltig zu zerstören. Die klassische Verhaltensforschung hat diese friedensstiftende Funktion vor allem Rangordnungen zugeschrieben. Obwohl soziale Hierarchien in der Konsequenz tatsächlich dazu führen, daß viele Konflikte ohne den Einsatz von Aggressionen gelöst werden, gilt diese Interpretation heute als problematisch (vgl. Kapitel 3).

Wenn Konflikte unausweichlich sind, könnte Toleranz ein wirksames Mittel der Deeskalation sein. Inwieweit Tiere ungeachtet eines aktuellen Interessenkonfliktes aggressive Verhaltenstendenzen unterdrücken, ist natürlich schwer zu ermessen. Zu viele Unbekannte sind im Spiel: Wie schwer wiegt der Verlust einer beiderseits begehrten Ressource? Wie wertvoll ist die Beziehung zum Konkurrenten und wie schädlich ist – gegebenenfalls – deren Beeinträchtigung? Hinzu kommt, daß scheinbare Toleranz allzu oft nur eine opportunistische Taktik ist, um das eigene Risiko zu mindern.

Eindeutigere Hinweise dafür, daß Primaten im Konfliktfall zumindest unter bestimmten Umständen Schadensbegrenzung betreiben, ergeben sich aus ihrem Verhalten *nach* aggressiven Auseinandersetzungen. Vielfach hat sich nämlich gezeigt, daß die Kontrahenten unmittelbar nach ihrem Streit wieder Freundlichkeiten austauschen – sich versöhnen [329, 690, 691]. Manche Arten benutzen dabei Gesten, die in anderen Kontexten so

gut wie nie zu sehen sind. Schimpansen etwa küssen und umarmen sich,
während Bonobos ausgiebig ihre Genitalien aneinander reiben. Bei anderen Arten, wie etwa Rhesusaffen, sind Versöhnungen weitaus weniger auffällig, eher beiläufig. Unterschiedlich ist auch, wer den ersten Schritt macht:
Bei Bonobos, Rhesus- und Husarenaffen ist es häufiger der Aggressor, bei
Schimpansen, Schweinsaffen, Javaneraffen und Bärenmakaken dagegen
häufiger der Angegriffene. Daß der aus dem menschlichen Sprachgebrauch
entlehnte Begriff „Versöhnung" angemessen ist, hat Marina Cords experimentell nachweisen können. Cords bot jeweils zwei Javaneraffen in geringer Entfernung süßen Sirup an. Wenn sie dabei einen Streit zwischen den
Tieren provozierte, traute sich der Unterlegene kaum noch neben dem
dominanten Partner zu trinken; freundliche Interaktionen im Anschluß an
den Streit hatten dagegen den Effekt, daß die Aggressionsbereitschaft des
dominanten Partners ebenso wie die ängstliche Zurückhaltung des Unterlegenen schwand: Die friedliche Atmosphäre war wiederhergestellt [123].

Die Bereitschaft, sich im Konfliktfall zu versöhnen, scheint allerdings
keine unabdingbare Voraussetzung für das Leben in Gruppen zu sein.
Beim Katta *(Lemur catta),* einer gruppenlebenden madagassischen Halb-
affenart, hat man keine Hinweise für Versöhnungen gefunden. Der nahe
verwandte, ebenfalls auf Madagaskar beheimatete Rotstirnmaki *(Eulemur
fulvus rufus)* zeigt dagegen dieses Verhalten durchaus [326]. Auch die Tatsache, daß es große innerartliche Unterschiede gibt, wer sich mit wem wie
häufig versöhnt, spricht gegen einen engen kausalen Zusammenhang zwischen Gruppenleben per se und Versöhnungsbereitschaft [329]. Der entscheidende Faktor ist offenbar die Qualität beziehungsweise der Wert der
Beziehung für die beteiligten Individuen. Beispielsweise zeigten Javaneraffen, die darauf trainiert worden waren, bei der Nahrungsbeschaffung zu-
sammenzuarbeiten, eine besonders hohe Versöhnungsbereitschaft [124].
Auch zwischen Verwandten hat man vielfach hohe Versöhnungsraten gefunden. Weibliche Berggorillas und Mantelpaviane – Arten also, die nicht
in „female bonded"-Gruppen leben, die weiblichen Gruppenmitglieder
mithin weder miteinander verwandt sind noch große Kooperationsbereit-
schaft zeigen – versöhnen sich dagegen selten oder nie [329].

Ganz offensichtlich ist also die Bereitschaft, im Konfliktfall Schadensbegrenzung zu betreiben, an den persönlichen Interessen der Betroffenen
orientiert. Durch ein allumfassendes Harmoniestreben zeichnen sich Primaten nicht aus. Das war übrigens auch schon Charles Darwin klar: *„Diese
Gefühle und Dienste* (gemeint waren „Sympathie" und gegenseitige Hilfe)
*erstrecken sich aber durchaus nicht auf alle Individuen derselben Species,
sondern nur auf die derselben Gemeinschaft"* [139, S. 108].

Über das Töten von Artgenossen

„Niemals haben wir gefunden", schrieb Konrad Lorenz in seinem Buch „Das sogenannte Böse", *„daß das Ziel der Aggression die Vernichtung des Artgenossen sei,* [...] *oh nein, windelweich geprügelt soll er sein"* [373, S. 72]. Lorenz sprach denn auch lieber von „Verhauverhalten". *„Das Töten von Artgenossen bei Tieren und beim Menschen"* fand er in seiner berühmten Abhandlung „Über das Töten von Artgenossen" *„im Sinne der Arterhaltung höchst unzweckmäßig"* [372, S. 105]. Eine tief verankerte *angeborene innerartliche Tötungshemmung* sollte eine Selbstausrottung solcher Tierarten verhindern, die zum Umbringen von Artgenossen fähig sind. Ein im Kampf unterlegener Wolf kehrt – so Lorenz – *„den Kopf vom überlegenen Gegner weg und bietet ihm so die äußerst verwundbare, vorgewölbte Seite seines Halses"* [373, S. 197]. *„Der überlegene Wolf oder Hund beißt aber in dieser Situation sicher nicht zu. Man sieht es ihm an, daß er es eigentlich gern möchte, aber einfach nicht kann"* [374, S. 120]!

Eine solche Tötungshemmung hätten auch unsere Vorfahren gehabt, glaubte Lorenz, nur sei sie uns im Zuge der Zivilisation und der Entwicklung von Fernwaffen – angefangen mit Pfeil und Bogen – mehr und mehr abhanden gekommen. Auch der Lorenz-Schüler Irenäus Eibl-Eibesfeldt hält die menschliche Kultur für das eigentliche Problem, glaubt allerdings, daß die uns angeborene Tötungshemmung tief in unserem Inneren durchaus noch vorhanden sei: *„Wir können zwar den uns angeborenen Normenfilter, der zu töten verbietet, durch einen kulturellen Normenfilter überlagern, der Feinde zu töten gebietet. Das schaltet aber den biologischen Normenfilter nicht ganz ab"* [181, S. 571]. Fatal wäre es allerdings, auf die „Stimme der Natur" zu hören, einem „biologischen Normenfilter" zu vertrauen, wenn es diesen nie gegeben hätte!

Natürlich kannte Lorenz Fälle von Artgenossentötung bei Tieren. *„Auf die Hemmungen ist kein absoluter Verlaß"*, stellte er fest, *„sie können gelegentlich auch versagen"* [373, S. 192]. So machte man sich denn auch keine weiteren Gedanken, als 1967 erstmals Berichte über Kindestötungen durch männliche Hanumanlanguren des indischen Subkontinents auftauchten [608]. Schließlich wußte man, daß Säugetiere in Gefangenschaft, wenn sie gestört werden, gar nicht so selten ihre eigenen Jungen töten und fressen. Warum sollte derartiges nicht auch gelegentlich in freier Natur – bei Übervölkerung oder nachhaltig gestörten Lebensbedingungen – auftreten? Und wenn es beim Menschen Psychopathen gibt, warum nicht auch unter indischen Languren? Als die junge amerikanische Primatologin Sarah Hrdy allerdings 1974 eine gänzlich andere Erklärung vorschlug, entbrannte ein heftiger Streit. Keine Frage: „Im Sinne der Arterhaltung" ist Infantizid –

die Tötung arteigenen Nachwuchses – zweifellos höchst unzweckmäßig.
Aber für männliche Individuen, die hart um den Zugang zu Weibchen und
die Weitergabe ihres eigenen Erbgutes konkurrieren, konnte es sich nach
Hrdys Überzeugung um eine höchst zweckmäßige, von der Selektion ge-
förderte Fortpflanzungsstrategie handeln [292, 294].

Hanumanlanguren (wissenschaftlich *Presbytis entellus*, oder neuerdings
auch *Semnopithecus entellus* genannt) leben in weiten Teilen ihres Ver-
breitungsgebietes in Gruppen, denen ein erwachsenes Männchen sowie
mehrere Weibchen und ihre Jungen angehören. Diese Sozialstruktur findet sich auch bei den Languren, die im Umkreis der indischen Stadt
Jodhpur leben. Die Position des männlichen „Haremshalters" ist natürlich
hochbegehrt: Es ist die einzige reelle Chance für ein Männchen, sich fortpflanzen zu können. Entsprechend häufig kommt es zu Umstürzen. Banden männlicher „Junggesellen" fallen immer wieder einmal in das Gebiet
der Haremsgruppen ein. Oft genug geht es ihnen offenbar nur darum,
flüchtige Sexualkontakte zu ergattern. Wenn ihre Schlagkraft aber groß
genug ist, kann es ihnen gelingen, den Haremshalter gewaltsam zu vertreiben. Die Zusammenarbeit der Invasoren dauert freilich nicht an. Über
kurz oder lang vertreibt einer von ihnen – üblicherweise der Ranghöchste
– seine ehemaligen Verbündeten, die nunmehr zu Konkurrenten geworden sind. Im Durchschnitt kommt es in den Haremsgruppen der Languren von Jodhpur alle 2 Jahre zu einem solchen Machtwechsel. Über das
Schicksal der geschlagenen Haremshalter weiß man wenig. Allerdings trugen sie nicht selten Verletzungen davon, und einige kamen definitiv zu
Tode.

Aber auch für die Jungtiere der Gruppe stellen solche Umstürze ein
nicht unerhebliches Risiko dar. Indische und deutsche Forscher haben im
Verlaufe von mehr als 20 Jahren Daten über das Schicksal von über hundert Jungtieren zusammengetragen, die einen solchen Machtwechsel in ihrer Geburtsgruppe erlebten: Von 81 Säuglingen, die zum Zeitpunkt des
Machtwechsels bereits geboren waren, wurden
– 10 nachgewiesenermaßen vom neuen Männchen tödlich verletzt,
– 2 wurden von ihm attackiert und verletzt und galten hernach als vermißt,
– 20 verschwanden kurz nach der Machtübernahme unter ungeklärten
  Umständen, und
– 13 wurden angegriffen und verletzt, überlebten aber.

Die restlichen 36 Jungtiere kamen ungeschoren davon. Da das Verschwinden eines Säuglings unter ungeklärten Umständen (die so ganz ungeklärt ja denn doch nicht waren – immerhin war der Kontext bekannt)
mit an Sicherheit grenzender Wahrscheinlichkeit gleichbedeutend mit seinem Tod ist, muß man also wohl davon ausgehen, daß fast 40 Prozent dieser

81 Kinder im Zuge von Machtwechseln zu Tode kamen. Etwas besser waren die Chancen der Kinder, die erst kurz nach der Gruppenübernahme zur Welt kamen: 7 wurden (nachgewiesenermaßen oder sehr wahrscheinlich) getötet, eines verletzt und 21 Kindern passierte nichts. Fünf weitere allerdings kamen gar nicht mehr lebend zur Welt: Die offensichtlich schwangeren Weibchen erlitten eine Fehlgeburt [589, 590].

Auch bei anderen Affenarten sind Kindestötungen erheblich häufiger, als man lange Zeit dachte. Bei Roten Brüllaffen *(Alouatta seniculus)* in Venezuela wurden 22 von insgesamt 50 Jungtieren (44 Prozent), die im ersten Lebensjahr starben, nachgewiesenermaßen oder sehr wahrscheinlich von Männchen getötet [129]. Auch bei den Berggorillas *(Gorilla gorilla beringei)* des Virunga-Vulkangebietes im Grenzgebiet von Ruanda, Uganda und Zaire ist Infantizid die Hauptursache für Todesfälle im Säuglingsalter. Hier gehen 37 Prozent der Todesfälle von Kindern auf das Konto infantizidaler Männchen [709, 710]. So traurig diese Befunde stimmen mögen, entbehren sie doch auch nicht einer gewissen Ironie: Ausgerechnet Languren und Brüllaffen galten bis dahin als besonders friedlich [245], und Gorillas waren eben erst, nachdem sich herausgestellt hatte, daß sie weder wie weiland King Kong Jungfrauen rauben noch Missionare zu verspeisen pflegen, zu den „sanften Riesen des Urwaldes" stilisiert worden.

Mittlerweile wurden Fälle von Kindestötungen von mehr als zwei Dutzend Primatenarten aus allen größeren systematischen Gruppen im Freiland berichtet (Tab. 2.2). Die Liste ließe sich mühelos verlängern, wenn man Beobachtungen aus Zoos oder Labors hinzunimmt. Obwohl sich sicher nicht alle Fälle in ein einheitliches Schema pressen lassen, sind einige Trends offensichtlich:

1) Die Täter sind *fast ausnahmslos Männchen.* Tötungen durch Weibchen sind nur bei wenigen Arten beobachtet worden und scheinen generell selten vorzukommen [152, 230, 511, 672, 704].

2) Opfer sind fast immer noch *nicht entwöhnte Jungtiere* beiderlei Geschlechtes. Bei Schimpansen [287], Languren [589] und Mantelbrüllaffen [112] werden allerdings männliche Jungtiere häufiger getötet. Auch Aborte wurden als Folge männlicher Aggression gegen trächtige Weibchen nicht nur bei Languren beobachtet [431, 480].

3) Kindestötungen durch Männchen sind in Gruppen, in denen nur *ein Männchen* das *Fortpflanzungsmonopol* hat (polygynes Paarungssystem), häufiger als in Gruppen, in denen sich beide Geschlechter mit mehreren Partnern paaren (promiskes Paarungssystem).

4) Die Täter waren in den meisten Fällen erst vor kurzer Zeit in die Gruppe *eingewandert* und/oder *in eine hohe Rangposition aufgestiegen.*

Tab. 2.2: Infantizid bei freilebenden Primaten (EMG = Ein-Männchen-Gruppen; MGG = Mehr-Männchen-Gruppen).

Art	Täter	Sozialstruktur, Paarungssystem	Kontext	Quellen
Katta *Lemur catta*	Männchen	MMG, promisk	gruppenfremd	[289]
Diademsifaka *Propithecus diadema*	Männchen	MMG, polygyn	Immigration	[739]
Weißbüschelaffe *Callithrix jacchus*	Alpha-Weibchen	EMG, polygyn	Geburt durch rangniederes Weibchen	[152, 511]
Roter Brüllaffe *Alouatta seniculus*	Männchen	EMG, polygyn MMG, polygyn	Machtwechsel Immigration	[2, 129]
Mantelbrüllaffe *A. palliata*	Männchen	MMG, polygyn	Immigration	[113]
Schwarzer Brüllaffe *A. caraya*	Männchen	MMG, polygyn	Immigration	[525]
Brauner Brüllaffe *A. fusca*	Männchen	EMG, polygyn	Machtwechsel	[214]
Weißschulterkapuziner *Cebus capucinus*	Männchen	MMG, polygyn	Rangaufstieg	[514]
Brauner Kapuziner *C. olivaceus*	Männchen	EMG, polygyn MMG, polygyn	Rangaufstieg	[645]
Thomas-Mützenlangur *Presbytis thomasi*	Männchen	EMG, polygyn	gruppenfremd	[599]
Hanumanlangur *Semnopithecus entellus*	Männchen	EMG, polygyn, MMG, promisk	Machtwechsel Rangaufstieg	[589] [81]
Weißbartlangur *Trachypithecus senex*	Männchen	EMG, polygyn	Machtwechsel	[520]
Haubenlangur *T. cristatus*	Männchen	EMG, polygyn	Machtwechsel	[731]
Guereza *Colobus guereza*	Männchen	EMG, polygyn	Machtwechsel	[452]
Roter Stummelaffe *Procolobus badius*	Männchen	MMG, promisk	Rangaufstieg	[606]
Diademmeerkatze *Cercopithecus mitis*	Männchen	EMG, polygyn	Machtwechsel	[195, 381, 606]
Rotschwanzmeerkatze *C. ascanius*	Männchen	EMG, polygyn	Machtwechsel	[606]
Campbells Meerkatze *C. campbelli*	Männchen	EMG, polygyn	Machtwechsel	[212]
Grüne Meerkatze *C. aethiops*	Männchen	MMG, promisk	Immigration	[20]
Rhesusaffe *Macaca mulatta*	Männchen	MMG, promisk	Immigration	[94]
Javaneraffe *M. fascicularis*	Männchen	MMG, promisk	Rangaufstieg	[524]

Art	Täter	Sozialstruktur, Paarungssystem	Kontext	Quellen
Ceylon-Hutaffe M. sinica	Männchen	MMG, promisk	?	[155]
Japanmakak M. fuscata	Männchen	MMG, promisk	Immigration; gruppenfremd	[315]
Anubispavian Papio anubis	Männchen	MMG, promisk	Immigration, Rangaufstieg	[121]
Gelber Pavian P. cynocephalus	Männchen	MMG, promisk		[480, 452]
	Weibchen			[704]
Bärenpavian P. ursinus	Männchen	MMG, promisk	Immigration, Rangaufstieg	[121, 462]
Berggorilla Gorilla gorilla	Männchen	EMG und MMG, polygyn	Machtwechsel	[709]
Schimpanse Pan troglodytes	Männchen Weibchen	MMG, promisk	Immigration von Weibchen	[230, 288] [231]

5) In den meisten Fällen sind die Opfer mit dem Täter *nicht verwandt.* Ausnahmen können vorkommen [130, 645], verwandte Kinder werden aber oft auffallend geschont [112, 365].

Der Streit darüber, *warum* Primatenmännchen Kinder töten, tobt unvermindert heftig [301, 611]. Um uns ein eigenes Bild machen zu können, müssen wir uns die wichtigsten Argumente ein wenig genauer ansehen:

Hypothese 1: *Infantizid ist eine pathologische Erscheinung.*

Aus der Sicht der klassischen Verhaltensforschung, für die das Töten von Artgenossen „im Sinne der Arterhaltung" höchst unzweckmäßig war, konnten Kindestötungen natürlich nicht zum normalen Verhaltensrepertoire nichtmenschlicher Primaten gehören, sondern mußten das Werk gestörter Einzeltäter sein. Die Frage nach einem möglichen Selektionsvorteil, also einer biologischen Grundlage dieses Verhaltens, würde sich damit erübrigen. Befürworter dieser Hypothese machten geltend, daß Kindestötungen nur selten und fast ausschließlich in Populationen, die durch menschliche Einflüsse stark gestört sind, beobachtet worden seien. Zielscheibe dieser Kritik waren vor allem Sarah Hrdys Beobachtungen über Kindestötungen bei den Languren des Mount Abu, einer Population, die mehr oder weniger mitten in einer indischen Stadt lebt und sich von menschlichen Abfällen ernährt [293]. War hier bei nichtmenschlichen Primaten das eingetreten, was Lorenz einmal die „Verhausschweinung des Menschen" genannt hatte? Hatten die verderblichen Einflüsse der Zivilisation zur Aufweichung des „biologischen Normenfilters" geführt?[6]

In einer Welt, in der die Schattenseiten der Zivilisation mit beiden Hän-

den greifbar sind, erscheint eine solche Interpretation natürlich verführerisch. Den Tatsachen wird sie aber nicht gerecht: Kindestötungen kommen
auch in von Menschen praktisch unbeeinflußten Populationen vor, ja sie
sind dort nicht einmal erkennbar seltener als bei Primaten, die unter
menschlichem Einfluß leben [273, 437, 606].[7] Auch die Annahme, daß es
sich um verhaltensgestörte Einzeltäter handelt, wird nicht bestätigt. Tatsächlich handelt es sich um ein in vielen Populationen verbreitetes Phänomen, und die Täter sind keineswegs immer dieselben. Hinzu kommt, daß
die Tötungen außerordentlich kontextspezifisch (Gruppenwechsel und
Rangaufstieg) und selektiv sind. Primaten, die unter bestimmten Umständen bestimmte Kinder töten, sind also keineswegs „notorische Killer". Daß
im übrigen eine unnatürlich hohe Individuendichte keineswegs zum Ausbruch gewalttätiger Aggressionen führt, hatten wir schon gehört. Primaten
versuchen unter solchen Bedingungen Konflikte zu vermeiden – sie fallen
nicht übereinander her.

Richtig ist nur, daß die Gesamtzahl der tatsächlich beobachteten Fälle
von Kindestötungen bei freilebenden Primaten nicht eben hoch ist. Allerdings beobachten Verhaltensforscher Todesfälle – ganz gleich, wodurch sie
herbeigeführt werden – generell selten. Das ist überhaupt nicht verwunderlich: Zwar endet jedes Leben mit dem Tod, aber das Leben währt
normalerweise länger als der Augenblick des Todes. Hinzu kommt, daß
die Umstände, die Kindestötungen offenbar begünstigen, alles andere als
allgegenwärtig sind. Viel häufiger sind die Forscher mit dem Ergebnis
konfrontiert: Ein totes Kind, dessen Verletzungen eindeutig darauf
schließen lassen, daß es von einem Männchen zu Tode gebissen wurde
[z. B. 524].

In Einzelfällen mag die Pathologie-Hypothese allerdings einen gewissen Erklärungswert besitzen. So beobachteten Jane Goodall und ihre Mitarbeiter bei den Schimpansen des Gombe-Nationalparks mehrfach, wie
das Weibchen Passion und ihre Tochter Pom anderen Weibchen ihr Baby
entrissen, es töteten und auffraßen. Mit Sicherheit kamen auf diese Weise
wenigstens drei Babys ums Leben, vermutlich sogar zehn [231]. Da die
Täterinnen offenbar immer dieselben waren und in anderen Schimpan-
senpopulationen derartiges nie beobachtet wurde, handelt es sich hier
wohl wirklich um einen untypischen Sonderfall. Kannibalismus ist allerdings im Zusammenhang mit Infantizid bei Schimpansen nichts Ungewöhnliches.

Heute, gut 20 Jahre nach dem Beginn der Infantizid-Debatte, gilt die
Pathologie-Hypothese (wenn man von Passion und Pom absieht) bei den
meisten Forschern als obsolet. Einige wenige, wie der Human-Ethologe
Irenäus Eibl-Eibesfeldt, vertreten sie allerdings noch: *„Ich meine, daß es*

sich hier um Pathologien handelt. Paviane und Schimpansen eskalieren auch im natürlichen Habitat oft in ihrem aggressiven Verhalten. [...] Ich vermute, daß diese mangelnde Ausgeglichenheit und Pathologieanfälligkeit mit der raschen Hirnevolution bei diesen Primaten zusammenhängt. Mit der Zellvermehrung hielt die für die Steuerung sozialen Verhaltens notwendige Feinstrukturierung möglicherweise nicht ganz Schritt, so daß die Absicherung kritischer Stellen des Sozialverhaltens wie auch bei uns Menschen nicht immer ausreicht" [181, S. 142–143].

Nicht überzeugend ist diese Argumentation vor allem aus drei Gründen: Erstens gibt uns Eibl-Eibesfeldt keinerlei Hinweis oder Begründung dafür, *warum* Gehirne im Verlaufe der Evolution, also durch natürliche Selektion, zwar größer (und damit wohl leistungsfähiger), aber gleichzeitig funktionsuntüchtiger geworden sein sollten. Zweitens erhalten wir keinen Hinweis dafür, *daß* dies der Fall war. Und drittens wird nicht berücksichtigt, daß Fälle von Artgenossentötung auch bei vielen *anderen* Tierarten mit weniger großen Gehirnen verbreitet sind. Bei den Löwen der Serengeti beispielsweise hat kaum ein Neugeborenes eine Überlebenschance, wenn sein Vater von einem Konkurrenten aus dem Rudel vertrieben wird. Mehr als ein Viertel aller Löwenkinder kommen auf diese Weise durch Löwenmännchen ums Leben [497]. Wenn bei afrikanischen Zwergmungos rangniedere Weibchen Kinder gebären, werden die Jungen sofort nach der Geburt vom Alpha-Weibchen getötet [500]. Die Aufzählung ließe sich fortführen – von Wespen über Stichlinge, tropische Baumfrösche, Heringsmöwen, bis hin zu Mäusen und Menschen [272, 467]. Ein Zusammenhang mit einer zu „raschen Gehirnevolution" ist hier nicht zu erkennen.

Wirklich bedenklich wird es allerdings, wenn wir erfahren, daß nicht nur Infantizid bei nichtmenschlichen Primaten, sondern auch KZ-Verbrechen und andere Grausamkeiten offenbar nur das Werk einiger Irrer sein soll: *„Dieses Überschießen der Aggression* [gemeint sind *„Ausnahmezustände der Raserei"*] *ist von jenen pathologischen Aggressionsformen zu unterscheiden, die zu kaltblütigem oder sadistischem Mord, zu Folter oder KZ-Verbrechen führen. Ihre Behandlung würde den Rahmen unserer Untersuchung sprengen"* [181, S. 573].

Wie kommt es dann dazu, daß z. B. KZ-Täter oft ganz „normale", geradezu spießbürgerliche Mitbürger waren? Von der „Banalität des Bösen" sprach Hannah Arendt, als sie den Prozeß gegen Adolf Eichmann verfolgte [26]. Und auch Heinar Kipphardt war wohl näher an der Wahrheit, als er in seinem Drama „Bruder Eichmann" den Eichmann verhörenden Offizier sagen ließ: *„Das Monster, es scheint, ist der gewöhnliche funktionale Mensch."*

Hypothese 2: *Infantizid ist eine zufällige Folge „überschießender Aggressivität".*

Könnte es nicht sein, daß Jungtiere einfach deshalb überproportional häufig das Opfer hochgradig erregter Männchen werden, weil sie die kleinsten und verletzlichsten Mitglieder einer Primatengruppe sind? In diesem Fall würde die mit der Einwanderung beziehungsweise Machtübernahme möglicherweise verbundene Aufregung Kindestötungen *hinreichend* erklären und weitergehende Interpretationen, die einen Selektionsvorteil für den Täter annehmen, das gute alte wissenschaftliche *Prinzip der sparsamsten Erklärung* verletzen [33, 611].[8]

Primatenforscher, die Kindestötungen beobachtet haben, betonen freilich, daß diese oftmals ganz plötzlich aus buchstäblich „heiterem Himmel" erfolgten und außerordentlich gezielt waren – keine Rede davon, daß in einem allgemeinen Tumult auch mal ein unschuldiges kleines Kind zu Schaden kommen kann [z. B. 113]. Es ist auch nicht recht einzusehen, warum ein mit einer speziellen Situation verbundener emotionaler Zustand oft so lange anhält: Sowohl bei Pavianen wie bei Languren vergingen vom Zeitpunkt der Einwanderung beziehungsweise Machtübernahme bis zum Infantizid nicht selten Wochen oder sogar Monate [121, 589]. Schließlich dürften Kindestötungen bei Schimpansen mit der Hypothese von der „überschießenden" Aggression kaum hinreichend zu erklären sein. Hier sind es nämlich nicht Neulinge, die Grund haben könnten, besonders erregt zu sein, sondern alteingesessene Männchen, die Kinder fremder oder neu eingewanderter Weibchen töten.

Die Frage nach den psychologischen Auslösern ist sicher noch ganz unzureichend geklärt. Selbst wenn wir hier eine befriedigende Antwort hätten, wäre das allerdings nicht die einzige Frage, die wir uns stellen müßten. Zu vieles spricht nämlich dafür, daß ein solcher psychologischer Mechanismus, der Männchen unter bestimmten Umständen dazu motiviert, Kinder von Konkurrenten zu töten, weder ein Neben- noch ein Zufallsprodukt der Evolution ist. Selektionsneutral sind nämlich auch die Stimmungen eines Individuums nicht – vorausgesetzt, sie beeinflussen dessen genetische Fitness. Und wenn dies der Fall ist, ist eine Erklärung auf der psychologischen Ebene – so einleuchtend sie erscheinen mag – eben *nicht* mehr *hinreichend*. Nach den evolutionären Ursachen psychologischer Mechanismen zu suchen bedeutet dann eben *keine* Verletzung des Prinzips der sparsamsten Erklärung. Im Gegenteil – wirklich verstehen, warum Primaten lieben oder hassen, wütend oder traurig sind, werden wir erst, wenn wir auch die evolutionären Ursachen dieser Emotionen begreifen.

Hypothese 3: *Infantizid dient der Regulation der Populationsdichte.*
Daß Tiere (und auch Menschen) das Töten von Neugeborenen als ultima ratio der Bevölkerungskontrolle einsetzen, ist eine oft geäußerte, aber ebenfalls nicht besonders überzeugende Vermutung. Bei Primaten jedenfalls werden Kindestötungen auch in Populationen mit außerordentlich geringer Individuendichte beobachtet [z. B. 606]. Es gibt auch keinen Zusammenhang zwischen Gruppengröße und Infantizidhäufigkeit [590]. Außerdem: Warum töten Männchen ausgerechnet dann Kinder, wenn sie Konkurrenten aus ihrer sozialen Position vertrieben haben? Warum töten Weibchen ihre Neugeborenen nicht häufiger? Beim Menschen kommt dies nicht so selten vor – aber auch hier hat die Hypothese von der Bevölkerungskontrolle ein Problem: Individuen, die zugunsten der Gemeinschaft auf die eigene Fortpflanzung verzichten, geraten gegenüber ihren weniger altruistischen Artgenossen evolutionär zwangsläufig ins Hintertreffen.

Hypothese 4: *Infantizid dient dazu, Ressourcen für die eigenen Nachkommen zu sichern, indem man potentielle Konkurrenten aus dem Weg räumt.*
Nahrungskonkurrenz ist zweifellos ein wichtiger Selektionsfaktor. Generellen Erklärungswert für Infantizid bei Primaten hat die Hypothese aber wohl nicht. Man würde nämlich erwarten, daß nicht nur Männchen, sondern auch und vor allem Weibchen die Konkurrenten ihrer eigenen Kinder eliminieren. Das aber ist höchst selten der Fall. Ein Beispiel, bei dem es allerdings nicht um Nahrung geht, sind Krallenaffen. Bei diesen Tieren pflanzt sich normalerweise nur das ranghöchste Weibchen der Gruppe fort. Da Krallenaffenmütter für die Aufzucht ihrer Kinder Helfer benötigen, würde die Geburt weiterer Kinder den Aufzuchtserfolg gefährden. Daß die anderen Weibchen der Gruppe Kinder bekommen, wird normalerweise schon im Ansatz verhindert. Oft reichen chemische Botenstoffe im Urin des Alpha-Weibchens, um ihren Eisprung zu blockieren. Dennoch kommt es gelegentlich vor, daß auch rangniedere Weibchen Kinder bekommen. In solchen Fällen sind Kindestötungen durch Alpha-Weibchen beobachtet worden [152]. Entsprechendes ist übrigens auch von Zwergmungos und afrikanischen Wildhunden bekannt, bei denen ebenfalls das ranghöchste Weibchen das Fortpflanzungsmonopol besitzt. Derartige Fälle erscheinen um so spektakulärer, als hier zwischen Täter und Opfer enge Verwandtschaftsbeziehungen bestehen dürften.
Das zweite Beispiel, das in diesem Zusammenhang genannt werden muß, sind Schimpansen. Schimpansen leben in „male bonded"-Gruppen: Die Männchen sind eng miteinander verwandt, die Weibchen verlassen hingegen ihre Geburtsgruppe [432]. Kindestötungen durch Männchen wer-

den hier meist beobachtet, wenn ein Weibchen mit Kind in eine Gruppe einwandert. Seltsamerweise sind hier männliche Kinder einem deutlich größeren Risiko ausgesetzt als weibliche. In den Mahale-Bergen wurden von 14 männlichen Kindern eingewanderter Weibchen insgesamt 7 getötet – aber kein einziges der 9 weiblichen Kinder. Möglicherweise geht es den Männchen also darum, künftige Konkurrenten der eigenen Söhne, mit denen sie nicht verwandt sind, aus dem Weg zu räumen. Die weiblichen Kinder, meinen die japanischen Forscher Mariko Hiraiwa-Hasegawa und Toshikazu Hasegawa, könnten sie am Leben lassen, weil sie als prospektive Sexualpartnerinnen nützlich sind [228].

Hypothese 5: *Infantizid ist eine Form elterlicher Manipulation, um die eigene Fitness zu maximieren.*

Bei vielen Tieren (und auch Menschen) kommt es vor, daß Eltern *eigene* Kinder töten – etwa wenn die Kinder schwächlich sind oder die äußeren Umstände erwarten lassen, daß die mit der Aufzucht verbundenen Kosten unverhältnismäßig hoch sein werden. In diesem Fall kann es sinnvoll sein, Energie zu sparen und bessere Zeiten abzuwarten oder in bereits vorhandene Kinder zu investieren [721]. Allzu großen Erklärungswert für Infantizid bei nichtmenschlichen Primaten hat diese Hypothese nicht: Daß Mütter eigene Kinder töten, hat man höchst selten und nur unter Gefangenschaftsbedingungen beobachtet. Und warum sollten Männchen Kinder töten, in die sie ohnehin nicht investieren? Nur Aborte, wie sie bei Languren, Dscheladas und Steppenpavianen beobachtet wurden, könnten mit dieser Hypothese erklärt werden: Vorzeitige Beendigung einer Schwangerschaft kann ein Mittel sein, Investment zugunsten hoffnungsvollerer Reproduktionschancen zu sparen.

Viele Kindestötungen beim Menschen sind allerdings mit der Hypothese von der elterlichen Manipulation mühelos erklärbar. In vielen Kulturen wurde das Töten von Neugeborenen praktiziert, wenn diese krank oder behindert zur Welt kamen, Zwillinge geboren wurden oder materielle und soziale Umstände die Aufzucht erschwerten [137]. Auch Schwangerschaftsabbrüche in modernen westlichen Gesellschaften folgen einem nüchternen biologischen Kosten-Nutzen-Kalkül, das mit der Hypothese von der elterlichen Manipulation übereinstimmt [284].

Daß Kindestötungen durch die Mutter beim Menschen im Vergleich zu nichtmenschlichen Primaten erheblich häufiger sind, hängt vermutlich mit der Tatsache zusammen, daß Menschenbabys in einem extrem hilflosen Zustand zur Welt kommen: Ihr Gehirn wächst noch ein volles Jahr lang nach der Geburt mit derselben Geschwindigkeit wie im Mutterleib, während es bei neugeborenen Affenkindern bereits weitgehend „fertig" ist.

Nichtmenschliche Primatenkinder zeigen alle Merkmale von „Nestflüchtern", bei denen die Mutter den wesentlichen Teil der Arbeit sozusagen schon vor der Geburt geleistet hat; beim „sekundären Nesthocker" Mensch sind dagegen die Kosten der Aufzucht zu einem wesentlichen Teil in die Phase nach der Geburt verlagert. Unter diesen Bedingungen kann es ökonomisch günstiger sein, Ressourcen zu sparen und das Investment in ein Kind vorzeitig abzubrechen. Auch bei anderen Tieren, die relativ hilflose „Nesthocker" zur Welt bringen, ist mütterlicher Infantizid kurz nach der Geburt eine weitverbreitete Strategie [395].

Hypothese 6: *Infantizid ist eine männliche Fortpflanzungsstrategie.*
Diese Hypothese, zuerst von Sarah Hrdy vorgeschlagen, gilt heute als die einzige, die Infantizid durch Männchen bei nichtmenschlichen Primaten widerspruchsfrei zu erklären vermag. Mit der Vermutung, daß Männchen Kinder töten, um ihren eigenen Fortpflanzungserfolg zu erhöhen (und den von Konkurrenten zu mindern), sind eine Reihe von überprüfbaren Vorhersagen verbunden:
– Männchen sollten keine Kinder töten, mit denen sie verwandt sind, also auch keine, die sie selbst gezeugt haben.
– Infantizid sollte bei der Mutter dazu führen, daß die durch häufiges Stillen bedingte natürliche Empfängnisverhütung (die sogenannte Laktationsamenorrhoe) aufgehoben wird. Opfer sollten daher vorzugsweise Kleinkinder sein, die durch ihr Saugverhalten ovulatorische Zyklen der Mutter noch lange verhindern. Auch induzierte Schwangerschaftsabbrüche und Tötungen von Kindern, die erst nach der Gruppenübernahme geboren wurden, aber noch vom Vorgänger gezeugt wurden, sind zu erwarten.
– Das infantizidale Männchen sollte mit hoher Wahrscheinlichkeit Vater des nächsten Kindes werden. Da diese Wahrscheinlichkeit am höchsten in Gruppen ist, in denen ein Männchen das Fortpflanzungsmonopol besitzt (polygynes Paarungssystem), sollte Infantizid in solchen Gruppen häufiger zu erwarten sein als in Mehr-Männchen-Gruppen mit einem promisken Paarungssystem.
Alle diese Prognosen werden durch die Daten gestützt. In der Mehrzahl der Fälle, die im Zuge von Machtwechseln stattfinden, ist die Wahrscheinlichkeit, mit den Opfern verwandt zu sein, ohnehin gering. Wenn Männchen in ihrer Geburtsgruppe in die Alpha-Position aufsteigen, schonen sie kleine Geschwister mütterlicherseits, töten aber andere [112, 366]. Fast immer sind Säuglinge die Opfer, deren Mütter nach dem Tod des Kindes sehr schnell wieder empfängnisbereit werden: Langurenweibchen nach 11 Tagen [589], Brüllaffen nach 1 bis 3 Wochen [130], Rote Stummelaffen nach

2 Wochen [366]. Dadurch erhalten die Männchen, die aufgrund ihres immer gefährdeten Status oft nur sehr wenig Zeit haben, sich fortzupflanzen, innerhalb kürzester Frist die Chance, ihre eigenen Gene weiterzugeben. Daß die Männchen diese Chance auch nutzen, ist ebenfalls zweifelsfrei: Paarungen des „Usurpators" mit der Mutter des getöteten Kindes wurden in den meisten Untersuchungen beobachtet [606]. In Jodhpur kopulierten fast alle Weibchen (96 Prozent), deren Kinder getötet wurden, mit dem infantizidalen Männchen, und in den meisten Fällen (71 Prozent) führte dies auch zu dem, worauf es letztlich ankommt: Die Männchen zeugten eigene Kinder [589]. Im indischen Kanha-Tiger-Reservat brachte es ein Langurenmännchen, das die Kinder seines Vorgängers getötet hatte, auf mindestens 28 eigene Kinder [438].

Exkurs 2.1: Eine aufschlußreiche Attacke

Verhaltensweisen wie Infantizid, so die These der Soziobiologie, sind von der Selektion begünstigt worden, weil sie die genetische Fitness des Täters erhöhen. Tun sie dies? Sind nicht auch Fälle bekannt, in denen Väter ihre eigenen Kinder umgebracht haben? Solche Fälle gibt es – wenn auch selten – in der Tat, und sie können lehrreich sein [242]:
Im Yerkes Primate Centre hatte man – um drei junge Mangabenmännchen leichter in eine bestehende Gruppe integrieren zu können – die beiden erwachsenen Männchen für eine Weile zwangsevakuiert. Wenige Wochen zuvor waren drei Jungtiere geboren worden, ein viertes kam 11 Tage nach der Zwangsevakuierung zur Welt. Die Eingewöhnung der jungen Männchen lief gut, und nach drei Monaten ließ man die beiden Erwachsenen wieder in das Gehege zurück. 6 Tage später fanden Tierpfleger das jüngste Kind der Gruppe mit einer tiefen, klaffenden Wunde am Kopf. Das Kind wurde – zusammen mit seiner Mutter – sofort isoliert und medizinisch behandelt. Die Art der Verletzung ließ keinen Zweifel über ihre Verursachung: der Eckzahn eines erwachsenen Männchens. Nachdem die Wunde verheilt war, entschloß man sich, der Sache auf den Grund zu gehen. Um weitere Risiken auszuschließen, wurden Mutter und Kind in einen Extra-Käfig gesperrt, der an den ihrer Gruppe angrenzte. Schon in den ersten Minuten wurde klar, daß das Alpha-Männchen – und nur dieses – mit wütenden Attacken auf das Kind reagierte. Kontrollversuche bewiesen, daß die Mutter allein nicht behelligt wurde. Auslöser der Aggression des Alpha-Männchens war also einzig das Kind – das einzige, das

während seiner Abwesenheit geboren, aber (wie spätere Tests zeigten) wie alle anderen Kinder von ihm gezeugt worden war. Als man die Mutter 5 Wochen später (ohne ihr Kind) wieder in ihre Gruppe ließ, wurden keinerlei Aggression gegen sie beobachtet. Die Größe ihrer Sexualschwellung signalisierte allerdings schon 2 Wochen nach ihrer Rückkehr höchste Paarungsbereitschaft.

Daß es ganz wenige Fälle gibt, die nicht perfekt ins Schema passen (Exkurs 2.1), mindert den Erklärungswert der Hypothese nicht im geringsten: Perfektion ist nicht die Elle, die die natürliche Selektion an das Verhalten von Individuen anlegt. Sie fördert Verhaltensmechanismen, die im Endeffekt und *im Durchschnitt* eine positive Kosten-Nutzen-Bilanz aufzuweisen haben. Nur wenn Männchen routinemäßig ihre eigenen Kinder töten würden, der Tod des Kindes keinerlei Einfluß darauf hätte, wann die Mutter wieder empfängnisbereit wird oder zwischen Täter und Mutter grundsätzlich keine Sexualkontakte stattfänden, könnten wir die Hypothese getrost zu den Akten legen.

Daß auch für manche Kindestötungen beim Menschen die Hypothese von der männlichen Fortpflanzungsstrategie keineswegs abwegig ist, zeigen Analysen der kanadischen Forscher Margo Wilson und Martin Daly. Sie fanden, daß Kindern, die aus Seitensprüngen der Frau stammten, in 15 Kulturen der Tod drohte. In zwei Ethnien, den Tikopia aus Ozeanien und den Yanomami aus Südamerika, hatte der Ehemann sogar das Recht, den Tod von Kindern aus erster Ehe der Frau zu verlangen. Das alles scheint weit weg. Aber selbst in modernen westlichen Gesellschaften haben Kinder, die mit einem Stiefvater aufwachsen, ein weitaus höheres Risiko, mißhandelt oder getötet zu werden, als solche, die in Familien mit ihrem biologischen Vater aufwachsen. Wilson und Daly glauben nicht, daß Stiefväter durch Kindestötung auch heute noch ihre biologische Fitness steigern könnten – aber der Verhaltensmechanismus, der einst diese Zweck erfüllt habe, sei noch da [137].

Von Genen und Gegenstrategien

Unter bestimmten Bedingungen können sich Männchen also durch Infantizid auf Kosten ihres Vorgängers einen Reproduktionsvorteil verschaffen – und dies ohne augenfällige Kosten für sich selbst: Kinder können sich nicht wehren. Für die Opfer, also die Kinder und ihre Mütter sieht die

Sache natürlich anders aus. Warum paaren sich Mütter mit dem Männchen, das ihr Kind getötet hat? Weibchen könnten dieser männlichen Reproduktionsstrategie sehr leicht den Garaus machen, wenn sie sich Tötern verweigern würden. Warum tun sie's nicht? Eine kritische Frage, auf die es zwei mögliche Antworten gibt. Die erste lautet folgendermaßen: „*So absurd es auch klingt, auch Weibchen ziehen einen Vorteil aus den Kindestötungen: Wenn sie selbst einen verkappten Töter zur Welt bringen und dieser später einen Harem übernimmt, kann er den Genen seiner Mutter indirekt durch Kindestötungen Vorteile verschaffen*" [585, S. 274].

Bei einem anderen Autor liest man einen auffallend ähnlichen Satz: „*So schauerlich uns auch die Vorstellung sein mag, daß eine Frau mit dem Mörder ihres Kindes buhlt und schläft, für die Langurenweibchen ist dies offenbar vorteilhaft: Wenn aus der Paarung mit dem Baby-Killer nämlich ein männlicher Erbe des 'Killer-Gens' hervorgeht, der eines Tages ebenfalls einen Harem zu übernehmen vermag, dann profitieren auch die Gene der Mutter davon*" [133, S. 163].

Damit war das „Killer-Gen" im Spiel. Und hier ist ein kleiner Exkurs angezeigt.

Mitte der 60er Jahre fand man in Sicherungsverwahranstalten einen ungewöhnlich hohen Anteil von Männern mit einem zweiten Y-Chromosom. Normalerweise verfügen Männer nur über ein Y- sowie ein X-Chromosom (die beiden Geschlechtschromosomen). Bestand ein Zusammenhang zwischen der Existenz eines *zweiten* Y-Chromosoms und der Wahrscheinlichkeit, hinter Gittern zu landen? Der Verdacht kam auf und zog weitere Kreise. Im Jahr 1968 stand in Chicago ein Mann namens Richard Speck wegen der Ermordung von 8 Schwesternschülerinnen vor Gericht. Schon bald hieß es, Speck wäre ein XYY-Mann, und seine Anwälte plädierten aufgrund dieses Umstandes auf verminderte Schuldfähigkeit. Das „Mörder-Chromosom" war geboren.

Was steckte hinter dieser Idee? Nun, Männer sind aggressiver als Frauen; was unterscheidet Männer von Frauen? Natürlich, das Y-Chromosom (Frauen haben zwei X-Chromosomen). Doppelte Dosis – doppelte Wirkung, das war die Grundannahme. Der Psychoendokrinologe Heino Meyer-Bahlburg nannte dies ein „schlichtes Denkmodell" [421]. Als man der Sache etwas genauer nachging, stellten sich drei Dinge heraus: Erstens war Richard Speck, der Massenmörder, ein ganz normaler XY-Mann. Zweitens tritt die Chromosomenanomalie XYY in der „Normalbevölkerung" sehr viel häufiger auf, als man dachte (1:1000), und ganz offensichtlich führt die überwältigende Mehrheit dieser Männer ein unauffälliges Leben. Drittens schließlich zeigte sich, daß Männer mit dem XYY-Syndrom zwar bestimmte Schwierigkeiten haben, aber keineswegs zu besonderer Gewalttätigkeit neigen – auch die untersuchten Gefängnisinsassen waren nicht wegen Gewaltverbrechen eingesperrt worden. Das „Mörder-Chromosom" hatte sich als heiße Luft erwiesen [236].

Und die „Killer-Gene" der kindertötenden Languren? Nun, kein ernst zu nehmender Biologe glaubt an die Existenz von „Killer-Genen", „Untreue-Genen" und was an ähnlichem Unsinn noch durch die populäre Literatur geistert. Komplexe Verhaltensmechanismen werden mit Sicherheit nicht durch einzelne Gene gesteuert. Auch die Vorstellung eines einfachen Automatismus („wer das Gen erbt, wird zum Killer") ist reichlich naiv. Und dennoch: Die Annahme, daß die Neigung zum Infantizid eine genetische Grundlage hat, erscheint durchaus nicht abwegig. Wie schon bei der Aggressivität ganz allgemein liefern auch hier Experimente mit Mäusen unterstützende Daten [613]. Mehr noch: Bei den Languren von Jodhpur kommt es durchaus nicht bei jeder Gruppenübernahme durch ein neues Männchen zu Kindestötungen (obwohl nicht ganz klar ist, wie viele tatsächlich friedlich ablaufen [589]). Da hier außerdem kein Männchen zweimal in seinem Leben einen Harem übernehmen konnte, gibt es also ganz objektiv „Killer" und „Nicht-Killer". Ausschließen kann man es also nicht, daß Unterschiede in der genetischen Ausstattung darüber entscheiden, ob ein Langurenmännchen zum „Killer" wird oder nicht. Nur ist das aber natürlich kein Beweis für die Existenz eines „Killer-Gens": Dafür, daß „Killer-Väter" tatsächlich auch „Killer-Söhne" zeugen (und friedliche Väter friedliche Söhne), gibt es nämlich bislang nicht den geringsten Beweis. Die Untersuchung der Languren von Jodhpur war zwar eine Langzeitstudie, aber um diesen Punkt zu klären, nicht lang genug [585]. Populationsgenetische Berechnungen lassen es im übrigen unwahrscheinlich erscheinen, daß die Weibchen den Verlust ihres Kindes dadurch ausgleichen könnten, daß sie selber einen „Killer" zur Welt bringen [742].

Wichtiger noch: Das Postulat eines „Killer-Gens" (das manche Männchen haben, andere nicht) erscheint keineswegs notwendig – weder um die Tatsache zu erklären, daß viele Männchenwechsel ohne Kindestötungen ablaufen, noch die Frage, warum Weibchen sich mit dem Töter ihres Kindes verpaaren. Die erste Tatsache läßt sich hinreichend mit der Annahme erklären, daß *alle* Langurenmännchen über das Verhaltens*potential* zum Infantizid verfügen, diese „Taktik" aber nur unter bestimmten Umständen einsetzen. Welche Umstände dazu führen, daß manche Machtwechsel blutig, andere dagegen unblutig verlaufen, ist freilich noch ziemlich unklar.

Auch auf die Frage, warum sich die Weibchen mit dem Töter ihrer Kinder paaren, gibt es eine einfachere Antwort: Jedes Weibchen, das sich dem „Killer" verweigern würde, hätte den anderen gegenüber einen Fitnessnachteil – weniger Kinder. Sprödes weibliches Sexualverhalten ist also offenbar keine effektive Strategie, Infantizid durch Männchen zu verhindern. Im Gegenteil, promiskes Sexualverhalten scheint dazu weit besser geeignet. Dafür gibt es zumindest einige Anhaltspunkte: Bei Primaten, die in Gruppen mit mehreren Männchen leben, hielt man Kindestötungen lange Zeit für ein eher seltenes Ereignis. Das ist es wohl auch – allerdings nur dort, wo die Weibchen sich tatsächlich auch mit vielen Männchen paaren. Je mehr Männchen Paarungschancen haben, desto weniger kann ein „Newcomer" oder sozialer Aufsteiger damit „rechnen", durch Infantizid seinen Fortpflanzungserfolg zu erhöhen. Es macht keinen Sinn, das Kind eines Weibchens zu töten, wenn ein anderer dieses Weibchen dann befruchtet. Möglicherweise würde er sich eher unbeliebt machen, denn unter diesen Umständen könnte sich weibliche Solidarität auszahlen: Die Weibchen hätten eine Alternative.

Vielfach sind die Paarungschancen der Männchen allerdings sehr ungleich verteilt. Auch Brüll- und Kapuzineraffen leben in Mehr-Männchen-Gruppen. Bei diesen Arten pflegen die Weibchen sich allerdings nur mit dem ranghöchsten Männchen zu paaren – eine Form des Sexualverhaltens, die Infantizid durch soziale Aufsteiger begünstigt. Wie zu erwarten, sind Kindestötungen hier bei Wechseln in der Alpha-Position nicht selten. Das gibt natürlich weitere Rätsel auf. Warum verhalten sich die Weibchen so? Manche vermuten, daß Brüllaffenweibchen sich vor allem deswegen nicht mit rangniederen Männchen paaren, um Infantizid durch das Alpha-Männchen zu verhindern [490]. Möglicherweise ist das eine effektive Taktik – allerdings nur, solange der Alpha fest im Sattel sitzt.

Oft sind die Wahlmöglichkeiten der Weibchen natürlich eingeschränkt – wer wann die Chance zu Paarung erhält, ist schließlich nicht zuletzt von den Kräfteverhältnissen unter den Männchen abhängig. Unter diesen Voraussetzungen sollten Weibchen mit kleinen Kindern Einwanderer meiden, insbesondere solche, die sehr schnell an die Spitze der Hierarchie aufsteigen. Paarungswillige Weibchen sollten dagegen ein besonderes Faible für solche Männchen zeigen. Tatsächlich werden beide Erwartungen durch Beobachtungen gestützt [194, 562].

Viel ist auch daruber spekuliert worden, ob Weibchen ihre Sexualität „taktisch" einsetzen können und die Männchen so über ihren tatsächlichen Zykluszustand täuschen. Für ein infantizidales Männchen ist es schließlich entscheidend, daß die Mutter des getöteten Kindes schnell wieder empfängnisbereit wird. Wenn das Weibchen Paarungsbereitschaft zeigt, aber in Wirklichkeit weit davon entfernt ist, einen Eisprung zu bekommen, könnte das eine wirksame Gegenstrategie sein. Bei Bonobos, vermutet Takayoshi Kano, wurde im Gegensatz zum nahe verwandten Schimpansen bisher vielleicht deshalb noch kein Infantizid beobachtet, weil Bonoboweibchen fast ständig paarungsbereit sind – auch wenn sie Kinder stillen [323]. Mantelpavian- und Dscheladaweibchen werden spontan paarungsbereit, wenn der Haremsführer ihrer Gruppe abgelöst wird [228, 431]. Bei Mantelpavianweibchen scheint dies unabhängig von der Präsenz eines Kleinkindes zu sein, obwohl häufiges Stillen normalerweise das Einsetzen sexueller Zyklen unterdrückt; bei Dscheladas funktioniert es nur, wenn das Kind wenigstens 6 Monate alt ist. Allerdings hat man bei beiden Arten zumindest in Gefangenschaft Fälle von Kindestötungen beobachtet. Bei Hanumanlanguren schließlich hat man vermutet, daß Paarungen bereits schwangerer Weibchen mit dem neuen Männchen ein wirksames Täuschungsmanöver darstellen könnten: Es könnte annehmen, der Vater des später geborenen Kindes zu sein, obwohl dies tatsächlich noch der alte Haremshalter ist. Die Regelmäßigkeit derartiger postkonzeptioneller Sexualzyklen, die ganz unabhängig von der Präsenz eines neuen Haremshalters eintreten, läßt an dieser Interpretation allerdings Zweifel aufkommen [592]. Möglicherweise verhindert auch ein sogenannter Postpartum-Östrus, bei dem das Weibchen schon kurz nach der Geburt wieder empfängnisbereit wird, daß sich Infantizid für Männchen auszahlt. Krallenaffen haben einen solchen Postpartum-Östrus, und bei ihnen wurde Infantizid durch Männchen noch nicht beobachtet.

Schließlich sollte nicht unerwähnt bleiben, daß Mütter und auch Väter (sofern sie aufgrund ihres bisherigen sexuellen Monopols eine hohe Vaterschaftswahrscheinlichkeit haben) ihren Nachwuchs gegen infantizidale Männchen verteidigen [130, 293]. Wie effektiv sie dabei sind, ist eine andere Frage, aber immerhin kommen selten alle Kinder bei einer Gruppenübernahme ums Leben [589].

Gruppengewalt

Am 11. November 1977 traf es den 17jährigen Sniff. Der letzte Akt des Dramas hatte begonnen. Aufs höchste erregt und laut schreiend packten Goblin, Satan, Sherry und drei andere Männchen der Kasakela-Gruppe Sniff, der vor nicht allzu langer Zeit noch zu ihnen gehört hatte, vor einigen Jahre aber den Fehler begangen hatte, sich der separatistischen Kahama-Gruppe anzuschließen. Wie wild schlugen sie auf ihren früheren Spielkameraden ein, traten ihn, bissen ihn in Nase, Mund und Rücken, brachen ihm ein Bein. Satan packte das Opfer am Nacken und trank von dem Blut, das ihm aus dem Gesicht strömte. Sherry tat es ihm nach, und gemeinsam stießen sie ihn einen Hügel hinunter. Einen Tag später wurde Sniff noch einmal – zum letzten Mal – gesehen: hinkend, kaum fähig, sich zu bewegen. Die Kahama-Gruppe hatte aufgehört, zu existieren [738].

Paläoanthropologen haben zwar noch Zweifel [363] – aber diese Episode von den Schimpansen, die am Gombe-Fluß in Tansania leben, deutet darauf hin, daß Ethnozentrismus und Krieg keine neuen Erfindungen sind, sondern die menschliche Entwicklung von Anfang an begleitet haben. Mit Ausdrücken wie „Krieg" muß man natürlich vorsichtig umgehen: Schimpansen benutzen (zumindest in diesem Kontext) weder Waffen, noch gibt es bei ihnen Politiker, Generäle und einfache Soldaten. Aber diese Unterschiede scheinen die tiefer liegenden Gemeinsamkeiten zwischen „kriegerischen" Auseinandersetzungen bei Menschen und Schimpansen nur notdürftig zu verdecken.

Schimpansen leben in Gruppen mit 20 bis über 100 Mitgliedern, die ein Gebiet von 15 und mehr Quadratkilometern bewohnen. Dabei handelt es sich nicht um Territorien im klassischen Sinn: Es gibt keine fest umschriebenen Grenzen, die markiert und verteidigt werden, sondern breite Überlappungszonen. Wenn Schimpansen auf Nahrungssuche gehen, spalten sie sich in kleine flexible Subgruppen auf. Sämtliche Gruppenmitglieder finden dabei sich selten, wenn überhaupt jemals zusammen. Dennoch sind sie einander vertraut und durch Freundschaft oder Verwandtschaft miteinander verbunden. Wenn sie nach Tagen einander wiedertreffen, kommt es zu überschwenglichen Begrüßungsszenen. Das erweckte lange Zeit den Eindruck, als ob unsere nächsten lebenden Verwandten in einer friedlichen, „offenen" Gesellschaft lebten, in der jeder mit jedem freundschaftlich verkehrt. Ein romantischer Mythos, wie sich zeigen sollte.

Wenigstens einmal in der Woche machen die Schimpansenmännchen am Gombe Grenzpatrouillen, und zwar in Subgruppen von mindestens 3 Tieren. Dabei verhalten sie sich äußerst vorsichtig, wenn sie in das Wohngebiet einer Nachbargruppe eindringen. Sie vermeiden es, Geräusche zu machen, halten oft inne und lauschen. Wenn sie auf mehrere fremde Männchen treffen, ziehen sie sich still zurück. Wenn sie aber auf ein einzelnes Männchen, ein sexuell uninteressantes Weibchen oder ein Pärchen treffen – und solche Begegnungen werden offenbar gesucht –, wird eine Attacke gestartet, die von allen Beobachtern als äußerst brutal geschildert wird und in der Regel zu schwersten Verletzungen bis hin zum Tod des Opfers führen kann. Sniff war eines dieser Opfer. Solche Überfälle sind zwar nicht häufig, aber um Einzelfälle, begangen von wild gewordenen Amokläufern, handelt es sich auch nicht. Ohnmächtig mußten Jane Goodall und ihre Mitarbeiterinnen und Mitarbeiter mit ansehen, wie eine ihrer Studiengruppen, die Kasakela-Gruppe, eine andere, die Kahama-Gruppe, über einen Zeitraum von 4 Jahren systematisch eliminierte [230].

Hundertdreißig Kilometer südlich von Gombe, in den Mahale-Bergen, beobachteten Toshisada Nishida und seine Arbeitsgruppe, die dort seit

1965 Schimpansen untersuchen, ebenfalls brutale Attacken auf Mitglieder von Nachbargruppen. Zwischen 1969 und 1982 verschwanden auf mysteriöse Weise – eines nach dem anderen – sämtliche sieben Männchen der „K-Gruppe", deren Zusammenbruch damit besiegelt war [446]. Nachdem auch aus anderen Gegenden Afrikas, in denen Schimpansen leben und beobachtet werden, etwa der Elfenbeinküste und Uganda, gewalttätige Aggressionen gegen Gruppenfremde berichtet wurden, ist klar: Als Schimpanse zur falschen Zeit am falschen Ort und in der falschen Gruppe zu sein, kann tödliche Konsequenzen haben [738].

Auffallend ist, daß diese Überfälle ein gemeinsames Muster haben [389]:
– Aggression zwischen Männchen *derselben* Gruppe führt selten zu schweren Verletzungen. Männchen führen aber systematisch und gezielt schwere Attacken auf Angehörige *anderer* Gruppen aus.
– Die Angreifer sind ausschließlich Männchen, Weibchen (wenn sie überhaupt dabei waren) hatten höchstens eine Mitläuferrolle.
– Überfälle auf Angehörige anderer Gruppen werden nicht von Einzeltätern begangen, sondern von mehreren Männchen, die kooperieren und den Opfern zahlenmäßig grundsätzlich überlegen sind. Nie wurde beobachtet, daß ein Angreifer verletzt wurde.
– Unmittelbares Ziel der Attacke ist es offenbar nicht, den Gegner zu vertreiben, sondern ihn schwer zu verletzen oder zu töten. Ganz offensichtlich handelt es sich um gezielte Aktionen und keine zufälligen Affekthandlungen. Alle Beobachter teilen den Eindruck, daß eine „Intention zum Töten" erkennbar war. Jane Goodall meint, *„wenn sie Feuerwaffen gehabt hätten und man ihnen beigebracht hätte, sie zu benutzen – sie hätten es getan"* [230]![9]

Parallelen zu kriegerischen Auseinandersetzungen in traditionellen Wildbeutergesellschaften, Bandenkriegen und fremdenfeindlichen Gewaltausbrüchen beim „modernen" Menschen sind kaum zu übersehen. Auch hier sind es Gruppen von Männern, die – sofern sie zahlenmäßig überlegen sind – Fremde mißhandeln, verletzen und töten. Die hohe genetische Übereinstimmung zwischen Menschen und Schimpansen legt natürlich nahe, daß diese Parallelen auf gemeinsamer Abstammung, einem gemeinsamen evolutionären Erbe beruhen. Die Frage nach den Ursachen ist damit freilich noch lange nicht geklärt.

Was Menschen und Schimpansen verbindet, ist nicht nur eine enge phylogenetische Verwandtschaft, sondern auch die patrilokale Sozialstruktur: Die Männchen bleiben in der Gruppe, in der sie geboren werden, während die Weibchen bei Erreichen der Geschlechtsreife – mit etwa 10 bis 12 Jahren – auswandern. Das hat zur Folge, daß die Männchen einer Gruppe untereinander enger verwandt sind als die Weibchen [432]. Bei den meisten anderen Primaten ist dies umgekehrt: Die Weibchen bleiben, und die Männchen wandern aus. Bezeichnenderweise beteiligen sich bei diesen Arten auch die Weibchen an aggressiven Auseinandersetzungen zwischen Gruppen. Allerdings sind bei keiner dieser Arten systematische Vernichtungsfeldzüge beobachtet worden, wie sie von Menschen und nun eben auch Schimpansen bekannt sind. Warum nicht? Vermutlich ist es der „fission-fusion"-Charakter der Schimpansengesellschaft, der die Durchführung solcher Überfälle erleichtert: Man hat nie *ganze* Gruppen als Gegner. Das Argument ist im Prinzip dasselbe, wie es auch die Theoretiker des „kalten Krieges" immer vertraten: Ein „Gleichgewicht des Schreckens" ist die sicherste Maßnahme, den Frieden zu erhalten, während ein Ungleichgewicht der Kräfte, eine *„imbalance of power"*, geradezu eine Einladung an konkurrierende Gruppen ist, diesen Vorteil – ohne selbst ein Risiko einzugehen – auszunutzen. Bei aller Problematik einer solchen These (vor allem wenn sie vor dem Hintergrund der Gefahr eines atomaren Overkills zur Ideologie erhoben wird): Darauf verlassen, daß Menschen – oder Schimpansen – „von Natur aus gut" sind, sollte man sich wohl nicht. Ein Ungleichgewicht der Kräfte könnte ein wichtiger – wenn auch vielleicht nicht der einzige – Faktor sein, der die Evolution letaler Intergruppenaggressionen gefördert hat [389].

Gegen die naheliegende Vermutung, daß die Gemeinsamkeiten letaler Aggression gegen Gruppenfremde bei Schimpansen und Menschen auf ein gemeinsames evolutionäres Erbe hinweisen, ist warnend eingewandt worden, daß bei Bonobos, der anderen Schimpansenart, derartiges noch nie beobachtet wurde [409]. Das kann natürlich daran liegen, daß Bonobos noch längst nicht so gut untersucht sind wie Schimpansen – auch bei Schimpansen hatte man tödliche Aggressionen lange Zeit für unmöglich gehalten. Aber vermutlich kommt noch etwas anderes ins Spiel: Bonobos leben zwar ebenfalls in patrilokalen „fission-fusion-Gemeinschaften", aber sie gehen in größeren Gruppen auf Nahrungssuche als Schimpansen. Die „imbalance of power" ist also deutlich geringer. Hinzu kommt, daß Bonobomännchen keine kooperativen Kampfbündnisse eingehen. Ihre Bindungen untereinander scheinen – aus bislang noch unbekannten Gründen – lockerer als bei den Schimpansen [323, 690, 712].

All dies erklärt freilich immer noch nicht, worum es eigentlich geht. Um dies zu verstehen, ist vielleicht ein kleiner Szenenwechsel hilfreich. Ein Ethnologenkongreß in Caracas: Am Ende eines Vortrags über Kriegführung bei den Yanomami, einem Volk, das in den Wäldern des Amazonasbeckens im südlichen Venezuela und im Norden Brasiliens lebt, erhob sich in der Zuhörerschaft ein Mann vom Volk der Ye'kwana und sprach folgendermaßen: *„Ich bin zwar ein Ye'kwana, aber ich habe lange Jahre bei den*

Yanomami gelebt. Ich spreche ihre Sprache fließend und kenne ihre Kriege. Der letzte Redner hat viele Worte und kunstvolle Argumente gebraucht. Aber den grundlegendsten Aspekt der Kriege, die die Yanomami führen, hat er vergessen: Er scheint nicht zu verstehen, daß sie ihre Kriege immer nur aus einem Grund beginnen: Frauen" [99, S. 991]!

Für ähnlich lakonische Statements ist es im Falle der Schimpansen natürlich noch zu früh: Wir wissen einfach noch zu wenig. Aber die Indizien deuten in dieselbe Richtung. Schimpansenmännchen können Weibchen auf zwei Arten für sich gewinnen: Die erste Möglichkeit besteht darin, sie mit einem großen, nahrungsreichen Wohngebiet zu ködern, das die Weibchen für sich selbst und die Aufzucht ihrer Jungen brauchen. (Ein solches Gebiet mitsamt der einzelgängerischen Weibchen kann natürlich nur von mehreren Männchen kooperativ kontrolliert werden – womit die patrilokale Sozialstruktur von Schimpansen erklärt wäre.) Die zweite Möglichkeit ist die, Weibchen aus fremden Gruppen unmißverständlich klarzumachen, daß sie und ihre Jungen nur bei ihnen wirklichen Schutz genießen [736]. Daß es um Land und damit auch Ressourcen geht, scheint klar: Am Gombe hatte die siegreiche Kasakela-Gruppe das Wohngebiet der Kahama-Gruppe nach deren Auslöschung okkupiert. Daß dies gleichzeitig eine Taktik ist, sich Weibchen anzueignen, scheint ebenfalls gesichert: In den Mahale-Bergen schlossen sich sämtliche sexuell aktiven Weibchen der unterlegenen „K-Gruppe" den Siegern aus der „M-Gruppe" an.

Angriffe auf Weibchen, die nach den Beobachtungen am Gombe weder selten noch weniger brutal sind als die auf Männchen, scheinen allerdings zumindest auf den ersten Blick gar nicht in unser Erklärungskonzept zu passen: Schließlich handelt es sich selbst dann, wenn sie gerade nicht empfängnisbereit sind, zumindest um *potentielle* Sexualpartnerinnen. Drei Dinge sind allerdings auffallend: Erstens werden junge Weibchen, die gerade erst geschlechtsreif werden, nie Opfer derartiger Attacken – gleichgültig, in welcher Phase ihres Sexualzyklus sie sich gerade befinden (was im übrigen ausschließt, daß hier ein genereller „Haß" auf fremde Artgenossen im Spiel ist). Weibchen zu mißhandeln, die ohnehin im Begriff stehen, ihre Gruppe zu verlassen, wäre zweifellos auch kontraproduktiv. Zweitens verlaufen Angriffe gegen ältere Weibchen – trotz aller beobachteten Brutalität – offenbar nur selten tödlich. Und drittens werden Jungtiere, die sich in Begleitung ihrer Mütter befinden, nicht selten getötet – wobei männliche Jungtiere bezeichnenderweise erheblich gefährdeter zu sein scheinen als weibliche [230, 287].

Hartnäckige Mythen

Das Töten von Artgenossen, Folterungen, Nazi-Verbrechen oder tödliche Gewalt gegen Ausländer zu seltenen Entgleisungen, ja zu Ausgeburten einiger kranker Hirne zu erklären – für viele hätte das zweifellos etwas Beruhigendes. Daß Menschen bewußt, kalkuliert und kaltblütig Menschen ermorden, quälen und verstümmeln, ist sicher ein Novum in der Evolutionsgeschichte. Nur – eine universell wirksame, „angeborene Tötungshemmung", einen „biologischen Normenfilter", der zu töten verbietet, hat es nie gegeben [678].

Daß Konflikte zwischen einigermaßen ebenbürtigen Gegnern bei Tieren wie bei Menschen selten zu tödlichen Auseinandersetzungen eskalieren, hat mit dem Mythos der Arterhaltung nichts zu tun: Der dumme Draufgänger, das hatte schon Nikolaas Tinbergen erkannt, ist kein evolutionäres Erfolgsmodell. Zu vieles steht auf dem Spiel: die eigene Gesundheit, das eigene Überleben und die Gefahr, Beziehungen, auf die man angewiesen ist, irreparabel zu zerstören. Aber auch die Ansicht, daß Vertrautheit grundsätzlich eine effektive „Tötungshemmung" darstellen würde, läßt sich so kaum halten. Kindestötungen bei Primaten werden zwar häufig von neu eingewanderten Männchen, gewissermaßen also „Fremden", begangen. Aber bei Pavianen, Colobusaffen, Brüllaffen und Kapuzinern sind auch Fälle von Kindestötungen durch Männchen beobachtet worden, die in derselben Gruppe wie das Opfer geboren wurden [121, 366, 514]. Auch im Fall des „Schimpansenkrieges" vom Gombe waren die Gegner bestens miteinander vertraut: Vor Ausbruch der Feindseligkeiten hatten sie noch friedlich miteinander in derselben Gruppe gelebt. Und schließlich wissen wir nicht nur aus Kriminalromanen, daß der Mörder keineswegs immer der Gärtner, sondern viel häufiger der Ehepartner ist [137].

Die *Universalität* der Lorenzschen Tötungshemmung bei Wölfen und anderen wehrhaften Tieren wurde übrigens auch von ihm nahestehenden Fachkollegen schon früh angezweifelt. Heinrich Dathe, 1991 verstorbener früherer Direktor des Berliner Tierparks, schrieb 1965 dazu: *„Ich weiß nicht, wie die Beobachtung aussah, die dieser immer wiederholten, geradezu zu einem Lehrsatz gewordenen Feststellung zugrunde lag, ich weiß jedenfalls aus vielen Erfahrungen heraus, daß diese Regel keine ist, daß sie keinesfalls stimmt. Ich habe leider oft genug miterleben müssen, wie sich Hunde, Dingos und Wölfe bis zur völligen Kampfunfähigkeit, bis zum Tode des Gegners bekämpften [...]. Die Beißhemmung bei Hundeartigen – vom Menschen konstruiert – hatte sich eben nicht bis zu denen, die es angeht, herumgesprochen."*[10]

Rudolf Schenkel, Baseler Zoologe, der sich intensiv mit dem Verhalten

von Wölfen beschäftigt hatte, kam ebenfalls schon in den 60er Jahren zu
dem Schluß, daß es mit der „Tötungshemmung" bei Hundeartigen nicht
so weit her ist. Nach Schenkel wird ein wirklich ernsthafter Kampf zweier
Wölfe nicht durch Demutsverhalten beendet, sondern durch Flucht, intensive Verteidigung oder den Tod (!) des Verlierers [533]. Die Tötungshemmung – ein Mythos, der seit mehr als 40 Jahren durch die ethologische
Literatur geistert!

Seiner scheinbaren Harmlosigkeit und Unschuld im Naturzustande beraubt erweist sich das „sogenannte Böse" als das vielleicht problematisch-
ste Erbe unserer Naturgeschichte. Hinter dem Töten von Artgenossen
steckt Methode: die Logik der natürlichen Selektion. Keine Frage: Daß
destruktive, tödliche Gewalt weder die Ausgeburt von kranken Hirnen
noch einer degenerierten Kultur zuzuschreiben ist, hat etwas Beängstigen-
des: etwas, mit dem wir zu rechnen haben.

3. Dominanz

Alle Tiere sind gleich.
Aber manche sind gleicher.

George Orwell

Die brisante Entdeckung wurde von einem norwegischen Schuljungen gemacht: Unter Hühnern, so fand der kleine Thorleif Schjelderup-Ebbe vor ungefähr hundert Jahren heraus, geht es zu wie auf dem Kasernenhof: Huhn A hackt auf Huhn B herum, Huhn B auf Huhn C, dieses wiederum auf Huhn D und so weiter. Nur das schwächste Huhn auf dem Hof hatte keinen, auf dem es herumhacken konnte.

Der kleine Thorleif hätte seine Entdeckung wohl niemals gemacht, hätte er nicht die Hühner auf dem Hof des Sommerhauses seiner Mutter individuell unterscheiden gelernt. Nur dadurch konnte er erkennen, daß hinter dem scheinbar ungeregelten Gewusel ein Ordnungsprinzip steckte, das das soziale Leben jedes einzelnen Huhnes offenbar tiefgreifend beeinflußte: Die „Hackordnung" war geboren [495].

Auf den Gedanken, daß das Miteinander nicht nur von Menschen, sondern auch von anderen Tieren durch „Zucht und Ordnung" geprägt sein könnte, war man vorher offenbar nicht gekommen. Jedenfalls stellte Schjelderup-Ebbes 1922 publizierte Abhandlung „Zur Sozialpsychologie des Haushuhns" [535] die erste wissenschaftliche Analyse dieses Sachverhalts dar.

Hühner und Menschen, was diesen Punkt angeht, in einen Topf zu werfen, ist zweifellos etwas gewagt. Schließlich unterscheiden wir uns von Hühnern in vieler Hinsicht doch recht grundlegend. Unabhängig davon stellt sich aber auch die Frage, ob soziale Hierarchien von Menschen und Hühnern überhaupt vergleichbar sind. Und selbst wenn wir die Hühner einmal außen vor lassen, sollten wir den ideologischen Sprengstoff, der sich hinter einer Aussage wie *„die Disposition des Menschen, Rangordnungen auszubilden, basiert auf Primatenerbe. Egalität ist nichts primär Natürliches"* [181, S. 445] verbirgt, vielleicht auch nicht ganz vergessen. Muß man nicht zwangsläufig zu dem Schluß kommen, daß die Parole von der Freiheit, Gleichheit und Brüderlichkeit (von fern schallt es uns noch in den Ohren) im besten Falle nur das sentimentale Geschwätz einiger weltfremder Idealisten ist? Und im schlimmsten Fall – wenn nämlich Rangordnungen, wie manche meinen, viele segensreiche Funktionen für die Gesellschaft erfüllen [373, S. 68] – ein gefährlicher Irrglaube, der Chaos und Untergang vorprogrammiert? Um nicht in die Falle des naturalistischen Fehlschlusses zu tappen, der aus dem Sein flugs ein Sollen macht, ist es wohl sinnvoll, sich zunächst die nüchternen Tatsachen zu Gemüte zu führen.

Was ist Dominanz?

Und wie mißt man sie? Scheinbar einfache Fragen, auf die allerdings im Lauf der Zeit ganz unterschiedliche Antworten gegeben wurden [56, 162, 255]. Ist Dominanz gleichbedeutend mit Aggressivität? Hat es etwas mit Autonomie zu tun? Damit, daß man das Verhalten anderer kontrollieren oder beeinflussen kann? Hierarchien kann man fast unendlich viele konstruieren: Wer ist der Aggressivste, die Schönste, der Beliebteste, wer kann am weitesten pinkeln? (Dominanzuntersuchungen an Kindergartenkindern erfreuen sich einiger Beliebtheit) und so weiter und so fort. Wenn man Glück hat, hängen das eine oder andere Kriterium vielleicht sogar miteinander zusammen, aber zwangsläufig ist das nicht. Wenn man sich Schjelderup-Ebbes Hackordnung ansieht, scheint es offenkundig, daß Aggressivität und Dominanz eine Menge miteinander zu tun haben. Nur – gerade in geklärten Dominanzverhältnissen sind aggressive Auseinandersetzungen überraschenderweise praktisch nie zu beobachten. Man könnte also geradezu umgekehrt sagen: Dominanz zeichnet sich durch das Fehlen von Aggression aus. Aggressivität ist auch nicht unbedingt notwendig, um sich einen Platz in der Hierarchie zu erobern – manchmal geschieht dies ganz von selbst: Man wird hineingeboren, oder der Platz wird einem kampflos überlassen. Und selbst wenn dies nicht der Fall ist: Viel bringt viel, gilt auch hier nicht unbedingt – entscheidend ist nicht, wie aggressiv man ist, sondern wie effektiv man seine Mittel einsetzt.

Obwohl auf den ersten Blick so einleuchtend, ist der Zusammenhang zwischen Aggressivität und Dominanz also alles andere als eindeutig. Genauso verhält es sich mit Begriffen wie Einfluß oder Kontrolle. Kontrolle über andere ausüben zu können, bedeutet zweifellos, Macht über sie zu haben. Allerdings kontrolliert auch ein kleines Kind das Verhalten seiner Eltern in nicht unerheblichem Maße. Insofern hat es Macht über seine Eltern – aber ist es deswegen auch dominant? Man kann dieser Auffassung sein, aber den Dominanzbegriff würde man damit wohl reichlich strapazieren. Im übrigen gibt es viele Möglichkeiten, andere zu manipulieren, und Dominanz muß dabei keineswegs im Spiel sein.

Ein anderes Kriterium wurde Ende der 60er Jahre ins Spiel gebracht:

das mit dem Namen des Engländers Michael Chance verbundene Konzept der „Aufmerksamkeitsstruktur" [100]. Bei Primaten, so bemerkte Chance, erkennt man ranghohe Individuen daran, daß sie von anderen Gruppenmitgliedern oft angesehen werden – sie stehen im Zentrum der Aufmerksamkeit. Im übertragenen Sinn gilt das ja auch für uns: Ranghoch ist derjenige, der ein hohes *Ansehen* genießt. Auch funktional scheint das Konzept Sinn zu machen: Wenn man als Rangniederer sein Verhalten an dem der Ranghohen ausrichten muß, ist es zweifellos nützlich, diese auch im Auge zu behalten. Nur – auch eine schöne Frau (oder ein schöner Mann) kann eine Menge Blicke auf sich lenken, ohne daß dies notwendigerweise etwas mit Dominanz zu tun hat. Und bei vielen Primaten stehen ausgerechnet Neugeborene im Zentrum der Aufmerksamkeit. Manche meinen, dies seien leicht einzugrenzende Ausnahmefälle, die der Nützlichkeit des Konzeptes keinen Abbruch täten [181].[1] Wenn allerdings auch schöne Frauen dominant sein können, ist man aber offensichtlich auf irgendwelche Zusatzkriterien angewiesen. Braucht man aber dann noch die Anzahl der Blicke, die geworfen werden?

In der Praxis hat sich das Konzept von der Aufmerksamkeitsstruktur nicht durchgesetzt, und das nicht nur, weil es gelinde gesagt schwierig festzustellen ist, wer wen wie häufig und aus welchem Grund anguckt. Auch nicht, weil es schwierig sein dürfte, mit solchen Daten eine auch nur einigermaßen eindeutige Hierarchie zu konstruieren: Alpha ist dominant über Beta, Beta über Gamma, und so fort bis hin zum Omega-Individuum (das theoretisch überhaupt von niemandem mehr angesehen werden dürfte). Der eigentliche Grund ist, daß es ja wohl nicht das Wesen einer Dominanzbeziehung ausmacht, daß einer den anderen häufiger ansieht. Blickkontakthäufigkeiten können mit Dominanzbeziehungen korrelieren, sind aber nicht ihr eigentlicher Inhalt. Wenn Dominanz eine Variable ist, die das soziale Leben mehr als nur unwesentlich beeinflußt, wird man erwarten können, daß eine ganze Reihe von Verhaltensäußerungen durch Dominanzbeziehungen beeinflußt sind. Die soziale Fellpflege („Grooming") der nichtmenschlichen Primaten ist ein weiteres Beispiel: Ranghöhere werden häufiger gegroomt als Rangtiefere. Der Amerikaner Robert Seyfarth hat eine Theorie entwickelt, warum dies so sein sollte [539]. Ranghohe Tiere sind potente Allianzpartner, und wir haben ja schon gesehen, daß Grooming tatsächlich ein Mittel sein kann, sich Unterstützung zu sichern (siehe Kapitel 1). Allerdings gäbe es ein ziemliches Gedrängel, wollten alle Tiere einer Gruppe das jeweilige Alpha-Tier groomen; das hat zur Folge, daß man in der Regel sich mit dem nächst ranghöheren begnügt. In der Konsequenz sollte die „Grooming-Hierarchie" ein ziemlich perfektes Abbild der Dominanzhierarchie sein. Nur käme weder Seyfarth noch irgendein anderer ernsthafter Primatenforscher auf die Idee, im Umkehrschluß zu behaupten, jenes Tier, welches am häufigsten gegroomt wird, sei automatisch auch in der Dominanzhierarchie immer das ranghöchste. Es handelt sich um einen *statistischen* Zusammenhang, der im Einzelfall keineswegs zutreffen *muß*. Im übrigen: *Daß* es einen solchen Zusammenhang gibt, muß man erst einmal nachweisen, und dafür braucht man unabhängige Daten. Nicht anders verhält es sich mit dem Ansehen.

Was das Wesen einer Dominanzbeziehung ausmacht, darüber gibt es zugegebenermaßen unterschiedliche Meinungen. Die eine Fraktion – Irenäus Eibl-Eibesfeldt ist einer ihrer prominentesten Vertreter – vertritt die Auffassung, das Wesen von Dominanzbeziehungen bestehe darin, daß Konflikte entschärft werden. Die andere Fraktion ist der Ansicht, daß Dominanz in erster Linie ein Mittel ist, sich den Zugang zu Ressourcen zu sichern.[2] Beide Standpunkte haben etwas für sich. Daß die Etablierung einer Rangordnung zu einer Reduktion aggressiver Auseinandersetzungen führt, ist unbestritten. Ebenso unbestreitbar ist, daß Rangunterschiede einen erheblichen Einfluß darauf haben, ob und in welchem Maße Individuen sich den Zugang zu Ressourcen vielerlei Art sichern können. Welcher der beiden Standpunkte den Kern der Sache trifft, ist freilich eine andere Frage, mit der wir uns am Ende dieses Kapitels beschäftigen werden.

Festzuhalten bleibt, daß es um Konflikte geht. Konkurrenz um begehrte Ressourcen ist zweifellos die Wurzel aller Konflikte – wenngleich es bei Konflikten (zumindest oberflächlich betrachtet) durchaus nicht immer nur um materielle Dinge geht. Immerhin, beim Menschen ist sozialer Status geradezu gleichbedeutend mit Macht, Reichtum und Privilegien. Materielle Besitztümer spielen beim Menschen natürlich eine ungleich größere Rolle als bei anderen Tieren, aber um einen grundsätzlichen, konzeptuellen Unterschied handelt es sich dabei nicht. Auch für Tierverhaltensforscher besteht der wesentliche Unterschied zwischen ranghohen und rangniederen Individuen darin, daß erstere privilegierten Zugang zu begehrten Ressourcen wie Nahrung oder Geschlechtspartnern haben.

Den Verhaltensforschern ist allerdings auch klargeworden, daß sie sich in einer logischen Zwickmühle befinden, wenn sie einerseits Dominanz als privilegierten Zugang zu Ressourcen definieren, um dann andererseits erfreut festzustellen, daß jenes Individuum, das sich diesen Zugang verschafft, dominant ist – ein Zirkelschluß [255]. Davon abgesehen gibt es noch zwei weitere Probleme: Erstens drehen sich wie gesagt nicht sämtliche Konflikte um materielle Ressourcen, und zweitens spielt die jeweilige Motivation der Kombattanten eine nicht ganz unbedeutende Rolle. Nehmen wir an, wir bieten zwei Personen, A und B, ein Steak an. A ißt das Steak, während B kein Interesse zeigt. Möglich, daß A dominant über B

ist. Möglich aber auch, daß B nur keinen Hunger hat oder wegen der
BSE-Gefahr grundsätzlich kein Rindfleisch mehr ißt. Mit anderen Worten:
Selbst wenn privilegierter Zugang zu Ressourcen der entscheidende
Aspekt einer Dominanzbeziehung ist, tut man gut daran, dies nur als Kor-
relat, nicht aber als definitorisches Merkmal zu betrachten.

Aus all diesen Gründen bedienen sich Verhaltensforscher eines anderen
Kriteriums, um Rangbeziehungen zu definieren: Sie schauen sich an, wie
Individuen – vor allem in Konfliktsituationen – miteinander umgehen. Dabei muß es sich gar nicht um aggressive Auseinandersetzungen oder Streitereien um Ressourcen handeln. Wenn zwei Personen sich jeden Morgen
begrüßen und der eine dabei (und nur er) immer einen tiefen Diener
macht, ist das schon ein eindeutiger Hinweis darauf, wer von den beiden
dominant und wer subordiniert ist. Entscheidend ist, daß irgendwelche aggressiven oder submissiven Signale (in diesem Fall der Diener) gesendet
werden, daß der Ablauf der Interaktion asymmetrisch ist (es verbeugt sich
nur eine der beiden Personen) und wiederholte Interaktionen immer wieder dasselbe Muster zeigen (wenn heute der eine den Diener macht, morgen der andere, und übermorgen ist es wieder umgekehrt, taugt der Diener
entweder nicht als Statusmerkmal, oder keiner der beiden ist eindeutig
dominant beziehungsweise subordiniert). Die „Hackordnung" ist eine
Form der aggressiven Dominanz; wenn subtile Signale genügen, um Statusunterschiede deutlich zu machen, spricht man auch von formalisierter
oder formaler Dominanz [685, 689].

Ich habe das Beispiel mit dem Diener nicht ganz unabsichtlich gewählt,
denn tatsächlich wird der Ausgang sozialer Interaktionen bei Primaten erstaunlich oft vom subordinierten Partner bestimmt: Der Dominante
braucht seine Position gar nicht erst herauszukehren, und doch verbeugt
sich der Subordinierte, entblößt unterwürfig seine Zähne (eine Verhaltensweise, die man „Furchtgrinsen" genannt hat) oder macht bereitwillig Platz.
Wenn überhaupt, solle man daher eher von einer Subordinations- als einer
Dominanzhierarchie reden, meint die in Berkeley lehrende Primatologin
Thelma Rowell [519]. Das gibt natürlich zu Irritationen Anlaß. Zeichnen
wir Primaten uns durch ein besonders hohes Maß an vorauseilendem Ge-
horsam aus? Durch einen Unterwerfungstrieb? Hat man es sich als Subordinierter selbst zuzuschreiben, daß man subordiniert ist? Ich glaube
nicht, daß man derartige Konzepte bemühen muß. Viel wahrscheinlicher
erscheint mir eine andere Erklärung: Wenn man in Gruppen lebt, in denen
jeder jeden gut kennt, ständig miteinander umgeht und ein gutes Gedächtnis für soziale Vorfälle hat, weiß man als Subordinierter ganz genau, was
einem blühen kann, wenn man sich *anders* verhält! Kein Frieden ohne
Unterwerfung, sagt Frans de Waal, und trifft damit wohl den Nagel auf den

Kopf [685]. Letztlich bestimmen also nicht die Subordinierten die Umgangsformen, sondern sie werden ihnen von den Dominanten auf mehr oder weniger subtile Weise aufgezwungen [116]. Wenn dem so ist, würde man erwarten, daß in besonders despotischen Gesellschaften die Tendenz zu buckeln ebenfalls besonders ausgeprägt ist. Ich kenne keine Untersuchungen dazu, aber wenn man sieht, daß in manchen Gesellschaften rangniedere Personen keinen Diener machen, sondern sich flach auf den Boden werfen, deutet das schon in diese Richtung.

Strukturelle Vielfalt

Man kann alles übertreiben. Schjelderup-Ebbe war so fasziniert von seinem Dominanzprinzip, daß er das gesamte Universum davon beherrscht wähnte: Von den Hühnern auf dem Hof seiner Mutter bis hin zum Regen, der den Stein höhlt ... Das Dominanzkonzept wurde für ihn, wie man so schön sagt, zu einer fixen Idee. Typisch männlich, meint die schon erwähnte Thelma Rowell [519]. Nur weil für die Männer in unserer Gesellschaft sozialer Status offenbar so ungeheuer wichtig ist, glaubten sie, dies sei das Prinzip, das die Welt in ihrem Innersten zusammenhält. Wenn man sich die Welt dagegen vorurteilsfrei ansehe, biete sich ein ganz anderes Bild. Zwar gebe es Hierarchien bei Tieren, auch bei Primaten – aber bezeichnenderweise fast nur bei Tieren, die in Gefangenschaft leben. Immerhin, hatte nicht Schjelderup-Ebbe seine Hackordnung auf dem Hühnerhof seiner Mutter entdeckt – und dies noch dazu in einer Zeit, die durch Obrigkeitsdenken geprägt war? Bei wilden Primaten dagegen, so Rowell, seien soziale Hierarchien, die auf Dominanz und Unterwerfung beruhen, wenn überhaupt nur sehr schwach ausgeprägt. So etwas wie einen „Dominanztrieb" anzunehmen, sei nicht nur altmodisch, sondern auch höchst überflüssig.

Die Reaktion der so von Rowell kritisierten männlichen Kollegen ließ nicht lange auf sich warten. Freilandforscher wie John Deag, Glenn Hausfater und viele andere zeigten, daß Dominanz sehr wohl auch bei wilden Primaten ein wichtiges Ordnungsprinzip darstellt [144, 271, 274]. Der Schweizer Walter Angst und der Niederländer Frans de Waal scheuten sich nicht, den schon in den 30er Jahren geprägten und von Rowell als obskur und unmodern gebrandmarkten Begriff des „Dominanztriebes" wieder auszugraben [23, 684]. Er sehe nicht den geringsten Anlaß, so de Waal, auf diesen Begriff zu verzichten. Die Tiere, die er beobachtet habe, strebten eindeutig nach einem höheren Rang, und das sei keineswegs auf Zootiere beschränkt.[3] Um keine Mißverständnisse aufkommen zu lassen: Um einen

Trieb im Lorenzschen Sinn, der sich unter allen Umständen Luft verschaffen muß, handelt es sich natürlich nicht. Auch daß ein hoher Rang für nichtmenschliche Primaten einen Wert an sich darstellt, glaubt keiner dieser Forscher. Es geht um die Befriedigung ganz direkter, alltäglicher Bedürfnisse, und das fällt nun einmal wesentlich leichter, wenn man möglichst viele seiner Konkurrenten dominiert. Daß dies weitreichende Folgen haben kann, ist eine andere Frage, auf die wir im Kapitel „Fortpflanzung" noch einmal zurückkommen werden.

Ironischerweise zeigten die ersten Langzeitstudien an freilebenden Primaten auch, daß Dominanzhierarchien keineswegs (wie man lange geglaubt hatte) eine rein männliche Angelegenheit darstellen. Bei vielen Primaten hat man unter Weibchen sehr viel rigidere und stabilere Hierarchien gefunden [274].[4] Können wir Rowells Einwände gegen das angeblich von männlichen Hirnen erdachte Dominanzkonzept also getrost beiseite legen und uns wieder ernsthafteren Dingen zuwenden? Gar so schnell sollten wir das vielleicht nicht tun. Noch einmal Schjelderup-Ebbe: Hätte er seine Hackordnung auch entdeckt, wenn er die Stammform unseres Haushuhns, das Bankivahuhn, in freier Wildbahn beobachtet hätte? Ich weiß nicht viel vom sozialen Leben der Bankivahühner, aber ich wette meinen Hut, er hätte nicht! In den Urwälder Südostasiens, der Heimat des Bankivahuhns, dürfte das, was Hühnern schmeckt, selten in so konzentrierter Form anzutreffen sein wie auf einem Bauernhof. Wenn aber viele kleine Nahrungsbrocken weit und gleichmäßig verstreut sind und von einem einzelnen Individuum – ganz unabhängig davon, wie stark es ist – nicht monopolisiert werden können, macht eine Rangordnung wenig Sinn. Worum soll man sich streiten? Wieviel man selber abbekommt, hängt davon ab, wie viele Mitesser es gibt, aber nicht davon, daß man den anderen daran hindert, ausgerechnet das Korn zu fressen, das man selber haben möchte. Ökologen nennen dies „Scramble"-Konkurrenz („to scramble together" heißt soviel wie: etwas schnell zusammenlesen). Das Gegenstück nennt sich „Contest"-Konkurrenz – eine Form der Konkurrenz, bei der direkte Konfrontation etwas bringt: Man kann einen der seltenen dicken Brocken für sich beanspruchen, und der andere geht leer aus.[5]

Was man heute über den Zusammenhang zwischen Nahrungsökologie und sozialen Strukturen weiß, bestätigt eindrucksvoll, daß das Phänomen Dominanz seinen Ursprung in der Konkurrenz um materielle Ressourcen hat. Ein Beispiel: Im Nahrungsspektrum der Berggorillas im Virunga-Vulkangebiet spielt wilder Sellerie eine herausragende Rolle. Sellerie ist eine krautige Pflanze, die für einen einzelnen Gorilla kaum sinnvoll zu verteidigen ist – es gibt genug davon und ein Blatt ist so gut wie das andere. Entsprechend selten sind Auseinandersetzungen um Nahrung. Kelly Ste-

wart und Alexander Harcourt beobachteten im Schnitt nur 3 Auseinandersetzungen in 200 Stunden zwischen Weibchen, bei denen eines das andere
vertrieb. Streng asymmetrisch waren diese Auseinandersetzungen auch
nicht: Mal vertrieb die eine die andere, dann war es wieder umgekehrt. Für
Gorillaweibchen scheinen Statusunterschiede also keine besonders große
Rolle zu spielen. Eine Dominanzhierarchie besitzen sie nicht, ihre Rangbeziehungen – wenn man denn überhaupt davon sprechen will – sind individualistisch, nicht gerade konsistent und in keiner Weise formalisiert
[602].

Ganz andere Verhältnisse sollte man erwarten, wenn Ressourcen nicht
uniform verteilt sind, deutliche Qualitätsunterschiede aufweisen, in unterschiedlichen Konzentrationen auftreten, nicht so einfach und schnell zu
konsumieren sind und vor allem: wenn sie effektiv vom einzelnen verteidigt werden können. In diesem Fall macht es Sinn, um den Rang zu konkurrieren, denn der Ranghöhere wird nicht nur mehr vom Kuchen abbe-
kommen als der Rangtiefere, sondern auch die besseren Stücke erwischen.
Das Ergebnis wird eine (im Idealfall) lineare Hierarchie sein, bei der
Rangunterschiede um so deutlicher und konsistenter zutage treten, je wert-
voller die jeweiligen Ressourcen für das Individuum sind. Mit anderen
Worten: Im Gegensatz zu den wenig formalisierten und weitgehend egalitären Beziehungen der Gorillaweibchen wird man eine eher despotische
Hierarchie mit streng formalisierten Rangbeziehungen erwarten können
(mit dem Begriff „despotisch" ist hier natürlich nicht der grausame Herrscher gemeint, der seine Untertanen unbarmherzig unterdrückt).

Es läßt sich aber noch eine zweite Voraussage treffen: Verwandte sollten
unter diesen Bedingungen einander unterstützen. Das bedeutet nicht, daß
Verwandte nicht miteinander konkurrieren würden – sie tun es. Aber da
es in der nüchternen Funktionslogik der Evolution letztlich immer nur um
die Verbreitung der eigenen Gene geht, und Kopien der eigenen Gene sich
in Artgenossen mit um so größerer Wahrscheinlichkeit finden, je enger
man mit ihnen verwandt ist, kann Verwandtenhilfe ein wirksames Mittel
sein, die Verbreitung der eigenen Gene auf indirektem Wege zu fördern.
Wenn ein hoher Rang also Vorteile bringt und dadurch mittelbar oder
unmittelbar die Fortpflanzungschancen erhöht, sollten Verwandte einander
helfen, die besten Positionen in der Hierarchie zu erreichen – sofern dies
nicht mit unverhältnismäßig hohen Kosten verbunden ist. Das Ergebnis
sollte eine *nepotistische Hierarchie* sein, bei der im Unterschied zu *individualistischen Hierarchien* Clan-Mitglieder, d. h. matrilinear Verwandte,
weitgehend unabhängig von ihrer individuellen Kampfkraft benachbarte
Rangpositionen einnehmen ([653], Exkurs 3.1).

Exkurs 3.1: Nepotistische und individualistische Hierarchien

Weniges im Leben ist vorherbestimmt. Aber wenn man als Prinzessin zur Welt kommt, wird man – sofern man nicht in den Rang einer Königin aufsteigt – sein Leben lang eine Prinzessin bleiben. Um ein menschliches Spezifikum handelt es sich dabei nicht. Japanische Forscher entdeckten schon in den 50er Jahren, daß auch bei den auf den japanischen Inseln heimischen Rotgesichts- oder Japanmakaken *(Macaca fuscata)* die soziale Herkunft entscheidenden Anteil daran hat, welche soziale Stellung ein Individuum einmal in der Gesellschaft innehaben wird.[6] Inzwischen weiß man, daß dies für wenigstens zehn weitere Arten gilt (vermutlich sind es sehr viel mehr). Zwei Einschränkungen sind freilich zu machen: Erstens spielt der Rang des Vaters – wenn überhaupt – offenbar nur eine untergeordnete Rolle. Ein Japanmakakenweibchen mit einer rangniederen Mutter hat kaum eine Chance, sich in der Gesellschaft hochzuarbeiten, selbst wenn ihr Vater ranghoch ist. Es ist also die matrilineare Abstammung, die über die soziale Position entscheidet. Zweitens hat der mütterliche Rang oftmals einen sehr viel stärkeren Einfluß auf den Rang der Töchter als den der Söhne. Söhne verlassen normalerweise bei Erreichen der Geschlechtsreife ihre Geburtsgruppe, und spätestens dann wird ihre aktuelle physische Kondition ihren Status stärker beeinflussen als ihre Abstammung (bei manchen Arten, wie Savannenpavianen und Berberaffen, ist dies auch schon vorher so). Das bedeutet nicht notwendigerweise, daß die soziale Herkunft von diesem Zeitpunkt an ihre Bedeutung gänzlich verliert – aber gesichert ist die weitere Laufbahn nicht mehr.

In individualistischen Rangsystemen, wie man sie von Languren, Brüllaffen und anderen Arten kennt, spielt die individuelle physische Kondition offenbar von vornherein die wichtigste Rolle. Darauf deutet zumindest die Tatsache hin, daß hier jüngere Weibchen – von denen man annimmt, daß sie die kräftigeren sind – meist ranghöher als ältere sind (bei Gorillas ist es allerdings umgekehrt). Verwandtschaft oder kooperative Beziehungen mit anderen Gruppenmitgliedern scheinen hier keine Rolle zu spielen.

In nepotistischen Rangsystemen rangieren Töchter – sobald sie die Geschlechtsreife erlangt haben – direkt unter ihrer Mutter, dominieren also sämtliche unverwandten Weibchen, die auch die Mutter dominiert, und sind jenen Weibchen, denen die Mutter subordiniert ist, ebenfalls subordiniert. Jedes Weibchen verfügt hier also über eine Hausmacht: die eigene Matrilinie, während es in individualistischen Systemen auf sich selbst gestellt ist. Dies erklärt die hohe Stabilität nepotistischer Rangsysteme. Mütter bleiben in solchen Systemen in der Regel (solange sie noch nicht alt und gebrechlich sind) dominant über ihre Töchter. Die Rangfolge der Töchter ist allerdings oft invers mit ihrem Alter korreliert: Die jüngste Schwester ist die ranghöchste. Man bezeichnet dieses Phänomen häufig nach seinem Entdecker, dem japanischen Forscher Shunzo Kawamura, als „Kawamura-Prinzip". Die Ranghöchste in der Geschwisterreihe ist ein Weibchen natürlich nicht von Geburt an – auch diese Position wird erst um die Geschlechtsreife herum erreicht. Das deutet darauf hin, daß hier ebenfalls die physische Kondition eine Rolle spielt; aber als eigentlichen Grund für den Aufstieg der Jüngsten vemutet man Unterstützung durch die Mutter.

Daß Mütter ihre kleinsten Kinder am energischsten in Schutz nehmen, eben weil sie noch klein und damit besonders verletzlich sind, ist unmittelbar einsichtig. Aber warum sollten Mütter ihre jüngsten Töchter auch dann noch besonders protegieren, wenn dies eigentlich gar nicht mehr nötig erscheint? Zwei Erklärungen wurden vorgeschlagen: Die eine lautet, daß eine Mutter im Interesse ihrer Gesamtfitness immer jene Tochter unterstützen sollte, von der sie noch die meisten Enkelkinder erwarten kann. Die andere meint, Mütter gingen mit der jeweils Jüngsten ein Bündnis ein, um die Ältere (oder Älteren) daran zu hindern, einen Umsturzversuch zu wagen – eine Strategie also, die dem eigenen Machterhalt dient. Beides sind zweifellos faszinierende Ideen (wobei niemand den Tieren irgendwelche bewußten Absichten oder tatsächliche Enkelkinderwünsche unterstellen will). Aber leider sind inzwischen so viele Ausnahmen von der einstmals für universal gehaltenen Kawamura-Regel bekannt, daß keiner der beiden Hypothesen ein besonders hoher Erklärungswert zuzukommen scheint.[7]

Despotische und nepotistische Hierarchien finden sich vor allem bei Arten, deren Speisezettel breit gefächert ist und viele monopolisierbare Nahrungsbestandteile enthält: Rhesusaffen (die durch einen besonders despotischen Dominanzstil auffallen), manche anderen Makaken, Savannenpaviane und Grüne Meerkatzen gelten als besonders gut untersuchte Paradebeispiele. Am anderen Ende des Kontinuums liegen die erwähnten Berggorillas und jene Arten, die sich auf Blätter als Hauptnahrungsquelle spezialisiert haben: die süd- und südostasiatischen Languren, die afrikanischen Stummelaffen und die südamerikanischen Brüllaffen und Muriquis.

Ganz so egalitär wie bei den Berggorillas scheint es freilich selten zuzugehen: Bei Hanumanlanguren in den Wäldern Südnepals kommt es im Schnitt alle zwei Stunden dazu, daß ein Weibchen ein anderes vertreibt. Auch hier ist Konkurrenz um Nahrung die Hauptursache, und die Interaktionen sind asymmetrisch genug, um daraus eine recht eindeutige lineare Hierarchie unter den Weibchen konstruieren zu können [488]. Das erscheint widersinnig: Warum sollte man sich in einem Wald voller Bäume – und mithin voller Blätter – um ein einzelnes Blatt streiten? Der Widerspruch klärt sich zumindest teilweise dadurch auf, daß Primaten eben nicht zu jener Sorte extremer Nahrungsspezialisten gehören, die sich entweder nur von Gras oder nur von Wildschweinen ernähren (außer Obelix kenne ich keinen Primaten, der sich so gut wie ausschließlich von Wildschweinen ernährt; aber er ist ein gutes Beispiel dafür, daß „Contest"-Konkurrenz in diesem Zusammenhang eine erfolgreiche Strategie ist; sich um das Gras auf der Weide zu streiten, dürfte dagegen kaum etwas einbringen). Selbst Languren und Stummelaffen – Arten, die sich ähnlich wie Rinder durch einen gekammerten Magen auszeichnen, mit dessen Hilfe sich die schwer verdauliche Blattnahrung besser aufschließen läßt – sind nicht so einseitig. Bei den nepalesischen Languren machen Blätter zwar den Löwenanteil der Nahrung aus, aber Früchte sind ebenfalls nicht ganz unwichtig. Im übrigen kann es durchaus Sinn machen, sich gelegentlich auch um Blätter zu streiten – zum Beispiel dann, wenn die schmackhaftesten Blätter nur an ganz bestimmten Zweigen zu finden sind.

Dennoch: Auch die Untersuchungen an den Hanumanlanguren in Nepal bestätigen ebenso wie die an anderen Blätterfressern in zwei wesentlichen Punkten, daß die Nahrungsökologie die Umgangsformen prägt. Erstens: Hierarchien finden sich zwar auch hier, aber äußere Signale von Dominanz oder Unterwerfung sind zwischen Weibchen so gut wie nicht zu beobachten. Es handelt sich eher um einen stillen Verdrängungswettbewerb: Die Ranghöhere kommt, und die Rangniedere entfernt sich ohne viel Aufsehen. Von einer strengen Formalisierung der Statusunterschiede kann hier keine Rede sein – ein Zeichen dafür, daß die Rangbeziehungen von Langurenweibchen eher auf der egalitären als auf der despotischen Seite des Kontinuums anzusiedeln sind. Zweitens fehlt den Languren jenes engmaschige Netz nepotistischer Seilschaften, das bei anderen Arten dafür verantwortlich ist, daß Verwandte benachbarte Rangpositionen einnehmen – ihre Rangordnung ist individualistisch und dadurch in der Regel auch weniger stabil. Auch dies läßt sich als Hinweis darauf deuten, daß Dominanz für weibliche Languren und andere Blätterfresser einen geringeren Stellenwert besitzt als für jene Arten, bei denen der soziale Status eine Frage der Abstammung ist.

Natürlich ist Konkurrenz um Nahrung nur eine von vielen möglichen Ursachen für Konflikte, nur ein Faktor, der für die Vielfalt hierarchischer Strukturen verantwortlich ist. Für Männchen kommt beispielsweise eine weitere Ressource hinzu, die für Weibchen im Regelfall weitaus weniger wichtig ist: Geschlechtspartnerinnen. Männchen können ihren Fortpflanzungserfolg maximieren, indem sie sich mit möglichst vielen Weibchen paaren, was für Weibchen im umgekehrten Fall nicht gilt. Im Unterschied zur Nahrung sind befruchtungsfähige Eizellen (sie sind das eigentliche Streitobjekt) aber keine teilbare Ressource. Insofern ist es kein Zufall, daß selbst bei jenen Arten, bei denen sich die Weibchen durch relativ egalitäre Beziehungen auszeichnen, dies für Männchen viel weniger gilt. Schimpansen sind ein Beispiel. Im Nahrungsspektrum von Schimpansen spielen Früchte eine bedeutende Rolle – eine Ressource, bei der man eigentlich „Contest"-Konkurrenz erwarten würde. Die Früchte sind allerdings so weit verstreut und rar, daß Schimpansenweibchen es vorziehen, allein auf Nahrungssuche zu gehen. Direkte Konkurrenz ist dadurch weitgehend minimiert. Entsprechend gelten hierarchische Beziehungen zwischen Schimpansenweibchen als vage, inkonsistent und weitgehend individualistisch. Eine Formalisierung von Dominanzbeziehungen ist bei ihnen nicht zu erkennen [230, 685].[8] Ganz anders die Männchen: Ihre Rangbeziehungen sind eindeutig und hochgradig formalisiert. Und sie riskieren eine Menge, um einen möglichst hohen Status zu erlangen: Verletzungen sind bei Rangkämpfen zwischen Männchen nicht selten, und im Extremfall können solche Auseinandersetzungen für einen der beiden Kombattanten ein tödliches Ende nehmen [230, 233, 686].

Hierarchische Strukturen werden allerdings nicht notwendigerweise nur durch die Form der Konkurrenz, die *innerhalb* einer Gesellschaft vorherrscht, geprägt. Daß Druck von außen zur Solidarisierung im Inneren führt, ist beim Menschen ein wohlbekanntes Phänomen. Man tendiert dazu, die Streitigkeiten, die man miteinander hat, erst einmal zu vergessen und gemeinsam dem Feind die Stirn zu bieten. Wenn allerdings die rangtiefsten Mitglieder der Gesellschaft ohnehin nichts mehr zu verlieren haben, dürften sie auch wenig Neigung verspüren, sich für das „Gemeinwohl" einer Gruppe einzusetzen, die ihre eigenen Interessen mit Füßen tritt. Das aber bedeutet, daß in einer solchen Situation allzu große Statusdifferenzen auch für die Ranghöheren kontraproduktiv wären: Sie würden damit die Loyalität der Rangniederen aufs Spiel setzen. Besser, man (oder frau) macht ein paar Konzessionen und verliert nicht die ganze Macht. Ausgeprägte Konkurrenz *zwischen* Gruppen sollte also zu einer Egalisierung der

Sozialbeziehungen *innerhalb* von Gruppen führen, da bei Konfrontationen die Kooperation und Solidarität der Untergebenen ein wichtiges Machtinstrument darstellt [653, 670].

Was die menschliche Geschichte betrifft, wird dieser Annahme eine gewisse Plausibilität bescheinigt [681]. Ob und in welchem Maße allerdings bei nichtmenschlichen Primaten Konkurrenz zwischen Gruppen zu einer Egalisierung von Statusunterschieden führt, ist bisher leider aber nicht viel mehr als Spekulation. Als mögliche Kandidaten gelten einige Makakenarten – die südostasiatischen Bärenmakaken *(Macaca arctoides)* und die auf Sulawesi beheimateten Mohren-, Schopf- und Tonkinmakaken (*M. maura, M. nigra* und *M. tonkeana*). Sie alle zeichnen sich im Unterschied zu ihren nächsten Verwandten wie den Rhesus- oder Javaneraffen durch bemerkenswert egalitäre Beziehungen aus – und dies, obwohl Unterschiede in der Nahrungsökologie offenbar kaum vorhanden sind [625, 694]. Vielleicht handelt es sich hier also um eine Folge innerartlicher Konkurrenz zwischen Gruppen – sicher ist dies jedoch keineswegs. Geklärt werden könnte die Frage wohl nur durch vergleichende Untersuchungen an ein und derselben Art: Wenn man hier Unterschiede im Dominanzstil fände, die in der vorhergesagten Weise mit dem Außendruck korrelieren, würde die Hypothese zweifellos gestützt. Aber vielleicht ist die soziale Stratifikation bei nichtmenschlichen Primaten, die im Vergleich zu den meisten menschlichen Gesellschaften ohnehin ein Ausbund an Egalität darstellen, nirgends so ausgeprägt, daß dieser Faktor eine große Rolle spielen könnte.

Dominante Weibchen

Das vielbeschworene Matriarchat, bei dem die Macht noch in den Händen der Frauen lag (und auch sonst alles besser war) – hat es das jemals gegeben? Selbst feministisch orientierte Primatologinnen sind da skeptisch, auch wenn sie männliche Dominanz keineswegs als „naturgegeben" hinnehmen [577]. Wenn der Begriff Matriarchat eine Gesellschaftsform bezeichnet, in der die weiblichen Mitglieder grundsätzlich ranghöher als die männlichen sind, dann findet es sich nur bei einer Gruppe nichtmenschlicher Primaten, die man – je nach Geschmack – entweder als recht ursprünglich oder als recht primitiv bezeichnen kann: den madagassischen Lemuren [327]. Ansonsten ist weibliche Dominanz bei Primaten – und dies gilt für die große Mehrzahl aller Säugetiere – eher selten. Häufiger findet man den umgekehrten Fall: Männchen sind entweder grundsätzlich über Weibchen dominant (Paviane, Gorillas und Schimpansen sind die bekanntesten Beispiele), oder sie besetzen zumindest die höchsten Positionen in der Hierarchie. Zwar ist oft auch von „Alpha-Weibchen" die Rede, aber damit sind meist nur jene Weibchen gemeint, die an der Spitze der *weiblichen* Hierarchie stehen. Alpha-Weibchen genießen zwar oft, gerade bei ranghohen Männchen, ein hohes Ansehen, aber in der sozialen Hierarchie der Gruppe können sie sämtlichen Männchen untergeordnet sein.

Daß männliche Dominanz bei Primaten und anderen Säugern überwiegt, hängt sicher damit zusammen, daß bei den meisten Arten ein deutlicher Sexualdimorphismus existiert, die Männchen also oft erheblich größer, schwerer und kräftiger sind als die Weibchen und auch über die gefährlicheren Waffen (längere Eckzähne) verfügen. Bei solchen Primaten, denen dieser Sexualdimorphismus fehlt, wie den Gibbons oder den südamerikanischen Krallen-, Spring- und Nachtaffen, findet sich bezeichnenderweise auch keine männliche Dominanz. Hier sind beide Geschlechter, zumindest was ihren Rang betrifft, „gleichberechtigt" – man spricht von Ko-Dominanz. Die Verhältnisse bei anderen Arten deuten darauf hin, daß auch das Ausmaß des Sexualdimorphismus erhebliche Konsequenzen für die Beziehungen zwischen den Geschlechtern haben kann: Männliche Rhesusaffen und Japanmakaken sind kaum größer als die Weibchen, und bei beiden Arten findet man recht häufig, daß zumindest einige ranghohe Weibchen viele ihrer männlichen Artgenossen (aber eben nie alle) dominieren. Bei Berberaffen und Pavianen – Arten mit einem vergleichsweise großen Sexualdimorphismus – sind dagegen auch die ranghöchsten Weibchen allen erwachsenen Männchen untergeordnet [482].

So einleuchtend das Argument mit dem Sexualdimorphismus sein mag – warum bei den Lemuren die Weibchen dominant sind, scheint es nicht zu erklären. Zwar ist der Sexualdimorphismus bei den meisten Lemurenarten gering, und manchmal sind die Weibchen sogar ein wenig schwerer oder haben ein wenig längere Eckzähne als die Männchen. Aber bei den meisten Arten unterscheiden sich die Geschlechter nicht in ihrer Kampfkraft – Bedingungen, unter denen man also höchstens Ko-Dominanz erwarten würde. Dennoch verhalten sich Kattamännchen (*Lemur catta*, eine Art, bei der die Männchen sogar längere Zähne als die Weibchen haben) grundsätzlich submissiv gegenüber Weibchen – auch dann, wenn sie gar nicht Zielscheibe weiblicher Aggression geworden sind. Auch in formaler Hinsicht liegt hier die Macht also eindeutig bei den Weibchen. Nicht bei allen Lemuren sind die Verhältnisse freilich so eindeutig. Die Männchen der mit den Kattas nahe verwandten Rotstirnmakis (*Eulemur fulvus rufus*) sind zum Beispiel weitaus weniger unterwürfig. Konflikte zwischen den Geschlechtern enden dementsprechend meist unentschieden, oder mal gewinnt das Männchen, mal das Weibchen. Von klarer weiblicher Dominanz kann bei diesen Tieren jedenfalls nicht die Rede sein. Dennoch: Klare männliche Dominanz findet sich – soweit man bisher weiß – bei keiner einzigen Lemurenart [327].

Weibliche Dominanz wird oft auch einigen anderen, simischen Primaten nachgesagt, aber einer genaueren Prüfung scheinen diese Fälle nicht standzuhalten [327]. Die südamerikanischen Totenkopfaffen und die afrikanischen Zwergmeerkatzen sind die am häufigsten genannten Beispiele. Bei beiden Arten leben Männchen und Weibchen die meiste Zeit des Jahres weitgehend ihr eigenes Leben und interagieren nur in der kurzen Paarungszeit miteinander. Da die Männchen sich auch räumlich eher an der Peripherie der Gruppen aufhalten, und man dann auch noch sah, daß Weibchen Männchen vertrieben, lag der Schluß nahe, daß die Weibchen dominant über die Männchen sind. So eindeutig scheinen die Verhältnisse jedoch nicht zu sein. Eingehendere Untersuchungen zeigten nämlich, daß Weibchen Männchen nur in Gemeinschaftsaktionen vertreiben konnten, in Zweierkonstellationen dagegen fast immer unterlegen waren. Dies aber ist durchaus nichts Ungewöhnliches: Auch in eindeutig männchendominierten Gesellschaften haben Männchen gegen eine Koalition von Weibchen kaum eine Chance.

Eine andere Art, die in jüngster Zeit durch weibliche Dominanz von sich reden macht, sind Bonobos. Zumindest in Zoologischen Gärten scheinen Bonoboweibchen nicht selten dominant über Männchen zu sein und auch den Zugang zum Futter zu kontrollieren. In einer ganzen Reihe von Fällen wurden Männchen von Weibchen sogar angegriffen und schwer verletzt [463]. Ungewöhnliche Zustände für die sonst eindeutig männchendominierten Menschenaffengesellschaften. Ungewöhnlich auch insofern, als Bonoboweibchen den Männchen körperlich eindeutig unterlegen sind: Sie sind kleiner, leichter, und ihre Eckzähne sind deutlich kürzer als die der Männchen. Tatsächlich unterscheiden sie sich in dieser Hinsicht kaum von den „gewöhnlichen" Schimpansen, ihren nächsten Verwandten (Bonoboweibchen erreichen 83 Prozent des männlichen Gewichtes, Schimpansenweibchen 84 Prozent; beim Menschen liegt der Wert bei 85 Prozent). Ein einzelnes Bonoboweibchen wäre also kaum in der Lage, ein erwachsenes Männchen zu überwältigen. Der Schlüssel zur weiblichen „Dominanz" bei Bonobos scheint denn auch weniger in individueller Überlegenheit als in dem Prinzip „Gemeinsam sind wir unausstehlich" zu liegen: Anders als Schimpansinnen (und Bonobomännchen) zeichnen sich Bonoboweibchen durch ungewöhnlich enge, kooperative Beziehungen aus, und sie nutzen diese Beziehungen offenbar, um Männchen gemeinschaftlich in ihre Schranken zu verweisen. Auf sich gestellt, meint auch die amerikanische Anthropologin Amy Parish, die das Konzept der weiblichen Dominanz bei Bonobos vertritt, wäre ein Bonoboweibchen kaum in der Lage, ein erwachsenes Männchen zu dominieren. Aber allein die Gefahr, es mit einer Koalition weiblicher Gegnerinnen zu tun zu bekommen, würde genügen, daß die Männchen klein beigeben.

Inwieweit sich diese Erkenntnisse auf freilebende Bonobos übertragen lassen, scheint allerdings weniger klar. Suehisa Kuroda von der Universität Kyoto jedenfalls sah im Freiland kein einziges Mal, daß Weibchen Aggressionen gegen erwachsene Männchen richteten oder daß erwachsene Männchen sich Weibchen gegenüber unterwürfig verhielten [360]. Andere Freilandforscher stellen unmißverständlich fest, daß von weiblicher Dominanz bei Bonobos keine Rede sein könne; tatsächlich seien sämtliche geschlechtsreifen Männchen, selbst wenn sie noch nicht voll ausgewachsen wären, bei Konflikten dominant über sämtliche Weibchen [734]. Alle Forscher sind sich allerdings darin einig, daß Bonoboweibchen das Vorrecht beim Zugang zu Nahrungsquellen haben [210, 734]. Mag sein, daß die Gefahr, von einer Meute kooperierender Weibchen attackiert zu werden, hier tatsächlich eine Rolle spielt. Bezeichnenderweise deutet sich allerdings an, daß Männchen ihre körperliche Überlegenheit dann ausspielen, wenn es um etwas geht, was ihnen offenbar wirklich wichtig ist: Sex! Ein völlig unbekanntes Phänomen scheint sexuelle Gewalt gegen Weibchen bei Bonobos, die ansonsten durch ihr freizügiges und ausschweifendes Sexualleben bekannt sind, jedenfalls nicht zu sein [734].

Eindeutige weibliche Dominanz, die nicht auf der Hilfe von Koalitionspartnerinnen beruht, ist also offenbar wirklich auf Lemuren beschränkt. Das wirft natürlich Fragen auf. Wie haben es ausgerechnet diese Tiere geschafft, die männliche Vorherrschaft zu brechen? Oder war weibliche Dominanz oder zumindest Ko-Dominanz der Geschlechter der ursprüngliche Zustand, und die Lemurenmännchen haben den Kampf der Geschlechter erst im Verlauf der weiteren Evolution verloren? Für die menschliche Geschichte ist die Frage natürlich weitgehend irrelevant: Lemuren sind entwicklungsgeschichtlich weit von uns entfernt und haben dazu noch ihren eigenen Sonderweg in der Isolation auf Madagaskar zurückgelegt (ihre Verwandten auf dem afrikanischen Festland, die Loris und Galagos, zeichnen sich zu allem Überfluß auch noch durch männliche Dominanz aus). Und auch die Bonobos gehören keineswegs zu unseren direkten Vorfahren – ihr Entwicklungsweg hat sich erst vor etwa zwei bis drei Millionen Jahren von dem der Schimpansen getrennt, während der Zweig, der zum Menschen führte, mit sechs bis sieben Millionen Jahren deutlich älter ist.

Interessanter als die Frage nach dem geschichtlichen Ablauf dürfte also die nach den evolutionsbiologischen Ursachen sein, die männliche oder weibliche Dominanz begünstigen. Im Falle männlicher Dominanz wird die-

se Frage ziemlich einhellig dahingehend beantwortet, daß Männchen eben
normalerweise größer und kräftiger sind als Weibchen, und dies letztlich
nur ein Nebenprodukt der sexuellen Selektion darstellt: Große und kräftige Männchen schneiden in der Konkurrenz um Weibchen besser ab. Es
kommt aber wohl noch etwas anderes hinzu: Männchen erlangen einen
Selektionsvorteil, wenn sie Weibchen und damit auch ihre Fortpflanzung
kontrollieren können! Infantizid beispielsweise hätte als männliche Fortpflanzungsstrategie bei Primaten kaum eine so hohe Bedeutung erlangt,
wenn die Männchen die Weibchen nicht dominieren würden. Aus dieser
Perspektive erscheinen die Geschlechterbeziehungen bei den Lemuren
noch rätselhafter. Der fehlende Sexualdimorphismus mag es Lemuren-
weibchen zwar erleichtern, die Männchen zu dominieren; aber dies allein
scheint als Erklärung wie gesagt nicht hinreichend zu sein: Warum steckt
das eine Geschlecht zurück, obwohl das andere physisch nicht überlegen
ist? Es hat eine Reihe von Versuchen gegeben, diese Frage zu beantworten,
aber keine scheint besonders überzeugend zu sein [327]. Ein Erklärungs-
versuch verweist auf die kurze jährliche Paarungssaison, die bei Kattas
beispielsweise nur ein bis zwei Wochen dauert: Männchen könnten ihre
Energiereserven für diese kurze Zeit aufsparen und sie nicht in Streiterei-
en mit Weibchen vergeuden. Nur scheint dies keine sehr geschickte Strategie zu sein, wenn man als Resultat weniger Energiereserven ansammeln
kann. Natürlich könnten Männchen Grund haben zurückzustecken und
den Weibchen den Vortritt zu lassen, wenn sie auf diese Weise die Überlebenschancen der eigenen Kinder oder die Fertilität ihrer Geschlechtspartnerinnen erhöhen würden. Das aber würde voraussetzen, daß die
Männchen tatsächlich mit großer Wahrscheinlichkeit in die Ernährung ihrer eigenen Kinder oder die ihrer zukünftigen Geschlechtspartnerinnen
investieren. Überzeugende Hinweise gibt es derzeit für beides nicht. Allerdings glauben Lemurenspezialisten, daß enge Paarbindungen, wie man sie
auch heute noch bei einigen Lemurenarten findet, der ursprüngliche Zustand gewesen sein könnte [659]. Natürlich kann man auch umgekehrt
argumentieren: Wenn die Produktion von Nachkommen für Lemurenweib-
chen besonders aufwendig ist, sollten sie alles daran setzen, sich das Vorrecht beim Zugang zur Nahrung zu sichern. Auch diese Interpretation
scheint aber durch die Fakten nicht sonderlich gut unterstützt zu werden
[327]. Wie immer man es betrachtet: Die evolutionären Ursachen der weiblichen Dominanz bei Lemuren sind ein immer noch ungelöstes Rätsel.

Wird Dominanz vererbt?

Der Gedanke, daß Dominanz auf genetischem Wege vererbt werden könnte, ist nicht ganz neu. In den 30er Jahren glaubte man, daß ranghohen Individuen ein „Dominanztrieb", ein Trieb zur Macht angeboren sein könnte – eine Anlage, die den Rangniederen fehlen sollte [398]. Unterstützung erhielt diese Annahme Anfang der 60er Jahre, als der Amerikaner Carl Koford entdeckte, daß Rhesusaffenmütter ihren Rang offenbar an ihre Söhne vererben [342]. Bei Rhesusaffen ist es normalerweise so, daß ältere Männchen dominant über jüngere sind. Koford fand allerdings eine ganze Reihe von Ausnahmen von dieser Regel: In mehreren Gruppen der berühmten Rhesusaffenkolonie von Cayo Santiago (einer kleinen Insel vor der Küste Puerto Ricos, auf der man 1938 Rhesusaffen angesiedelt hatte) dominierten bemerkenswert junge Männchen ihre älteren Geschlechtsgenossen. Daß alle diese „Überflieger" außerordentlich ranghohe Mütter hatten, war wohl kein Zufall. Schließlich hatten japanische Forscher schon in den 50er Jahren entdeckt, daß auch die Rangbeziehungen weiblicher Japanmakaken jene ihrer Mütter widerspiegelten. Die Tendenz, einen hohen Rang zu erreichen, folgerte Koford, könnte also angeboren sein. Koford war freilich vorsichtig genug, die augenfällige Alternativhypothese nicht zu verwerfen: Genausogut könnte es sein, daß Protektion und Erfahrung – Sozialisation also – die entscheidende Rolle spielt: Mütter würden ihre Kinder schließlich während der ersten Lebensjahre unterstützen, und dies könnte sich dahingehend auswirken, daß die anderen den Status von Kindern ranghoher Mütter auch sehr viel später noch respektierten.

Gene für soziale Ungleichheit verantwortlich zu machen, war spätestens seit den frühen 70er Jahren ziemlich out und galt als politisch verdächtig – Thelma Rowell sprach insofern wohl nur das aus, was die meisten dachten: Ein obskures biologisches Konzept, das nur dazu diene, soziale Mißstände mit dem Hinweis auf ihre angebliche „Natürlichkeit" für unabänderlich zu erklären. In jüngerer Zeit wird der Ansatz, daß genetische Unterschiede die eigentliche Ursache für Rangunterschiede sein könnten, allerdings wieder vertreten, vor allem von dem deutschen Primatologen Christian Welker [711]. Welker meint, der Rang sei eine Eigenschaft des Individuums – und nicht etwa eine Eigenschaft der Beziehung *zwischen* zwei Individuen. Um diese These zu untermauern, trennten er und seine Mitarbeiterinnen neugeborene Javaneraffen – auch dies eine Art, bei der der Rang der Mutter einen entscheidenden Einfluß auf den Rang ihrer Kinder hat – gleich nach der Geburt von der Mutter und zogen sie mit der Flasche auf. Sobald die Kinder fünf Wochen alt geworden waren, wurden sie in eine „peer"-Gruppe überführt, eine Gemeinschaft mehr oder weniger gleichaltriger Schicksalsgenossen. Mit dieser Methode sollten mögliche Erziehungseinflüsse auf den Rangerwerb ausgeschlossen werden.

Die Rangordnung, die sich unter den so zusammengewürfelten Jungtieren bildete, war erwartungsgemäß zunächst altersabhängig: Die etwas älteren dominierten die später hinzugekommenen jüngeren Tiere. Mit der Zeit allerdings begannen einige Tiere in der Hierarchie aufzusteigen, während andere eine Verschlechterung ihres Ranges hinnehmen mußten. Bezeichnenderweise hatten jene, so Welker, die ihren Rang verbesserten, ausnahmslos auch ranghohe Mütter (da alle Kinder denselben Vater hatten, konnte dessen möglicher Beitrag vernachlässigt werden).

Zweifellos ein interessantes Ergebnis. Aber leider stehen uns außer dieser ersten, sehr allgemein gehaltenen Veröffentlichung (die inzwischen auch schon mehr als 10 Jahre alt ist) keine weiteren Informationen zur Verfügung. Eine statistische Absicherung der Ergebnisse (wie sie auch in der Verhaltenswissenschaft mittlerweile üblich ist, um Zufallseffekte auszuschließen) wurde nicht geliefert, und über die weitere Entwicklung wissen wir ebenfalls nichts. Das spricht natürlich nicht unbedingt gegen einen genetischen Einfluß; Zweifel an der Bedeutung dieses Faktors werden aber durch eine Reihe anderer Beobachtungen genährt.

Kommen wir noch einmal zu den Rhesusaffen von Cayo Santiago – der am besten und längsten untersuchten Rhesusaffenpopulation der Welt – zurück. Es sind mittlerweile einige Fälle bekannt, in denen es auch Söhne rangtiefer Weibchen geschafft haben, einen hohen Rang zu erlangen [385], aber im Prinzip hatte Carl Koford recht: Es sind vor allem die Söhne der ranghöchsten Weibchen, die durch einen rasanten Rangaufstieg auffallen. Sobald diese Männchen allerdings ihre Geburtsgruppe verlassen (was die meisten Rhesusaffenmännchen tun, wenn sie mit drei oder vier Jahren in die Pubertät kommen), ist es mit ihrem privilegierten Status dahin. Wenn sie auswandern – und oft tun sie dies erst im gesetzteren Alter von 10 Jahren oder mehr – bekommen sie, wie man so schön sagt, kein Bein mehr an die Erde: Viele wandern von Gruppe zu Gruppe, ohne in einer Fuß fassen zu können, und sterben schließlich, ohne jemals wieder eine „standesgemäße" Position erreicht zu haben. „Poor little rich boys", arme kleine reichen Jungen nennt John Berard, einer der Nachfolger Kofords, diese Männchen. Solange sie sozusagen zu Hause unter Mamas Schutzschirm lebten, sei alles gut, aber dann – perdù [43].

Obwohl es sich vielleicht – wie wir in einem späteren Kapitel noch sehen werden – bei Berards „armen kleinen reichen Jungen" um Extremfälle handelt, zeigen sie doch sehr nachdrücklich, daß der Rang eines Individuums in hohem Maße von dem sozialen Milieu, in dem es sich bewegt, abhängt. Ob man dominant ist oder subordiniert, hängt davon ab, mit wem man zu tun hat. Wir kennen das aus dem Alltagsleben: Zu Hause spielt man den großen Zampano, aber in der Firma ist man ein kleines Licht (oder umgekehrt). Daß Entsprechendes auch für nichtmenschliche Primaten gilt, zeigen nicht nur die Beobachtungen von Berard, sondern auch Experimente von Irwin Bernstein, Bernard Chapais und anderen. Dabei zeigte sich beispielsweise, daß männliche Rhesusaffen, die in einer Gruppe den Alpha-Status innehatten, diesen – in eine andere Gruppe verpflanzt – nicht nur verloren, sondern unversehens auf den untersten Plätzen der Hierarchie landeten. Zurück in ihrer alten Gruppe waren sie wieder die ranghöchsten [60]. Dominanz, folgert Bernstein – und die meisten Forscher stimmen ihm da zu –, ist keine Eigenschaft des Individuums, ja noch nicht einmal eine pure Reflexion seiner Kampfkraft oder sozialen Fähigkeiten, sondern ein Aspekt der Beziehung zwischen zwei Individuen. So gesehen kann Dominanz natürlich auch nicht vererbt werden [56].[9]

Auch andere Beobachtungen sprechen gegen die Vererbungsthese: Beispielsweise wissen wir, daß ranghohe Männchen durchaus Kinder mit rangtiefen Weibchen zeugen (auch das Umgekehrte kommt vor) [474, 566]. Was geschieht mit dem Kind? Wird es einen mittleren Rang bekommen? Zumindest wenn es sich um eine Tochter handelt, heißt die Antwort eindeutig *nein* – ihr Rang wird dem der Mutter entsprechen (bei Söhnen sind die Verhältnisse oft variabler [348, 482]). Und schließlich ist vor allem von Steppenpavianen aus dem Freiland bekannt, daß sich die Rangbeziehungen zwischen Männchen (im Gegensatz zu denen der Weibchen) bemerkenswert oft ändern können – während ihr Genotyp ja wohl konstant bleibt [271].

Das Kind mit dem Bade auszuschütten, wäre dennoch etwas voreilig, und dafür gibt es zwei Gründe. Da ist zum einen die Sache mit dem „Dominanztrieb". Zwar geht niemand heute mehr davon aus, daß nur die Dominanten über eine solche Anlage verfügen. Auch die Annahme, es handele sich um einen „Trieb", der eigengesetzlichen Motivationen oder Stimmungen blind gehorcht und allenfalls kanalisiert werden kann, ist längst passé. Heute geht man eher davon aus, daß Tiere effektive Kosten-Nutzen-Rechner sind, die ihr Handeln an die jeweilige Situation anpassen. Soziale Ungleichheit ist eindeutig ein gesellschaftliches Phänomen und als solches von vielen äußeren Faktoren abhängig. Nirgends wird dies deutlicher als in menschlichen Gesellschaften, in denen das ganze Spektrum – von extrem despotisch bis hochgradig egalitär – vertreten ist. Variabilität im phänotypischen Erscheinungsbild bedeutet aber nicht, daß die Ursachen sozialer Unterschiede keinen evolutionsbiologischen – und das heißt auch: genetischen – Hintergrund hätten. Makaken und Menschen, Schimpansenmännchen und Paviane wären wohl weniger auf einen hohen Rang bedacht, wenn ihnen dies keinen Selektionsvorteil verschaffen würde.

Zum anderen ist die Frage, ob und inwieweit Rang*unterschiede* nicht doch – zumindest auch – genetisch bedingt sein könnten, keineswegs abschließend geklärt [149]. Auch wenn der Rang keine Eigenschaft des Individuums ist, sondern der einer Beziehung und als solche nicht vererbt werden kann: Bestimmte Persönlichkeitsmerkmale – Ehrgeiz, Selbstsicherheit, die Fähigkeit, andere zu manipulieren – oder Temperamentsunterschiede könnten durchaus die Wahrscheinlichkeit, in einer gegebenen Situation eher einen mehr oder weniger hohen Rang zu erlangen, beeinflussen. Daß solche Persönlichkeitsmerkmale und Temperamentsunterschiede auch bei nichtmenschlichen Primaten vorhanden sind, steht fest. Auch gibt es Hinweise dafür, daß bestimmte Persönlichkeitsmerkmale im Zusammenhang mit dem Rang von Individuen stehen [111, 505]. Weitgehend offen ist freilich, wie die Kausalkette verläuft: Man kann einen hohen Rang erlangen, weil man über ein ausgeprägtes Selbstbewußtsein verfügt, aber ein ausgeprägtes Selbstbewußtsein kann ebenso die Folge eines hohen Ranges sein. Und schließlich – welche Rolle spielen bei der Ausprägung von Merkmalen wie Selbstsicherheit, Ehrgeiz etc. die Gene, welche die Sozialisation?

Die alte Debatte darüber, ob Merkmale das Produkt von Genen *oder* der Umwelt sind, ist zwar längst überholt. Aber man braucht keine besonderen hellseherischen Fähigkeiten zu haben, um vorherzusagen, daß der Streit darüber, ob nun den Genen oder der sozialen Umwelt das *größere* Gewicht für die Entstehung von Rangunterschieden zukommt, weitergehen wird. Ich für meinen Teil bin weit davon entfernt, den Genen jede Mitwirkung abzusprechen, bezweifle aber, daß Statusunterschiede in erster Linie auf genetischen Unterschieden beruhen: Selbst wenn alle den gleichen Drang zur Macht verspürten, würde es genügend andere Unterschiede geben (und diese brauchen gar nicht genetisch zu sein), um eine soziale Schichtung der Gesellschaft herbeizuführen.

Cui bono?

In manchen Büchern, selbst modernen Lehrbüchern der Zoologie, ist merkwürdig viel von den Pflichten der Ranghohen die Rede, aber nur beiläufig etwas von ihren Rechten. Danach mögen die Ranghohen zwar in der ersten Reihe sitzen, wenn es um den bevorzugten Zugang zu Ressourcen – Nahrung, sexuell attraktive Weibchen und andere begehrte Dinge – geht, aber im Gegenzug gewähren sie den Rangtiefen dafür Schutz, schlichten Streit und geben ihnen sogar etwas von ihrer Nahrung ab. Mit anderen Worten, soziale Hierarchien stellen sich als eine Art Gesellschaftsvertrag dar, von dem alle profitieren. Die Ranghohen haben zwar gewisse Vorrechte, müssen aber die Last der Verantwortung tragen, während die Rangtiefen es sich recht gemütlich einrichten können. Schimpansen werden gerne als Kronzeugen genannt: Die ranghohen Männchen gehen auf die Jagd, aber nach getaner Arbeit teilen sie generös ihr erbeutetes Fleisch mit den rangtieferen Mitgliedern der Gruppe. Schöne, heile Welt.

Nüchtern betrachtet stellen sich die Dinge meist etwas anders dar. Erstens haben Tiere – auch ranghohe – natürlich keine „Pflichten". Preußische Tugenden mag man Tieren in Fabeln andichten, in der Beurteilung ihres tatsächlichen Verhaltens haben derartige menschliche Wertmaßstäbe aber nichts zu suchen. Zweitens ist das Teilen von Nahrung – oder anderen begehrten Gütern – keineswegs ein Charakteristikum, das die „oberen Zehntausend" generell auszeichnet. Tatsächlich handelt es sich um ein eher seltenes Phänomen, das nur bei wenigen Arten überhaupt beobachtet wurde. Ranghohe Schimpansen teilen zwar ihr Fleisch mit anderen, aber sie tun dies meist eher widerwillig, und – sie kommen auch selbst am häufigsten in den Genuß, etwas von den anderen abzubekommen. Drittens schließlich spricht eine Menge dafür, daß Schimpansen (ebenso wie Menschen), wenn sie Nahrung teilen, dies nicht etwa aus reiner Mildtätigkeit tun, sondern dabei handfeste Eigeninteressen verfolgen. Toshisada Nishida und seine Mitarbeiter haben das Verhalten bei einem Alpha-Männchen der Schimpansenpopulation in den tansanischen Mahale-Bergen über zehn Jahre verfolgt [447]. Ntologi, so nannten die japanischen Forscher das Männchen, teilte seine Beute nicht etwa ungeachtet des Ansehens und der Person des Bittstellers – er ging vielmehr überaus strategisch vor: Mit jenen Männchen, die eine potentielle Bedrohung für ihn selbst beziehungsweise seine Position darstellten – jung-dynamischen Aufsteigern und seinem unmittelbaren Rivalen, dem Beta-Männchen –, teilte er nicht. Nutznießer waren dagegen potentielle Verbündete, die ihm selbst kaum gefährlich werden konnten – Männchen aus dem Mittelfeld der Hierarchie und ältere, aber immer noch einflußreiche Männchen. Und nicht zu vergessen: Auch Weibchen bekamen unverhältnismäßig viel von ihm ab – wenn sie eine sexuelle Beziehung mit ihm unterhielten.

Ein anderes Beispiel ist Luit, eines der Schimpansenmännchen des Arnheimer Zoos, deren Geschichte von Frans de Waal verewigt wurde. Luit war gerade dabei, seinen größten Widersacher, Yeroen, vom Sockel der Alpha-Position zu stürzen – ein Unternehmen, bei dem er auf Verbündete angewiesen war. Luit machte folgendes, um in einer kritischen Situation seine Popularität zu steigern: Er kletterte auf einen der Bäume des Freigeheges (was nicht so einfach war, da die Stämme der noch lebenden Bäume mit Elektrodrähten gegen das Erklettern gesichert waren) und ließ

Zweige mit schmackhaften Blättern auf die unten gebliebenen herunterregnen. „Weihnachtsmann"-Verhalten nannte de Waal das. Man könnte auch sagen: Tu Gutes – und rede darüber … Adel verpflichtet heißt es, und daran ist wohl auch etwas Wahres; allerdings wäre es naiv anzunehmen, daß dies nun ganz und gar uneigennützig wäre: *„Ein Mann muß großzügig sein, um geachtet zu werden"*, zitiert de Waal den amerikanischen Ethnologen Marshall Sahlins [684].[10]

Und wie steht es mit dem Schutz, den die Schwächeren genießen? *„Bei den Dohlen, und wohl bei vielen anderen sehr sozialen Vögeln"*, schrieb Konrad Lorenz vor mehr als 30 Jahren, *„führt die Rangordnung unmittelbar zum Schutz des Schwächeren."* Ritterlich würden ranghöhere Dohlen bei Auseinandersetzungen immer zugunsten des Unterlegenen eingreifen [373, S. 68]. Auch Martin Lindauer, Schüler des Nobelpreisträgers Karl Ritter von Frisch und selbst hochangesehener Verhaltensphysiologe und Bienenforscher, meint, bei Streitereien *„greift das dominante Männchen oder Weibchen uneigennützig in den Streit ein und kann ihn kurzfristig beenden; dabei ergreift es stets Partei für den Niederrangigen"* [369, S. 139]. Ich weiß nicht allzuviel von Dohlen oder Bienen; bei Primaten jedenfalls liegen die Dinge komplizierter. Jungtiere beispielsweise, die von Älteren angegriffen werden, werden nicht selten unterstützt; allerdings erhalten Kinder ranghoher Mütter sehr viel häufiger Hilfe (auch von Nichtverwandten) als Kinder rangniederer Mütter [140, 698]. Weibchen ergreifen, wenn sie sich in Kämpfe zwischen anderen einmischen, fast durchweg Partei für die Stärkeren [103, 180]. Dominante Männchen helfen zwar – im Gegensatz zu anderen Männchen – nicht selten der schwächeren Partei, aber auch dies ist alles andere als „uneigennützig": Es dient dem eigenen Machterhalt [180, 687]. Wie opportunistisch sich selbst ehemalige Freunde, Freundinnen und Bündnispartner verhalten, mußte das bereits erwähnte Schimpansenmännchen Ntologi erfahren: Nachdem es die Alpha-Position an seinen Rivalen Kalunde hatte abgeben müssen, schlugen sich alle bei einer späteren Auseinandersetzung zwischen den beiden Männchen auf die Seite des neuen Herrschers [445].

Es gibt noch eine weitere Argumentationslinie, die behauptet, Dominanzhierarchien seien ein Modus des Zusammenlebens, der für alle Beteiligten vorteilhaft ist. Tatsächlich hätten Rangordnungen eine wichtige gesellschaftliche Funktion, denn auf diese Weise würden ständige Streitereien vermieden, die Harmonie und der Gruppenzusammenhalt dagegen gefördert. Nicht zuletzt: Gerade die Schwächeren in der Gesellschaft würden davon profitieren, denn schließlich sind sie es, die bei einer Auseinandersetzung mit einem Stärkeren Kopf und Kragen riskieren. Und da eine Rangordnung nur dann ein funktionelles Ganzes ergibt, wenn neben dem

Dominanz- oder Machtstreben auch eine Bereitschaft zur Unterordnung, zum Gefolgsgehorsam existiert, gehen manche Forscher so weit zu behaupten, daß auch letzteres „angeboren" sei [181].[11]

Die Etablierung einer Rangordnung führt in der Regel tatsächlich dazu, daß Konflikte ohne den Einsatz von Aggressionen gelöst werden. Profitieren werden davon zweifellos alle: Die Starken, indem sie nicht andauernd ihre Stärke demonstrieren müssen und somit Energie sparen, die Schwachen, indem sie auf das offenkundig sinnlose Unterfangen, sich ständig gegen übermächtige Gegner aufzulehnen, verzichten und damit nicht nur Energie sparen, sondern vor allem ihr Verletzungsrisiko gering halten. Insofern tun rangtiefe Mitglieder einer Gruppe oder Gesellschaft in der Tat eine ganze Menge, um den Status quo aufrechtzuerhalten. Die Frage ist nur, ob es sich bei der „friedensstiftenden Funktion" von Rangordnungen um die eigentliche Ursache für ihre Evolution handelt oder nur um einen Nebeneffekt.

Um einer Antwort auf diese Frage näherzukommen, müssen wir noch einmal zurück zum Ausgangspunkt. Worum geht es? Um zu überleben und sich fortpflanzen zu können sind Lebewesen auf Ressourcen vielerlei Art angewiesen: Nahrung, Geschlechtspartner, sichere Orte zum Leben, Ausruhen und für die Aufzucht der Jungen, elterliche Fürsorge, soziale Unterstützung. In einer endlichen Welt sind aber auch Ressourcen grundsätzlich begrenzt. Dem prinzipiell unbegrenzten Fortpflanzungspotential, das allen Lebewesen innewohnt, steht also eine prinzipielle Begrenztheit der lebens- und fortpflanzungsnotwendigen Güter entgegen. Die unausweichliche Folge ist, und das hatte Darwin klar erkannt, Konkurrenz. Wer in der Lage ist, sich einen bevorzugten Zugang zu Ressourcen zu sichern, ein größeres oder wertvolleres Stück vom Kuchen zu ergattern, wird schneller wachsen, länger leben und – vor allem – mehr Nachkommen erzeugen können als die weniger erfolgreichen Konkurrenten. Wenn man dies noch dazu mit einem Minimum an Aufwand zustande bringt – um so besser. Dominanz *ist* ein Mittel, sich mit möglichst wenig Aufwand den Zugang zu umstrittenen Ressourcen zu sichern. Kein Wunder also, wenn Konkurrenz um sozialen Status – und zwar um einen möglichst hohen sozialen Status – eine ziemlich weit verbreitete Strategie ist, sich Vorteile zu verschaffen.

Und wie steht es mit der anderen Seite der Medaille, der Bereitschaft zur Unterordnung? Natürlich macht es aus der Sicht eines niederrangigen Individuums keinen Sinn, sich auf aussichtslose Kämpfe einzulassen. Sich unterzuordnen kann eine taktisch sinnvolle, unter Umständen lebensverlängernde Maßnahme sein. „Making the best of a bad job", heißt es im angelsächsischen Sprachraum – der Spatz in der Hand ist eben immer noch besser als die Taube auf dem Dach. Freilich, wer versucht, seine Konkur-

renten gänzlich vom Zugang zu jeglichen Ressourcen auszuschließen, wird
sich auf gehörigen Widerstand gefaßt machen müssen. Man wird ebenfalls
erwarten können, daß rangniedere Individuen alternative Strategien entwickeln, um ihre Lebens- und Fortpflanzungschancen zu sichern – eben
das Beste aus ihrer wenig beneidenswerten Situation zu machen. Solche
alternativen Strategien oder Taktiken gibt es in der Tat zuhauf – heimliches
Kopulieren, Stehlen von Nahrung und das Ausheben von Dominanzverhältnissen mit Hilfe von Verbündeten sind nur Beispiele. Dennoch wären
wir alle wohl mit Recht erstaunt, wenn uns jemand eine Gesellschaft zeigen
würde (und meines Wissen hat das bisher noch niemand getan), in der man
um die untersten Plätze in der Hierarchie konkurriert. Von einem angeborenen Trieb zum Gefolgsgehorsam zu sprechen, der dem Machtstreben
gleichgeordnet sein soll, erscheint aus dieser Sicht als blanker Unsinn. Im
Gegenteil, Ereignisse im Yerkes Primate Center, in der es zu einer Serie
blutiger Rangwechsel kam (siehe Kapitel 2), zeigen ebenso wie viele andere Umstürze in der Geschichte menschlicher und nichtmenschlicher Gesellschaften, daß rangniedere Individuen buchstäblich jede sich ihnen bie-
tende Gelegenheit nützen, um eine bessere Position in der Hierarchie zu
erlangen.

Es ist schon richtig: Rangordnungen führen zu einer Verminderung aggressiver Auseinandersetzungen. Aber das ist eine *Konsequenz* – und nicht
die evolutionäre *Ursache* ihrer Entstehung. Wer Rangordnungen eine
Funktion an sich zuschreibt, von der alle profitieren, verliert aus den Augen, worum es eigentlich geht, nämlich um Individuen, die (wenn man
schon mit Euphemismen operieren will) um ihren Platz an der Sonne konkurrieren. Aber natürlich, wer selbst seinen Platz an der Sonne erreicht
hat, tut gut daran, jenen im Schatten einzureden, daß sie es ja eigentlich
auch ganz gut haben.

Daß es bei dem Phänomen Dominanz tatsächlich um etwas mehr geht
als einen „Platz an der Sonne", ist vielleicht klar. Es geht dabei aber auch
nicht nur, wie man denken könnte, um „Haben oder Nichthaben". In evolutionsbiologischer Sicht jedenfalls geht es um *sehr viel mehr*: in letzter
Konsequenz nämlich um Sein oder Nichtsein. Wir werden im Kapitel
„Fortpflanzung" darauf zurückkommen.

4. Sexualität

Daß die Männchen aller Säugethiere begierig die Weibchen verfolgen, ist bekannt. Das Weibchen ist andererseits mit sehr seltenen Ausnahmen weniger begierig als das Männchen.

Charles Darwin

Wenn Pantoffeltierchen – jene mikroskopisch kleinen, einzelligen Lebewesen, die wir aus dem Schulunterricht kennen – „Sex" miteinander haben, legen sie ihre bewimperten Körper aneinander, verbinden sie durch einen dünnen Cytoplasmaschlauch und tauschen über diese Brücke sogenannte haploide „Wanderkerne" aus. Der Wanderkern verschmilzt dann mit dem stationären haploiden Kern des Partners zum diploiden Zygotenkern, wodurch es zum Austausch genetischen Materials kommt. Dann trennen sich die beiden Tiere wieder. Das Ganze nennt man Konjugation, hat jede Menge mit Sex, aber rein gar nichts mit Fortpflanzung zu tun.

Bei uns Primaten liegen die Dinge, wie jeder weiß, ein wenig anders: Fortpflanzung ohne Sexualität gibt es nicht, und genausowenig gibt es – genaugenommen – Sexualität ohne Fortpflanzung. Beides ist untrennbar miteinander verbunden. Um keine Mißverständnisse aufkommen zu lassen: Biologen verstehen unter Sexualität nicht das, was wir normalerweise damit meinen. Der für sie entscheidende Vorgang ist die Vereinigung der Erbsubstanz zweier Elternteile, die in der Entstehung eines neuen, genetisch einzigartigen Individuums mündet. Alles andere, vom Flirt bis hin zum Orgasmus, ist sozusagen nur nützliches Beiwerk, Mittel zum Zweck. Reproduktionsmediziner können auf dieses „Beiwerk" verzichten, aber im Normalfall bedarf es jener sexuellen Bedürfnisse, Motivationen und Verhaltensweisen, all dessen also, was wir normalerweise unter „Sex" verstehen, um sich fortzupflanzen. Soweit also bleibt es richtig: Keine Fortpflanzung ohne Sex. Nur der Umkehrschluß gilt nicht: Sex ohne Sexualität im engeren Sinne und damit auch ohne Fortpflanzung gibt es selbstverständlich, und wir Primaten – nicht nur wir Menschen – haben uns auf diesem Gebiet sogar in gewisser Weise zu Experten entwickelt.

Es gibt bei Primaten viele Spielarten des Sex, die nicht die leiseste Chance haben, in eine Konzeption zu münden. Vor allem Bonobos – von Frans de Waal als „Kamasutra-Primaten" tituliert – sind durch ihr ausschweifendes und variantenreiches Sexualleben bekannt geworden. Homosexuelle Kontakte zwischen Männchen, die sich gegenseitig den Penis stimulieren, zwischen Weibchen, die ihre Genitalschwellung und Klitoris aneinander reiben (in Fachkreisen als „GG-rubbing" bekannt), oraler Sex, Masturbation, ja selbst sexuelle Interaktionen mit Kindern – die freilich in keiner Weise erzwungen sind – sind bei dieser Art an der Tagesordnung [690]. *„Einige Arten"*, erschauerte der alte Brehm, *„sind schon wegen ihrer Unanständigkeit nicht zu ertragen; sie beleidigen jedes sittliche Gefühl fortwährend in der abscheulichsten Weise"* [85, S. 50].

Das wäre zweifellos nicht so, wenn Primaten sich auf andere Weise fortpflanzen würden, als sie es eben tun – durch Ausläufer etwa oder durch die legendäre Jungfernzeugung (für die freilich auch in manchen Fällen Sex eine Voraussetzung ist). Die Erzeugung genetisch neuer, einzigartiger Nachkommen ist sicherlich die ursprüngliche Funktion von Sex, aber ebenso sicher ist es dabei nicht geblieben. Bonobos beispielsweise setzen Sex als probates Mittel zur Entschärfung von Konflikten und zur Schaffung guter Beziehungen ein – frei nach der Devise „Make love, not war". Ohne die einzigartige Verhaltensweise des „GG-rubbing" (die den nahe verwandten Schimpansen fehlt), so de Waal, wären die trotz fehlender Verwandtschaft engen, kooperativen Beziehungen zwischen weiblichen Bonobos kaum vorstellbar.

Bonobos sind zweifellos ein Extrembeispiel (obwohl auch ihr Sexualleben keineswegs so ausschweifend ist, wie es scheint: zur Penetration und Ejakulation kommt es bei Männchen nur, wenn sie sich mit geschlechtsreifen Weibchen paaren); eine Entkoppelung des Sexualverhaltens von der reinen Fortpflanzungsfunktion findet sich freilich auch bei anderen Primaten. Nur bei Halbaffen ist die sexuelle Aktivität, wie bei vielen anderen Säugern, auf eine 24 bis 72 Stunden dauernde Phase um den Zeitpunkt der Ovulation beschränkt. Man hat dafür den Ausdruck *Östrus* geprägt *(griech.* οιστρος: Stich, Bremse, Wutanfall) – das Weibchen befindet sich in „Hitze". Die meisten Affen- und Menschenaffenweibchen paaren sich dagegen auch in Phasen, in der keine Befruchtung erfolgen kann.[1] Der Verlust eines Östrus im eigentlichen Sinn ist somit nicht – wie vielfach angenommen – ein spezifisch menschliches Merkmal. Es handelt sich um ein Ereignis, das schon sehr viel früher in der Primatenevolution erfolgt ist [393]. Um die evolutionsbiologischen Ursachen des Östrusverlustes – oft fälschlicherweise gleichgesetzt mit weiblicher „Dauerrezeptivität" (also dauernder Paarungsbereitschaft) – und die ohne äußere Zeichen stattfindende Ovulation ranken sich zahlreiche Hypothesen:

- Desmond Morris propagierte in seinem berühmten Buch „Der nackte Affe" die Idee, die weibliche „Dauerrezeptivität" beim Menschen sei im

Dienste der Paarbindung und der Notwendigkeit männlicher Kooperation bei der Jagd entstanden [433].[2]

- Richard Alexander und Catherine Noonan vermuten, die Verheimlichung der Ovulation und ständige sexuelle Bereitschaft sei eine Strategie, den Mann in eine monogame Beziehung zu zwingen und auf diese Weise zur Hilfe bei der Aufzucht der Kinder zu motivieren [7].[3]
- Sarah Hrdy ist der Meinung, die verheimlichte Ovulation sei eine Strategie, die Vaterschaft zu verschleiern und auf diese Weise das Infantizidrisiko zu senken, was natürlich nur Sinn macht, wenn sich das Weibchen nicht nur mit dem Vater ihrer Kinder, sondern auch mit anderen, potentiell infantizidalen Männchen paart [294, 20].
- Donald Symons vertritt den Standpunkt, daß die verlängerte Rezeptivität Frauen gestattet, wertvolle Ressourcen von Männern zu ergattern, eine Ansicht, die durch die Beobachtung beinflußt ist, daß Schimpansenmännchen ihr erbeutetes Fleisch häufiger mit sexuell attraktiven Schimpansinnen teilen [614].
- Nancy Burley glaubt, die heimliche Ovulation sei als eine Art Selbsttäuschung entstanden, damit Frauen – trotz der Angst vor einer schweren und möglicherweise lebensgefährlichen Geburt – überhaupt Kinder bekommen [87].
- Lee Benshoof und Randy Thornhill meinen, daß die verheimlichte Ovulation entstanden sei, weil sie es den Frauen leichter mache, trotz einer auch für sie vorteilhaften Paarbeziehung mit anderen Männern zu kopulieren – möglicherweise solchen, die über die besseren Gene verfügen [42].[4]

Die meisten dieser Hypothesen enthalten wohl ein Körnchen Wahrheit. Fast alle kranken aber daran, daß sie anthropozentrisch sind – sie nehmen nicht zur Kenntnis, daß der Verlust des Östrus und die Verheimlichung der Ovulation keine auf den Menschen beschränkte Merkmale sind [393]. Morris beispielsweise konnte von dem ausgeprägten, nichtreproduktiven Sexualleben der alles andere als monogam lebenden Bonobos zwar noch nichts wissen; daß aber bei den monogam lebenden Gibbons Sex ein außerordentlich seltenes Ereignis ist, war auch schon 1967 bekannt.

Gänzlich unabhängig vom weiblichen Zyklus – und das bedeutet: von hormonellen Einflüssen – ist allerdings das Sexualverhalten bei keiner Primatenart. Schimpansinnen beispielsweise paaren sich fast ausschließlich in der etwa 10 Tage dauernden Phase vor dem Eisprung (der Follikularphase des Zyklus, in der das Ei unter dem Einfluß des follikelstimulierenden Hormons FSH heranreift). Auch bei Bonobos ist die sexuelle Aktivität in dieser Zeit besonders ausgeprägt. Nach dem Eisprung, mit dem Einsetzen der sogenannten Lutealphase (in der die Uterusschleimhaut auf die Einnistung des befruchteten Eis vorbereitet wird), kommt es vielfach zu einem abrupten Ende der sexuellen Aktivität – Männchen und Weibchen verlieren von einer Stunde zur anderen das Interesse aneinander. Hat eine Konzeption stattgefunden, treten bei vielen Arten in der Frühphase der Schwangerschaft zwar noch sogenannte „Postkonzeptionsöstren" auf; auch sie sind aber zeitlich eng begrenzt und offenbar hormonell gesteuert. Schließlich ist in den ersten Wochen und Monaten nach der Geburt der weibliche Zyklus – und mit ihm jegliche sexuelle Aktivität – unterdrückt. Auch bei Bonobos und Menschen ist das Sexualverhalten vom hormonellen Zustand in dieser Phase keineswegs entkoppelt: Je öfter Mütter ihre Kinder stillen, desto seltener haben sie Geschlechtsverkehr [600].

Das Paradox der Homosexualität

Trotz aller noch vorhandener hormonellen Einflüsse: Wer immer noch glaubt, das Sexualverhalten von Primaten diene einzig und allein der Fortpflanzung, befindet sich offenkundig auf dem Holzweg. Dennoch gibt es ein Problem: Homosexualität. Wie kann die natürliche Selektion – die doch nach der soziobiologischen Theorie an der Fitnessmaximierung von Individuen ausgerichtet sein sollte – Verhaltensweisen zulassen, die diesem Ziel so offensichtlich diametral entgegenstehen? Immerhin sind beim Menschen vermutlich etwa vier bis fünf Prozent der männlichen Bevölkerung und etwa zwei bis vier Prozent der weiblichen Bevölkerung homosexuell [366]. Um eine vernachlässigbare Größe handelt es sich also nicht. Ebensowenig ist zu leugnen, daß homosexuelles Verhalten auch bei Tieren weit verbreitet ist – also keineswegs „widernatürlich" ist [587]. Bei nichtmenschlichen Primaten wird homosexuelles Verhalten vor allem in der Form gleichgeschlechtlichen Aufreitens beobachtet, manuelle und orale Genitalkontakte kommen aber ebenfalls vor. Bei Altweltaffen und Menschenaffen beobachtet man derartige Verhaltensweisen ausgesprochen häufig, bei Neuweltaffen eher selten, aber nur bei Halbaffen scheinen sie ganz zu fehlen [669].

Ob Tiere diese Verhaltensweisen einsetzen, um sich (oder einander) Lust zu verschaffen, ist natürlich schwer zu klären. Man hat für solche Interaktionen daher den Begriff „soziosexuelles Verhalten" geprägt – Verhaltensweisen, die aus dem Funktionskreis der Sexualität stammen, in anderen Kontexten aber eine andere, soziale Bedeutung haben können [717]. Daß homosexuelle Interaktionen bei Bonobos (und wohl auch anderen Arten) eine soziale Bedeutung haben, dem Abbau von Spannungen und der Pflege guter Beziehungen dienen, ist unumstritten;[5] das schließt eine sexuelle oder erotische Komponente aber natürlich nicht aus: Auch wenn Bonobomännchen nur ejakulieren, wenn sie sich mit erwachsenen Weibchen paaren, sind Erektionen bei ihren homosexuellen Kontakten durchaus die Regel (bei anderen Arten hat man nicht nur Erektionen, sondern auch anogenitale Intromissionen und Orgasmen beobachtet [669]). Die Bezeichnung „GG-rubbing" – „Genito-Genitalreiben" ist im übrigen für das, was Bonoboweibchen auf offensichtlich lustvolle Weise miteinander treiben, geradezu klinisch-steril. Das im Kongo lebende Volk der Mongandu hat dafür einen sehr viel farbigeren Ausdruck: *hoka-hoka* [738].

Homosexuelles *Verhalten* ist allerdings nicht unbedingt mit *Homosexualität* gleichzusetzen – und zwar unabhängig davon, ob derartige Interaktionen sexuell motiviert sind oder nicht. Unter Homosexualität versteht man eine *sexuelle Präferenz* für gleichgeschlechtliche Partner. Daß beim Menschen an dieser sexuellen Orientierung (zumindest bei männlicher Homosexualität) genetische Anlagen beteiligt sind, ist inzwischen gut abgesichert [246, 366]. Tatsächlich stellt sich die Frage an die Soziobiologie erst hier: Wie kann die natürliche Selektion Anlagen fördern, die zum Verzicht auf die eigene Reproduktion programmieren? Die etwas verlegene Antwort der Soziobiologen lautete zumeist (verbunden mit einem vagen Hinweis auf sterile Kasten bei Insekten und Nacktmullen), daß man seine Fitness ja auch *indirekt* erhöhen könne, indem man nahen Verwandten bei der Aufzucht ihrer Kinder hilft [587, 725]. Beweise für die These, daß Homosexualität mit dem Prinzip der Verwandtenselektion erklärt werden könnte, blieben sie bisher allerdings schuldig.

Der vergleichende Ansatz der Evolutionsbiologie könnte dennoch helfen, das Paradox der Homosexualität zu klären. Bei Tieren läßt sich eine sexuelle Orientierung natürlich nur aus deren Verhalten erschließen. Homosexuelles Verhalten ist, wie gesagt, bei nichtmenschlichen Primaten keineswegs unüblich. Aber eine *ausschließliche* oder auch nur *bevorzugte Ausrichtung* sexuellen Verhaltens auf gleichgeschlechtliche Partner hat man hier noch nicht beobachtet – selbst bei Bonobos nicht [669, 690]! Das deutet darauf hin, daß Gene, die Homosexualität begünstigen, tatsächlich einer strengen Gegenselektion ausgesetzt sind. Dieses wiederum könnte zu der Spekulation verleiten, daß Homosexualität beim Menschen ironischerweise durch kulturelle Tabus, eine repressive Sexualmoral und sogenannte „Therapiemaßnahmen" nicht etwa eingedämmt, sondern ganz im Gegenteil gefördert worden ist: Homosexuelle Menschen mußten ihre Neigungen unterdrücken und haben die genetische Anlage über die Zeugung von Kindern in heterosexuellen Verbindungen weitergegeben![6]

Paarungssysteme

Es ist eigentlich keine neue Erkenntnis: Wer mit wem zusammenlebt, sagt nicht notwendigerweise etwas darüber aus, wer mit wem sexuelle Beziehungen unterhält. Die Monogamie ist zwar die bei uns gesetzlich verankerte Eheform, aber das hat Menschen noch nie daran gehindert, auch außereheliche Liaisons einzugehen. Die ganze Tragweite dieses Problems wurde Verhaltensbiologen allerdings erst in den letzten Jahren klar, als sie mit Hilfe neuer, molekulargenetischer Methoden des Vaterschaftsnachweises entdeckten, daß bei vielen, bis dahin als monogam angesehenen Vogelarten ein erheblicher Prozentsatz der Jungen nicht vom „Ehepartner" gezeugt worden war. „Gänse sind schließlich auch nur Menschen", meinte schon vor langer Zeit eine Mitarbeiterin von Konrad Lorenz. Das sollte aber nicht zu dem Schluß verleiten, daß im Grunde beide Geschlechter identische Interessen haben – die Aufzucht der gemeinsamen Jungen – und daher Seitensprünge nur die berühmte Ausnahme von der Regel sind.

Schon Darwin war aufgefallen, daß Sex für Männchen offenbar einen größeren Stellenwert besitzt als für Weibchen. Ihm war auch klar, daß die „begierigeren Männchen eine größere Zahl von Nachkommen hinterließen, als die weniger begierigen" [139, S. 251]. Die wissenschaftlich exakte Untermauerung dieser These kam 1948, als Darwins Landsmann Angus John Bateman, von Hause aus Pflanzengenetiker, die Ergebnisse seiner Experimente mit Fruchtfliegen veröffentlichte [36]. Bateman hatte verschiedene Fliegenrassen miteinander gekreuzt und konnte anhand des Aussehens der Nachkommen feststellen, wer Vater und Mutter waren. Der Fortpflanzungserfolg der männlichen Fliegen, stellte er fest, stieg proportional mit der Anzahl ihrer Geschlechtspartnerinnen an, während der der Weibchen völlig unabhängig von der Anzahl ihrer Sexualkontakte war – vorausgesetzt natürlich, sie hatten sich wenigstens einmal gepaart. Die andere Seite der Medaille war, daß es unter den Männchen einige wenige überaus erfolgreiche gab, dafür aber fast ein Viertel kinderlos blieb. Bei den Weibchen waren die Verhältnisse ausgeglichener (hier blieben nur 4 % kinderlos).

Batemans Arbeit schien lange Zeit vergessen, bis sie 1972 von Robert Trivers wieder ausgegraben wurde [635]. Wenn man heute vom „Batemanschen Prinzip" spricht, meint man damit zweierlei: erstens, daß der Fortpflanzungserfolg von Männchen – im Gegensatz zu dem der Weibchen – eine Funktion ihres Paarungserfolges ist, und zweitens, daß die Unterschiede im Fortpflanzungserfolg bei den Männchen größer sind als bei den Weibchen. Letzteres ergibt sich zwangsläufig (zumindest solange Weibchen mehr in die Produktion und Aufzucht der Nachkommen investieren als

Männchen): Wenn zwei Männchen um ein Weibchen konkurrieren, wird der Erfolg des einen immer auf Kosten des anderen gehen. Zwei Weibchen machen sich in der umgekehrten Situation keine Konkurrenz – schwanger werden können beide.

Weibchen können sich also durchaus mit einem Männchen zufriedengeben, während Männchen, die viele Weibchen für sich monopolisieren können, ein hoher Preis winkt. Kompliziert wird die Angelegenheit allerdings nicht nur dadurch, daß andere Männchen das gleiche Ziel verfolgen, sondern auch dadurch, daß Weibchen keine leblosen Ressourcen sind, die einfach zu monopolisieren wären. Festzuhalten bleibt, daß Männchen und Weibchen unterschiedliche Fortpflanzungsstrategien haben: Männchen sollten, so die generelle Erwartung, ihre Energien darauf verwenden, möglichst viele Eizellen zu befruchten; Weibchen dagegen sollten sich jene Ressourcen sichern, die notwendig sind, um Kinder zu bekommen und erfolgreich aufziehen zu können: Nahrung, Schutz und – gegebenenfalls – Helfer für die Aufzucht. Die in der Natur zu beobachtenden Paarungssysteme sind das Ergebnis dieser unterschiedlichen Fortpflanzungsstrategien [114, 185]. Der Begriff des „Paarungssystems“, um dies noch einmal klarzustellen, bezieht sich einzig und allein darauf, wer sich mit wem paart. Wer mit wem lebt und wer sich um die Kinder kümmert, ist eine andere Geschichte.

Monogame Paarungssysteme zeichnen sich dadurch aus, daß beide Geschlechter jeweils nur mit einem Partner sexuelle Kontakte pflegen. Wie exklusiv und dauerhaft solche Paarbeziehungen sein müssen, darüber läßt sich trefflich streiten [720]. Aber wenn außer‘eheliche’ Sexualkontakte an der Tagesordnung sind, handelt es sich zweifellos nicht mehr um ein monogames *Paarungs*system, sondern allenfalls um ein *Sozial*system.[7] Daß es sich bei der Monogamie um einen – zumindest aus männlicher Sicht – wenig befriedigenden Kompromiß handelt, ist offenkundig. Inwieweit Männchen ihre Interessen durchsetzen können, hängt allerdings davon ab, wie die Weibchen in ihrem Lebensraum verteilt sind. Wenn Weibchen solitär leben, haben Männchen zwei Möglichkeiten: Sie können versuchen, die Streifgebiete mehrerer Weibchen zu kontrollieren oder sich einem Weibchen eng anschließen. Im ersten Fall entsteht im Idealfall ein polygynes Paarungssystem (ein Männchen monopolisiert mehrere Weibchen), im zweiten Fall ein monogames.

Daß die Männchen nicht weniger Primatenarten monogam sind, wird klassischerweise damit erklärt, daß der Vater zur erfolgreichen Aufzucht der Jungen gebraucht würde. Letztlich würde das System also doch beiden Partnern zum Vorteil gereichen. An dieser Interpretation kommen heute jedoch mehr und mehr Zweifel auf, denn bei vielen monogamen Arten

kann von einer direkten Beteiligung des Vaters an der Aufzucht der Jungen
keine Rede sein (vgl. Kapitel 6). Ein anderer Erklärungsansatz vermutet,
die Streifgebiete mehrerer Weibchen könnten von einem Männchen nicht
ökonomisch verteidigt werden. Zumindest für die als obligat monogam
geltenden Gibbons scheint dieser Erklärungsansatz aber auch nicht zu tau-
gen. Möglicherweise zwingt die Gefahr des Infantizids durch männliche
Konkurrenten Gibbonmännchen in eine monogame Paarbeziehung [656].

Bei vielen keimt heute allerdings eher der Verdacht, daß viele Tiere nicht
etwa deshalb monogam sind, weil dieses System beiden Partnern den größten Fortpflanzungserfolg garantieren würde, sondern weil der Spatz in der
Hand eben immer noch besser ist als die Taube auf dem Dach: Besser, man
ist mit ziemlicher Sicherheit der Vater der Kinder eines Weibchens, als sich
auf eine zwar verheißungsvolle, aber letztlich doch ineffiziente Suche nach
weiteren Reproduktionschancen zu begeben.

Freilich, wenn sich die Möglichkeit zum „Seitensprung" ergibt, muß man
sich nicht wundern, wenn sie genutzt wird. Paarungsstrategien sollten fle-
xibel sein, und sie sind es auch: Sowohl bei Gibbons als auch bei den
ebenfalls „obligat monogamen" Springaffen hat man „Seitensprünge" beobachtet [399, 461, 502].

Daß es mit der Kontrolle mehrerer weiblicher Streifgebiete so eine Sache
ist, zeigen viele nachtaktive Halbaffen [39]. Bei den afrikanischen Galagos
beispielsweise deckt das große Streifgebiet eines Männchens regelmäßig die
kleineren Wohngebiete mehrerer Weibchen ab. Da man aber nicht überall
zugleich sein kann, haben Männchen hier nur die Möglichkeit, möglichst
vielen Weibchen möglichst oft „Besuche abzustatten" – man spricht daher
auch von „*opportunistischer" Polygynie* („scramble competition polygyny")
oder „Streuner-Polygynie" („roving male polygyny"). Unter diesen Bedingungen ein sexuelles Monopol durchzusetzen, ist natürlich schwierig. Um
Polygynie handelt es sich denn auch in vielen Fällen offenbar nur insofern,
als sich die Männchen mit mehreren Weibchen paaren; aber daß sich die
Weibchen nur mit jeweils einem Männchen paaren, scheint eher zweifelhaft.
Dafür gibt es direkte, aber auch sehr überzeugende indirekte Hinweise
[158]. Zum einen hat man bei verschiedenen Arten gesehen, daß östrische
Weibchen von mehreren Männchen gleichzeitig verfolgt wurden. Zum anderen zeichnen sich viele nachtaktive Halbaffen mit opportunistischer Polygynie durch ungewöhnlich große Hoden aus. Das aber ist für Arten typisch, bei denen sich die Weibchen üblicherweise *nicht* mit einem einzigen
Männchen verpaaren. Mithin wären die Männchen polygyn und die Weibchen polyandrisch – ein System, das man auch als promisk bezeichnet.[8]

Orang-Utans – die einzige simische Primatenart, bei der Männchen und
Weibchen getrennte Wege gehen – stehen vor dem gleichen Problem. Auch

hier versuchen ausgewachsene Männchen die Streifgebiete mehrerer Weibchen zu kontrollieren, während andere, meist jüngere, weiter umherwandern und jede Chance zur Paarung wahrnehmen, die sich ihnen bietet – oft gegen den erkennbaren Widerstand des Weibchens. Orangs scheinen – neben dem Menschen – die einzigen Primaten zu sein, bei denen Vergewaltigungen nicht eben selten sind – möglicherweise eine Folge ihrer solitären Lebensweise.[9] Die erwachsenen männlichen Revierinhaber konzentrieren ihre Kräfte darauf, ebenbürtige Gegner zu vertreiben, aber sie dulden die körperlich unterlegenen jüngeren Männchen, die sie im Ernstfall problemlos dominieren [661].[10] Auch Orangweibchen paaren sich also, wenngleich nicht immer freiwillig, mit mehreren Männchen. Ob der Revierinhaber in der Phase, in der die Weibchen empfängnisbereit sind (äußere Anzeichen dafür scheint es nicht zu geben), Paarungen monopolisiert – also zwar nicht das *Paarungs*system, wohl aber das *Fortpflanzungs*system effektiv polygyn ist –, wissen wir nicht. Die kleinen Hoden der Orangmännchen lassen es, wie wir gleich noch sehen werden, vermuten; wirklichen Aufschluß werden aber erst Vaterschaftsnachweise geben können.

Auch Schimpansenmännchen stehen vor dem Problem, daß die Weibchen ein eher solitäres Leben führen, haben es aber auf ganz andere Weise gelöst. Die Männchen einer Schimpansensozietät sind mehr oder weniger eng miteinander verwandt [432] – ein Faktum, das die Bildung nepotistischer Männchenbünde begünstigt. Die Schimpansen'kriege' am Gombe und in den Mahale-Bergen (vgl. Kapitel 2) zeigen, daß sie dieses Machtmittel nutzen, um möglichst große Gebiete zu kontrollieren, die aufgrund ihres Ressourcenreichtums für viele Weibchen attraktiv sind. Das Paarungssystem der Schimpansen kann somit als *kooperative Ressourcen-Verteidigungspolygynie* bezeichnet werden [647], wobei freilich auch hier die Sexualbeziehungen zwischen den Geschlechtern promisk sind.

Wenn Weibchen in einigermaßen geschlossenen Gruppen auftreten – was bei der Mehrzahl der Primaten der Fall ist –, stellt sich die Situation für Männchen besser dar: Es entsteht die Möglichkeit der *Weibchen-Verteidigungspolygynie* – aus der Sicht zumindest der dabei erfolgreichen Männchen das erstrebenswerteste Paarungssystem. Wenn einzelne Männchen ganze Gruppen von Weibchen sexuell monopolisieren können, entsteht ein starkes Gefälle – wenigen Gewinnern stehen viele Verlierer gegenüber. Erbitterte Konkurrenz ist unter diesen Vorzeichen zu erwarten. Erkennbar wird diese nicht nur an heftigen Kämpfen [575], sondern auch daran, daß die Position eines Haremshalters einer starken Fluktuation unterliegt: Länger als 2 oder 3 Jahre kann ein Männchen diese Position selten behaupten, und öfter als einmal im Leben scheint kein Männchen die Chance zu haben, einen Harem zu erobern [122, 591].

Weibchen-Verteidigungspolygynie ist bei Primaten weit verbreitet. Mantelpaviane, bei denen der „Pascha" seinen Harem unter Androhung von
Gewalt „bei der Stange hält"[11], sind in der Öffentlichkeit geradezu zum
Paradebeispiel für die sexuellen Beziehungen bei nichtmenschlichen Primaten hochstilisiert worden. Das entbehrt freilich jeder Grundlage, denn
bei den meisten anderen Arten – einschließlich jener, die einen Harem
verteidigen – kann von einem „Pascha", der nur mit den Fingern schnipsen
muß, damit ihm seine „Gespielinnen" zu Diensten sind, keine Rede sein
(auch männliche Mantelpaviane schnipsen natürlich nicht mit den Fingern
– sie werfen ihren Weibchen drohende Blicke zu, damit diese sich nicht
über Gebühr von ihnen entfernen). Man findet dieses Paarungssystem aber
nicht nur bei den Halbwüsten bewohnenden Mantelpavianen, sondern
auch bei vielen waldbewohnenden Arten wie Gorillas, vielen Meerkatzen
und Languren, in der Neuen Welt bei Kapuziner- und Brüllaffen, bei den
Husarenaffen der afrikanischen Savanne und den Dscheladas, die die
Grasebenen des äthiopischen Hochlandes bewohnen.[12] Interessanterweise
scheint es nur bei den Lemuren Madagaskars zu fehlen, bei denen es unter
den tagaktiven Arten ja ebenfalls eine ganze Reihe gruppenlebender Arten gibt.

Ob es einem einzelnen Männchen allerdings gelingt, eine Gruppe von
Weibchen erfolgreich zu monopolisieren – Konkurrenten also fernzuhal-
ten, hängt entscheidend nicht etwa von ihm selbst, sondern vom Verhalten
der Weibchen ab. Wenn Weibchen sich zu Gruppen von mehr als 6 Tieren
zusammenschließen, hat ein einzelnes Männchen offenbar kaum noch die
Möglichkeit, sein sexuelles Monopol zu behaupten [19, 426]. Vielfach scheinen Männchen allerdings auch dann Schwierigkeiten zu haben, ihren sexuellen „Alleinvertretungsanspruch" durchzusetzen, wenn die Weibchen in
kleineren Gruppen leben – ein Hinweis darauf, daß noch andere Faktoren
eine Rolle spielen. Einer dieser Faktoren scheint die Synchronisierung der
weiblichen Sexualzyklen zu sein [10]. Dafür gibt es mehrere Hinweise:
- Bei den Hanumanlanguren von Jodhpur schaffen es die Männchen, Harems mit 17 und mehr Weibchen zu monopolisieren. In den Wäldern des
  südnepalesischen Terai-Gebietes gelingt dies den Männchen derselben
  Art – obwohl in den Gruppen dort deutlich weniger Weibchen leben –
  dagegen nicht. Einer der möglichen Gründe: In Nepal haben die Tiere
  eine auf wenige Monate begrenzte Paarungssaison, in Jodhpur nicht
  [729].
- Husarenaffen, Diadem- und Rotschwanzmeerkatzen leben normalerweise in Ein-Männchen-Gruppen, obwohl sie einen saisonalen Fortpflanzungszyklus haben. In der Paarungszeit, in der bis zu 8 Weibchen
  gleichzeitig sexuell aktiv sein können, fallen allerdings oft „Junggesel-

lenbanden" in die Gruppe ein und brechen das Paarungsmonopol des Haremshalters [122].

– Schließlich liegt der Verdacht nahe, daß das Fehlen von Weibchen-Verteidigungspolygynie bei den madagassischen Lemuren mit den außerordentlich kurzen Paarungszeiten, die diese Arten kennzeichnet, zu tun hat [659].

Ist ein einzelnes Männchen nicht in der Lage, eine Gruppe von Weibchen sexuell zu monopolisieren, entsteht ein *promiskes Paarungssystem.* Der Begriff Promiskuität bedeutet in diesem Zusammenhang nur, daß sich sowohl Männchen als auch Weibchen mit mehreren Partnern paaren – daß jede(r) unterschiedslos mit jedem kopuliert, ist damit nicht notwendigerweise gemeint. Tatsächlich können Rang, Alter und Partnerbevorzugungen das Muster sexueller Interaktionen erheblich beeinflussen. Promiske Paarungssysteme finden sich sowohl bei saisonalen Arten wie Kattas, Grünen Meerkatzen und vielen Makaken als auch bei Arten, die sich das ganze Jahr hindurch fortpflanzen, wie Schimpansen, Bonobos und Savannenpavianen.

Polyandrie („Vielmännerei") schließlich gilt in der Natur als Ausnahmefall und ist es auch unter Primaten.[13] Bei nichtmenschlichen Primaten ist sie auf Krallenaffen beschränkt und scheint hier in engem Zusammenhang mit kooperativer Jungenaufzucht zu stehen. Krallenaffen, die lange Zeit als obligat monogam angesehen wurden, zeichnen sich durch zwei Merkmale aus: Erstens unterdrückt das ranghöchste Weibchen der Gruppe sexuelle Aktivitäten der anderen geschlechtsreifen Weibchen und bekommt dadurch als einziges Kinder [1]. Zweitens gebären Krallenaffen üblicherweise Zwillinge, die zudem ein recht hohes Geburtsgewicht haben [221]. Die Zwillingsgeburten sorgen neben anderen Anpassungen (vgl. Kapitel 6) für einen hohen reproduktiven „output". Für die erfolgreiche Aufzucht der Zwillinge braucht man allerdings Helfer, und damit sich die Hilfe auf die eigenen Kinder konzentriert, ist es sinnvoll, die Reproduktion anderer zu unterdrücken. Beide Faktoren gemeinsam scheinen die Voraussetzung für die Evolution eines polyandrischen Paarungssystems zu schaffen. Anne Goldizen und John Terborgh vermuten jedenfalls, daß polyandrisches Verhalten von Krallenaffenweibchen eine Strategie sein könnte, mehrere Männchen an sich zu binden und zur Mithilfe bei der Aufzucht der Jungen zu motivieren [223, 624] – eine Vermutung, die durch die Beobachtung gestützt wird, daß sich die Anwesenheit mehrerer Männchen offenbar positiv auf die Überlebensraten von jungen Krallenaffen auswirkt [341, 610].

Natürlich stellt sich auch hier die Frage – mehr noch als bei der Monogamie –, warum sich die Männchen auf ein solches, für sie zweifellos suboptimales System einlassen. Die Antwort dürfte auch hier in der Schwierigkeit liegen, weitere Sexualpartnerinnen zu finden [171].[14]

Ob Polyandrie das bei Krallenaffen vorherrschende Paarungssystem ist
[610], scheint zur Zeit keineswegs sicher. Auch monogame und – vereinzelt
– polygyne Gruppen wurden gefunden [220]. Wenn etwas die Paarungssysteme von Krallenaffen auszeichnet, dann ihre außerordentliche Flexibilität. Diese Flexibilität findet sich allerdings auch bei anderen Arten – von
den Lemuren[15] über die Languren (siehe oben) bis hin zum Menschen
(Exkurs 4.1).

Exkurs 4.1: Die Paarungssysteme des Menschen

Der amerikanische Kulturanthropologe George Peter Murdock hat
1967 in seinem „Ethnographischen Atlas" die Eheformen von 849 Gesellschaften aufgelistet. Danach ist (bzw. war)

– *Polygynie* in 708 Kulturen (83,4 %) offizielle Praxis [136]. Polygynie kennzeichnet vor allem Gesellschaften, in denen Ressourcen
akkumulierbar sind, diese von Männern kontrolliert werden und durch
die ungleiche Verteilung ein starkes Machtgefälle entsteht. Indische
Maharadschas, chinesische Kaiser, afrikanische Könige, Inkafürsten
und andere Herrscher hielten in ihren Harems Hunderte oder Tausende von Frauen, Nebenfrauen und Konkubinen – zuweilen waren es
mehr als 10 000 [63]. Nominell monogame, reiche Römer, die sich Hun-
dertschaften hübscher Sklavinnen hielten, oder christliche Fürsten des
Abendlandes mit ihren diversen Mätressen verhielten sich nicht anders. Polygynie kennzeichnet aber nicht nur feudalistische Gesellschaften – üblich ist sie auch, wenngleich in deutlich abgemilderter Form,
bei weitgehend egalitären „Naturvölkern", in denen Kontrolle über
Ressourcen und Anhäufung von Reichtum praktisch keine Rolle
spielt. Beispiele sind die Buschleute der Kalahari und die Aka-Pygmäen Zentralafrikas, bei denen eine kleine Minderheit der Männer
(0,5 %) immerhin zwei, manchmal sogar mehr Frauen hat.

– *Monogamie* ist laut Murdocks Atlas in 137 Kulturen (16,1 %) vor-
geschrieben. Daß auch hier freilich eine Tendenz zur „verdeckten Polygynie" Realität ist, zeigen nicht nur männliche Bordellbesucher und
Sextouristen oder Männer wie Georges Simenon (der sich rühmte, mit
1000 Frauen geschlafen zu haben). Auch die bei uns übliche „serielle
Monogamie" läuft darauf hinaus, daß Männer höhere Wiederverhei-
ratungschancen haben als Frauen [370, 377]. Eine wirklich monogame
menschliche Gesellschaft hat es, wenn die Skeptiker Recht haben, nie

gegeben [80]. Natürlich gibt es monogame Beziehungen – übrigens auch in Gesellschaften, die die Polygynie erlauben. Zumindest dort allerdings dürfte mangelnde Gelegenheit weit eher die Ursache sein als mangelnder Wille. Probleme bereitet freilich die Tatsache, daß Monogamie nicht nur in ursprünglichen, egalitären Gesellschaften, sondern auch in modernen, komplex strukturierten Staaten europäischen Musters vorherrscht. Da auch hier Ressourcen höchst ungleich verteilt sind und von Männern kontrolliert werden, wäre aus strikt soziobiologischer Sicht ein polygynes System zu erwarten. Daß hier die Reichen und Mächtigen darauf verzichten, sich einen Harem zuzulegen, könnte – so wird spekuliert – ein Zugeständnis an die weniger Privilegierten sein, um sich deren Solidarität zu sichern [4, 681].

– *Polyandrie* findet sich nur in 4 kleinen, bäuerlichen Gesellschaften (0,5 %), in denen die Verheiratung einer Frau mit mehreren Brüdern offenbar eher wirtschaftlicher Not als irgendeiner Tugend entspringt [679].

– *Promiskuität* schließlich ist als offiziell sanktionierte Form der Geschlechterbeziehungen so selten, daß sie in Murdocks ethnographischem Atlas nicht auftaucht.[16] Auch außereheliche Sexualität wird in den meisten Kulturen allenfalls den Männern, nicht aber den Frauen zugestanden – ein offensichtlicher Versuch, weibliche Sexualität zu kontrollieren. Daß dennoch in einer nicht unerheblichen Anzahl von Kulturen Frauen mehr oder minder häufig außereheliche Sexualkontakte haben [563, 572], unterstreicht, daß auch Frauen keineswegs „von Natur aus" monogam veranlagt sind.

Sexuelle Selektion, Körperbau und Fitnessmaximierung

Bei einer Vielzahl von Tierarten verfügen die Männchen über außerordentlich auffällige, geradezu extravagante Merkmale, die den Weibchen fehlen – das Rad des Pfaus ist das berühmteste Beispiel. Für Darwin war dies der Ausgangspunkt seiner Theorie der sexuellen Selektion [139]. Um Produkte der natürlichen Selektion, die den Tieren einen Anpassungsvorteil im „Kampf ums Dasein" verliehen, konnte es sich seiner Meinung nach schon deshalb nicht handeln, weil dann auch die Weibchen über diese Merkmale verfügen müßten. Hinzu kam, daß Merkmale wie ein grotesk

verlängerter Schwanz im Alltag eher hinderlich erscheinen. Folglich mußte
es sich um Merkmale handeln, die ihrem Träger einen Fortpflanzungsvorteil verleihen, und zwar nach Darwins fester Überzeugung entweder dadurch, daß sie

- seine Konkurrenzfähigkeit gegenüber Mitgliedern des eigenen Geschlechtes steigern – also ihm beispielsweise größere Kampfkraft verleihen, oder indem sie
- seine Anziehungskraft auf das andere Geschlecht erhöhen.

Der erste Teil der Theorie – Konkurrenz zwischen Männchen um den
Zugang zu Weibchen – erregte kein besonderes Aufsehen: Daß Männchen
um Weibchen kämpften, sah man, und daß Größe, Kraft und Bewaffnung
mit Hörnern, Geweihen oder langen, scharfen Eckzähnen dabei nützlich
sein konnte, lag nahe. Freilich waren solche Merkmale auch im „Kampf
ums Dasein" von Vorteil. Es war der zweite Teil der Theorie, der auf Ablehnung stieß: Daß Weibchen von der Evolution ein Sinn für Ästhetik
mitgegeben worden sein sollte und sie deshalb besonders attraktive Männchen auswählen würden, überzeugte niemanden. Damit fiel das ganze Konzept der sexuellen Selektion für hundert Jahre praktisch der Vergessenheit
anheim [131]. Heute hat sich das Bild gründlich geändert, und viele halten
die Wirkungen der sexuellen Selektion für mindestens so wichtig wie die
der natürlichen Selektion.

Sexualdimorphismus

Anders als bei Vögeln und vielen anderen Tiergruppen sind geschlechtstypische, „extravagante" Merkmale bei Primaten nicht eben häufig. Dennoch unterscheiden sich Männchen und Weibchen bei einer ganzen Reihe
von Arten. Bekannte Beispiele sind das bunte Gesicht des männlichen
Mandrills, die grotesk verlängerte Nase des männlichen Nasenaffen, die
Mäntel der Mantelpavian- und Dscheladamännchen und die unterschiedlichen Färbungen mancher Gibbon- und Lemurenarten.[17] Ob diese Merkmale im Zusammenhang mit weiblicher Partnerwahl entstanden sind, ist
noch weitgehend unbekannt – auszuschließen ist es nicht. Bemerkenswert
ist allerdings, wie selten derartige Geschlechtsunterschiede sind. Sehr viel
häufiger finden sich Unterschiede in der Größe und Wehrhaftigkeit der
Geschlechter.

In den meisten Tiergruppen sind die Männchen keineswegs größer, sondern kleiner als die Weibchen. Ein extremes Beispiel sind die Zwergmänn-
chen mancher Tiefsee-Anglerfische, die – zum fest verankerten Anhängsel
des Weibchens geworden – letztlich nur noch als „Spermienproduktions-

maschine" dienen [237].[18] Bei Primaten wie den meisten anderen Säugern sind die Männchen dagegen meist größer als die Weibchen. Natürlich könnte man vermuten, daß männliche Überlegenheit in bezug auf Größe, Kraft und Bewaffnung primär als Schutz gegen Raubfeinde – also als Produkt der natürlichen Selektion – entstanden ist. Dagegen spricht aber ein einfaches Argument: Wenn dies so wäre, würde man erwarten, daß der Sexualdimorphismus bei kleinen, besonders raubfeindgefährdeten Arten am größten sein sollte. Das ist aber nicht der Fall. Tatsächlich gilt: je größer die Art, desto größer (mit Ausnahme der Halbaffen) der Sexualdimorphismus.[19] Dafür, daß die sexuelle Selektion Kraft und Größe im männlichen Geschlecht gefördert hat, weil große und kräftige Männchen kleineren und schwächeren in der Konkurrenz um Weibchen überlegen waren, gibt es aber recht deutliche Hinweise: Bei monogamen Arten wie Gibbons, Nachtaffen und Springaffen unterscheiden sich Männchen und Weibchen in ihrer Größe und Wehrhaftigkeit nicht voneinander [119];[20] bei polygynen Arten wie Gorillas, Mantelpavianen und Mandrills fällt der Geschlechtsdimorphismus dagegen noch deutlicher aus als bei promisken Arten [263]. Ähnliche Zusammenhänge finden sich hinsichtlich der Länge der Eckzähne – der wichtigsten und gefährlichsten Waffen nichtmenschlicher Primaten [263, 487]. Da die Unterschiede im Fortpflanzungserfolg der Männchen in polygynen Systemen am größten, in monogamen Systemen dagegen am geringsten sind, das Paarungssystem also ein guter Indikator für die Stärke der sexuellen Selektion ist, würde man genau dies erwarten.[21] Nur bei den Lemuren scheint jeglicher Einfluß des Paarungsystems auf den Sexualdimorphismus im Gewicht oder der Eckzahnlänge zu fehlen [328].

Genitale Selektion und Spermienkonkurrenz

Gorillamännchen sind mächtige Kerle – schon der Diminutiv „Männchen" spottet angesichts der 160 bis 170 kg Gewicht, die sie auf die Waage bringen, jeder Beschreibung. Aber in bezug auf ihre „edelsten Teile" scheint der Begriff gerechtfertigt: Ihr Penis mißt im erigierten Zustand kümmerliche 3 cm, und ihre Hoden wiegen knapp 30 g – ganze 0,2 Promille ihres Körpergewichtes. Ähnlich bescheiden sieht es mit einer Penislänge von 4 cm und 35 g Hodengewicht (0,05 % des Körpergewichtes) beim 75 kg schweren Orang-Utan aus. Die viel kleineren Schimpansen haben in dieser Beziehung deutlich mehr zu bieten: Ihr Penis ist voll erigiert 10 bis 18 cm lang,[22] und die Hoden wiegen 120 g – bei einem Körpergewicht von 45 kg sind das immerhin 0,27 Prozent. Auch wenn man in Betracht zieht, daß das Hodengewicht nicht linear mit dem Körpergewicht zunimmt, sondern bei größeren Arten relativ ein wenig geringer ausfällt als bei kleineren, bleibt der Unterschied eklatant: Schimpansen haben für ihre Körpergröße zehnmal so große Hoden wie Gorillas. *Homo sapiens* schließlich ist bekanntlich ebenfalls durch einen bemerkenswert langen (13 cm) und – im Vergleich zum Schimpansen – dicken Penis ausgezeichnet; aber seine Hoden sind mit 40 g (0,06 % des Körpergewichtes) im Vergleich zu denen des Schimpansen eher winzig [543]. Tatsächlich haben die meisten Makaken und Paviane – obwohl sie viel kleiner sind – nicht nur relativ, sondern sogar absolut größere Hoden als der Mensch [260].

Daß es bemerkenswerte Unterschiede in der Hodengröße verschiedener Primatenarten gibt, war schon dem Zürcher Anthropologen Adolph H. Schultz (1891–1976) Ende der 30er Jahre aufgefallen [537]. Über die funktionellen Hintergründe war man sich damals allerdings noch nicht im klaren. Das „Aha-Erlebnis" kam knapp 40 Jahre später, nachdem man aufgrund von Untersuchungen an Insekten erkannt hatte, daß mit erfolgter Paarung der Wettstreit um den höheren Reproduktionserfolg noch keineswegs entschieden ist [464, 491, 543]. Es geht im Endeffekt – so ernüchternd es ist – nicht um Weibchen, sondern um befruchtungsfähige Eizellen. Wenn ein Männchen es trotz seiner Muskeln, Zähne oder seines Verstandes nicht verhindern kann, daß sich seine Partnerin nicht nur mit ihm, sondern auch mit anderen Männchen paart, findet der Wettbewerb auf einer anderen Ebene statt: der der Spermien. Entscheidend ist in diesem Fall die Häufigkeit und das richtige Timing der Paarungen und die Menge und Vitalität der im weiblichen Genitaltrakt plazierten Spermien.

Vor diesem Hintergrund werden die unterschiedlichen Hodengrößen verschiedener Primatenarten verständlich: Gorillamännchen besitzen das absolute sexuelle Monopol über die Weibchen ihres Harems – sie haben es nicht nötig, große Mengen an Spermien zu produzieren und können somit auf überdimensionierte Hoden leicht verzichten. Das Paarungssystem des Schimpansen dagegen ist promisk – die Weibchen haben keine exklusiven Partnerbeziehungen. Wer hier in der Lage ist, die Weibchen mit möglichst vielen eigenen Spermien regelrecht zu überschwemmen, wird einen Befruchtungsvorteil haben – die Selektion fördert die Evolution großer Hoden. Inzwischen hat man die Beziehung zwischen Hodengröße und Paarungssystem an einer Vielzahl von Primaten (und anderen Tieren) getestet, und der Zusammenhang ist eindeutig: Große Hoden haben die Männchen in promisken und polyandrischen Paarungssystemen, kleine in monogamen und polygynen Systemen [158, 258, 260]. Die relativ großen Hoden vieler Krallenaffen sind also ein zusätzliches Indiz dafür, daß diese Tiere weniger monogam sind, als man lange Zeit dachte. Ebenso unterstützen die großen Hoden vieler solitärer Halbaffen die Auffassung, daß hier

die Männchen nicht in der Lage sind, Konkurrenten von der Paarung auszuschließen und damit ein effektiv polygynes Fortpflanzungssystem durchzusetzen. Die kleinen Hoden des Orangs deuten demgegenüber darauf hin,
daß dominanten Orang-Männchen dieses sehr viel besser gelingt. Auch
beim Menschen läßt die Hodengröße darauf schließen, daß weibliche Promiskuität in unserer evolutionären Vergangenheit wohl keine große Rolle
gespielt hat. Allerdings sagt die Hodengröße nichts darüber aus, ob unsere
Vorfahren eher monogam oder eher polygyn gelebt haben. Gegen ein
streng monogames System sprechen allerdings eine Reihe von Indizien:
– die weite Verbreitung polygyner Heiratsstrukturen beim modernen
  Menschen (vgl. Exkurs 4.1),
– die Tatsache, daß Männer etwa 20 Prozent schwerer und 8 Prozent größer sind als Frauen (ein eher mäßiger Sexualdimorphismus – aber monogame Arten zeichnen sich in der Regel durch das völlige Fehlen eines
  solchen aus), und
– die Beobachtung, daß Männer eher „häufig wechselnden Geschlechtsverkehr" praktizieren als Frauen.[23] Insofern gehorcht die Monogamie
  beim Menschen wohl eher, wie der Schweizer Anthropologe Walter Leutenegger einmal gesagt hat, „äußeren Zwängen als einem eigentlichen
  biologischen Bedürfnis".[24]
  Natürlich ist die Hodengröße nur ein indirektes Maß für Spermienkonkurrenz. Hinzu kommen drei weitere Dinge: Erstens produzieren große
Hoden nicht nur absolut, sondern auch relativ mehr Spermien als kleine
Hoden. Rhesusaffen beispielsweise produzieren pro Gramm Hodengewe-
be die unvorstellbare Menge von 23 Millionen Spermien am Tag – und dies
bei einem Hodengewicht von 50 g. Beim Menschen liegt der entsprechende
Wert bei „nur" 4,4 Millionen Spermien [260]. Entsprechend ist bei Säugern
mit einem promisken Paarungssystem sowohl das Ejakulatvolumen als
auch die Spermiendichte im Ejakulat größer als bei polygynen und monogamen Arten [430]. Zweitens zeichnen sich promiske Arten durch längere
und einen größeren Anteil beweglicher Spermien im Ejakulat aus [229,
429] – ein entscheidender Vorteil, wenn es darum geht, möglichst schnell
zur Eizelle zu gelangen. Und drittens scheinen – angesichts der hohen
Spermienproduktionsrate sicherlich nicht unerwartet – die Männchen in
promisken Systemen „potenter" zu sein als Männchen in polygynen oder
monogamen Systemen: Sie können öfter und in kürzeren Intervallen ejakulieren [159]. Alle diese Befunde weisen darauf hin, daß Männchen nicht
nur mit „Klauen und Zähnen" oder durch Zurschaustellung besonderer
Reize um Weibchen konkurrieren. Auch auf der Ebene der Spermien spielt
Konkurrenz unzweifelhaft eine bedeutende Rolle. Dabei, und das sollte
man nicht aus dem Auge verlieren, liegt der eigentliche Selektionsdruck

im Verhalten der Weibchen: Sie sind (bzw. waren) es, die entweder direkt
– durch ihr Bedürfnis, sich mit mehr als einem Partner zu paaren – oder
indirekt – durch die logistische Unmöglichkeit, sie sexuell monopolisieren
zu können – die Selektion in Gang gesetzt haben.

Was die Unterschiede in der Penislänge und -morphologie angeht, ist
das Bild sehr viel weniger klar. Steht der im Vergleich zu Gorillas und
Orangs bemerkenswert lange Penis von Menschen, Schimpansen und Bonobos in irgendeinem Zusammenhang mit ihrem Paarungssystem? Welche
Bedeutung haben die bei manchen Arten auftretenden Penisstacheln –
kleine, verhornte Widerhaken, Utensilien, die aus einem Sadomasokabi-
nett zu stammen scheinen? Ganz unabhängig vom jeweiligen Paarungssystem scheinen Penislänge und -form nicht zu sein, denn Männchen, die in
promisken und opportunistischen Paarungsystemen leben, haben in der
Regel einen längeren und komplexer geformten Penis als Männchen, die
in monogamen oder polygynen Verhältnissen leben [158, 258]. Offenbar
hat also auch hier das Verhalten von Weibchen einen Einfluß auf die Morphologie von Männchen. Aber abgesehen davon, daß der menschliche Penis eine ziemlich bemerkenswerte Ausnahme von dieser Regel darstellt,
kann über die funktionellen Zusammenhänge nur spekuliert werden. Eine
Möglichkeit erscheint naheliegend: Ein langer Penis könnte am ehesten
geeignet sein, die Spermien nahe zum eigentlichen Zielobjekt (dem Ei) zu
bringen [572]. Zwei Tatsachen unterstreichen die Plausibilität dieses Argu-
ments: Ersten haben Eizellen nur eine sehr begrenzte Lebensdauer (maximal 24 Stunden) – das „Fenster" zur Befruchtung ist also nur sehr kurz
geöffnet. Zweitens ist der weibliche Genitaltrakt ein für Spermien außerordentlich lebensfeindliches Medium: Von den 200 bis 300 Millionen Spermien, die bei einer einzigen Ejakulation (beim Menschen) in die Vagina
eingebracht werden, erreichen maximal 10 Prozent den Eileiter, und nur
etwa 200 kommen überhaupt in die Nähe des Eis [178]. Vor allem wenn
Weibchen sich mit mehreren Männchen paaren, Spermienkonkurrenz also
im Spiel ist, könnte ein Selektionsdruck auf die Evolution möglichst langer
Penisse bestehen. Die Daten über den Zusammenhang zwischen Paarungssystem und Penislänge scheinen diese Interpretation zu stützen. Aber warum haben dann menschliche Männer vergleichsweise kleine Hoden, aber
einen so langen Penis? Manche Anthropologinnen vertreten die Auffassung, daß der menschliche Penis ein Produkt weiblicher Partnerwahl ist:
Er sei besser geeignet, Vagina und Klitoris zu reizen und einen Orgasmus
herbeizuführen als ein kleines, dünnes Begattungsorgan. Mithin hätten
Männer, die über dieses Werkzeug verfügten, größeren Erfolg bei Frauen
gehabt und mehr Kinder gezeugt als andere [200, 564].[25] Daß Schimpansen
und Bonobos über einen besonders langen Penis verfügen, läßt sich im

übrigen sparsamer erklären: Bei der riesigen Sexualschwellung, die die Weibchen während der Follikularphase ihres Zyklus ausbilden, wären Männchen mit einem kürzeren Penis kaum in der Lage, *überhaupt* Kinder zu zeugen [160].

Ähnlich unsicher ist man sich hinsichtlich der Funktion der Penissta- cheln, die man bei einer Reihe von Halbaffen, aber auch einigen Altwelt-, ja sogar Menschenaffen (den Gibbons) findet [158, 259]. Die naheliegend- ste Erklärung scheint zu sein, daß diese Strukturen zur sexuellen Stimulie- rung dienen und vielleicht sogar eine Ovulation beim Weibchen auslösen könnten. Ein Galagomännchen, das nur alle paar Tage auf ein östrisches Weibchen trifft und immer befürchten muß, nicht der einzige zu sein, hätte damit natürlich einen Riesenvorteil. Dummerweise gibt es aber bisher kei- nen sicheren Beleg dafür, daß bei Primaten Ovulationen durch sexuelle Stimulation induziert werden könnten [393]. Abgesehen davon sollten Pe- nisstacheln in diesem Fall bei Arten mit einem promisken (oder opportu- nistischen) Paarungssystem am ehesten zu finden sein. Das sind sie aber nicht [258, 259].

Sexualschwellungen

Auch über die biologische Bedeutung der weiblichen Sexualschwellun- gen – meist rötlich gefärbter Hautpartien im Genital- und Gesäßbereich, die erhebliche Ausmaße haben können – ist man sich durchaus nicht einig. Bei vielen weiblichen Säugern kommt es während der Phase um den Ovu- lationszeitpunkt zu einer leichten Schwellung und Rötung der äußeren Geschlechtsteile. Beim Katta beispielsweise schwillt die Vulva in der kur- zen Paarungszeit von $1^1/_2$ auf 3 cm an und färbt sich pink; aber darüber hinausgehende „extravagante" Merkmale finden sich bei Halbaffen eben- sowenig wie bei Neuweltaffen – vermutlich, weil in diesen Gruppen der Geruchssinn besser, der optische Sinn aber schlechter entwickelt ist als bei den Altweltaffen. Kapuziner- und Totenkopfaffen, die man genauer unter- sucht hat, haben ein schlechteres Farbsehvermögen als Altweltaffen, und zwar besonders im roten und blauen Spektralbereich – dem Bereich also, der hier besonders wichtig ist. In der Evolution der catarrhinen Primaten sind Sexualschwellungen dagegen mehrfach unabhängig voneinander ent- standen: bei der Mehrzahl der Meerkatzenartigen *(Cercopithecinae)*, eini- gen wenigen Schlankaffen *(Colobinae)* und schließlich auch bei zwei Men- schenaffenarten, dem Schimpansen und seiner Schwesterart, dem Bonobo [157].

Schwellungen wachsen während der Follikularphase des Zyklus, errei- chen während der Ovulationsphase ihren Höhepunkt (die Phase der Maximalschwellung kann allerdings recht lange dauern – bei Schimpansen sind es in der Regel 10 bis 12 Tage) und werden danach sehr schnell wieder zurückgebildet. Offenkundig ist, daß die Größe der Schwellung einen Einfluß auf die Attraktivität der Weibchen hat. Das zeigt sich beispielsweise daran, daß in der Frühphase der Schwellung oft noch junge, subordinierte Männchen Gelegenheit haben, Weibchen zu besteigen. Zur Zeit der Maximalschwellung nehmen dann allerdings ranghohe Männchen die Weibchen in Beschlag und in dieser Phase findet auch die Kopulationsfrequenz ihren Höhepunkt [299]. Ganz offensichtlich handelt es sich bei der Schwellung also um ein Signal an die Männchen.[26] Aber was genau ist der Zweck dieses Signals, und warum ist es bei einigen Arten evolviert, bei anderen dagegen nicht? Auch hier sind eine ganze Reihe von Hypothesen zur Erklärung vorgeschlagen worden:

Die „*Synchronisierungs*"-*Hypothese*.

Wenn man männliche Rhesusaffen außerhalb der Paarungszeit mit östrogenbehandelten Weibchen zusammenbringt, setzt bei ihnen die Spermatogenese ein, und sie fangen an, auf die Weibchen aufzureiten.[27] Wenn man auf der anderen Seite männlichen Rhesusaffen außerhalb der Paarungszeit Testosteron injiziert, beflügelt das zwar auch deren Sexualverhalten, hat aber keinerlei Effekt auf die Ovarfunktion der Weibchen [667, 668]. Das deutet darauf hin, daß Schwellungen (bzw. entsprechende Signale) bei saisonalen Arten eine „Triggerfunktion" zukommt, um die Fortpflanzung zu synchronisieren und die Männchen „in Stimmung zu bringen". Inwieweit dies allerdings bei allen saisonalen Arten der Fall ist und auch für nichtsaisonale Arten wie Schimpansen gilt, bleibt ungeklärt.

Die „*Anheiz*"-*Hypothese*.

Schwellungen kommen fast ausnahmslos bei Arten mit einem promisken Paarungssystem vor, während sie bei monogamen oder polygynen Arten fast immer fehlen. Um nur zwei Beispiele zu nennen: Schimpansenweibchen (promiskes Paarungssystem) haben eine Schwellung, Gorillaweibchen (polygynes Paarungssystem) nicht. Ebenso haben die Weibchen der Roten Stummelaffen (promisk) eine Schwellung, die der Schwarzweißen Stummelaffen (polygyn) dagegen nicht. Augenfällige Ausnahmen von der Regel, wie Mantelpaviane, Dscheladas, Drills und Mandrills, die trotz eines polygynen Paarungssystems eine Schwellung besitzen, sind leicht als „phylogenetische Trägheit" zu erklären: Bei allen diesen Arten ist zwar die basale Reproduktionseinheit eine Ein-Männchen-Gruppe, aber alle leben in enger Gemeinschaft mit anderen Ein-Männchen-Gruppen und stammen zudem von Arten mit Mehr-Männchen-Systemen ab

[594].[28] Dieser bemerkenswerte Zusammenhang könnte darauf hindeuten, daß Weibchen das Anzeigen ihres Zykluszustandes „benutzen", um die Konkurrenz zwischen den Männchen anzuheizen – auf daß „der Beste" gewinnen möge [116].

Die „Vaterschafts-Verunsicherungs"-Hypothese.
Auch diese Hypothese baut darauf auf, daß Schwellungen ein Merkmal promisker Arten sind. Eine weithin sichtbare Sexualschwellung erhöht die weibliche Attraktivität und damit die Wahrscheinlichkeit, daß sich viele Männchen für ein Weibchen interessieren und sich mit ihm paaren. Damit aber kann sich keiner der Sexualpartner mehr sicher sein, ob er der Vater des später geborenen Kindes ist, und sollte sich – da die Möglichkeit der Vaterschaft besteht – tolerant oder sogar protektiv gegenüber dem Kind verhalten. Angesichts der weiten Verbreitung von Infantizid bei nicht-menschlichen Primaten (vgl. Kapitel 2) könnte diese Strategie entscheidend zum Fortpflanzungserfolg des Weibchens beitragen [295].

Die „Vaterschafts-Versicherungs"-Hypothese.
Hier wird genau das Gegenteil der letztgenannten Hypothese vermutet. Schwellungen, so die Argumentation, sind schließlich zyklusabhängig und können somit einen Hinweis auf den Zeitpunkt der Ovulation geben. Tatsächlich ist bei Schimpansen die Kopulationsrate an den „kritischen Tagen" kurz vor Rückbildung der Schwellung am höchsten – möglicherweise ein Hinweis darauf, daß den Männchen der Zeitpunkt der Ovulation nicht ganz verborgen bleibt (was ihnen natürlich nicht bewußt sein muß). Männchen, die sich zu diesem Zeitpunkt mit dem Weibchen gepaart haben, können also von einer recht hohen Vaterschaftswahrscheinlichkeit ausgehen und sollten sich deshalb an der Aufzucht des Kindes beteiligen oder sich zumindest freundlich und protektiv verhalten [252].

Die „Weibchen-Konkurrenz"-Hypothese.
Spermien – so die traditionelle Annahme – sind ein billig herzustellendes Massenprodukt. Dennoch ist nicht auszuschließen, daß auch ein Massenprodukt verknappen kann – zumal, wenn es in „Paketen" ausgegeben wird. Verknappung lebens- (oder reproduktions)wichtiger Güter aber hat Konkurrenz zur Folge. Wenn es zur Verknappung der „Ware" Sperma kommt, sollte man also erwarten, daß Weibchen darum konkurrieren, und in diesem Zusammenhang kann eine attraktive Sexualschwellung einen wichtigen Wettbewerbsvorteil bringen [623].[29] Dabei muß es nicht notwendigerweise um das Problem gehen, *überhaupt* schwanger zu werden (obwohl auch dies eine Rolle spielen könnte [593, 746]): Bei polygynen Arten

haben die Männchen in der Regel nur wenige Weibchen zu „versorgen",
so daß kaum zu erwarten ist, daß Engpässe auftreten. Schwellungen sind
hier also unnötig. In promisken Paarungssystemen, in denen sich Männchen mit vielen Weibchen paaren, könnte dies anders sein – jedenfalls
dann, wenn es den Weibchen darum geht, Sperma von besonders bean-
spruchten, genetisch hochwertigen Männchen zu ergattern.

Die „*Visum*"-*Hypothese.*
Anders als die vorher genannten Hypothesen beschränkt sich diese dar-
auf, die Sexualschwellungen einer einzigen Art zu erklären: die der Schim-
pansinnen. Schimpansen zeichnen sich durch außerordentlich aggressive
Beziehungen zwischen Gruppen aus – aber gleichzeitig dadurch, daß die
Weibchen die Gruppen wechseln. Brutale Angriffe von Männchen auf
Schimpansinnen außerhalb ihrer Schwellungsphase sind mehrfach beob-
achtet worden, aber gegenüber Weibchen mit ausgeprägten Sexualschwel-
lungen verhalten sich auch fremde Männchen außerordentlich freundlich.
Die Schwellung scheint mithin als „Visum" für den Eintritt in eine neue
Gruppe gut geeignet zu sein [696].

Die „*Mimikry*"-*Hypothese.*
Erstaunlicherweise besitzen auch die Männchen einiger Arten Schwellungen um die Analregion – die natürlich nichts über ihren sexuellen Zustand aussagen. Der Mantelpavian mit seinem leuchtend roten Gesäß ist
das bekannteste Beispiel, aber auch die jungen Männchen der afrikanischen Roten und Grünen Stummelaffen haben – wenngleich deutlich kleinere – Schwellungen. Offensichtlich ist hier „soziosexuelle Mimikry" im
Spiel: Die Männchen imitieren ein weibliches und – wie sich am Beispiel
der Schimpansen besonders drastisch zeigt – aggressionshemmendes Signal, das im Umgang mit anderen Männchen von Bedeutung ist [717, 718].
Welcher dieser Hypothesen der größte Erklärungswert zukommt, ist
noch unklar. Klar ist, daß die „Visum"- und die „Mimikry"-Hypothese
keinen generellen Erklärungsanspruch proklamieren – obwohl man vielleicht den Gesichtspunkt, daß Schwellungen eben auch aggressionshem-
mend wirken, nicht ganz aus den Augen verlieren sollte. Um die eigentliche, primäre Funktion handelt es sich dabei aber wohl kaum. Die Aussa-
gekraft der „Synchronisierungs"-Hypothese scheint ebenfalls begrenzt –
zumal sie für den allzu deutlichen Zusammenhang zwischen Paarungssystem und Schwellungen keine Erklärung bietet. Gegen die Hypothese, daß
Schwellungen (und die Erinnerung an den eigenen Kopulationszeitpunkt)
den Männchen einen Hinweis auf die Vaterschaft geben könnten, spricht,
daß Berberaffenmännchen – eine Art, die sich durch auffällige Schwellun-

gen und intensive Männchen-Kind-Kontakte auszeichnet (vgl. Kapitel 6) – offenbar keine Ahnung haben, wer der Vater welchen Kindes ist [479]. Das ist auch kein Wunder, da sich die Weibchen auch an den Tagen um den Ovulationszeitpunkt mit einer Vielzahl von Männchen paaren. Selbst wenn dieses aber nicht der Fall ist und nur einige wenige Männchen von einer hohen Vaterschaftswahrscheinlichkeit ausgehen könnten, ergäbe sich ein Problem: Die Gefahr des Infantizids wäre deutlich erhöht, da die meisten Männchen ziemlich sicher sein könnten, *nicht* der Vater des Kindes zu sein. Daß diese potentiellen Kosten durch den vermuteten Nutzen väterlichen Investments ausgeglichen werden, erscheint mehr als unwahrscheinlich: Primatenväter zeichnen sich selten durch besonderes Engagement für ihre Kinder aus – und zwar unabhängig davon, ob die Mütter Schwellungen haben oder nicht.

Zweifellos paaren sich nicht alle Primatenweibchen an den „kritischen Tagen" mit mehreren oder vielen Männchen. Bei Schimpansen beispielsweise sind Sexualkontakte während dieser Zeit sehr viel exklusiver als vorher [265, 643, 644]. Sollte sich allerdings – wie bei den Berberaffen – Promiskuität auch in der Ovulationsphase als das typischere Muster erweisen, hätten wir auch mit der „Anheiz"-Hypothese ein Problem: Zumindest dann, wenn es „darauf ankommt", sollte man schließlich erwarten, daß wirklich nur noch der „Beste" zum Zuge kommt. Natürlich könnte man argumentieren, daß alle Männchen, die sich in der Konkurrenz bewährt und es geschafft haben zu kopulieren, den Test in den Augen der Weibchen bestanden haben – aber übermäßig überzeugend ist das vielleicht nicht. Die „Weibchen-Konkurrenz"-Hypothese wird sich daran messen lassen müssen, wie rar begehrtes Sperma denn tatsächlich ist. Angesichts der Tatsache, daß die Selektion die Männchen gerade jener Arten, die sich durch weibliche Sexualschwellungen auszeichnen, mit besonders großen und leistungsfähigen Hoden ausgestattet hat, kann man hier zumindest Zweifel hegen. Im übrigen würde man erwarten, daß ranghohe Weibchen in der Konkurrenz besonders gut abschneiden und überproportional häufig mit ranghohen Männchen Kinder zeugen. Das aber scheint – soweit wir es aus Vaterschaftsuntersuchungen an einigen Arten wissen – nicht der Fall zu sein [474]. Wir bleiben also – wie es scheint – wieder einmal am leidigen Problem des Infantizids hängen. Ob die Vaterschafts-Verunsicherungs- oder Infantizid-Vermeidungs-Hypothese aber tatsächlich der Stein der Weisen ist, wird sich wohl erst noch herausstellen müssen.

Partnerwahl

Als Primatenweibchen kann man in seinem Leben nur wenige Kinder in die Welt setzen und aufziehen, denn die erfolgreiche Aufzucht jedes einzelnen Kindes ist mit einem enormen Aufwand an Zeit und Energie verbunden. Das Fortpflanzungspotential eines Primatenweibchens ist – mit anderen Worten – begrenzt. Um so mehr stellt jedes einzelne Kind eine kostbare Investition in die Zukunft dar. Wird es überleben? In der Konkurrenz mit anderen bestehen und vielleicht sogar erfolgreich abschneiden? Geschlechtspartner für sich gewinnen? Selber Kinder in die Welt setzen und damit für die Verbreitung der eigenen Gene sorgen? All das ist sicher nicht ganz unabhängig von dem Partner, mit dem man sich einläßt: Er steuert schließlich nicht nur 50 % der Gene bei, von deren Güte möglicherweise einiges abhängt, sondern kann darüber hinaus auch noch über andere Qualitäten verfügen, die dem Kind einen erfolgreichen Start ins Leben erleichtern mögen. Weibchen haben also gute Gründe, wählerisch zu sein und nicht jedes Männchen als Sexualpartner zu akzeptieren. Eine männliche „Niete" könnte zu einer empfindlichen Einbuße ihres Lebensreproduktionserfolges führen. Für Männchen, die – wie es nun einmal häufig der Fall ist – außer ein paar Millionen Samenzellen nichts Wesentliches investieren, sieht die Geschichte anders aus. Warum es nicht mit jedem Weibchen „treiben" – schließlich kostet es ja nichts? Und: Was macht es schließlich aus, wenn unter den vielen Losen, die man zieht, auch mal eine Niete ist?

Sich den „richtigen" Partner zu wählen sollte also in erster Linie eine Sache des weiblichen Geschlechts sein. Aber wer ist der „Richtige"? Und sind Weibchen tatsächlich – im Gegensatz zu den „allzeit bereiten" Männchen – so spröde und wählerisch, wie es die Darwinsche Theorie der sexuellen Selektion annimmt? Oder handelt es sich hierbei nur um eine moderne Version des alten, viktorianischen Sexismus, der jedes Anzeichen von „Mannstollheit" für eine „Form von Geistesverwirrung" hielt [654]?[30] Darüber, welche Rolle weibliche Partnerwahl bei Primaten spielt, gehen die Meinungen auch unter Primatologinnen weit auseinander: Barbara Smuts meint, daß es sich dabei um eine der wichtigsten Kräfte in der Evolution von Primatengesellschaften handelt, Marina Cords findet hingegen nur ein paar Anekdoten, aber keine schlüssigen Beweise für weibliche Partnerwahl. Meredith Small schließlich vertritt die Auffassung, daß das tatsächliche – nämlich überaus promiske – Sexualverhalten weiblicher Primaten mit den Erwartungen der Theorie nicht übereinstimmt [575, 122, 564].

Biologen definieren Partnerwahl als jedes Verhalten oder Verhaltensmuster, das dazu führt, daß man sich mit bestimmten Individuen eher paart als mit anderen. Selektionsrelevant werden solche Verhaltensweisen natürlich erst, wenn damit auch die Wahrscheinlichkeit, daß man miteinander Nachkommen zeugt, beeinflußt wird. Weibchen können durch eine Reihe von Verhaltensweisen die Wahrscheinlichkeit, wer mit ihnen Kinder zeugt, beeinflussen: Sie können bestimmte Männchen häufiger aufsuchen und zur Paarung auffordern als andere; sie können Männchen abweisen, sie können die Gruppe wechseln, sich mit gruppenfremden Männchen paaren oder Einfluß darauf nehmen, welche Männchen ihrer Gruppe angehören [575]. Das bedeutet allerdings nicht, daß Weibchen die freie Wahl hätten – Partnerpräferenzen sind nicht unbedingt mit Partnerwahl identisch. Wie schon Darwin sagte: Es nimmt nicht unbedingt *„dasjenige Männchen, welches ihm das anziehendste war, sondern dasjenige, welches ihm am wenigsten zuwider war"* [139, S. 250]. Welche Wahlmöglichkeiten man hat, hängt im wesentlichen davon ab, was die anderen tun. Aus den unterschiedlichen Reproduktionsstrategien der Geschlechter ergibt sich zwangsläufig ein Konflikt: Wenn Männchen möglichst viele Paarungschancen für sich selbst ergattern wollen und dabei andere von der Fortpflanzung auszuschließen trachten, *haben* Weibchen keine freie Wahl mehr. Hinzu kommt, daß Männchen auch nicht vor rüden Methoden zurückschrecken, um das Verhalten von Weibchen direkt zu beeinflussen: Zwar sind erzwungene Paarungen, wie bei den Orangs, offenbar die Ausnahme, aber Gewalt gegen Weibchen – insbesondere im sexuellen Kontext – ist nichts Ungewöhnliches. Wenn sich Rhesusaffenweibchen beispielsweise mit rangtiefen Männchen einlassen, werden sie von ranghöheren Männchen häufig attackiert [387]. Auch weibliche Konkurrentinnen können die Wahlmöglichkeiten einschränken: Bei den Languren von Jodhpur werden mehr als 80 % der Kopulationen von Weibchen gestört [586].

Angesichts dieser Probleme ist es nicht verwunderlich, daß über weibliche Partnerwahl bei Primaten kaum gesicherte Erkenntnisse vorliegen. Hinzu kommt, daß wir noch sehr wenig darüber wissen, wer mit wem Kinder zeugt. Allerdings gibt es recht dezidierte Vorstellungen darüber, wen Weibchen wählen sollten. Prinzipiell gibt es zwei Möglichkeiten:

1. Wenn man von einem Männchen nichts weiter zu erwarten hat als seine Spermien (etwa weil die ganze Liaison sich auf die Paarung beschränkt), sollte man wenigstens auf seine genetische Ausstattung achten – man sollte möglichst *„gute Gene"* wählen. Die Kinder würden davon profitieren.

2. Wenn sich die Beziehung nicht auf den Sexualakt beschränkt, können andere Merkmale ausschlaggebend sein, die nicht auf genetischem Wege weitergegeben werden können, aber für die erfolgreiche Aufzucht von Nachkommen dennoch von entscheidender Bedeutung sind: *materielle*

Ressourcen, Sicherheit, oder die Bereitschaft, sich an der Aufzucht der ge-
meinsamen Kinder zu beteiligen.

Die „Gute Gene"-Hypothese klingt natürlich etwas widersinnig, da man
Gene schließlich nicht sehen kann. Sehen kann man allerdings eine ganze
Reihe von Merkmalen, deren Ausprägung durch Genwirkungen beeinflußt
ist. Ein Faktor, der bei vielen Tierarten offenbar von herausragender Bedeutung ist, ist die Effektivität des Immunsystems [251]. Da Viren, Bakte-
rien und andere Parasiten schon immer ein weitaus größerer Mortalitäts-
faktor als Hunger, Raubfeinde oder andere Fährnisse des täglichen Lebens
waren, sollte die Parasitenresistenz – oft erkennbar an besonders leuchtenden Farben oder anderen vitalitätsanzeigenden Merkmalen – ein wichtiges
Partnerwahlkriterium für das Weibchen sein: Zeuge keine Kinder mit einem Männchen, dessen Äußeres darauf schließen läßt, daß er mit seinen
lästigen „Untermietern" nicht fertig wird! Welche Rolle dieser Faktor bei
der Partnerwahl von Primaten spielt, ist bisher kaum erforscht. Möglicherweise ist soziale Fellpflege („Grooming") – eine Verhaltensweise, die zwischen Männchen und Weibchen gerade im sexuellen Kontext häufig zu
beobachten ist – ein Mittel, etwas über die Parasitenbelastung des prospektiven Partners zu erfahren [562].[31] Es gibt aber auch einige konkretere
Hinweise dafür, daß „gute Gene" eine Rolle spielen könnten:

– *„Kein anderes Glied der ganzen Classe der Säugethiere ist in so außeror-*
  dentlicher Weise gefärbt als der männliche Mandrill", bemerkte Darwin
  zu den leuchtend blauen und roten Farben, die das Gesicht der erwachsenen Mandrillmännchen zieren [139, S. 607]. Interessanterweise verfügen aber nicht alle Männchen über so leuchtende Gesichtsfarben – manche sind eher blaß. Vaterschaftsuntersuchungen in einer Gruppe mit
  mehreren Männchen ergaben, daß die Kinder ausschließlich von Männchen mit leuchtenden Farben gezeugt worden waren. Ob – wie es bei
  vielen anderen Tieren der Fall ist – die Intensität der Farben mit der
  Parasitenbelastung in umgekehrter Korrelation steht und ob der Fortpflanzungserfolg der besonders prächtigen Männchen überhaupt das
  Resultat weiblicher Partnerwahl war – es handelte sich nämlich gleichzeitig um die ranghöchsten Männchen der Gruppe –, ist allerdings unbekannt [716].
– Die männlichen Totenkopfaffen Costa Ricas *(Saimiri oerstedi)* scheinen
  dagegen keine erkennbaren Dominanzbeziehungen zu besitzen – sie
  konkurrieren auf andere Art miteinander: Kurz vor und während der
  zweimonatigen Paarungszeit legen sie durch Fetteinlagerungen im
  Schulterbereich 20 Prozent und mehr an Gewicht zu – was übrigens
  nicht mit vermehrter Nahrungsaufnahme verbunden ist. Fett ist offenbar
  in den Augen der Weibchen besonders „sexy": Das fetteste Männchen

in der 35 Mitglieder starken Gruppe, die Sue Boinski untersuchte, konnte 70 Prozent der Kopulationen für sich verbuchen. Dieser Erfolg war eindeutig auf weibliche Partnerwahl zurückzuführen. Unklar – wenn auch vielleicht nicht ganz unwahrscheinlich – bleibt allerdings auch hier, ob Parasitenbelastung überhaupt eine Rolle spielt oder „fett" aus irgendeinem anderen Grund gleichbedeutend mit „fit" ist [77].

– Auch die Bevorzugung älterer Männchen, wie man sie bei einer Reihe von Arten gefunden hat [562] – am deutlichsten bei Orangs, bei denen fast alle Kopulationen junger, subadulter Männchen, aber „nur" 50 % der Kopulationen älterer Männchen Vergewaltigungscharakter haben [425] –, könnte ein Hinweis auf den Einfluß „guter Gene" sein: Allein die Tatsache, *daß* man so alt geworden ist, deutet schließlich darauf hin, daß die genetischen Anlagen vielleicht nicht ganz schlecht sind [141]. Alternative Erklärungsmöglichkeiten sind freilich auch hier nicht auszuschließen: Ältere Männchen sind meist dominant über jüngere, sie könnten engere Beziehungen zu den Weibchen aufgebaut haben, oder sie könnten von den Weibchen schlicht deshalb bevorzugt werden, weil sie sexuell erfahrener sind [564].

Ähnlich groß ist die Unsicherheit allerdings bezüglich des nichtgenetischen Erklärungsansatzes. Beispiel sozialer Status: Eine ganze Reihe von Untersuchungen (nicht alle) kommen zu dem Schluß, daß dominante Männchen beliebter sind als subordinierte [332, 562]. Das scheint auf den ersten Blick Sinn zu machen, denn Dominanz bedeutet bevorzugten Zugang zu begehrten Ressourcen, und dominante Männchen können den besten Schutz vor den Aggressionen anderer Artgenossen bieten. Entscheidend ist freilich, inwieweit man als Weibchen (oder Jungtier) von diesen Privilegien partizipieren kann. Wenn man eine längere Beziehung eingeht (wie es beispielsweise beim Menschen der Fall ist), ist der Vorteil evident. Bei eher flüchtigen Sexualkontakten in einem promisken Paarungssystem ist dies aber nicht so offensichtlich – es sei denn, ein hoher Rang wäre ein Indikator für „gute Gene". Das kann nach heutigem Wissensstand zwar nicht ausgeschlossen werden, aber vieles spricht dafür, daß die soziale Komponente hier wichtiger ist (vgl. Kapitel 3). Jedenfalls gibt es bisher keine Hinweise dafür, daß Kinder dominanter Männchen eine besonders hohe Chance haben, ebenfalls einen hohen Status zu erreichen. Der bisher einzig überzeugende Hinweis dafür, daß nichtmenschliche Primatenweibchen dominante Männchen bevorzugen, weil sie dadurch materielle Vorteile erlangen können, kommt von einer Untersuchung an Kapuzineraffen von Charles Janson [317]: In den Gruppen der Braunen Kapuzineraffen *(Cebus apella)* des Manu-Nationalparks in Peru leben ein bis vier Männchen, aber das dominante Männchen kontrolliert den Zugang zu den weit verstreuten fruchttragenden Bäumen und toleriert dort nur Weibchen und deren Junge. Die sexuelle Initiative liegt bei den Weibchen: Sie versuchen, wenn sie östrisch sind, unaufhörlich das eher träge Alpha-Männchen (es bequemt sich nur einmal am Tag zur Kopulation) zur Paarung aufzufordern. Nur wenn ihnen dies nicht gelingt, wenden sie sich auch an rangtiefere Männchen – dann allerdings wird das Alpha-Männchen aktiv! Besonders offensichtlich wurde die weibliche Präferenz, als einmal ein Männchen – das vorher links liegengelassen wurde – plötzlich auch in der Gunst der Weibchen enorm gewann, nachdem es in die Alpha-Position aufgestiegen war. Daß hier tatsächlich der Zugang zu Ressourcen der für die Weibchen wohl entscheidende Aspekt war, zeigte sich in einer anderen Population der gleichen Art, bei der Futterbäume keine Ressource darstellten, die dominante Männchen monopolisieren konnten: Hier war die Präferenz der Weibchen für dominante Männchen deutlich geringer ausgeprägt [319]. Andere Hinweise, daß nichtmenschliche Primatenweibchen vom Status ihrer männlichen Sexualpartner profitieren, sind, wie gesagt, rar. Oft scheint es eher so zu sein, daß Weibchen dominante Männchen nur deshalb „bevorzugen", weil sie andernfalls deren Repressionen zu befürchten hätten [387, 577].

Viel schwieriger zu verstehen ist, warum Männchen, die mit bestimmten Weibchen eine besonders enge Beziehung pflegen und sie und ihre Kinder gegen Übergriffe anderer Artgenossen in Schutz nehmen, in der Mehrzahl der Fälle von ihren „Feundinnen" als Sexualpartner nicht nur nicht bevorzugt, sondern sogar gemieden werden (vgl. Kapitel 1). Die Männchen scheinen interessiert, werden aber von den Weibchen zurückgewiesen [302]. Die Gründe dafür sind unklar, allerdings gibt es eine interessante Parallele: Auch nahe Verwandte werden als Sexualpartner gemieden – jedenfalls dann, wenn die Partner schon von Kindheit an miteinander vertraut sind (was, wenn es nicht direkt die Mutter-Sohn-Beziehung betrifft, meist über die gemeinsame Beziehung zur Mutter gegeben ist). Inzestvermeidung hat einen einfachen biologischen Grund: die Gefahr der sogenannten Inzuchtdepression. Der Mechanismus aber, der allzu nahe Inzucht verhindert, ist nicht das Bewußtsein, daß man miteinander verwandt ist, sondern der Grad der Vertrautheit – der normalerweise mit dem Verwandtschaftsgrad korreliert. Deutlich wird dies an Fällen von Inzest zwischen Verwandten, die keine besondere Beziehung verbindet – beispielsweise wenn ein promiskes Paarungssystem Unklarheit über die patrilinearen Verwandtschaftsverhältnisse schafft. In diesem Fall haben Väter und Töchter oder Geschwister väterlicherseits keinerlei Hemmungen, sexuell miteinander zu verkehren (auch Ödipus wußte nicht, daß seine Mutter seine Mutter war). Derselbe Mechanismus, der normalerweise Inzest verhindert, kann aber auch dafür sorgen, daß sich unter nichtverwandten, aber von Kindheit an vertrauten Individuen ein sexuelles Desinteresse entwickeln kann. Man kennt dieses Phänomen beispielsweise von Kindern, die im Kibbuz miteinander aufgewachsen sind, oder weiblichen Berberaffen, die in ihrer Kindheit eine enge Beziehung zu bestimmten älteren Männchen hatten. Daß hiermit kein biologischer Vorteil mehr verbunden ist, liegt auf der Hand – dennoch handelt es sich um das Ergebnis eines biologischen Anpassungsprozesses, der „im Normalfall" sinnvoll ist [67, 302, 496]. Die sexuelle Aversion gegen alte, intime „Freunde" könnte auf dem gleichen Mechanismus beruhen.

Aus dieser Perspektive ist es vielleicht auch nicht erstaunlich, daß Weibchen häufig neu eingewanderte oder sogar gruppenfremde Männchen alteingesessenen Männchen als Sexualpartner vorziehen [388, 562, 564] – der Reiz des Neuen, Unbekannten macht Erotik ja bekanntermaßen besonders prickelnd. Biologische Sinnhaftigkeit könnte diese Präferenz allerdings zusätzlich vor dem Hintergrund der Infantizidgefahr, die gerade von diesen Männchen ausgeht (vgl. Kapitel 2), gewinnen.

Auch die sogenannte „Prostitutions"- oder „Sex-gegen-Nahrung"-Hypothese [614], nach der Schimpansenweibchen im Austausch gegen Sex ganz direkt materielle Vorteile – beispielsweise Fleisch – erlangen, scheint nicht durchgängig gestützt zu werden [278]. Und schließlich hat auch die Hypothese, daß Weibchen bevorzugt solche Männchen wählen, von denen ein besonders großes väterliches Engagement zu erwarten ist, ihre Probleme, denn bei den meisten Primatenarten kümmern sich die Väter herzlich wenig um ihre Kinder.

Das größte Problem stellt freilich die Tatsache dar, daß die Weibchen vieler Arten alles andere als sexuell zurückhaltend sind, sondern in puncto Promiskuität den Männchen keineswegs nachstehen – eine Beobachtung, die so gar nicht zu Darwins Bild vom Weibchen als dem „weniger begierigen" und wählerischen Geschlecht paßt.[32] Eine mögliche Erklärung dafür wurde bereits genannt: der mit der Verschleierung der Vaterschaft verbundene Schutz vor Infantizid. Für weibliche Promiskuität könnte es aber noch weitere Gründe geben:

- Mehrfachpaarungen könnten sicherstellen, daß sich zum Zeitpunkt der Ovulation genügend befruchtungsfähige Spermien im weiblichen Genitaltrakt befinden [564].
- Paarungen mit möglichst vielen verschiedenen Männchen könnte eine Strategie sein, die genetische Variabilität der Nachkommen zu erhöhen. Parasiten, die darauf angewiesen sind, den genetischen Code des Immunsystems ihrer Wirte zu knacken, könnte dadurch das Leben erschwert werden [250].

– Weibliche Promiskuität könnte – paradoxerweise – eine Strategie im
Sinne der Hypothese von den „guten Genen" darstellen, da auf diese
Weise Spermienkonkurrenz induziert wird: Wenn der Erfolg hier auf
einer erblichen Komponente beruht (wofür es Hinweise gibt), könnten
die eigenen Söhne ebenfalls einen überdurchschnittlichen Fortpflanzungserfolg erreichen [423, 572]. Die zunächst erstaunlich erscheinende
Tatsache, daß der weibliche Genitaltrakt eine für Spermien extrem le-
bensfeindliche Umwelt darstellt (nur ein winziger Bruchteil erreicht
überhaupt die Eizelle, viele werden von Freßzellen der weiblichen Im-
munabwehr vernichtet), unterstützt dieses Argument: Weibchen können
auf diese Weise dafür sorgen, daß nur die „fittesten" Spermien eine
Befruchtungschance erhalten [66].

Unvereinbar mit der Darwinschen Theorie von der sexuellen Selektion
ist promiskes weibliches Sexualverhalten also keineswegs. Was Darwin
noch nicht wissen konnte, ist, daß die Konkurrenz zwischen Männchen und
die Wahl der Weibchen mit vollzogener Kopulation noch nicht beendet ist.
Vielleicht ist es übertrieben, Spermienkonkurrenz als dritten Prozeß, der
bei der sexuellen Selektion wirksam ist, zu bezeichnen [258] – um einen
Faktor von überraschend großer Bedeutung handelt es sich aber zweifellos.

Schließlich sollte nicht unerwähnt bleiben, daß auch Männchen ihre Präferenzen haben. Das mag vor dem anfangs skizzierten Hintergrund paradox erscheinen – schließlich waren wir davon ausgegangen, daß Männchen
sich in der Regel wohl nach der Devise „bei Nacht sind alle Katzen grau"
verhalten. Gar so einfach kann man es sich aber auch mit den Männchen
nicht machen. Zugegeben, Spermien mögen billig sein – aber Paarungen,
um die man mit anderen konkurrieren muß, sind es oft genug nicht [148].
In diesem Fall ist es auch für Männchen sinnvoll, wählerisch zu sein. Die
Partnerpräferenzen nichtmenschlicher Primatenmännchen erscheinen uns
auf den ersten Blick etwas ungewöhnlich (vgl. Exkurs 4.2): Sie bevorzugen
ranghohe und nicht mehr ganz junge Weibchen [21, 332]. Beidem liegt
allerdings ein gemeinsamer Nenner zugrunde: Beide Gruppen von Weibchen zeichnen sich statistisch durch eine höhere Fruchtbarkeit und einen
besseren Aufzuchterfolg aus.[33]

Exkurs 4.2. Partnerpräferenzen beim Menschen

In der wohl berühmtesten Untersuchung über Partnerwahlkriterien
beim Menschen ließ der amerikanische Psychologe David Buss zwischen 1984 und 1989 mehr als 10 000 Menschen aus 33 Ländern und

37 Kulturkreisen rund um den Globus befragen, wie wichtig ihnen bei einem zukünftigen Ehepartner bzw. einer Ehepartnerin Merkmale wie Einkommen, Ehrgeiz, Aussehen, sexuelle Unberührtheit und Alter seien [88]. Buss versuchte damit der Frage auf die Spur zu kommen, ob jenes Klischee – glatzköpfiger, schwerreicher Endsechziger heiratet junge, attraktive Blondine – wirklich nur ein Klischee ist, das noch dazu durch die jeweils herrschenden gesellschaftlichen Normen erst geschaffen wird, oder ob mehr dahintersteckt. Haben Nigerianer andere Wünsche und Vorstellungen hinsichtlich ihres Partners bzw. ihrer Partnerin als Neuseeländer? Volksrepublik-Chinesen andere als Taiwanesen, israelische Juden oder Frankokanadier?

In der Tat fanden sich Unterschiede, beispielsweise hinsichtlich des Geldes, daß der oder die Zukünftige denn nach Möglichkeit verdienen sollte. Für die befragten Niederländerinnen war dieser Aspekt vergleichsweise unwichtig: Auf einer 4-Punkte-Skala von 0 (unwichtig) bis 3 (unverzichtbar) vergaben sie im Mittel 0,94 Punkte. Am meisten wurde das Geld von den Indonesierinnen geschätzt, die immerhin 2,55 Punkte vergaben. (Nur der Vollständigkeit halber: Die (west)deutschen Frauen vergaben 1,81 Punkte – also fast doppelt soviel wie die Niederländerinnen.) Das eigentlich bemerkenswerte aber war, daß in *allen* 37 Kulturen bzw. Staaten – einschließlich der Niederlande – die Frauen *mehr* Wert auf die Einkommensaussichten des Mannes legten als umgekehrt die Männer auf das Einkommen der Frauen (nur in Spanien war der Unterschied so gering, daß er sich statistisch nicht absichern ließ). Was den Ehrgeiz des oder der Zukünftigen anging, waren die Ergebnisse nicht ganz so eindeutig – in Spanien, Kolumbien und bei den Zulus in Südafrika legten Männer mehr Wert auf Ehrgeiz bei Frauen (nur bei den Zulus war der Unterschied allerdings signifikant). Überall sonst aber, ob in Indien, Westdeutschland oder der Volksrepublik China, wünschten sich die Frauen eher ambitionierte Männer als die Männer ebensolche Frauen (in 6 Ländern, darunter Schweden, war der Unterschied allerdings so gering, daß er statistisch nicht abzusichern war).

Daß Männer sehr viel mehr Wert auf gutes Aussehen ihrer Partnerin legen als umgekehrt die Frauen bei den Männern, bestätigte sich in allen 37 Kulturen. Ebenso zeigte sich überall, daß Männer jüngere Frauen bevorzugten, Frauen dagegen ältere Partner (die Befragten waren selbst zwischen 20 und 25 Jahren alt).

Die größte Variabilität fanden Buss und seine Mitarbeiter bei dem Kriterium „Jungfräulichkeit": In fast allen westlichen Ländern (Aus-

nahme: Irland) rangierte dieser Aspekt erwartungsgemäß nahe Null –
unwichtig. Daß dies in Irland wie in vielen asiatischen und afrikanischen Ländern anders war, weist recht eindeutig auf den mächtigen
Einfluß religiöser Moralvorstellungen hin. Immerhin waren die Männer in 32 Kulturen mehr an der Unberührtheit ihrer Partnerin interessiert, als es umgekehrt die Frauen waren. Und signifikant war dieser
Unterschied nicht nur in Ländern wie Iran, Irland oder Japan, sondern
auch in den USA, Westdeutschland und Australien.

Die Ergebnisse der Buss-Studie sind in dreierlei Hinsicht bedeutsam:

– Erstens machen sie deutlich, daß Partnerwahlkriterien beim Menschen keineswegs von kulturellen Zufälligkeiten oder gesellschaftlichen Normen abhängig sind.

– Zweitens zeigen sie, daß nicht nur das weibliche Geschlecht wählerisch ist – zumindest beim Menschen haben auch die Männer sehr
dezidierte Wünsche, was die Eigenschaften ihrer künftigen (Ehe-)Part-
nerinnen angeht. Wichtig dürfte dies vor allem dann sein, wenn es nicht
um flüchtige Sexualkontakte geht, sondern um längerfristige Fort-
pflanzungsgemeinschaften.

– Drittens schließlich stehen die Ergebnisse im Einklang mit Erwartungen aus der evolutionsbiologischen Theorie: Männer *sollten*
Frauen bevorzugen, mit denen sie möglichst viele Kinder zeugen können. Daß Jugend hier ein wichtiges Kriterium ist, ist naheliegend.[34]
Schwieriger ist es mit der Schönheit. Schönheitsideale sind schließlich
keine konstanten Größen, schon gar nicht im interkulturellen Vergleich. Allerdings werden reine, faltenlose Haut, glänzende Haare und
ebenmäßige Züge von Frauen auf der ganzen Welt als schön empfunden. All dies sind Merkmale, die Gesundheit und Jugend signalisieren
(ein Umstand, den sich die kosmetische Industrie ebenso wie die pla-
stische Chirurgie mit großem Erfolg zunutze macht). Forschungen der
jüngsten Zeit weisen im übrigen darauf hin, daß kleinen Unregelmä-
ßigkeiten im ansonsten symmetrischen Körperbau (sogenannte „fluktuierende Asymmetrien") eine erstaunliche Bedeutung zukommt: Sie
werden nicht nur als unschön empfunden, sondern scheinen auch zu-
verlässige Indikatoren für weniger „gute Gene" zu sein [708]. Aus evolutionsbiologischer Sicht nicht anders zu erwarten ist ebenfalls, daß
Frauen Männer bevorzugen, die ihnen das bieten, was zur Aufzucht
von Kindern notwendig ist: Sicherheit und materielle Ressourcen.

Ein Einwand liegt natürlich nahe, und er wurde auch mehrfach geäußert: Wenn Männer überall auf der Welt die Ressourcen kontrollie-

ren, braucht man keine biologische Theorie, um zu erklären, daß Frauen versuchen, auch etwas von dem Kuchen abzubekommen. Einspruch abgelehnt, sagt Buss: Auch wenn Frauen über Macht und Geld verfügen, wollen sie dennoch Männer, die mehr haben als sie selbst. Das ist biologisch vielleicht nicht mehr besonders sinnvoll, zeigt aber, daß wir es hier mit einem von den aktuellen Besitzverhältnissen unabhängigen, offenbar tief verankerten Verhaltensprogramm zu tun haben. Wenn eine weltberühmte, schwerreiche Diva einen unbekannten, armen Schlucker heiratet, dann erregt dies deshalb so viel Aufsehen, weil es so selten ist.

5. Fortpflanzung

*Es sei vorausgeschickt, daß ich die Be-
zeichnung „Kampf ums Dasein" in einem
weiten metaphorischen Sinne gebrauche,
der die Abhängigkeit der Wesen voneinander, und was noch wichtiger ist: nicht nur
das Leben des Individuums, sondern auch
seine Fähigkeit, Nachkommen zu hinterlassen, mit einschließt.*

Charles Darwin

Es waren einmal ein Sultan in Marokko und ein Langurenmännchen in
Indien. Der Sultan hieß Moulay Ismail und lebte von 1672 bis 1727. Der
Legende nach zeugte er mit unzähligen Frauen und Konkubinen 888 Kinder [136]. Das Langurenmännchen – es lebte in den 80er Jahren unseres
Jahrhunderts am Rande der Stadt Jodhpur – zeugte mit den Weibchen
seines Harems 79 Kinder [590]. Bei einer Zahl wie 888 sollte man natürlich
mißtrauisch werden: Sie klingt ein wenig zu sehr nach Legende. Tatsächlich
sprechen die historischen Quellen davon, daß Moulay Ismail – der auch
„der Blutrünstige" genannt wurde, weil er 10 000 Menschen eigenhändig
umgebracht haben soll – 1056 Kinder gezeugt hat.[1] Wie auch immer, es
muß sich um einen vielbeschäftigten Mann gehandelt haben. –

Nachkommen zu hinterlassen, sich erfolgreich fortzupflanzen, ist vielleicht nicht alles, was im Leben zählt. Aber aus evolutionsbiologischer Perspektive ist *ohne* erfolgreiche Fortpflanzung alles nichts. Ein langes und
erfülltes Leben ist eine schöne Sache für den einzelnen, aber vor dem
Hintergrund der Evolution handelt es sich um eine völlig bedeutungslose
Angelegenheit, solange man dieses Leben nicht dazu nutzt, überdurchschnittlich viele Kopien der eigenen Gene in die nächste Generation einzubringen. Mehr Gene in die nächste Generation einzubringen als die unmittelbaren Konkurrenten – das, und nur das zählt als Erfolg in Darwins
Kampf ums Dasein. Es geht also nicht um das Überleben des Individuums,
wie es das berühmte Wort vom „survival of the fittest" (das Überleben des
„Tauglichsten") suggeriert, sondern um das Überleben seiner Gene.

Organismen – Menschen ebenso wie Affen, Kaninchen oder Stubenfliegen – als fitnessmaximierende Vehikel ihrer „egoistischen Gene" zu betrachten, wie es Richard Dawkins in konsequenter Weiterentwicklung der

Gedanken von William Hamilton tut [141], hat zweifellos etwas Beunruhigendes und stößt vielerorts auf Skepsis oder offene Ablehnung[2]:

- *Reduktionismus!*, lautet der erste, apodiktische Vorwurf, ohne daß man sich darüber klar ist, was dies denn eigentlich bedeutet. Der Biologe Hubert Markl hat dafür ein schönes Gleichnis parat: Der Nil wird nicht kleiner dadurch, daß man ihn auf seine Quellen *zurückführt* ... [391, S. 34]. Reduktionismus bedeutet nicht, sich in immer kleineren, unwesentlichen Einzelheiten zu verlieren und dabei den Wald vor lauter Bäumen nicht mehr zu sehen (obwohl die Gefahr zweifellos besteht), sondern die Dinge auf ihren Ursprung zurückzuführen und zu fragen, welche Bedeutung die Wurzel für den Organismus Baum hat.

- *Gene haben weder ein Bewußtsein noch Emotionen*, bemerkt süffisant der zweite Kritiker. *Ihnen „Egoismus" zu unterstellen, ist schlichtweg absurd!* Geschenkt: Selbstverständlich haben Gene weder Gefühle noch Absichten oder gar Bewußtsein; aber ein Gen, dessen Chancen auf Kosten anderer Gene im unendlichen Strom der Evolution zu überleben erhöht werden, könnte in einem übertragenen Sinn objektiv egoistisch genannt werden – auch wenn sich dieser „Egoismus" natürlich jeglicher moralischen Kategorisierung entzieht.[3]

- *Aber ist nicht der Zusammenhang zwischen einem Sexualakt und der neun Monate später stattfindenden Geburt eines Kindes sogar in manchen menschlichen Gesellschaften noch bis vor kurzem unbekannt gewesen? Wie kann man da*, fragt verwirrt der dritte Kritiker, *Menschen oder anderen Tieren ein evolviertes Interesse an der Maximierung ihrer Fitness unterstellen?* Wiederum sollte man das Wort „Interesse" nicht allzu wörtlich nehmen. Auch Kaninchen, Mäusen oder Stubenfliegen dürfte das Wissen um die Folgen ihres Tuns verborgen sein, und dennoch verhalten sich alle diese Arten im Durchschnitt ausgesprochen „quasi-rational" – so, *als ob* sie ihre Fitness maximieren wollten. Damit ein in der Evolution entstandener und von der Selektion immer weiter perfektionierter Mechanismus funktioniert – und der Sexualtrieb ist ein solcher Mechanismus –, ist Einsicht in seinen ultimaten Zweck keineswegs erforderlich. Tatsächlich kann Einsicht hier – wie wir später sehen werden – eher hinderlich sein. Einen Sexualtrieb freilich als biologische Selbstverständlichkeit einfach hinzunehmen, ohne seinen Sinn zu hinterfragen, heißt, die Sache nur halb zu verstehen.

- *Aber stehen nicht gerade die Verhältnisse beim Menschen im eklatanten Widerspruch zu den Erwartungen der Soziobiologen? Schließlich kann doch jeder sehen, daß sich viele Menschen von den angeblichen Fesseln ihrer Natur befreien und ganz bewußt und explizit darauf verzichten, Kinder in die Welt zu setzen!* Wohl wahr. Die Natur läßt uns eine Menge

Freiheiten. „Aber die gleiche Natur entfernt mit der Zeit regelmäßig jene Genotypen", bemerkt Hubert Markl dazu trocken, „die von dieser Freiheit einen Gebrauch machen, der dem Vermehrungserfolg ihrer Gene allzu nachteilig ist" [391, S. 266].

– *Und die Homosexuellen, was ist mit den Homosexuellen?* Nein – nicht schon wieder. Bitte blättern Sie zurück auf Seite 98.

Es geht kein Weg daran vorbei: Es ist die genetische Fitnessmaximierung, die die Lebenswelt in ihrem Innersten zusammenhält. Alles was Primaten (und andere Organismen) tun, ob sie nun fressen, Bündnisse schließen, kämpfen, nach Dominanz streben, Sex betreiben oder sich um Kinder kümmern, dient letztes Endes einzig und allein dem Vermehrungserfolg der „grauen Eminenzen" im Hintergrund: den Genen.[4]

An dieser Stelle ist ein Wort zum Begriff der *„Fitness"* fällig, der selbst in der biologischen Fachliteratur zu einigen Irritationen Anlaß gegeben hat [142]. Evolutionsbiologen verstehen unter Fitness die Vermehrungsrate eines Genotyps *im Vergleich zu anderen Genotypen* – es handelt sich also um einen *relativen* Wert. Zweitens ist Fitness *umweltabhängig*: Derselbe Genotyp kann in der einen Umwelt sehr viel weniger erfolgreich sein als in einer anderen – die Sichelzellanämie, die in Malariagebieten im heterozygoten Zustand vorteilhaft, woanders aber nachteilig ist, ist dafür das berühmteste Beispiel. Drittens muß man im Kopf behalten, daß Fitness nicht einfach mit dem Fortpflanzungserfolg von Individuen identisch ist. Fitness – genauer gesagt: inklusive Fitness – setzt sich aus zwei Komponenten zusammen: der direkten oder Darwinischen Fitness, die durch die eigene Fortpflanzungsleistung erbracht wird, und der indirekten, durch Verwandtenhilfe erzielten Propagierung von Kopien der eigenen Gene. Die Bestimmung des Fortpflanzungserfolges von Individuen ist also nur eine *Annäherung* an ihre Fitness, wenn auch eine nicht ganz unbedeutende.

Fortpflanzungserfolg ist zweifellos einfacher als Fitness zu messen, aber selbst dies erweist sich bei genauerer Betrachtung schon als schwierig genug: Erstens reicht es nicht aus, einfach nur Kinder zu zählen. Wenn dies so wäre, wären Austern wohl sehr viel erfolgreicher als Menschen oder andere Primaten. *Fruchtbarkeit*, also die Anzahl der produzierten Nachkommen pro Zeiteinheit, ist eine wichtige Komponente des Fortpflanzungserfolges – aber eben nur eine! Wenn die Kinder früh sterben (und bei Austern sterben sehr viele), wird man dies schwerlich als Erfolg bezeichnen können. Die Überlebensrate der Nachkommen oder der *Aufzuchtserfolg* ist also eine zweite wichtige Komponente des Fortpflanzungserfolges. Die dritte Komponente des Fortpflanzungserfolges ist die *reproduktive Lebensspanne*, also die Zeit, die einem Individuum zur Fortpflanzung zur Verfügung steht. Fortpflanzungserfolg nur über eine kurze Phase dieser Zeit zu messen, kann zu irreführenden Schlußfolgerungen verleiten – allein schon deshalb, weil sich das Alter sowohl auf die Fruchtbarkeit als auch auf den Aufzuchterfolg auswirken kann. Primatenforscher stehen hier natürlich vor einem Problem, denn die reproduktive Lebensspanne von Primaten ist meist länger als die Karriere eines einzelnen Forschers. Daten über den *Lebenszeitreproduktionserfolg* von Primaten – die evolutionsbiologisch entscheidende Variable – gibt es daher kaum.

Als ob all dies noch nicht genug wäre, muß man sich aber noch mit einem weiteren Problem herumschlagen: Den Fortpflanzungserfolg von Weibchen zu messen, ist prinzipiell nicht weiter schwierig, denn welche Mutter welches Kind zur Welt gebracht hat, ist in der Regel keine Frage. Wer der Vater welchen Kindes ist, ist dagegen nicht so offensichtlich: *„Pater semper incertus"*!, sagten schon die alten Römer. Seitensprünge – die ja vor dem Partner meist verheimlicht werden und damit auch dem forschenden Blick des unbeteiligten Beobachters nur allzu leicht entgehen – können zu folgenreichen Irrtümern Anlaß geben. Ein Männchen (oder Mann) kann seinen Reproduktionserfolg durch Seitensprünge steigern – die seiner Partnerin haben aber den gegenteiligen Effekt. Die „Jahrhundertwissenschaft Biologie" hat zwar auch hier einen Ausweg gefunden – inzwischen kennt ihn jeder aus Presse, Funk und aus dem letzten Fernsehkrimi: den „genetischen Fingerabdruck". Aber diese gewaltige neue Technik des Vaterschaftsnachweises ist erst vor gut 10 Jahren aus der Taufe gehoben worden und beginnt erst jetzt die Erforschung des Reproduktionserfolges männlicher Primaten zu revolutionieren.[5]

Die Geschlechter-Asymmetrie

Im viktorianischen England des vorigen Jahrhunderts erregte Darwin kein besonderes Aufsehen, als er verkündete: *„Der hauptsächlichste Unterschied in den intellectuellen Kräften der beiden Geschlechter zeigt sich darin, daß der Mann zu einer größeren Höhe in Allem, was er immer nur anfängt, gelangt ..."* [139, S. 637]. Schließlich sprach er in diesem Punkt nur aus, wovon die meisten Männer ohnehin überzeugt waren, wenngleich sie ihre angebliche intellektuelle Überlegenheit – im Gegensatz zu Darwin, der an das Wirken der sexuellen Selektion glaubte – für eine Gabe Gottes hielten. Ob Selektion oder Gottesgabe – heute können wir eine solche Ansicht getrost als ebenso sexistisch wie unqualifiziert beiseite legen. Aber die Grenze zwischen scheinbar gesichertem Wissen und reiner Ideologie ist oft schmal, und das Konzept der sexuellen Selektion birgt nach wie vor Zündstoff.

Männern wie Moulay Ismail und anderen Potentaten, die Frauen sammelten wie hierzulande Männer Briefmarken[6] (ist es eine zufällige Koinzidenz, daß dieser „Sammeltrieb" im männlichen Geschlecht so viel ausgeprägter scheint als im weiblichen?), steht beim Menschen ein weiblicher Rekord in Sachen Fortpflanzungserfolg von 69 Kindern gegenüber. Es war eine – bezeichnenderweise unbekannte – Moskowiterin des 19. Jahrhunderts, die ausschließlich Mehrlingsgeburten hatte [136]. Auch wenn es sich hier um Rekorde – also nicht unbedingt repräsentative Ereignisse – handelt, ist der Unterschied eklatant.

Daß Männer – zumindest theoretisch (und manchmal, wie man sieht, auch praktisch) – nahezu unbegrenzt viele Kinder zeugen können, während das Fortpflanzungspotential von Frauen von vornherein begrenzt ist, ist natürlich eine biologische Binsenweisheit. Brisanter ist die Konsequenz, die wir schon im vorigen Kapitel als „Batemansches Prinzip" kennengelernt haben: Im männlichen Geschlecht stehen einigen wenigen Gewinnern im Rennen um den Fortpflanzungserfolg notwendigerweise – Eizellen sind keine teilbare Ressource – viele Verlierer gegenüber; im weiblichen Geschlecht sind die Verhältnisse dagegen ausgeglichener: Samen und paarungswillige Männchen sind mehr als genug vorhanden. Heftige Konkurrenz sollte man aber vor allem dort erwarten, wo es viel zu gewinnen oder zu verlieren gibt. Also doch: das starke, aktive männliche Geschlecht – und das schwache, passive weibliche? So einfach liegen die Dinge, wie wir in den vorigen Kapiteln erfahren haben, offenbar nicht: Weibchen sind sexuell alles andere als „passiv", und sie konkurrieren auch durchaus miteinander – vielleicht sogar um Spermien (wir werden darauf noch zurückkommen)! Handelt es sich also wieder einmal um einen durch keinerlei Tatsachenmaterial genährten Mythos?

Feministisch orientierte Soziobiologinnen wie Sarah Hrdy machen aus ihrem Mißtrauen keinen Hehl. Nehmen wir den Fall, in dem die Unterschiede im Fortpflanzungserfolg der Männchen – und damit auch der Unterschied zwischen den Geschlechtern – am deutlichsten ausfallen sollte: ein polygynes Paarungssystem. Die Rechnung, die Hrdy aufmacht, ist einfach: In polygynen Ein-Männchen-Gruppen wie etwa bei den Dscheladas besitzt der männliche Haremshalter das sexuelle Monopol über selten mehr als drei oder vier Weibchen. Die Karriere eines Haremshalters ist kurz – länger als drei oder vier Jahre kann er sich kaum behaupten, dann wird er von einem Konkurrenten abgelöst. Eine zweite Chance, einen Harem zu erobern, hat er nicht; den Rest seines Lebens wird er also zölibatär verbringen. Die Weibchen dagegen sehen Haremshalter kommen und gehen – und reproduzieren sich. Es ist wie in der Geschichte vom Hasen und vom Igel: Während der männliche Hase nach kurzer Zeit erschöpft zusammenbricht, produziert der weibliche Igel in aller Ruhe Jahr für Jahr weitere Kinder. Es könnte also durchaus sein, meint Hrdy, daß am Ende ihres Lebens alle Beteiligten ähnlich viele Nachkommen produziert hätten [296].

Hrdys Vermutung, daß die Unterschiede im Fortpflanzungserfolg von Männchen oft geringer als traditionell angenommen seien – und manchmal sogar geringer als die Unterschiede im weiblichen Geschlecht, wird durch weitere Beobachtungen genährt. Bei vielen Arten, die in Harems leben, fallen während der Paarungszeit (so es eine solche gibt) „Junggesellenbanden" ein und brechen das Paarungsmonopol des Haremshalters. Bislang läßt sich noch nicht abschätzen, *wie viele* Kinder von solchen Eindringlingen gezeugt werden. Wir wissen allerdings durch Vaterschaftstests zumindest von Husarenaffen, *daß* die Eindringlinge Kinder zeugen; und wir wissen aus derselben Untersuchung, daß auch Kinder, für die scheinbar nur der Haremshalter als Vater in Betracht kommen konnte, von anderen Männchen gezeugt worden waren [454]. Bei Brüllaffen fand sich hierfür zwar nicht der geringste Hinweis [490], aber dennoch beginnt sich auch für nichtmenschliche Primaten das abzuzeichnen, was man von Vögeln und Menschen schon seit einiger Zeit weiß: Von einem gewissen (vielleicht sehr unterschiedlich hohem) Prozentsatz „außerehelich" gezeugter Kinder wird man ausgehen müssen.

Die Languren von Jodhpur könnten als probates Beispiel dafür dienen, daß die Varianz im Fortpflanzungserfolg der Männchen doch erheblich höher ist als die der Weibchen: 79 Kinder (siehe das Langurenmännchen auf S. 128) sind schließlich kein Pappenstiel – das muß einem erst einmal einer nachmachen! Tatsächlich eroberte in Jodhpur ein Viertel aller erwachsenen Männchen nie einen Harem und blieb damit vermutlich kinderlos: Die Forscher schätzen, daß von 1000 Kindern wenigstens 998 von Haremshaltern gezeugt wurden (Vaterschaftsanalysen liegen von den Tieren nicht vor). Auf der anderen Seite blieb kein Weibchen, war es einmal erwachsen geworden, kinderlos. Und selbst ein durchschnittlicher Haremshalter zeugte in Jodhpur knapp 28 Kinder – etwa das Fünffache dessen, was ein durchschnittliches Weibchen zuwege brachte [591]. Aber abgesehen von den fehlenden Vaterschaftsanalysen sind die Daten aus Jodhpur nicht gänzlich überzeugend: Die Harems sind dort mit bis zu 40 Weibchen (im Mittel waren es etwas mehr als 17) nämlich erheblich größer, als dies normalerweise der Fall ist. Das hat zwei Konsequenzen: Erstens gab es erheblich mehr Anwärter für die Stelle eines „Haremschefs" als freie Stellen – es blieben also auch mehr Männchen notgedrungen zölibatär; und zweitens hatten jene, die es geschafft hatten, ungewöhnlich große Fortpflanzungschancen (obwohl sich in der Untersuchung die Residenzzeit eines Haremshalters als wichtiger als die Größe seines Harems erwiesen hatte).

Haben Ausnahmeerscheinungen, wie der Rekordhalter von Jodhpur oder Moulay Ismail, „der Blutrünstige", also keinerlei Relevanz für das „wirkliche Leben"? Das denn doch nicht: Im indischen Kanha-Tiger-Reservat, wo die Langurenharems sehr viel kleiner sind, brachte es ein Männchen allein in 6 seiner mindestens 10 Jahre als Haremshalter (aus den anderen Jahren liegen keine Daten vor) auf vermutlich – diese Einschränkung muß auch hier wegen fehlender Vaterschaftstest gemacht werden – 28 Kinder [438].

Auch bei Arten, die in Gruppen mit mehreren Männchen leben, deutet sich an, daß die Unterschiede im Fortpflanzungserfolg der Männchen größer sind als bei den Weibchen. Vaterschaftsuntersuchungen bei den Steppenpavianen des Amboseli-Nationalparks in Kenia ergaben, daß auch hier das erfolgreichste Männchen innerhalb von 11 Jahren 28 Kinder gezeugt hatte – dreimal mehr als jedes andere Männchen seiner Gruppe [15]. Bei Berberaffen – einer Art, bei der die Weibchen für ihr promiskes Sexualverhalten berüchtigt sind – zeugte das erfolgreichste Männchen innerhalb von 4 Jahren 12 Kinder – dreimal mehr, als ein Weibchen in diesem Zeitraum produzieren kann –, während andere gerade mal Vater eines Kindes geworden waren [352, 474].

Daraus nun allerdings im Umkehrschluß zu folgern, daß sexuelle Selektion nur im männlichen, nicht aber im weiblichen Geschlecht stattfände, wäre völlig überzogen. Daß die Unterschiede im Fortpflanzungserfolg der Weibchen geringer sind als bei den Männchen, bedeutet ja nicht, daß es hier gar keine Unterschiede gäbe, an denen die Selektion ansetzen kann. Besonders überzeugend wird dies durch Daten über den Lebenszeitreproduktionserfolg von Weibchen demonstriert. Aufgrund der langen Lebensspanne von Primaten gibt es darüber nicht allzu viele Informationen. Immerhin gibt es mittlerweile einige Studien, die das Schicksal und den Reproduktionserfolg weiblicher Primaten über einen Zeitraum von mehr als 25 Jahren verfolgen und dabei etwas mehr als die üblichen Einzelfallgeschichten ergattern konnten. Eine Studie wurde von einem Team um Linda Fedigan und Naoki Koyama durchgeführt, die die Japanmakaken von Arashiyama, einem Berg am Rande der alten Kaiserstadt Kioto, untersucht hatten [198]. Die Arashiyama-Makaken, die seit 1954 von japanischen Wissenschaftlern beobachtet werden, leben zwar frei, werden aber gefüttert (zunächst, um die Beobachtungsbedingungen zu erleichtern, später auch als Touristenattraktion). Zudem wurde ein Teil der Population – die sogenannte Arashiyama-West-Gruppe – 1972 in ein 42 Hektar großes Freigehege in Texas überführt. Um eine von Menschen unbeeinflußte Population handelt es sich also nicht. Diese Einschränkung gilt für die seit 1967 von einem Team um Jane Goodall und Craig Packer beobachteten Anubispaviane des Gombe-Nationalparks in Tansania nicht [458]. In den Untersuchungen konnte der Lebensweg von 33 Japanmakakenweibchen und 37 Pavianweibchen verfolgt werden. Das ist zugegebenermaßen immer noch eine winzige Stichprobe; aber für Verhaltensforscher, die sich mit Tieren beschäftigen, deren Lebenserwartung mit der Dauer der eigenen Karriere konkurriert, und die man schließlich nicht einfach befragen kann, sondern mit unendlicher Ausdauer und Geduld beobachten muß, handelt es sich um eine großartige Leistung.

In beiden Untersuchungen war die Varianz im Fortpflanzungserfolg der Weibchen alles andere als marginal: Es gab in beiden Fällen Weibchen, die kein einziges überlebendes Kind hinterließen, während die erfolgreichsten Weibchen es auf 10 Kinder brachten. Dabei drehte es sich im Fall der Paviane um Kinder, die mindestens zwei Jahre alt geworden waren und damit „aus dem Gröbsten raus" waren, während bei den Japanmakaken die Meßlatte höher – auf 5 Jahre (dem Alter, das die Geschlechtsreife markiert) – gelegt war. Leider geben die Daten der Japanmakaken keinerlei Aufschluß darüber, ob sich erfolgreiche und weniger erfolgreiche Weibchen durch irgend etwas unterschieden: Der wichtigste Einflußfaktor war die eigene Lebensdauer (Weibchen, die Kinder zur Welt gebracht hatten, wurden zwischen 6 und 27 Jahre alt); aber darüber hinaus gab es keine Anhaltspunkte, daß die Lebensdauer oder irgendeine andere Komponente des Reproduktionserfolges beispielsweise durch den Rang der Weibchen beeinflußt war. Hier herrschte offenbar der Zufall – was bei einer so kleinen Stichprobe niemanden erstaunen kann. Anders bei den Gombe-Pavianen, bei denen ranghohe Weibchen zwar auch nicht länger lebten als rangniedere, aber doch mehr überlebende Kinder zur Welt brachten (der statistische Beweis eines Zusammenhanges zwischen Rang und *Lebens*reproduktionserfolg scheiterte nur knapp an der Signifikanzgrenze).

Und damit kommen wir zu der Frage, die wir in einem früheren Kapitel, in dem wir uns mit den biologischen Grundlagen der sozialen Ungleichheit befaßten, stillschweigend übergangen haben: dem Zusammenhang zwischen Dominanz und Reproduktionserfolg. Daß wir sie erst hier wieder aufgreifen, hat einen guten Grund: Sie ist zu komplex und auch unter Fachleuten zu umstritten, als daß sie sich in wenigen Sätzen klären ließe. Die bereits erwähnte Linda Fedigan beantwortete die Frage, ob ein hoher Rang Primaten zu einem hohen Reproduktionserfolg verhilft, 1983 am Ende eines sehr ausführlichen Übersichtsartikels etwas enerviert so: *Wenn wir ehrlich sind, müssen wir sagen, wir wissen es nicht* [197]. Natürlich wissen wir heute – mehr als 10 Jahre später – schon etwas mehr. Das bedeutet aber nicht, daß die Auseinandersetzungen um die richtigen Antworten ver-

stummt wären. Wir werden diese Frage, die Primatologen nicht erst seit
dem Siegeszug der Soziobiologie, sondern schon seit den 40er Jahren bewegt, für Männchen und Weibchen getrennt behandeln. Beginnen wir mit
den Weibchen.

Rang und Reproduktionserfolg bei Weibchen

Erinnern wir uns: Weibchen konkurrieren in erster Linie um den Zugang
zu hochwertiger Nahrung. Der Ernährungszustand hat einen Einfluß darauf, in welchem Alter ein Weibchen geschlechtsreif wird, ob es ovuliert und
wie schnell und erfolgreich es seine Kinder aufziehen wird [378]. Wie viele
Kinder Weibchen in ihrem Leben zur Welt bringen, wie viele davon überleben und wie lange sie selbst leben werden, hängt nicht zuletzt davon ab,
was und wieviel sie in ihrer Kindheit gefressen haben [18].

Unterschiedlicher Zugang zu hochwertigen Nahrungsquellen ist allerdings nicht die einzige mögliche Ursache für Unterschiede im Reproduktionserfolg von Weibchen. Es gibt noch einen weiteren Faktor, der mit der
Konkurrenz um Nahrung freilich im unmittelbaren Zusammenhang steht:
Streß. Geklärte Dominanzbeziehungen haben zwar normalerweise den Effekt, daß Auseinandersetzungen selten eskalieren. Dennoch gibt es viele –
auch hormonphysiologische – Hinweise dafür, daß subordinierte Individu-
en stärker unter Streß leiden als dominante (etwa, weil sie häufiger Aggressionen ausgeliefert sind und sich nicht wehren können). Die weibliche
Reproduktionsphysiologie kann davon in vielfältiger Weise betroffen sein:
Ovulationen können ausbleiben, die Einnistung einer befruchteten Eizelle
kann verhindert werden, oder es kann zu frühen, „spontanen" Schwanger-
schaftsabbrüchen kommen [530]. Dies alles kann durchaus im wohlverstan-
denen „Interesse" des Organismus (bzw. seiner Gene) sein, denn wenn die
äußeren Umstände darauf hindeuten, daß ein Fortpflanzungsversuch kaum
erfolgreich sein wird, sollte man bereits getätigtes Investment so früh wie
möglich beenden und bessere Zeiten abwarten. Allerdings nehmen etliche
Forscher auch an, daß dominante Individuen derartige Umstände „gezielt"
herbeiführen, um die Reproduktion von Konkurrentinnen zu unterdrük-
ken und damit den eigenen Nachkommen die besseren Startpositionen zu
verschaffen [702].[7]

Welche Rolle reproduktive Unterdrückung in Zusammenhang mit weiblicher Konkurrenz bei Primaten spielt, ist umstritten; aber schauen wir uns
zunächst einmal an, wie die Bilanz der Beweise hinsichtlich des Zusammenhanges zwischen Rang und Reproduktionserfolg bei weiblichen Primaten heute überhaupt aussieht. Da Nahrung eine so bedeutende Rolle

Junge Dschela-
damännchen wie
dieses schließen
sich oft einem
Harem als „Mit-
läufer" an. Auf
diese Weise kön-
nen sie Kontakte
zu Weibchen
knüpfen und –
wenn sich die
Gelegenheit er-
gibt – den alten
Haremsinhaber
„beerben".

Gorillas zeich-
nen sich durch
einen extremen
Geschlechts-
dimorphismus
aus.

Weibliche
Berberaffen
paaren sich in
der „heißen
Phase" ihres
Östrus im
Durchschnitt
alle 20 bis 30
Minuten – üb-
licherweise mit
wechselnden
Partnern.

Eine Berber-
affenmutter mit
ihrem Neuge-
borenen, einem
einjährigen und
einem zwei-
jährigen Kind.

Ein noch nicht
ausgewachsenes
Berberaffen-
weibchen trägt
sein 4 Wochen
altes Geschwi-
sterchen der
Mutter hinterher.
Bei vielen Pri-
matenarten üben
Babys auf junge
Weibchen eine
unwiderstehliche
Anziehungskraft
aus.

Berberaffenmänn-
chen benutzen
Jungtiere als so-
ziales Werkzeug
und tragen sie oft
stundenlang mit
sich herum. Ver-
wandtschaftliche
Beziehungen
spielen dabei
keine Rolle. Hier
versucht eine
Mutter ihr schrei-
endes Kind von
einem Männchen
wiederzubekom-
men.

für die weibliche Fortpflanzung spielt, habe ich die Ergebnisse der wichtigsten Langzeitstudien in zwei Tabellen zusammengefaßt: In Tabelle 5.1 sind Untersuchungen an wildlebenden Primaten aufgeführt, die – soweit das heute noch möglich ist – unter natürlichen Bedingungen leben, während die in Tabelle 5.2 erfaßten Studien alle an Populationen durchgeführt wurden, die gefüttert oder – wie etwa die Jodhpur-Languren oder viele Japanmakakengruppen – zugefüttert werden (Untersuchungen an Krallenaffen, die alle zu dem Ergebnis kommen, daß sich – von Ausnahmefällen abgesehen – nur das ranghöchste Weibchen reproduziert, habe ich nicht weiter berücksichtigt). In den meisten Studien wurden zumindest zwei Komponenten des Reproduktionserfolges untersucht: die Fertilität oder Fruchtbarkeit (sie bezieht sich auf die Anzahl der Geburten eines Weibchens innerhalb eines definierten Zeitraumes) und die Säuglingsmortalität, womit in den vorliegenden Fällen Jungtiere gemeint sind, die noch in ihrem ersten oder zweiten Lebensjahr gestorben sind. Ein Reihe von Untersuchungen machen auch Angaben darüber, in welchem Alter die Weibchen ihr erstes Kind bekommen haben; andere Informationen über die Dauer der reproduktiven Lebensspanne sind allerdings extrem selten.

Bereits ein kurzer Blick auf die Ergebnisspalten in den beiden Tabellen zeigt, daß die Befunde alles andere als einheitlich sind. Die Untersuchungen an den ost- und südafrikanischen Steppenpavianen (Tab. 5.1) sind ein Beispiel: Bei allen drei Arten (Anubispavianen, Gelben Pavianen und Bärenpavianen) fanden Freilandforscher in einem Gebiet einen signifikanten Zusammenhang zwischen dem Rang von Müttern und der Überlebensrate ihrer Kinder, in einem anderen Gebiet dagegen nicht. Ähnlich verhält es sich mit der Fruchtbarkeit, die bei den Anubispavianen im kenianischen Gilgil und im tansanischen Gombe-Park mit dem Rang korrelierte, bei den Gelben Pavianen im kenianischen Amboseli-Nationalpark und den Bärenpavianen im südafrikanischen Mkuzi-Reservat dagegen nicht. Nicht viel anders sieht es bei den unter menschlichem Einfluß lebenden Affenpopulationen aus. Die Rangposition eines Weibchens hat also keinen einfachen oder gar vorhersagbaren Einfluß auf die eine oder andere Komponente ihres Reproduktionserfolges. Obwohl dies natürlich Spielraum für Interpretationen unterschiedlichster Art zuläßt, wäre *eine* Schlußfolgerung mit Sicherheit vorschnell, nämlich der, daß sozialer Status und Reproduktionserfolg bei weiblichen Primaten nichts miteinander zu tun hätten. Wäre dies der Fall, würde man erwarten, daß einige Studien zu einem positiven Resultat gelangen, etwa ebenso viele andere zu einem negativen, und die große Masse keinerlei Zusammenhang findet. Tatsächlich aber fanden 11 von 12 Studien an wilden Primaten und 9 von 14 an gefütterten Primaten einen signifikanten positiven Zusammenhang zwischen dem Rang der

Tab. 5.1. Untersuchungen zum Zusammenhang zwischen Dominanz und Reproduktionserfolg von Weibchen. I. Freilanduntersuchungen an nichtgefütterten Populationen. ☺: ranghohe Weibchen erfolgreicher als rangtiefe; 😐: kein Unterschied; ☹: rangtiefe Weibchen erfolgreicher als ranghohe.

Art [Quelle]	Ort, Anzahl der Gruppen, Untersuchungszeitraum	Ergebnisse
Mantelbrüllaffe *Alouatta palliata* [219]	La Pacifica, Costa Rica 1 Gruppe, 8 Jahre	Säuglingsmortalität: 😐
Anubispavian *Papio anubis* [579, 53]	Gilgil, Kenia 1 Gruppe, 4 Jahre 1 Gruppe, 10 Jahre	Fertilität: ☺ signifikant Säuglingsmortalität: 😐 Erwachsenenmortalität: 😐 Alter 1. Geburt: ☺ nicht signifikant
[458]	Gombe-Nationalpark, Tansania 5 Gruppen, 26 Jahre	Alter 1. Geburt: ☺ signifikant Fertilität: ☺ signifikant Säuglingsmortalität: ☺ signifikant Lebensdauer: 😐 Lebensreproduktionserfolg: ☺ nicht signifikant
Gelber Pavian *Papio cynocephalus* [703]	Mikumi-Reservat, Tansania 3 Gruppen, 17 Jahre	Säuglingsmortalität: ☺ signifikant
[13]	Amboseli-Nationalpark, Kenia 1 Gruppe, 13 Jahre	Alter 1. Geburt: ☺ signifikant Fertilität: 😐 Säuglingsmortalität: 😐
Bärenpavian *Papio ursinus* [90]	Moremi-Reservat, Botswana 2 Gruppen, 3 Jahre	Säuglingsmortalität: ☺ signifikant
[512]	Mkuzi-Reservat, Südafrika 1 Gruppe, 5 Jahre	Fertilität: 😐 Säuglingsmortalität: 😐 Erwachsenenmortalität: ☺ signifikant rangtiefe Weibchen fielen häufiger Raubfeinden zum Opfer
Dschelada *Theropithecus gelada* [168]	Simien-Berge, Äthiopien 12 Harem-Gruppen, 2 Jahre	Fertilität: ☺ signifikant
Grüne Meerkatze *Cercopithecus aethiops* [108]	Amboseli-Nationalpark, Kenia 3 Gruppen, 7 Jahre	Alter 1. Geburt: ☺ signifikant Fertilität: 😐 Säuglingsmortalität: 😐
[714]	Samburu-Nationalpark, Kenia 2 Gruppen, 2 Jahre	Fertilität: ☺ signifikant in einer Gruppe Säuglingsmortalität: 😐

Art [Quelle]	Ort, Anzahl der Gruppen, Untersuchungszeitraum	Ergebnisse
Javaneraffe *Macaca fascicularis* [649]	Ketambe, Sumatra 6 Gruppen, 3 Jahre	Fertilität: ☺ nicht signifikant Säuglingsmortalität: ☺ nicht signifikant Anzahl überlebende Kinder: ☺ signifikant
Ceylon-Hutaffe *M. sinica* [154]	Polonnaruwa, Sri Lanka 1 Gruppe, 8 Jahre	Fertilität: ☺ signifikant Säuglingsmortalität: ☺ signifikant

Weibchen und einer oder mehreren Komponenten ihres Reproduktionserfolges. Entsprechende negative Ergebnisse gibt es dagegen nicht.[8] Das ist ein recht eindeutiges Indiz dafür, daß ein hoher Rang biologische Konsequenzen hat: Er trägt zur Fitnessmaximierung bei.

Klar ist allerdings auch, daß ein hoher Rang nicht unter allen Umständen einen reproduktiven Vorteil bringt. Am überzeugendsten zeigen dies die Daten der Japanmakaken von Arashiyama. Die sich über einen Zeitraum von 30 Jahren erstreckende Chronik der Fortpflanzungshistorie dieser Gruppe ergab, daß ranghohe Weibchen zwar eine geringfügig höhere Geburtenrate erreichten als rangtiefe Weibchen, gleichzeitig aber auch ein größerer Anteil ihrer Kinder starb (diese beiden Komponenten des Reproduktionserfolges beeinflussen sich gegenseitig: Je größer die Säuglingsmortalität ist, desto geringer sind die Abstände zwischen den Geburten). Statistisch signifikant war im übrigen keiner der gefundenen Unterschiede.

Die Langzeituntersuchung der Paviane vom Gombe ist dagegen zweifellos eine der besten Stützen für die Hypothese, daß ein hoher sozialer Status dazu dient, den eigenen Reproduktionserfolg zu befördern: Auf fast alle Komponenten des Fortpflanzungserfolges – das Alter bei der ersten Geburt, die Fruchtbarkeit und die Säuglingssterblichkeit – wirkte sich ein hoher Rang positiv aus. Aber die Macht kann auch ihren Preis haben: Bei den ranghohen Weibchen fand sich nämlich eine merkwürdige Häufung von Fehlgeburten, und zwei der betroffenen Weibchen (von denen eines als besonders aggressiv bekannt war) brachten in ihrem ganzen Leben kein einziges lebendes Jungtier zur Welt. Auch aus dem Mikumi-Reservat liegen Daten vor, nach denen ein hoher Rang Pavianweibchen anfällig für spontane Aborte zu machen scheint, während von den Pavianen im Amboseli-Nationalpark das Gegenteil vermeldet wird [700, 14]. Ob es sich hier um einen generellen Trend handelt, ist also noch nicht absehbar; vielleicht handelt es sich eher um Ausnahmefälle: Weibchen, die ihren Rangaufstieg und Rangerhalt mit einem Übermaß an Streß bezahlen mußten.

Auch über die unmittelbaren Ursachen der vielen anderen Unterschiede

Tab. 5.2. Untersuchungen zum Zusammenhang zwischen Dominanz und Reproduktionserfolg weiblicher nichtmenschlicher Primaten. II. Untersuchungen an gefütterten Populationen (Zeichenerklärung siehe Tab. 5.1).

Art	Ort der Untersuchung, Hintergrund	Ergebnisse
Hanumanlangur *Semnopithecus entellus* [82]	Jodhpur, Indien Freiland 1 Gruppe, 12 Jahre	Fertilität: ☺ signifikant Säuglingsmortalität: ☺ signifikant
Japanmakak *Macaca fuscata* [198, 344]	Arashiyama, Japan Freiland 1 Gruppe, 30 Jahre	Fertilität: ☻ Säuglingsmortalität: ☻ Lebensdauer: ☻ Lebensreproduktionserfolg: ☻
[238]	Arashiyama West, Texas 42 ha Freigehege 1 Gruppe, 8 Jahre	Alter 1. Geburt: ☺ nicht signifikant Fertilität: ☺ nicht signifikant Säuglingsmortalität: ☺ nicht signifikant
[707]	Koshima, Japan Freiland 1–2 Gruppen, 34 Jahre (zeitweilige Einstellung der Fütterung)	Alter 1. Geburt: ☻ Fertilität: ☺ signifikant nach zeitweiliger Einstellung der Fütterung Säuglingsmortalität: ☺ signifikant nach zeitweiliger Einstellung der Fütterung
[316]	Katsuyama, Japan Freiland Gruppe, 28 Jahre	Fertilität: ☺ signifikant
[609]	Ryozenyama, Japan Freiland 1 Gruppe, 11 Jahre (während der ersten 5 Jahre gefüttert)	Alter 1. Geburt: ☺ nicht signifikant Fertilität: ☺ nicht signifikant Säuglingsmortalität: ☺ nicht signifikant; nach Einstellung der Fütterung keine Unterschiede
Rhesusaffe *Macaca mulatta* [51]	Cayo Santiago, Puerto Rico Inselpopulation 7 Gruppen, 30 Jahre	Alter 1. Geburt: ☺ signifikant, aber früher Beginn der Fortpflanzung hatte keinen signifikanten Effekt auf Lebensreproduktionserfolg
[164, 417]	La Parguera, Puerto Rico Inselpopulation 10 Jahre	Alter 1. Geburt: ☺ signifikant Fertilität: ☺ signifikant Säuglingsmortalität: ☺ nicht signifikant
[22]	Madingley, England Laborkolonie 6 Gruppen, 18 Jahre	Fertilität: ☻

Art	Ort der Untersuchung, Hintergrund	Ergebnisse
[728]	Atlanta, Georgia Laborkolonie 6 Jahre	Alter 1. Geburt: ☺ signifikant Fertilität: ☺ signifikant Säuglingsmortalität: ☺ signifikant
Hutaffe *Macaca radiata* [553]	Davis, Kalifornien Laborkolonie 1 Gruppe, 10 Jahre	Alter 1. Geburt: ☹ Fertilität: ☹ Säuglingsmortalität: ☺ signifikant
Bärenmakak *Macaca arctoides* [442]	Oss, Niederlande Laborkolonie 1 Gruppe, 4 Jahre	Alter 1. Geburt: ☹ Fertilität: ☺ nicht signifikant
Berberaffe *Macaca sylvanus* [474]	Affenberg Salem, Deutschland 18 ha Freigehege 3 Gruppen, 12 Jahre	Alter 1. Geburt: ☺ signifikant Fertilität: ☹ inkonsistent Säuglingsmortalität: ☹
Grüne Meerkatze *Cercopithecus aethiops* [193]	Los Angeles, Kalifornien Laborkolonie 2 Gruppen, 9 Jahre	Fertilität: ☺ signifikant Säuglingsmortalität: ☺ nicht signifikant

zwischen den einzelnen Populationen herrscht noch keine vollständige Klarheit. Manche argumentieren, in einem saturierten Habitat, in dem Nahrung für alle reichlich vorhanden ist, seien keine großen Unterschiede im Fortpflanzungserfolg von Weibchen zu erwarten [198]. Andere meinen, daß gerade dort, wo ein Überangebot an Nahrung vorhanden ist, zumindest mittelfristig die größten Unterschiede auftreten sollten, da ranghohe Weibchen diese zusätzlichen Ressourcen am effektivsten für sich nutzen könnten [193]. Beide Argumentationen haben etwas für sich, scheinen aber in ihrer Ausschließlichkeit überzogen. Es ist zwar richtig, daß in vielen Populationen, in denen Nahrung keine knappe Ressource darstellt, die Unterschiede im Fortpflanzungserfolg der Weibchen gering sind; aber dasselbe kann auf Primaten zutreffen, die in eher kargen Gebieten leben. Beispiele sind die Paviane und Meerkatzen des Amboseli-Nationalparks, wo langfristige geologische Veränderungen dazu führen, daß geeignete Nahrungspflanzen knapp sind [108]. Unterstützung für das zweite Argument kommt von den Japanmakaken des Mt. Ryozen auf der japanischen Hauptinsel Honshu. Die Affen wurden dort über lange Jahre gefüttert, und während dieser Zeit begannen die zentralen (und vermutlich ranghohen) Weibchen der Gruppe früher mit der Fortpflanzung, hatten höhere Geburtenraten und verloren weniger Kinder als die peripheren (rangtiefen) Weibchen. Als man die Fütterung 1973 einstellte, glichen sich die Werte der ranghohen Weibchen denen der rangtiefen Weibchen an. Der entgegengesetzte Effekt zeigte sich freilich bei den Affen der kleinen japanischen Insel Koshima: Dort brachte den ranghöchsten Weibchen ihr privilegierter Status erst Fortpflanzungsvorteile, nachdem man die Fütterung zeitweilig eingestellt hatte (vgl. Tab. 5.2).

Die Menge der zur Verfügung stehenden Nahrung hat also profunden Einfluß auf den weiblichen Fortpflanzungserfolg. Rangeffekte ergeben sich aber erst, wenn die vorhandene Nahrung nicht allen gleichermaßen zur Verfügung steht. Entscheidend ist also weniger die Menge als die Verteilung der Nahrung: Wenn relativ viel hochwertige Nahrung räumlich eng begrenzt auftritt (wie es bei Fütterungen oftmals der Fall ist), können ranghohe Weibchen diese Ressource effektiv monopolisieren und die gewonnene Energie für die Fortpflanzung nutzen. Hinweise dafür, daß ranghohe Weibchen ungleich verteilte Ressourcen effektiver für sich nutzen können, gibt es viele [256]; daß dies auch ihrem Reproduktionserfolg zugute kommt, zeigte sich bei den Meerkatzen des Samburu-Nationalparks in Kenia. In der einen Gruppe monopolisierten ranghohe Weibchen begehrte Nahrungspflanzen weitgehend für sich, während im Streifgebiet der anderen Gruppe die weniger konzentriert auftretende Nahrung von allen Gruppenmitgliedern gleichermaßen genutzt werden konnte. Einen Zusammenhang zwischen dem Rang und der Fertilität der Weibchen gab es nur in der ersten Gruppe.

Häufiger als Unterschiede in der Fruchtbarkeit finden sich Unterschiede im Alter bei der ersten Befruchtung. In vielen Populationen bringen Töchter ranghoher Weibchen ihr erstes Kind in einem früheren Alter zur Welt als Töchter rangtiefer Weibchen. Da der Zeitpunkt der Menarche von einer kritischen Menge gespeicherter Fettreserven abhängig ist [209], weist auch dies darauf hin, daß Priorität beim Zugang zur Nahrung hier die entscheidende Rolle spielt. Das bedeutet freilich nicht unbedingt, daß ein frühes Alter bei der ersten Geburt den *Lebens*reproduktionserfolg entscheidend erhöht [51]. Primatenweibchen können ihr erstes Kind bekommen, lange bevor sie selbst ausgewachsen sind. In diesem Zustand ein Kind auszutragen und großzuziehen, ist eine schwere Aufgabe – schließlich müssen Mütter schon unter normalen Umständen buchstäblich für zwei essen. Bei Berberaffen, die mit vier Jahren ihr erstes Kind bekommen können, aber erst mit 6 bis 7 Jahren ausgewachsen sind, setzen die ganz jungen Erstgebärenden (4jährige) doppelt so häufig wie die etwas älteren (5jährigen) Erstgebärenden ein volles Jahr mit der Reproduktion aus – allerdings nur, wenn sie das Kind auch tatsächlich aufziehen. Ein früher Reproduktionsbeginn muß sich also nicht notwendigerweise in einem höheren Lebensreproduktionserfolg niederschlagen – wenngleich die Daten bei Berberaffen darauf hindeuten, daß frühreife, ranghohe Erstgebärende mit dieser Belastung besser zurechtkommen als rangtiefe Weibchen in derselben Situation [474].

Daß Korrelationen zwischen Rang und Reproduktionserfolg zu individuellen Unterschieden im Lebensreproduktionserfolg führen, ist natürlich auch bei Arten zweifelhaft, bei denen sich der Rang im Laufe des Lebens in vorhersagbarer Weise ändert: Wenn, wie es bei Languren oder Brüllaffen der Fall ist (vgl. Kapitel 3), junge Weibchen eine hohe Rangposition bekleiden, mit den Jahren aber immer weiter in der Hierarchie absinken, kann es leicht sein, daß am Ende ihres Lebens alle Weibchen mit der gleichen Kinderzahl dastehen. Die Hanumanlanguren von Jodhpur liefern bislang den einzigen Beleg dafür, daß Rangunterschiede bei Arten mit wenig formalisierten, individualistischen und altersabhängigen Dominanzbeziehungen überhaupt Unterschiede im Reproduktionserfolg nach sich ziehen; bei den Mantelbrüllaffen von La Pacifica in Costa Rica, der einzigen anderen Art mit einer individualistischen Hierarchie, für die Informationen vorliegen, fanden sich dafür keine Hinweise. Bei den Languren von Jodhpur kommt noch ein weiteres hinzu: Hanumanlanguren gelten frommen Hindus als heilig und werden daher von der ortsansässigen Bevölkerung mit Obst, Gemüse und Teigwaren gefüttert. Es ist wohl nicht ganz unwahrscheinlich, daß von diesem zusätzlichen, energetisch hochwertigem Angebot besonders die ranghohen Weibchen profitieren. Die Befunde deshalb als Artefakt abzutun, wäre allerdings zu einfach: Daß Languren- oder Brüllaffenweibchen eine zwar weder übermäßig stabile noch besonders formalisierte, aber doch erkennbare Hierarchie ausbilden, ist sicher keine Laune der Natur, sondern dürfte tiefere Ursachen haben. Man muß die Geschichte nur einmal aus der anderen Perspektive betrachten: Nehmen wir an, ein Weibchen würde sich schon in jungen Jahren – auf dem Höhepunkt seiner physischen Kräfte – dem Konkurrenzdruck entziehen und den anderen ohne Not den Vortritt an überdurchschnittlich ergiebigen Nahrungsquellen lassen. Ein solches „Aussteigerweibchen" würde mit ziemlicher Sicherheit weniger Energie in die Produktion von Nachkommen stecken können als die anderen und damit eine Fitnesseinbuße erleiden – natürlich immer vorausgesetzt, es gibt überdurchschnittlich ergiebige und monopolisierbare Nahrungsquellen (wovon wir allerdings ausgehen können, vgl. Kapitel 3). Selbst wenn die Vergänglichkeit eines hohen Ranges und damit verbundenen kurzzeitigen Fortpflanzungserfolges also zu keinem höheren Lebensreproduktionserfolg führen sollte, als ihn die Konkurrentinnen auch erreichen, ja selbst dann, wenn noch nicht einmal ein kurzfristiger Reproduktionsvorteil zu erwarten ist: Die Languren sind auf jeden Fall gezwungen, das Spiel mitzuspielen, da die Alternative auf lange Sicht das genetische „Aus" bedeuten würde [167].[9]

Mit diesem kleinen Gedankenexperiment haben wir einen einigermaßen eleganten Übergang zu jenem Konzept geschafft, das wir schon ein paar

Seiten zuvor angesprochen haben: dem Konzept der reproduktiven Unterdrückung.

Reproduktive Unterdrückung

Da Fitness eine relative Größe ist, muß man sich nicht unbedingt bemühen, besser zu sein als die anderen – es genügt schon, daß die anderen *schlechter* sind. Das klingt boshaft, und genau das ist es ja wohl auch, wenn man anderen Schaden zufügt, ohne selbst einen direkten Vorteil davon zu haben (im Angelsächsischen spricht man tatsächlich von „spiteful behaviour" – *boshaftem Verhalten*).[10] Reproduktive Unterdrückung kann unterschiedliche Gesichter annehmen:

– Sie kann – wie es bei Krallenaffen (und männlichen Mausmakis) der Fall ist – durch die pure *Anwesenheit* eines dominanten Individuums, das durch chemische Botenstoffe die Fortpflanzungsphysiologie von Weibchen durcheinanderbringt, erfolgen;

– Paarungen von Konkurrentinnen können systematisch verhindert werden, so daß keine Konzeption zustande kommt;

– Konkurrentinnen können durch häufige Aggressionen unter solchen psychischen Druck gesetzt werden, daß die Ovulation ausbleibt, die Einnistung eines befruchteten Eis in die Gebärmutterschleimhaut verhindert wird oder ein Schwangerschaftsabbruch eingeleitet wird;

– Mutter und Kind können systematisch beim Stillen gestört werden, so daß das ewig hungrige Kind genötigt wird, viel häufiger zu trinken und dadurch auf hormonellem Wege das Wiedereinsetzen eines ovulatorischen Zyklus über Gebühr hinauszögert;

– und schließlich kann die Lebenserwartung der Kinder von Konkurrentinnen auf mehr oder weniger subtile Weise – im Extremfall durch Kindestötung – drastisch beschnitten werden.

Hinweise dafür, daß Primatenweibchen sich all dieser Methoden bedienen, um die Fortpflanzung von Konkurrentinnen zu behindern, finden sich viele. Dennoch gestaltet sich die Beweisführung ausgesprochen schwierig – zumal alternative Hypothesen für fehlgeschlagene Fortpflanzungsversuche nur selten verworfen werden können.

Das bekannteste Beispiel für eine massive reproduktive Unterdrückung subordinierter Individuen unter den Primaten sind die Krallenaffen, bei denen sich üblicherweise nur das ranghöchste Weibchen der Gruppe fortpflanzt. Um Nahrungskonkurrenz geht es hier allerdings nicht. Die „psychische Kastration" subordinierter Krallenaffen steht offenbar im Zusammenhang damit, daß das dominante Weibchen Helfer benötigt, um seine Nachkommen aufzuziehen. Ähnliches findet sich bei einer ganzen Reihe von Tierarten – staatenbildenden Insekten, Nacktmullen, Zwergmungos, afrikanischen Wildhunden und anderen. Die bei Krallenaffen beteiligten Mechanismen scheinen allerdings höchst komplex zu sein. Wenn man im Labor aus unverwandten Individuen Gruppen zusammenstellt, kommt es zu heftigen Konflikten zwischen den Weibchen – so heftig, daß unterlegene Weibchen oft zu ihrem eigenen Schutz wieder aus der Gruppe entfernt werden müssen. Sobald die Rangbeziehungen geklärt sind, genügt normalerweise die *Anwesenheit* des dominanten Weibchens, um die Ovulation bei rangniederen Weibchen über Botenstoffe in ihrem Urin zu unterdrücken.[11] Gleiches gilt für Familiengruppen, bei denen Dominanzpositionen nicht erst aggressiv erkämpft werden müssen, sondern von Anfang an klar sind. So jedenfalls lautete die bis vor kurzem vorherrschende Lehrmeinung. Allerdings gab es schon lange Hinweise dafür, daß in Familiengruppen noch ein anderer Mechanismus wirksam sein könnte: Inzestvermeidung [1]. Unterstützung erhält diese Auffassung durch die Beobachtung, daß bei freilebenden Lisztaffenweibchen *(Saguinus oedipus)* die „psychische Kastration" wie weggeblasen ist, wenn ein neues Männchen in ihre Gruppe einwandert [531]. Eine im wahrsten Sinne des Wortes erdrückende Dominanz des Alpha-Weibchens ist also offenbar nicht allein für das Aussetzen sexueller Zyklen verantwortlich; auch bei rangniederen Weißbüschelaffenweibchen *(Callithrix jacchus)* scheint sich die Aversion gegen sexuelle Kontakte mit dem eigenen Vater ovulationshemmend auszuwirken [24]. Aber dennoch: Fälle, in denen die „psychoendokrinologische Kastration" versagte und das Alpha-Weibchen die dann geborenen Kinder tötete (vgl. Kapitel 2), zeigen, daß auch massive reproduktive Unterdrückung im Spiel sein kann.

Wenn schon bei Krallenaffen – dem Paradebeispiel für reproduktive Unterdrückung bei Primaten – die Sachlage nicht so eindeutig ist, wie sieht es dann bei anderen Arten aus? Beruhen Unterschiede im Fortpflanzungserfolg darauf, daß rangniedere Weibchen in ihrer sexuellen Freiheit eingeschränkt und drangsaliert werden? Hinweise dafür glauben die Wissenschaftler, die die Languren von Jodhpur erforschen, gefunden zu haben [586, 590, 592, 593]. Ausgangspunkt für die Überlegungen war die Feststellung, daß die Weibchen in großen Haremsgruppen im Mittel geringere Geburtenraten hatten als in kleineren Gruppen. Die naheliegendste Erklärung, daß hierfür größere Nahrungskonkurrenz verantwortlich war (vgl. Kapitel 1), schien nicht sehr überzeugend: Die größeren Gruppen wurden nämlich häufiger gefüttert (die geringere Fertilität der Weibchen ist vor diesem Hintergrund um so erstaunlicher, da Fütterung ansonsten eher den gegenteiligen Effekt hat). Statt dessen könnte aber eine andere, für die weibliche Fortpflanzung ebenfalls essentielle Ressource umstritten sein:

Sperma. Das klingt ein wenig widersinnig, denn schließlich gelten Spermien als ein fast in unbegrenzter Menge herstellbares, billiges Massenprodukt. Das muß aber nicht unter allen Umständen so sein: Erstens erreicht nur ein winziger Bruchteil der Spermien die Eizelle; zweitens nimmt die Spermienzahl im Ejakulat bei wiederholten Kopulationen deutlich ab; und drittens verlängert sich die sogenannte Refraktärperiode, die das Männchen zur „Erholung" braucht. Vor allem wenn – wie in einer Haremsgruppe – die Anzahl paarungswilliger Weibchen die der geschlechtsreifen Männchen deutlich übertrifft, kann es somit durchaus zu „Engpässen" kommen. Verschärft wird die Situation – und hier kommt „boshaftes" Verhalten ins Spiel –, wenn manche Weibchen anderen den Zugang zur Ressource Sperma streitig machen [561].

Offenbar tun die Langurenweibchen dies auf dreierlei Weise: Erstens dadurch, daß die Weibchen auch in einer bestimmten Phase in ihrer Schwangerschaft, im sogenannten Postkonzeptionsöstrus kopulieren. Damit wird zweifellos eine unter Umständen rare Ressource verschwendet, auf die andere Weibchen, die sich gerade in der Ovulationsphase ihres Zyklus befinden, dringend angewiesen sein könnten. Zweitens stören Langurenweibchen fast immer die Paarungen von anderen, insbesondere rangtieferen Weibchen – es sei denn, es handelt sich um nahe Verwandte (Mütter und Töchter störten einander nie). Und drittens sind homosexuelle Interaktionen unter Langurenweibchen nicht selten. Dies als reproduktive Unterdrückung aufzufassen, mag ein wenig weit hergeholt erscheinen, aber der Teufel könnte im Detail liegen: Der typische Fall sieht nämlich so aus, daß ein dominantes Weibchen, das entweder schwanger ist oder ein Kind hat, auf ein subordiniertes aufreitet, das sich gerade in der Ovulationsphase ihres Zyklus befindet. Die Befriedigung eines sexuellen Bedürfnisses, vermuten die Forscher, könnte also dazu führen, daß dessen eigentlicher, ultimater Zweck (die Befruchtung) trickreich hintergangen wird [593].

Natürlich bleiben hier Fragen offen: Ist der Postkonzeptionsöstrus wirklich eine Strategie, Konkurrentinnen Sperma vorzuenthalten? Solche Schwangerschaftsöstren gibt es auch bei Arten, die in Gruppen mit vielen Männchen leben – Männchen, die auf die Produktion ungeheurer Spermienmengen selektiert sind. Kopulieren rangniedere Weibchen – sei es aufgrund von Paarungsstörungen oder homosexuellen Interaktionen – wirklich so selten, daß sie weniger Sperma erhalten? Bei einer anderen Art, den Dscheladas, hat man dafür keinerlei Hinweise gefunden [168].[12] Und schließlich: Sollte man nicht erwarten, daß die Selektion bei den männlichen Haremshaltern, die an einer verringerten Reproduktionsrate „ihrer" Weibchen nun wirklich nicht „interessiert" sein können, im Gegenzug zu einer „Potenzsteigerung" geführt hätte [628]? Nun ja, vielleicht gilt für die männlichen Languren von Jodhpur das, was Evolutionspsychologen „alte Gene in einer neuen Umgebung" nennen: Auf Haremsgrößen mit 20 und mehr Weibchen, die auch für Languren nun wirklich nicht die Norm darstellen, haben sie sich mit ihrer Physiologie einfach noch nicht einstellen können.

Eindeutiger sind die Zusammenhänge bei Gemeinschaftsattacken, die ranghohe Pavianweibchen gegen rangniedere Konkurrentinnen richten. Opfer derartiger Attacken sind überdurchschnittlich häufig Weibchen, die sich gerade in der Follikularphase ihres Zyklus befinden oder seit kurzer Zeit schwanger sind, was mit Nahrungskonkurrenz wohl kaum zu erklären ist. Als Folge solcher Angriffe hat man verzögerte Konzeptionen und (bei schwangeren Weibchen) Aborte, Frühgeburten, aber auch die Hinauszögerung von Geburten beobachtet [705]. Auch bei den Dscheladas der Simien-Berge und den Anubispavianen von Gilgil deuten die Befunde darauf hin, daß rangniedere Weibchen deshalb weniger Kinder zur Welt bringen, weil sie während ihres Zyklus vermehrt Aggressionen ausgesetzt sind [168, 579].

Andere Pavianstudien, die dem Zusammenhang zwischen Rang und Fertilität nachgegangen sind, unterstützen diese These zwar nicht; allerdings stießen Robin Dunbar und Martin Sharman auf einen weiteren interessanten Zusammenhang, als sie die Geburtenraten mit dem Geschlechterverhältnis der Erwachsenen in 18 Savannenpaviangruppen verglichen [173]: In Gruppen mit relativ wenigen Männchen (bezogen auf die Anzahl der Weibchen) brachten die Weibchen auch weniger Kinder zur Welt. Interessant ist dieser Befund aus zwei Gründen: Erstens deutet auch er darauf hin, daß hier reproduktive Unterdrückung im Spiel ist; und zweitens gibt er einen Hinweis darauf, wie Weibchen dem begegnen können: Die höheren Geburtenraten in Gruppen mit relativ vielen Männchen könnten damit zusammenhängen, daß hier die potentiellen Opfer eher die Gelegenheit hatten, einen männlichen „Freund" und „Beschützer" zu finden (vgl. Kapitel 1). Unterstützung für diese These fand Dunbar an den Dscheladas, die er untersucht hatte: Hier hatten jene Weibchen, die eine besonders enge Beziehung zum Haremshalter unterhielten, unabhängig von ihrem Rang einen höheren Reproduktionserfolg als die anderen Weibchen [165].

Aggressionen gegen Kinder sind der dritte Komplex, der hier angesprochen werden muß. Den eigenen Kindern Konkurrenzvorteile zu verschaffen, indem man die Kinder anderer piesackt, ist in unseren Augen natürlich ganz besonders verwerflich. Aber die Natur ist, wie sie ist, und schert sich nicht um unsere Ansichten über sie. Folgen wir weiter der nüchternen evolutionsbiologischen Logik, dann sollten wir erwarten, daß Weibchen vor allem danach trachten, die Vitalität jener zu beeinträchtigen, die für ihre eigenen Kinder auf lange Sicht die unmittelbarsten Konkurrenten sein werden: Bevorzugtes Angriffsziel sollten daher – zumindest bei jenen Arten, bei denen die Weibchen lebenslang in ihrer Geburtsgruppe bleiben – die Töchter rangniederer Konkurrentinnen sein [551, 655]. Auch diese Erwartung wird durch Beobachtungen und vergleichende Analysen gestützt: Töchter rangniederer Weibchen werden – zumindest einigen Untersuchungen zufolge [225, 556] – überdurchschnittlich häufig Opfer der Aggressionen ranghoher Weibchen, und in vielen Populationen ist die Sterblichkeit von weiblichen Kindern höher als die der männlichen. Bezeichnenderweise ist dies bei Arten, bei denen auch Weibchen ihre Geburtsgruppe verlassen, die Töchter der anderen also keine Konkurrenz für die eigenen Kinder darstellen, nicht der Fall [655].

Das Bild, das sich hier vor unseren Augen auftut, ist düster. Da werden Weibchen mit „schmutzigen Tricks" daran gehindert, lebenspendenden Samen zu empfangen; und wenn dies nicht hilft, werden sie ebenso wie ihre Kinder unbarmherzig verfolgt und mit teilweise dramatischen Folgen psychisch und physisch unter Druck gesetzt. Es gibt sogar die (allerdings auf recht wackligen Beinen stehende) Hypothese, daß sich weibliche Föten schon im Mutterleib im Visier der weiblichen Fortpflanzungsunterdrücker befinden, die mit Töchtern schwangergehende Konkurrentinnen gezielt zusammenbeißen.[13] Und selbst das scheinbar freundliche, mütterliche Interesse, das viele Primatenweibchen den Kindern anderer Weibchen entgegenbringen, wird von manchen Wissenschaftlern als eine in Wirklichkeit besonders subtile Strategie interpretiert, diesen Kindern zu schaden (wir werden uns im nächsten Kapitel mit diesem Problem noch etwas näher befassen). Darwins „Kampf ums Dasein" – also doch nichts weiter als ein ständiger Krieg aller gegen alle, ein Schlachtfeld, das den Vergleich mit (metaphorischen) Haifischbecken, Löwen-, Schlangen- und sonstigen Gruben nicht zu scheuen braucht? Kein Zweifel, das Bild von der gütigen Mutter Natur, bei der alles im Lot und Harmonie oberstes Gebot ist, hält einer genaueren Überprüfung nicht stand. Und doch sollten wir uns vor allzu schlichter Schwarzweißmalerei hüten. Ein paar einfache Fragen verdeutlichen das Problem: Wenn ranghohe Weibchen die Fortpflanzung ihrer rangniederen Konkurrentinnen so rigoros unterdrücken, warum kommen dann so viele Untersuchungen zu dem Ergebnis, daß sich der Reproduktionserfolg rangniederer Weibchen kaum von dem der ranghohen unterscheidet? Warum sind die meisten Hinweise für reproduktive Unterdrückung so vage und indirekt? Warum bringen ranghohe Weibchen die Kinder ihrer Konkurrentinnen nicht einfach um? Daß sie es können und gelegentlich auch tun, wissen wir (vgl. Kapitel 2). Aber wir wissen auch, daß Kindestötungen durch Weibchen sehr viel seltener sind als durch Männchen.

So beunruhigt Darwin von dem „entsetzlich grausamen Wirken der Natur" war, so sehr er betonte, daß der „Kampf ums Dasein" am heftigsten zwischen Individuen derselben Art tobt – die *Abhängigkeit der Wesen voneinander* sah er (wie dem Zitat am Anfang des Kapitels zu entnehmen ist) genauso klar. Daß Primatenweibchen handfeste Gründe dafür haben, auch miteinander zu kooperieren, haben wir im ersten Kapitel schon erfahren. Sie sind, mit anderen Worten, aufeinander angewiesen. Das schaltet Konkurrenz natürlich nicht aus, und von einem Verzicht auf das Wahrnehmen persönlicher Vorteile kann ebenfalls keine Rede sein. Aber mit einem fein balancierten System aus Kooperation und Konkurrenz verträgt sich ein gnadenloser Kampf bis aufs Messer, bei dem ranghöhere Weibchen die rangniederen unbarmherzig unterdrücken, nicht.[14] Es ist die alte Geschichte: Wer die Macht hat, andere zu unterdrücken, sollte mit diesem Instrument um so sensibler umgehen, je stärker er selbst auf die anderen angewiesen ist. Andernfalls läuft er Gefahr, seine dringend benötigte Gefolgschaft zu verlieren – „Genosse" Erich Honecker bekam dies schmerzhaft zu spüren, als sich die ersten Risse in seiner Mauer zeigten. Wie sagten die Bremer Stadtmusikanten, als sie unter dem Druck der Verhältnisse ihr Bündel schnürten? *„Etwas Besseres als den Tod findest du überall"*!

Rang und Reproduktionserfolg bei Männchen

Von Kontroversen ist auch die Diskussion um den Zusammenhang zwischen Rang und Reproduktionserfolg männlicher Primaten begleitet. Dafür gibt es eine ganze Reihe von Gründen. Unbehagen löst beispielsweise schon die Herangehensweise aus: Ist es nicht reichlich einäugig, männlichen Fortpflanzungserfolg nur durch die Brille männlicher Dominanz zu betrachten? Schließlich ist doch unbestritten, daß Männchen ihren Fortpflanzungserfolg nur über die Befruchtung möglichst vieler Eizellen maximieren können. Und wer verfügt über die Eizellen? Eben! Der Einwand ist durchaus berechtigt: Was Männchen tun, um ihren Reproduktionserfolg zu maximieren, ist nur die eine Seite der Medaille, das Verhalten der beteiligten Weibchen die andere. Weibchen müssen keineswegs unter allen Umständen daran interessiert sein, sich nur mit ranghohen Männchen zu verpaaren, und oft genug tun sie es auch nicht (vgl. Kapitel 4). Insofern ist Dominanz als „Berechtigungsschein für den Zugang zu begehrten Ressourcen" sicher nur von begrenzter Wirkung – ein Punkt, den man im Hinterkopf behalten sollte. Das sollte uns allerdings nicht dazu verleiten, nun auch noch ein weiteres Auge zu verschließen und den Faktor Dominanz ganz auszublenden. Ob es einen Zusammenhang zwischen Dominanz und Fortpflanzungserfolg bei männlichen Primaten gibt (und wie stark er ist), ist eine empirische Frage, die angesichts der Bedeutung, die sozialer Status für die Männchen so vieler Arten (einschließlich des Menschen) hat, wohl nicht ganz nebensächlich sein kann.

Da Naturwissenschaftler gewohnt sind, mit Fakten zu operieren, entzünden sich die meisten Auseinandersetzungen natürlich genau an dieser Frage: Wie überzeugend ist der empirische Nachweis, daß Rang und Fortpflanzungserfolg etwas miteinander zu tun haben? Die Antworten fallen ganz unterschiedlich aus. Es gebe genügend Studien, die einen solchen Zusammenhang mehr als nahelegen, meinen die einen [86, 128, 167]. Aber es gibt ebenfalls viele Studien, die einen solchen Zusammenhang verneinen, trumpfen die anderen auf; allenfalls handele es sich also um eine von den Umständen abhängende Möglichkeit – man sollte also nicht unbedingt seinen Hut darauf verwetten, daß ein hoher Rang einen Reproduktionsvorteil verschafft [49, 50]. Ein Teil der Verwirrung rührt zweifellos daher, daß die meisten Untersuchungen sich nur eines sehr indirekten Maßes für den Fortpflanzungserfolg von Männchen bedienen konnten: ihres Paarungserfolges.[15] Paarung ist aber nicht gleich Paarung – es kommt auch auf das richtige Timing an. Gezeigt hat dies beispielsweise Glenn Hausfaters mittlerweile klassische Studie über das Paarungsverhalten der Savannenpavianmännchen im Amboseli-Nationalpark [271]. Auf die Gesamtkopulationshäufigkeit, so stellte Hausfater fest, hatte der Rang der Männchen keinen Einfluß; aber ˈan den Tagen, an denen nach Laborbefunden die Konzeptionswahrscheinlichkeit am höchsten war (3 Tage vor Rückbildung der Sexualschwellung), verbuchten ranghohe Männchen die weitaus meisten Kopulationen für sich.

Hausfaters Studie ist eine der gründlichsten zu diesem Thema, die jemals veröffentlicht worden ist. Aber auch sie ist nicht vollends überzeugend, und zwar aus vier Gründen: Erstens entsprachen die Ergebnisse nicht der (vielleicht zu naiven, aber theoretisch doch möglichen) Vorhersage, daß das ranghöchste Männchen sein Paarungsmonopol grundsätzlich wahrnimmt (oder wahrnehmen kann), wenn nur *ein* Weibchen östrisch ist, und rangtiefere Männchen nur dann eine Chance bekommen, wenn mehrere Weibchen gleichzeitig östrisch sind. Tatsächlich war die Kopulationshäufigkeit des ranghöchsten Männchens auch an den „kritischen Tagen" geringer, als nach diesem – in der Fachliteratur als „priority-of-access" bekannten – Modell zu erwarten gewesen wäre.[16] Es mußten also noch andere Faktoren wirksam gewesen sein – Hausfater vermutete, daß ranghohe Männchen ihre „Favoritinnen" gehabt hätten und an bestimmten anderen Weibchen nicht interessiert gewesen seien.

Zweitens ist gar nicht so klar, an welchem Zyklustag die Ovulation denn nun tatsächlich stattfindet – die individuellen Unterschiede können offenbar beträchtlich sein [393]. Das wirft natürlich die Frage auf, ob man von der beobachteten Paarungsaktivität überhaupt auf den tatsächlichen Reproduktionserfolg eines Männchens schließen kann. Als Mitte der 80er Jahre die ersten Untersuchungen erschienen, in denen man nicht nur Daten über männlichen Paarungserfolg gesammelt, sondern auch Vaterschaftstests durchgeführt hatte, schien die Antwort klar: Der Paarungserfolg eines Männchens sagt nichts über dessen tatsächlichen Reproduktionserfolg aus [132, 541, 601]. Ein vernichtendes Urteil, denn damit, so schien es, konnte man sämtliche bisherigen, in unendlich mühevoller Kleinarbeit gesammelten Daten dem Reißwolf anheimgeben.

Drittens beruhten Hausfaters Ergebnisse – ebenso wie die vieler anderer – zu einem guten Teil darauf, daß erfolglose Männchen nicht nur rangtief, sondern in vielen Fällen auch noch nicht voll ausgewachsen waren [45, 411]. Das ist zwar an sich noch nichts Ehrenrühriges; problematisch wird es allerdings, wenn Männchen in jungen Jahren aufgrund ihrer physischen Unterlegenheit grundsätzlich eine besonders niedrige Rangposition bekleiden und deshalb auch nur selten Zugang zu allgemein begehrten Weibchen haben, diese Unterschiede aber verschwimmen, sobald sie voll ausgewachsen sind. Dann nämlich kann es leicht sein, daß am Ende ihres Lebens alle Männchen (vorausgesetzt, sie leben gleich lang) den gleichen Fortpflanzungserfolg erreichen – wir haben dieses Argument schon im Zusammenhang mit der altersabhängigen Hierarchie der Langurenweibchen kennengelernt.

Viertens schließlich – und dieses Argument geht in dieselbe Richtung – sind Rangbeziehungen zwischen Männchen oft nicht stabil; in Hausfaters Studie wechselten die Männchen ihre Rangposition fast so häufig wie unsereins die Hemden.[17] Das muß zwar nicht bedeuten, daß sich kurzfristige Rangunterschiede im Laufe eines Lebens ausgleichen – nicht jeder wird in eine Spitzenposition gelangen können –, sollte aber davor warnen, aus kurzfristigen Studien allzu weitreichende Schlüsse zu ziehen.

Bei all diesen Unsicherheiten wäre die Erforschung des Zusammenhanges zwischen Dominanz und männlichem Reproduktionserfolg zweifellos in Frustration und Agonie versunken, hätte nicht die Entwicklung neuer, molekulargenetischer Techniken eine geradezu revolutionäre Wende im methodischen Bereich eingeleitet. Den Anstoß dazu gaben Alec Jeffreys und seine Mitarbeiterinnen, als sie im März 1985 Befunde über individuenspezifische Sequenzen in der menschlichen DNA publizierten [320], die sich nicht nur für die Überführung von Straftätern, sondern auch für Vaterschaftstests als überaus nützlich herausstellten (um nur einige Anwendungsgebiete zu nennen). Der „genetische Fingerabdruck" war geboren!

Tab. 5.3. Untersuchungen zum Zusammenhang zwischen Dominanz und Reproduktionserfolg männlicher nichtmenschlicher Primaten.
☺: ranghohe Männchen erfolgreicher als rangtiefe; ☻: kein Unterschied; ☹: rangtiefe Männchen erfolgreicher als ranghohe.

Art [Quelle]	Ort der Untersuchung, Hintergrund Anzahl Gruppen, Dauer der Studie, Anzahl getesteter Kinder und geschlechtsreifer Männchen, Fortpflanzungsmodus	Ergebnisse
Katta *Lemur catta* [483]	Duke Primatenzentrum, North Carolina 1 Gruppe, 5 Jahre 17 Kinder, 4–14 Männchen saisonale Fortpflanzung	☺ In ersten 2 Jahren zeugten Alphamännchen 4 von 5 Kindern, danach ein rangtiefes, neu eingegliedertes Männchen 5 von 12 Kindern
Roter Brüllaffe *Alouatta seniculus* [490]	Hato Masaguaral, Venezuela 4 Gruppen, 5 Jahre 14 Kinder, 2–3 Männchen nichtsaisonale Fortpflanzung	☺ In allen 4 Gruppen hatte das jeweilige Alphamännchen alle Kinder gezeugt
Husarenaffe *Erythrocebus patas* [454]	Kala-Maloue-Nationalpark, Kamerun 3 Gruppen, 3 Jahre 9 Kinder, 1–6 Männchen saisonale Fortpflanzung	☺ 4 von 5 Kindern während Mehr-Männchen-Phase vom dominanten Männchen gezeugt; 2 von 4 Kindern in stabiler Ein-Männchen-Situation nicht vom Haremshalter gezeugt
Bärenmakak *Macaca arctoides* [38]	Primatenzentrum Madison, Wisconsin 1 Gruppe, 8 Jahre 21 Kinder, 2–7 Männchen nichtsaisonale Fortpflanzung	☺ 20 der 21 Kinder wurden von 3 verschiedenen Alphamännchen gezeugt
Javaneraffe *M. fascicularis* [541]	Primatenzentrum Davis, Kalifornien 1 Gruppe, 3 Jahre 35 Kinder, 6–7 Männchen nichtsaisonale Fortpflanzung	☹ Alphamännchen zeugte maximal 4 Kinder, 2 rangtiefe Männchen dagegen 16
[523]	Ketambe, Sumatra 3 Gruppen, 3 Jahre 45 Kinder, 2–10 Männchen saisonale Fortpflanzung	☺ Alphamännchen zeugten 52–92 % der Kinder, Betamännchen 8–33 %, rangtiefere Männchen 0–9 %; Alphamännchen in kleinen Gruppen erfolgreicher als in großer Gruppe
Japanmakak *M. fuscata* [310, 311]	Primatenzentrum Inuyama, Japan 2 Gruppen, 6 und 14 Jahre 70 Kinder, ?–10 Männchen saisonale Fortpflanzung	☻ Keine klare Beziehung zwischen Rang und Reproduktionserfolg; rangmittlere Männchen erfolgreicher als ranghohe Männchen
Rhesusaffe *M. mulatta* [174]	Yerkes Primatenzentrum, Atlanta, Georgia 1 Gruppe, 2 Jahre 25 Kinder, 7–8 Männchen saisonale Fortpflanzung	☻ Signifikanter Zusammenhang zwischen Rang und Reproduktionserfolg nur im 2. Jahr

Art [Quelle]	Ort der Untersuchung, Hintergrund Anzahl Gruppen, Dauer der Studie, Anzahl getesteter Kinder und geschlechtsreifer Männchen, Fortpflanzungs- modus	Ergebnisse
Rhesusaffe *M. mulatta* [132]	Zoo Madison, Wisconsin 1 Gruppe, 8 Jahre 48 Kinder, 5–10 Männchen saisonale Fortpflanzung	☺ Ranghohe Männchen hatten höhe- ren Reproduktionserfolg als rang- tiefe Männchen, Alpha aber nicht am erfolgreichsten
[567, 568, 569, 601]	Primatenzentrum Davis, Kalifornien 6 Gruppen, 1 bis 15 Jahre über 800 Kinder, 2–18 Männ- chen saisonale Fortpflanzung	☹ In den meisten Jahren kein Zu- sammenhang zwischen dem aktuel- len Rang und Reproduktionserfolg, aber langfristig signifikanter Zusam- menhang
[44]	Cayo Santiago, Puerto Rico 1 Gruppe, 1 Jahr 11 Kinder, 11 Männchen saisonale Fortpflanzung	☹ Ranghohe Männchen zeugten 4 Kinder, rangtiefe 3 und gruppen- fremde ebenfalls 3
[52]	Primatenzentrum Sabana Seca, Puerto Rico 1 Gruppe, 1 Jahr 26 Kinder, 21 Männchen saisonale Fortpflanzung	☺ signifikant 24 der 26 Kinder von ranghohen männchen gezeugt, aber Alpha- männchen mit 7 Kindern nicht am erfolgreichsten
[418]	Dunga Gali, Pakistan 2 Gruppen, 2 Jahre ? Kinder, 2–5 Männchen saisonale Fortpflanzung	☺ Alphamännchen zeugten in beiden Gruppen alle Kinder
Schweinsaffe *M. nemestrina* [243]	Yerkes Primatenzentrum, Atlanta, Georgia 1 Gruppe, 1 Jahr 13 Kinder, 6 Männchen nichtsaisonale Fortpflanzung (?)	☹ Die meisten Kinder wurden vom Männchen auf Rang 4 gezeugt; Alphamännchen stellte sich als steril heraus
Berberaffe *M. sylvanus* [730]	Zoo Rheine, Deutschland 1 Gruppe, 5 Jahre 32 Kinder, 2–3 Männchen saisonale Fortpflanzung	☹ Jeweiliges Alphamännchen in 4 der 5 Jahre erfolgreicher, aber durch mehrfache Rangwechsel zeugten beide adulten Männchen annähernd gleich viele Kinder
[474, 478]	Affenberg Salem, Deutschland 1 Gruppe, 4 Jahre 75 Kinder, 16–33 Männchen saisonale Fortpflanzung	☺ signifikant Alphamännchen am erfolgreichsten, Korrelation zwischen Rang und Reproduktionserfolg allerdings weitgehend durch Altersunter- schiede bedingt
Tonkinmakak *M. tonkeana* [627]	Primatenzentrum Strasbourg, Frankreich 1 Gruppe, 4 Jahre 8 Kinder, 2 Männchen nichtsaisonale Fortpflanzung	☺ Alphamännchen zeugte 7 der 8 Kinder

Art [Quelle]	Ort der Untersuchung, Hintergrund Anzahl Gruppen, Dauer der Studie, Anzahl getesteter Kinder und geschlechtsreifer Männchen, Fortpflanzungs- modus	Ergebnisse
Mandrill *Mandrillus sphinx* [716]	Primatenzentrum Franceville, Gabun 1 Gruppe, 5 Jahre 33 Kinder, 9 Männchen saisonale Fortpflanzung	☺ Alphamännchen zeugte 25 der 33 Kinder, Betamännchen zeugte 8 Kinder
Gelber Pavian *Papio cynocephalus* [15]	Amboseli-Nationalpark, Kenia 1 Gruppe, 4 Jahre 27 Kinder, 5 Männchen nichtsaisonale Fortpflan- zung	☺ Alphamännchen zeugte 22 der 27 Kinder
Schimpanse *Pan troglodytes* [184]	Primatenzentrum Bastrop, Texas mehrere Gruppen, Jahre 31 Kinder, 2–6 Männchen nichtsaisonale Fortpflanzung	☺ Alphamännchen zeugten teilweise wenige (0–1), teilweise mehrere (> 2) Kinder, rangtiefere Männchen grundsätzlich wenige
[618]	Primatenzentrum Sanwa Kagaku, Japan 1 Gruppe, 8 Jahre 18 Kinder, 3–6 Männchen nichtsaisonale Fortpflanzung	☺ Alphamännchen zeugte 11 Kinder, Betamännchen 6 und Gammamänn- chen 1 Kind

Natürlich löst die Erfindung eines neuen Werkzeugs nicht alle Probleme. Aber im Vergleich zu früheren Vaterschaftstests, die mit der nur mäßigen Variabilität von Gen*produkten* (z. B. Blutgruppensystemen) arbeiten muß-ten, stellte die Hinwendung zur eigentlichen Quelle der genetischen Einzigartigkeit jeden Individuums – der DNA – einen Quantensprung dar.

Mittlerweile liegen Daten über den Rang von Männchen und ihrem (tatsächlichen) Reproduktionserfolg von 13 Primatenarten aus 7 Gattungen vor (Tab. 5.3). Auch hier zeigt bereits ein flüchtiger Blick auf die Ergebnisse, daß der Zusammenhang alles andere als eindeutig ist. Eine ganze Reihe von Untersuchungen kam zu dem Ergebnis, daß der Rang eines Männchens keinen oder zumindest keinen konsistenten Einfluß auf seinen Reproduktionserfolg hatte. Auf der anderen Seite fand sich in immerhin 9 der insgesamt 21 Studien (wobei insgesamt 15 verschiedene Gruppen betroffen sind) ein enger positiver Zusammenhang zwischen dem Rang der Männchen und ihrem Reproduktionserfolg, während nur in einer einzigen Gruppe ein negativer Zusammenhang gefunden wurde (hier hatten rangniedere Männchen signifikant mehr Kinder gezeugt als ranghohe Männchen). Von Zufall kann bei einer solch schiefen Verteilung nicht die Rede sein. Auffällig ist auch, daß bei den als vergleichsweise egalitär geltenden Bären- und Tonkinmakaken die jeweiligen Alphamännchen ein fast absolutes Fortpflanzungsmonopol ausübten.

Ein zweites Ergebnis ist nicht weniger wichtig: Es kommen nämlich keineswegs alle Untersuchungen zu dem Ergebnis, daß Beobachtungsdaten zum Paarungserfolg von Männchen keinerlei verläßliche Aussagen über deren tatsächlichen Reproduktionserfolg zulassen. Zwar ist es zumindest immer dann, wenn Weibchen sich auch während ihres Konzeptionszeitraumes mit mehreren Männchen paaren, ein einigermaßen müßiges Unterfangen, über die Vaterschaft einzelner Kinder zu spekulieren. Auch müssen Unterschiede im Paarungserfolg einzelner Männchen keineswegs immer präzise mit ihrem jeweiligen Reproduktionserfolg übereinstimmen. Aber bei Steppenpavianen, Bärenmakaken, Berberaffen und Mandrills hat man ein bemerkenswert hohes Maß an Übereinstimmung gefunden [15, 38, 478, 716]. Bei Berberaffen zeigte sich freilich, daß die Übereinstimmung bei sexuell erfolglosen Männchen erheblich höher war als bei sexuell erfolgreichen. Ein hoher Paarungserfolg garantierte also keineswegs auch einen überdurchschnittlichen Reproduktionserfolg. Das erste Ergebnis ist leicht zu interpretieren: Von nichts kommt nichts. Aber woher stammt die Diskrepanz bei den sexuell erfolgreichen Männchen? Die wahrscheinlichste Antwort lautet: Spermienkonkurrenz. Die Anzahl befruchtungsfähiger Eizellen ist eine endliche Größe, während Spermien (fast) unbegrenzt vorhanden sind (Berberaffenmännchen haben ungewöhnlich große Hoden). Auch wenn sich zwei Männchen noch so oft mit einem Weibchen paaren – Vater des 5$^1/_2$ Monate später geborenen Kindes wird nur der eine sein.

Spermienkonkurrenz dürfte also einer der Gründe dafür sein, warum beobachteter Paarungserfolg und experimentell ermittelter Reproduktionserfolg nicht immer übereinstimmen. Natürlich könnte man dem entgegenhalten, daß die Menge der in den weiblichen Genitaltrakt eingebrachten Spermien – und damit letztendlich doch die Kopulationshäufigkeit – über den Befruchtungserfolg entscheiden sollte. Das Argument hat zweifellos etwas für sich, denn schließlich hat die Evolution als Antwort auf promiske Paarungssysteme und Spermienkonkurrenz große Hoden mit der Fähigkeit zur Produktion ungeheurer Spermienmengen hervorgebracht. Die reine Masse spielt also sicher eine wichtige Rolle. Ebenso wichtig dürfte allerdings das richtige Timing sein. Von vielen Tieren weiß man beispielsweise, daß der letzte Besamer die größten Befruchtungschancen hat. Für Primaten gibt es hierfür keine stichhaltigen Hinweise, obwohl auch hier die Befruchtungswahrscheinlichkeit in den letzten Tagen des Östrus am größten ist. Insofern liefern Paarungsdaten natürlich auch nur dann einigermaßen verläßliche Aussagen über den Reproduktionserfolg von

Männchen, wenn der Konzeptionszeitraum hinreichend genau eingegrenzt werden kann.[18] Die Frage ist allerdings, wer als Sieger aus dem Rennen hervorgehen wird, wenn sich das Weibchen auch am Tag mit der höchsten Konzeptionswahrscheinlichkeit mit mehreren Männchen paart. Wird die Menge der Spermien den Ausschlag geben (die in keinem linearen Zusammenhang mit der Anzahl der Kopulationen steht), der genaue Zeitpunkt der Paarung(en), die Vitalität der Spermien oder der Zufall? Die Frage wird wohl nur durch gemeinsame Anstrengungen von Verhaltensbiologen, Genetikern und Endokrinologen zu klären sein.[19] Wie dem auch sei: Einen Grund, sämtliche früheren Untersuchungen, die „nur" auf der Analyse von Paarungsdaten beruhten, im nachhinein zu Mustern ohne Wert zu erklären, haben wir nicht.

Damit gewinnen auch Meta-Analysen, wie sie Guy Cowlishaw und Robin Dunbar 1991 an 32 Primatenstudien und John Bulger 1993 an 24 Pavianstudien durchführten, an Überzeugungskraft (nur die Studie von Cowlishaw und Dunbar konnte einige der ersten genetischen Untersuchungen berücksichtigen). In beiden Fällen kamen die Autoren zu dem Schluß, daß die Rangposition eines Männchens in seiner Gruppe eine zentrale Bedeutung für seinen Paarungserfolg hat [86, 128]. Offensichtlich steht also die Behauptung, daß Dominanz und Reproduktionserfolg bei männlichen Primaten nur in seltenen Fällen und unter außergewöhnlichen Umständen miteinander korrelieren würden und daher auch die Evolution von Dominanzhierarchien andere Gründe haben müsse, auf schwachen Füßen. Zugegeben, von einem Automatismus kann nicht die Rede sein, aber im großen und ganzen ist es wohl eher umgekehrt: Nur unter außergewöhnlichen Umständen, meint John Bulger, korrelieren Dominanz und Fortpflanzungserfolg *nicht* miteinander.

Bulgers Einschätzung mag angesichts der vorliegenden Untersuchungen, von denen eine ganze Reihe keine so enge oder gar eindeutige Korrelation zwischen dem Rang und dem Reproduktionserfolg der Männchen zeigen, ein wenig übertrieben erscheinen. Zwar ist unter Rubriken wie „unklarer" oder „inkonsistenter" Zusammenhang ein Konglomerat ganz unterschiedlicher Befunde versammelt, die keineswegs alle die These unterstützen, daß Dominanz den Fortpflanzungserfolg *nicht* beeinflußt; aber es ist offensichtlich, daß es Faktoren gibt, die den Zusammenhang zwischen Rang und Reproduktionserfolg schwächen können. Schauen wir uns diese Faktoren ein wenig genauer an.

Die „Combo"-Taktik

Eine Taktik, das Monopol ranghoher Männchen auf den Zugang zu paarungsbereiten Weibchen zu brechen, ist es, sich mit Bündnispartnern zusammenzutun. Eine solche Konstellation könnte den Ausschlag für den Erfolg der rangniederen Javaneraffenmännchen des Primatenzentrums in Davis gegeben haben (die einzige Untersuchung mit einem signifikant negativem Zusammenhang). Sicher ist allerdings nur, daß die beiden reproduktiv erfolgreichsten rangtiefen Männchen der Gruppe zeitweise eine Koalition eingegangen waren. Ob sie sich auf diese Weise Zugang zu Weibchen verschafft haben, ist nicht bekannt.

Sich mit einem Schicksalsgenossen zu verbünden, um einem ranghöheren Konkurrenten das Weibchen, mit dem er zusammen ist, abzujagen, scheint eine Spezialität von Savannenpavianen zu sein. Zumindest die ostafrikanischen Paviane nutzen diese „Combo"-Taktik, während die südafrikanischen Bärenpaviane dies aus unbekannten Gründen nicht tun. Savannenpavianmännchen pflegen von ihrer Geburts- in eine neue Gruppe zu wechseln, wenn sie sich auf dem Höhepunkt ihrer physischen Kräfte befinden. In der neuen Gruppe erringen sie sehr schnell einen Spitzenplatz in der Hierarchie. Entsprechend benutzen sie die „Solo"-Taktik, um sich Zugang zu Weibchen zu verschaffen – sie verlassen sich also allein auf den Vorteil ihres hohen Ranges. Die „Combo"-Taktik ist dagegen eine Taktik älterer Männchen, die schon länger in der Gruppe sind und eine mittlere Rangposition einnehmen [451]. Bezeichnenderweise sind die Korrelationen zwischen Rang und Paarungserfolg bei den südafrikanischen Bärenpavianen – bei denen die „Combo"-Taktik nicht beobachtet wird – durchgängig höher als bei den ostafrikanischen Anubis- und Gelben Pavianen [86]. Das deutet darauf hin, daß die „Combo"-Taktik erfolgreich ist. Allerdings scheinen die Daten über den Rang und Reproduktionserfolg zumindest der Amboseli-Paviane (Tab. 5.3), die dem Modell von der Priorität des Ranges weitgehend entsprechen, für den Erfolg alternativer Taktiken kaum Raum zu lassen.

„Sneaker"-Taktiken

Eine andere Taktik, die vorwiegend von noch nicht ausgewachsenen (subadulten) Männchen angewandt wird, ist es, sich Paarungen zu erschleichen (engl.: to sneak). „Sneaker", die aufgrund ihrer physischen Unterlegenheit keine Chance haben, ein Weibchen gegen ein ausgewachsenes Männchen zu verteidigen, paaren sich entweder heimlich – oder blitzschnell. Die heimliche Variante wird von Arten wie Rhesusaffen genutzt, bei denen die Männchen üblicherweise ein wenig Zeit brauchen, um zur Ejakulation zu kommen (Rhesusaffen gehören zu den sogenannten „Multi-Mountern", die zu diesem Zweck mehrfach aufsteigen müssen). Der schnellen Variante bedienen sich Arten wie Savannenpaviane oder Berberaffen, die innerhalb weniger Sekunden zum Ziel gelangen. Diese Variante hat natürlich den Vorteil, daß man jeden Moment ausnutzen kann, in dem ein Weibchen unbewacht ist. Bei Berberaffen bedienen sich erfolgreiche „Sneaker" noch einer weiteren Taktik, um ihre Befruchtungschancen zu erhöhen: Sie stören die Paarungen ihrer Nachfolger – auch wenn es sich um sehr viel größere und stärkere Männchen handelt. Das Risiko, das sie dabei eingehen, scheint nicht allzu groß zu sein, da jedes Männchen, das „sein" Weibchen für einen Moment verläßt, um den Störer zu verjagen, Gefahr läuft, dieses an ein anderes – und sei es an einen weiteren „Sneaker" – zu verlieren. Der Nutzen liegt vermutlich darin, daß die Störer ihren eigenen Spermien einen um so größeren Vorsprung auf dem Weg zur Eizelle verschaffen können, je länger sie eine erfolgreiche Paarung ihres Nachfolgers hinauszögern [349].

„Sneaking"-Taktiken erlauben es Männchen, opportunistisch Paarungschancen wahrzunehemen und trotz einer niedrigen Rangposition Kinder zu zeugen; der Erfolg ist mäßig – aber wenig ist immer noch besser als nichts.

Der Fertilitätsfaktor

Daß man nicht unbedingt einen Zusammenhang zwischen Rang und Reproduktionserfolg erwarten kann, wenn sich das ranghöchste Männchen der Gruppe – wie in der Untersuchung an den Schweinsaffen des Yerkes Primatenzentrums – als steril erweist, ist vielleicht nicht erstaunlich (wenngleich die Autoren der Studie betonen, daß auch unter den übrigen vier erwachsenen Männchen der Gruppe kein solcher Zusammenhang vorhanden war). Hinweise dafür, daß Fertilitätsprobleme bei ranghohen Männchen gehäuft auftreten, wie es etwa bei den oben angesprochenen Pavianweibchen vermutet wird, gibt es bisher nicht. Vermutlich handelt es sich also um einen Zufallsbefund ohne weitreichende Bedeutung.

Der Einfluß weiblicher Partnerpräferenzen

Daß weibliche Präferenzen für rangniedere Männchen die Bemühungen ranghoher Männchen durchkreuzen könnten, ist eine der am häufigsten geäußerten Vermutungen, wenn der erwartete enge Zusammenhang zwischen Rang und Reproduktionserfolg nicht eintritt. Leider handelt es sich dabei aber auch um einen schwer zu beweisenden Verdacht. Skeptiker bezweifeln, ob Weibchen ihre Präferenzen (wenn sie denn solche haben) durchsetzen können – insbesondere wenn der Sexualdimorphismus groß ist [86]. Hinweise *für* den Einfluß weiblicher Partnerwahl glaubt David Glenn Smith gefunden zu haben, der außerordentlich umfangreiche Vaterschaftsuntersuchungen an den Rhesusaffen des Primatenzentrums in Davis durchgeführt hat. Vor allem in der am längsten (über einen Zeitraum von 15 Jahren!) untersuchten Gruppe fand Smith einen hochsignifikanten Zusammenhang zwischen dem (über die Jahre gemittelten) Rang der Männchen und der Anzahl ihrer Nachkommen. Allerdings hatten die meisten dieser Männchen den Großteil ihrer Kinder gezeugt, *bevor* sie in eine hohe Rangposition aufgestiegen waren, und nicht erst hinterher, wie man eigentlich erwarten würde. Weibchen, vermutet Smith, hätten eine Präferenz für soziale Aufsteiger und würden auf diese Weise die Evolution sozialer Hierarchien unter Männchen fördern [569]. Auf menschliche Gesellschaften übertragen klingt dies durchaus schlüssig; aber was haben Rhesusaffenweibchen davon, sich bevorzugt mit sozialen Aufsteigern zu paaren, die ihnen ja außer der hypothetischen Möglichkeit von „guten Genen" (vgl. Kapitel 4) nichts zu bieten haben?[20] Und welche Relevanz besitzen die Befunde für freilebende Rhesusaffen, bei denen die Männchen ihre Geburtsgruppe meist verlassen, bevor sie sich fortpflanzen? Vielleicht wird man aber auch ganz andere Fragen stellen müssen, denn da keine systematischen Beobachtungen zum Paarungsverhalten der Tiere vorliegen, bleiben sämtliche Vermutungen über das Zustandekommen dieses Ergebnisses spekulativ. Trotz aller Unsicherheiten sollte man aber die Hypothese, daß weibliche Partnerwahl den Fortpflanzungserfolg von Männchen beeinflußt, nicht allzu schnell vom Tisch wischen: Von Japanmakaken gibt es Berichte, daß Alpha-Männchen ihre Gruppe verlassen haben, weil die Weibchen nach langen Jahren enger sexueller Beziehungen ihrer überdrüssig geworden seien [302].

Der Einfluß männlicher Partnerpräferenzen

Männliche Präferenzen für oder Aversionen gegen bestimmte Weibchen könnten ebenfalls dazu beitragen, daß die Beziehung zwischen Dominanz und Fortpflanzungserfolg weniger eng ist, als theoretisch zu erwarten – bereits Hausfater war ja aufgefallen, daß Männchen ihre „Favoritinnen" hätten und andere Weibchen nicht beachten würden. Zwei Faktoren könnten eine Rolle spielen: Erstens könnten rangniedere und sehr junge Weibchen wegen ihrer geringeren Fertilität und ihres schlechteren Aufzuchtserfolges weniger beliebt sein; daß deshalb rangniedere Männchen größere Chancen hätten, mit diesen Weibchen Kinder zu zeugen, wird durch die bislang vorliegenden Daten allerdings nicht sonderlich gut gestützt [474].[21] Zweitens könnte es sein, daß sich Männchen um bestimmte Weibchen nicht bemühen, weil sie mit ihnen eng verwandt sind. Daß Inzestvermeidung in der mütterlichen Verwandtschaftslinie eine Rolle spielt, zeigen eine ganze Reihe von Untersuchungen [496]; allerdings wird der generelle Zusammenhang zwischen Rang und Fortpflanzungserfolg dadurch nur marginal beeinflußt, da die geschlechtsreifen Männchen mit den Weibchen ihrer Guppe üblicherweise nicht verwandt sind [z. B. 38].

Der Saisonalitätsfaktor

Wenn man sich die Daten in Tabelle 5.3 etwas genauer ansieht, dann fällt auf, daß sich sämtliche Arten, bei denen man keinen, einen unklaren oder einen inkonsistenten Zusammenhang zwischen dem Rang der Männchen und ihrem Fortpflanzungserfolg gefunden hat, saisonal fortpflanzen. Zwar gibt es durchaus Gruppen, in denen ranghohe Männchen einen eindeutigen Fortpflanzungsvorteil genießen – etwa bei den Javaneraffen von Ketambe oder den Rhesusaffen in Dunga Gali; aber in vielen anderen Gruppen liegen die Dinge nicht so klar. Bei den nichtsaisonalen Arten und Untersuchungsgruppen sieht die Geschichte ganz anders aus: Mit zwei Ausnahmen (den Javaneraffen des Primatenzentrums in Davis und den Schweinsaffen des Yerkes Primatenzentrums) findet sich überall ein enger oder zumindest doch mäßiger Zusammenhang. Daß die Schweinsaffenstudie in gewisser Weise einen Sonderfall darstellt, wurde schon erwähnt; aber als Gegenbeispiel zu dem sich hier andeutenden Zusammenhang taugt sie noch aus einem weiteren Grund nicht: Schweinsaffen gelten zwar als eine Art, die sich über das ganze Jahr fortpflanzt, aber alle 13 Kinder dieser Gruppe wurden innerhalb weniger Monate geboren. Es scheint also, daß saisonale Fortpflanzung, beziehungsweise die Tatsache, daß mehrere Weibchen gleichzeitig östrisch sind, das Fortpflanzungsmonopol ranghoher Männchen stärker einschränkt, als es nach dem Prioritätsmodell zu erwarten wäre [471]. Natürlich spielt hier das Ausmaß der Synchronisierung unter den Weibchen eine Rolle: Wenn gleich viele Männchen wie Weibchen in einer Gruppe leben und alle Weibchen gleichzeitig ovulieren, sind auch nach dem Prioritätsmodell keine Unterschiede im Fortpflanzungserfolg der Männchen zu erwarten – schließlich kann man auch als ranghohes

Männchen nicht überall gleichzeitig sein. So extrem geht es in der Realität natürlich nicht zu, aber möglicherweise liegt das Dilemma, in dem sich die Männchen befinden, genau hier: Das Vorhandensein vieler attraktiver (aber nicht notwendigerweise ovulierender) Weibchen gerät mit dem Bemühen, diese alle zu befruchten, in Konflikt. Wenn es nicht feststellen kann, wann die Ovulation erfolgt, muß ein Männchen, das seine Vaterschaft sichern will, ein Weibchen unter Umständen tagelang begleiten und vor Konkurrenten abschirmen. Das aber tun gerade die sich saisonal fortpflanzenden Makaken nicht. Der Verlust eines eigentlichen, auf den Ovulationszeitraum beschränkten Östrus, die Synchronisierung von Sexualzyklen und die weibliche Tendenz zur Promiskuität werden damit zu wirksamen Mitteln, die wahre Vaterschaft zu verschleiern.

Der demographische Faktor

Neben der Anzahl gleichzeitig östrischer Weibchen könnte noch ein weiterer Faktor dazu beitragen, das Fortpflanzungsmonopol ranghoher Männchen aufzuweichen: die Anzahl ihrer Konkurrenten. Da die Anzahl der Männchen in einer Gruppe von der Anzahl der Weibchen (und damit unter Umständen auch der Anzahl gleichzeitig östrischer Weibchen) nicht unabhängig ist, ist die Bedeutung dieses Faktors natürlich schwer abzuschätzen. Sicher dürfte aber sein, daß eine größere Anzahl von Konkurrenten zu einer Destabilisierung bestehender Machtverhältnisse beitragen kann und dies wiederum auch zu einer Egalisierung in den Zugangsmöglichkeiten zu östrischen Weibchen führt. Die Analyse von Cowlishaw und Dunbar [128] zeigt, daß eben dies der Fall ist: Je größer die Anzahl erwachsener Männchen ist, desto geringer ist der Zusammenhang zwischen Dominanz und Fortpflanzungserfolg. Auch die jetzt vorliegenden Untersuchungen (Tab. 5.3) deuten in dieselbe Richtung: Ein enger positiver Zusammenhang zwischen Rang und Reproduktionserfolg findet sich vorwiegend in Gruppen mit nur wenigen Männchen.

Die Lebenszeit-Perspektive

Trotz aller Einschränkungen wird man um die Feststellung wohl nicht herumkommen, daß Dominanz den Fortpflanzungserfolg beeinflußt und die Evolution von Dominanzhierarchien eben hierin ihre Wurzeln hat. Bleibt eine Frage: Wenn ranghohe Männchen ihre Position nur kurze Zeit halten können und dadurch auch andere die Chance erhalten, einen hohen

Rang und Fortpflanzungserfolg zu erreichen, wie groß werden dann die
Unterschiede am Ende ihres Lebens sein? Da es hierzu keine gesicherten
Erkenntnisse gibt, die auf einer breiten Datengrundlage beruhen, sind Antworten natürlich nur unter Vorbehalt möglich. Immerhin gibt es Befunde,
die die Richtung einer möglichen Antwort andeuten. Ein Beispiel ist Radi,
ein Männchen aus der Studie von Jeanne Altmann und ihren Kollegen an
den Savannenpavianen des Amboseli-Nationalparks. Radi hatte über einen
Zeitraum von 4 Jahren den Alpha-Status in seiner Gruppe inne und zeugte
in dieser Zeit 22 Kinder. In den Jahren zuvor (aus denen keine Verhaltens-
daten vorliegen) hatte er weitere 6 Kinder gezeugt. Radis Zeit als Alpha-
männchen war nach Aussage der Forscher unverhältnismäßig lang, aber
der Fall danach war auch ungewöhnlich tief: In den letzten drei Jahren der
Studie nahm er den vorletzten Platz in der Hierarchie (von nunmehr 11
Männchen) ein und zeugte allem Anschein nach kein einziges Kind mehr.
Dennoch: In den gesamten 11 Jahren der Studie, die in etwa der Zeit entsprechen, die einem Pavianmännchen für die Fortpflanzung zur Verfügung
steht, zeugte er dreimal so viele Kinder wie jedes andere Männchen der
Gruppe [15].

Vielleicht ist Radis Geschichte nicht repräsentativ; vielleicht führen geringe Rangunterschiede zwischen Altergenossen, häufige Rangwechsel,
saisonale Fortpflanzung, Spermienkonkurrenz und größere Effizienz alternativer Taktiken tatsächlich nicht selten dazu, daß die Unterschiede im
Fortpflanzungserfolg von Männchen am Ende ihres Lebens deutlich geringer sind. Aber wie schon im Zusammenhang mit den weiblichen Languren
angemerkt: Wer aus dem Spiel aussteigt, verliert auf jeden Fall. Wer ohne
Not darauf verzichtet, andere zu dominieren, gibt Fortpflanzungschancen
preis und wird weniger Kopien seiner Gene in die nächste Generation
einbringen als seine mit weniger Skrupeln geplagten Konkurrenten. Mit
anderen Worten: Eine solche Taktik ist zum Aussterben verurteilt.

Status und Fortpflanzungsverhalten beim Menschen

„Wie es scheint, bekommen diejenigen, die sich die meisten Kinder leisten könnten, die wenigsten", spottet der amerikanische Kulturanthropologe Marvin Harris über das „Märchen vom Fortpflanzungszwang", das die
Soziobiologen ihren andächtig lauschenden Schülern so gern erzählen
[262, S. 212]. Ist es nicht in Wirklichkeit so, daß sich gerade Menschen, die
über einen gewissen Wohlstand verfügen, im großen Stil der „Pille" und
anderer geburtenverhütender Maßnahmen bedienen? Investieren sie
nicht, anstatt früh zu heiraten und Kinder zu bekommen, viel lieber in ihre

berufliche Karriere? Ist es da nicht absurd, anzunehmen, die natürliche Selektion habe den Menschen mit einem Drang, möglichst viele Kinder aufzuziehen, ausgestattet?

Die Fakten, so scheint es, sind auf Harris' Seite: Im Jahr 1976 veröffentlichte die UNO Statistiken, nach denen in modernen Industriestaaten (es ging um die USA, England, Frankreich, Dänemark und Finnland) die Kinderzahl um so geringer ist, je höher das Familieneinkommen ist [484]. Entsprechende Verhältnisse hat man nicht nur in hochentwickelten westlichen Industriestaaten gefunden, sondern auch in einer Vielzahl sogenannter Schwellen- und Entwicklungsländer [267]. Hier liege „das zentrale theoretische Problem der Humansoziobiologie", stellte der Bevölkerungswissenschaftler Daniel Vining 1986 in einem vielbeachteten Artikel fest [673]. Zwar sei es unabweisbar, daß die Menschen überall auf der Welt nach sozialem Status, nach Macht und Reichtum strebten, aber sie würden ihren sozialen Erfolg eben nicht mehr in reproduktiven Erfolg umsetzen. Ein schwerwiegendes Problem, in der Tat. Stimmt etwas mit unserer Theorie nicht? Oder gilt diese Theorie vielleicht nur für die von ihren Trieben beherrschten Tiere, nicht aber für das Kulturwesen Mensch?[22]

Aber halt – haben wir hier nicht etwas übersehen? Was war mit Leuten wie Moulay Ismail und anderen Potentaten? Zur sozialen Unterschicht ihrer Gesellschaft gehörten sie ja wohl nicht. Der Schlüssel zur Lösung des Rätsels liegt in den unscheinbaren Worten: *nicht mehr!* Vining hatte gesagt, daß sozialer Erfolg *nicht mehr* in reproduktiven Erfolg umgesetzt würde; er gab aber unumwunden zu, daß es sich dabei um ein relativ neues Phänomen handele, das erst im 18. und 19. Jahrhundert in Westeuropa und den USA auftauchte, als sich hier ein ganz genereller Rückgang der Sterblichkeit und in der Folge auch ein drastischer Geburtenrückgang bemerkbar machte. Tatsächlich findet sich in Gesellschaften, die von diesem Prozeß (der bei Bevölkerungswissenschaftlern unter dem Namen „demographischer Übergang" bekannt ist) noch *nicht* erfaßt worden sind beziehungsweise waren, regelmäßig ein enger Zusammenhang zwischen sozialem und reproduktivem Erfolg. Ob es sich um die Yanomami-Indianer in den Wäldern Venezuelas handelt, bei denen ein Häuptling doppelt so viele Kinder hat wie ein gleichaltriger Durchschnittsmann, die viehzüchtenden Kipsigis in Kenia, den portugiesischen Adel des 15. und 16. Jahrhunderts, die Mormonen im amerikanischen Bundesstaat Utah oder die Bevölkerung des landwirtschaftlich geprägten Ostfriesland im 18. und 19. Jahrhundert – überall wirkte sich ein hoher Sozialstatus positiv auf den Fortpflanzungserfolg aus [484, 680]. Nur bei uns nicht. Warum nicht? Dafür gibt es verschiedene Erklärungsansätze. Der schon erwähnte Marvin Harris beispielsweise ist der Auffassung, daß in vorindustriellen Gesellschaften Kinder

noch einen ganz anderen Wert gehabt hätten als heute – nämlich den der
Altersversorgung. Da mag etwas dran sein – erklärt aber nicht, warum die
wirtschaftlich besser Gestellten mehr Kinder hatten als diejenigen, die Hilfe im Alter doch wohl eher nötig gehabt hätten. Andere erklären unver-
blümt, für den zivilisierten Menschen der Gegenwart würden eben nicht
mehr die gleichen Gesetzmäßigkeiten gelten wie für die Welt der „Primitiven" und der Tiere – offenbar ohne darüber nachzudenken, was sie da
sagen.[23]

Daß die Menschen sich in den letzten 200 Jahren grundlegend verändert hätten, gar erst in dieser Zeit den Durchbruch von der Natur zur
Kultur geschafft hätten, wird wohl niemand ernsthaft annehmen. Anstatt
naßforsch zu behaupten, wir seien jetzt eben zivilisiert – punctum, erfahren wir vielleicht mehr, wenn wir danach fragen, wie Menschen sich denn
tatsächlich verhalten. Eben dies tat der junge kanadische Forscher Daniel
Pérusse 1993 in einer Untersuchung des Fortpflanzungsverhaltens seiner
Landsleute [484]. Pérusse fand, daß sich der Sozialstatus tatsächlich nicht
auf die Anzahl der Kinder auswirkte – übrigens weder im positiven noch
im negativen.[24] Allerdings war eine – in traditionellen Gesellschaften üblicherweise entscheidende – Komponente des Reproduktionserfolges von
Männern mit ihrem Sozialstatus korreliert: ihr Paarungserfolg. Gut situ-
ierte Männer hatten nämlich signifikant mehr Erfolg bei Frauen als Männer, die sich am unteren Ende der Skala bezüglich ihrer Berufsausbildung,
ihres Jobs und ihres Einkommens befanden (bei den Frauen fand sich ein
entsprechender Zusammenhang nicht). Gemessen an der Häufigkeit des
Geschlechtsverkehrs, der Anzahl ihrer Sexualpartnerinnen und der sich
daraus errechenbaren statistischen Konzeptionswahrscheinlichkeit hätten Männer aus den oberen sozialen Schichten einen höheren Fortpflanzungserfolg erreichen müssen als Männer aus den unteren sozialen
Schichten.

Wie schön für sie, sagen die Kritiker, ein abwechslungsreiches Sexualleben ist sicher etwas Angenehmes. Aber die Tatsache bleibe doch bestehen,
daß sich dies nicht mehr in einem Zusammenhang zwischen sozialem Erfolg und Reproduktionserfolg niederschlage [183]. Richtig. Vordergründig
geht es hier nur noch um Lustgewinn. Unter der Oberfläche freilich scheint
hier wieder das altbekannte Prinzip der Fitnessmaximierung durch. Um es
noch einmal klarzustellen: Weder für Mäuse noch für Menschen ist Fitnessmaximierung ein bewußtes Motiv ihres Handelns – die Psyche ist für derlei
Zusammenhänge blind. Aber sie hält Belohnungen für uns bereit, wenn
wir uns so verhalten, daß es der Maximierung unserer Fitness dient. Die
Lust, die Macht und Sex bereiten, dient unserer Psyche als Treibstoff auf
dem Weg zur Fitnessmaximierung. Ohne beleidigend sein zu wollen (wie

Darwin schon sagte, uns unserer Verwandtschaft zu schämen, besteht kein Anlaß): *So* viel anders als Paviane verhalten wir (Männer) uns nun auch nicht. Geändert hat sich unter den Bedingungen der Zivilisation nur, daß das ursprüngliche Mittel zum Zweck aufgrund der durchschlagenden Wirkung moderner Kontrazeptiva seinen Zweck immer seltener erfüllt. Aber diese Zivilisation ist ein dünner Lack; man braucht nicht lange zu kratzen, meint Pérusse, damit das, was darunter ist, zum Vorschein kommt.

Bleiben zwei Fragen, die aus evolutionärer Sicht ein Paradox darzustellen scheinen: Warum machen Menschen gerade in reichen, industrialisierten Ländern in so großem Ausmaß von den modernen Möglichkeiten der Empfängnisverhütung Gebrauch? Und warum verzichten millionenschwere Wirtschaftskapitäne, Staatspräsidenten und andere, die es sich leisten könnten, darauf, sich ganz offen einen Harem zuzulegen?[25] Das Gelände, auf das wir uns mit diesen Fragen begeben, ist noch ziemlich unerforscht; die Antworten, die sich hier abzuzeichnen beginnen, sind daher entsprechend vage und erheben keinen Anspruch auf Vollständigkeit. Was letzteres betrifft, darf man wohl vermuten, daß die sozial besser Gestellten es sich eben *nicht* mehr leisten können, andere von der Fortpflanzung auszuschließen – zumindest in demokratischen Staaten ist das Machtgefälle trotz aller weiterhin bestehenden sozialen Unterschiede nicht mehr groß genug [4, 681]. Das Problem mit der Empfängnisverhütung ist möglicherweise grundsätzlicherer Art, denn hier sind nicht nur die Fortpflanzungsinteressen der Männer betroffen, sondern auch – und vielleicht stärker – die der Frauen. Wir müssen uns dabei vor Augen halten, daß Massenproduktion nicht die einzige Methode ist, den Fortpflanzungserfolg zu maximieren (wir werden im folgenden Kapitel darauf zurückkommen). Gerade in Gesellschaften mit geringer Sterblichkeit kommt es eher auf die Qualität der Nachkommen an, darauf, daß sie in der Konkurrenz mit ihresgleichen möglichst erfolgreich abschneiden. Da nun aber die Qualität der Nachkommen für die Fitness des weiblichen Geschlechts mit seinem begrenzten Fortpflanzungspotential von viel entscheidenderer Bedeutung ist als für die des männlichen, könnte man erwarten, daß Frauen viel eher geneigt sind, ihre Fortpflanzung zu begrenzen als Männer. Dafür spricht einiges: In vielen Kulturen wünschen sich Männer mehr Kinder als ihre Frauen; Frauen haben dagegen schon immer (nicht erst seit Erfindung der „Pille") Mittel und Wege gefunden, ihre eigene Fortpflanzung zu beschränken, und nicht selten wurden sie von Männern dafür als „Hexen" verbrannt; im 18. Jahrhundert wurde in den urbanen Zentren Europas auf Druck der Männer eine unvorstellbar große Zahl von Säuglingen an Ammen abgegeben – mit dem Effekt, daß sich die weibliche Fruchtbarkeit erhöhte; und in Ländern der „Dritten Welt" kommt der größte Widerstand gegen Geburtenkontrollprogramme häufig nicht von Frauen, sondern – von Männern. Ist es da ein Wunder, wenn in Zeiten leichter Verfügbarkeit von Verhütungsmitteln und einem hohen Maß weiblicher Autonomie Männer weniger Kinder zeugen, als wir von ihrer sexuellen Aktivität her erwarten würden?[26]

Kein Zweifel – hier bleibt noch viel zu tun, um die Zusammenhänge im einzelnen zu klären; aber als zahnloser Papiertiger, der vor der harten Nuß des menschlichen Fortpflanzungsverhaltens kapituliert, erweist sich die gute alte Evolutionstheorie offenkundig nicht.

6. Eltern und Kinder

*So abscheulich der Affe sonst gegen Thiere
ist, so liebenswürdig beträgt er sich gegen
Thierjunge oder Kinder, am liebenswür-
digsten natürlich gegen die eigenen, und
daher ist die Affenliebe sprichwörtlich geworden.*

Alfred Brehm

Merlin war, als seine Mutter Marina starb, knapp 5 Jahre alt. In diesem
Alter sind Schimpansen eigentlich schon recht selbständig: Sie werden von
der Mutter nicht mehr getragen, suchen sich ihre Nahrung selbst und bau-
en sogar schon ihre eigenen Schlafnester. Aber psychisch verkraftete Merlin den Tod seiner Mutter nicht. Er wurde apathisch, riß sich Haare an den
Armen und am Bauch aus und reagierte nicht mehr so auf andere Mitglieder seiner Sozietät, wie man es als kleiner Schimpanse tun sollte: Daß man
einem erwachsenen Männchen, das gerade seine Imponierveranstaltung
abzog, besser aus dem Wege ging, schien er nicht mehr zu realisieren. Obwohl Merlin eine ältere Schwester hatte, die zumindest teilweise für ihn
die Mutterrolle übernahm, überlebte er seine Mutter nur um $1^1/_2$ Jahre. Er
starb als eines der ersten Opfer einer Polioepedemie, die 1966 in der
Schimpansenpopulation am Gombe-Strom in Tansania ausbrach.

Flint war bereits $8^1/_2$ Jahre alt, als seine Mutter Flo starb. Anders als
andere Schimpansenmännchen in diesem Alter hatte er eine ungewöhnlich
enge Beziehung zu seiner Mutter. So schlief er immer noch mit ihr im
selben Nest. Einen ganzen Tag lang blieb er bei seiner toten Mutter und
fiel dann in einen Zustand tiefer Depression. Nur $3^1/_2$ Wochen später starb
auch er [230, 231].

Es ist eine merkwürdige, tiefe Abhängigkeit, die sich hier offenbart.
Ohne sich vor einer vermenschlichenden Interpretation zu scheuen, beschreibt Jane Goodall den inneren Zustand von Flint: *„Seine ganze Welt
hatte sich um Flo gedreht, und ohne sie war sein Leben leer und bedeutungslos"* [232, S. 225]. Ähnlich erging es offenbar einem 7 Monate alten Pavi-
ankind, das durch einen Zufall von seiner Mutter getrennt worden war.
Obwohl ernährungsmäßig weitgehend unabhängig und offenbar in guter
körperlicher Verfassung, verfiel das Kind Tage nach der Trennung in einen

lethargischen Zustand und starb wenig später. Es hatte sich, so der Eindruck der Beobachter, „aufgegeben" [506]. Und selbst wenn Primatenkinder den Tod ihrer Mutter überleben, können die Folgen nachhaltig sein. Weibliche Japanmakaken, die im Alter von ein bis drei Jahren ihre Mutter verloren hatten, behandelten ihre ersten eigenen Kinder deutlich aggressiver und inkompetenter als andere Mütter. Fast die Hälfte dieser Kinder starb in den ersten 6 Lebensmonaten [264].

Daß Primatenmütter schon für ihre ganz kleinen Kinder weitaus mehr sind als nur Milchspender, hatten schon in den 50er Jahren der amerikanische Psychologe Harry F. Harlow (1905–1981) und seine Mitarbeiter nachgewiesen. Harlow interessierte sich dafür, wie sich der Verlust sozialer Kontakte auf die Entwicklung der Persönlichkeit auswirkt – ein Problem, das nach dem 2. Weltkrieg besonders auf den Nägeln brannte. Vor allem durch die Arbeiten der Entwicklungspsychologen René Spitz und John Bowlby wurde damals offenbar, daß Heimkinder, die ohne Mutter aufwuchsen, schwere Verhaltensstörungen entwickelten. René Spitz prägte dafür den Begriff „Hospitalismus". Hier setzte Harlows Forschung ein. In seinem Labor am Primatenzentrum in Madison (Wisconsin) wurden in den 50er und 60er Jahren Hunderte von Rhesusaffenkindern Stunden nach der Geburt von der Mutter getrennt und in totaler oder partieller Isolation von Artgenossen aufgezogen. Als „Mutterersatz" dienten Drahtpuppen, an denen ein Milchfläschchen befestigt war oder die man mit einem Frotteetuch umwickelt hatte. Schon mit einem der ersten Ergebnisse dieser Versuche wurde Harlow schlagartig berühmt: Die Kinder bevorzugten eindeutig den Kontakt mit der Stoffattrappe; die milchspendende Drahtattrappe suchten sie nur auf, um zu trinken [261]. Damit war die Freudsche Auffassung widerlegt, daß der primäre Bindungsmechanismus zwischen Mutter und Kind die oral-erotische Befriedigung des kindlichen Saugtriebes ist. War statt dessen die Befriedigung des kindlichen Kontaktbedürfnisses das Entscheidende? Oder, um es zynisch auszudrücken: Ist alles, was eine gute Mutter braucht, ein Frotteetuch [321, S. 314]? Auch diese Ansicht sollte nur allzu bald widerlegt werden. Auch Kinder, die mit einer Stoffpuppe aufwuchsen, entwickelten sich nämlich zu armseligen Psychokrüppeln, die stundenlang zusammengekauert in einer Ecke ihres Käfigs hockten, hin und herschaukelten, sich selbst verstümmelten und unfähig waren, mit Artgenossen zu kommunizieren. Bekamen diese erbarmungswürdigen Geschöpfe selbst Kinder (was nur unter ungeheuren Mühen zustande kam, da auch das Sexualverhalten der Tiere gestört war), waren brutale Mißhandlungen die Regel.

Elterliches Verhalten als Fortpflanzungsstrategie

Um seine Gene erfolgreich in die nächste Generation einzubringen, reicht es nicht, Kinder in die Welt zu setzen. Die schwindelerregende Bevölkerungsexplosion unserer eigenen Art, die sich wahrhaftig nicht durch eine ungewöhnlich hohe Fruchtbarkeit auszeichnet, zeigt, daß es noch nicht einmal darauf ankommt, möglichst viele Kinder zu produzieren. Auf Massenproduktion zu setzen, ist zwar eine Fortpflanzungsstrategie vieler Arten – Austern etwa produzieren 500 000 000 Eier jährlich. Aber dieses ungeheure Fortpflanzungspotential wird durch ebenso hohe Sterberaten begrenzt. Sinn macht diese Strategie vor allem dann, wenn potentiell genügend Lebensraum für die nachfolgenden Generationen vorhanden ist und den Überlebenschancen des Nachwuchses nicht von vornherein durch innerartliche Konkurrenz Grenzen gesetzt sind. Ist die Tragekapazität der Umwelt dagegen erreicht, macht es mehr Sinn, die eben nicht mehr im Überfluß vorhandenen Ressourcen möglichst effizient zu nutzen, und weniger, dafür aber möglichst konkurrenzfähige Nachkommen zu produzieren. Biologen haben diese beiden basalen Formen der Fortpflanzung – die natürlich nur die Pole eines Kontinuums darstellen – als *r-Strategie* beziehungsweise *K-Strategie* bezeichnet, wobei der Buchstabe *r* für die Wachstum*rate* von Populationen steht, während mit *K* die Trage*kapazität* des Biotops gemeint ist.

Primaten verfügen über sämtliche Merkmale typischer K-Strategen:
- Ihre Individualentwicklung verläuft langsam;
- ihre Lebensspanne ist lang;
- sie beginnen erst spät mit der Fortpflanzung;
- sie bringen nach langer Schwangerschaft nur wenige Kinder (meist eines) zur Welt;
- sie haben durch lange Abstände zwischen den einzelnen Geburten eine geringe Vermehrungsrate;
- sie zeigen ausgeprägte elterliche Fürsorge;
- und sie verwenden viel Energie auf die Entwicklung jenes Organes, das für die erfolgreiche Lebensbewältigung so wichtig wird: des Gehirns.

Manche Halbaffen wie Mausmakis, Große Katzenmakis, Varis und einige Galagoarten bringen noch regelmäßig Mehrlinge zur Welt – ein ursprüngliches Merkmal, das sie mit vielen anderen Säugern teilen. Mehrlingsgeburten sind auch bei den südamerikanischen Krallenaffen die Regel. Krallenaffen zeigen noch eine Reihe anderer eher für r-Strategen typische Merkmale: Sie sind sehr klein, werden schon früh (mit einem Jahr) geschlechtsreif und können in sehr kurzen Abständen Kinder gebären. In diesem Fall allerdings handelt es sich nicht um ein ursprüngliches Merkmal, sondern um eine sekundäre Entwicklung [394].

Eines ist offensichtlich: Der Aufwand, den man in die Aufzucht jedes einzelnen Jungen investiert, steht im umgekehrten Verhältnis zur Anzahl der Jungen, die man in seinem Leben produzieren kann. Mit anderen Worten: Kinder sind teuer. Genau das hatte Robert Trivers im Sinn, als er *elterliches Investment* als jede Form elterlicher Fürsorge für ein Kind definierte, die dessen Fitness steigert und gleichzeitig die eigenen Überlebens- und Fortpflanzungschancen – also auch Investitionsmöglichkeiten in weitere Kinder – mindert [635].

Wieviel Mütter in die Aufzucht eines Kindes investieren, und wie sehr dies gleichzeitig ihre weiteren Fortpflanzungsmöglichkeiten einschränkt, läßt sich am besten anhand der Abstände zwischen den Geburten ermessen. Geburten-Intervalle setzen sich aus drei Komponenten zusammen:

- Die sogenannte *Laktationsamenorrhoe*; in dieser Phase werden durch die Stimulation der mütterlichen Brust Hormone im Gehirn freigesetzt (Prolaktin, Beta-Endorphine). Diese Hormone hemmen die Ausschüttung bestimmter Sexualhormone (der sogenannten Gonadotropine), die normalerweise dafür zuständig sind, den weiblichen Sexualzyklus in Gang zu setzen. Entscheidend ist dabei nicht die Menge der abgegebenen Milch, sondern die Häufigkeit, mit der die mütterliche Brust durch den Säugling stimuliert wird. Bei Gorillas beispielsweise wird das Einsetzen des mütterlichen Sexualzyklus unterdrückt, solange das Kind mindestens alle 2 Stunden bei der Mutter trinkt [603]. Wenn Säuglinge sterben, werden Primatenmütter daher nicht selten innerhalb weniger Wochen wieder empfängnisbereit. Der Säugling selbst nimmt also erheblichen Einfluß auf die weiteren Fortpflanzungsmöglichkeiten der Mutter.
- Der wieder einsetzende weibliche *Sexualzyklus*, in dem die Ovulation eingeleitet wird und – wenn es zum Eisprung und zur Befruchtung kommt – die Uterusschleimhaut auf die Einnistung des Eis vorbereitet wird.
- Die *Schwangerschaft*. Mausmakis haben eine Tragzeit von 60 Tagen, bei Lemuren wie dem Mongozmaki sind es 128 Tage, Rhesusaffen sind 165 Tage schwanger, Schimpansen 235 Tage und Menschen 267 Tage. Je intelligenter, desto länger schwanger? Eine naheliegende Idee, die allerdings durch vergleichsweise unintelligente Tiere wie Lamas Lügen gestraft wird: Lamas haben eine Schwangerschaftsdauer von 342 Tagen! Tatsächlich ist die Schwangerschaftsdauer abhängig von zwei Faktoren: Der Größe der Mutter und dem Entwicklungszustand des Neugeborenen. Obwohl Primatenkinder – anders als viele Huftiere etwa – der Mutter nicht gleich nach der Geburt folgen können, gehören sie von ihrem Entwicklungszustand her eher in die Kategorie der „Nestflüchter": Sie

sind behaart, ihre Augen und Ohren sind geöffnet, und das Gehirn-
wachstum ist – mit Ausnahme des Menschen (der auch als „sekundärer
Nesthocker" bezeichnet wurde) – weitgehend abgeschlossen. „Nestflüchter" investieren also schon vor der Geburt sehr viel Zeit und Energie in den Nachwuchs: Die Schwangerschaftsdauer ist bei ihnen im
Schnitt viermal so lang wie bei „Nesthockern" [392].

Trotz des erheblichen Aufwandes, den Primatenmütter schon vor der
Geburt in die Entwicklung des Nachwuchses investieren, ist der entscheidende Kostenfaktor für ihre weiteren Fortpflanzungsmöglichkeiten die
Dauer der Stillzeit. Nur bei den südamerikanischen Krallenaffen und dem
nahe verwandten Springtamarin ist das Geburtenintervall insgesamt kaum
länger als die Schwangerschaft. Ermöglicht wird dies dadurch, daß hier die
normalerweise zu beobachtende Unterdrückung sexueller Zyklen durch
das Saugverhalten der Neugeborenen außer Kraft gesetzt ist: Krallenaffen
und Springtamarine können schon 10 Tage nach der Geburt wieder konzipieren. Einen solchen sogenannten Postpartum-Östrus hat man auch bei
einigen Halbaffen gefunden.

Normalerweise freilich haben Säuglinge über Monate oder sogar Jahre
die durchschlagende Wirkung einer Anti-Baby-Pille. Abgesehen davon ist
Laktation aber noch aus anderen Gründen mit hohen Kosten für die Mutter verbunden: Stillende Mütter müssen – allein um die Ernährung des
Säuglings sicherzustellen – ihre Energieaufnahme um 25 bis 60 % steigern
[364]. Das bedeutet, daß sie erheblich mehr Zeit für die Nahrungssuche
aufwenden müssen – Zeit, die zu Lasten anderer lebenserhaltender Aktivitäten geht. Savannenpavianweibchen etwa verbringen normalerweise
etwa 40 % des Tages mit Fressen; wenn sie Kinder zu versorgen haben,
steigert sich der Zeitaufwand für die Nahrungsaufnahme auf bis zu 60 %
[9]. Bei den vorwiegend Gras fressenden Dscheladas erhöht sich die Freß-
zeit sogar von knapp 40 % auf über 70 %, und im Einzelfall sind noch
deutlich höhere Werte zu verzeichnen [165, 172]. Dennoch können laktierende Pavianmütter ihr Gewicht nicht halten [46]. Unterernährung aber
kann sich negativ auf weibliche Fertilität auswirken – unter anderem auch
dadurch, daß chronisch hungrige Kinder die mütterliche Brust noch häufiger stimulieren, die Laktationsamenorrhoe also noch verlängern [364,
379]. Sie macht aber auch anfälliger für Krankheiten. Von daher ist es wohl
kein Zufall, daß das Sterberisiko für laktierende Pavianmütter deutlich
erhöht ist [13].

Ein weiterer Kostenfaktor ist der Transport der Jungtiere. Manche Halb-
affen, die besonders schwere Junge gebären (wie der Koboldmaki) oder
Mehrlinge zur Welt bringen, „parken" ihre Jungen in Nestern oder auf
Ästen, während sie selbst auf Nahrungssuche gehen. Die meisten Prima-

tenkinder sind allerdings „Traglinge" – sie werden von der Mutter trans-
portiert.[1] Für die Mutter ist das eine erhebliche Belastung. Paviankinder
beispielsweise wiegen bei der Geburt gut 700 Gramm – das sind etwa 7 %
des mütterlichen Gewichtes. Um diese zusätzliche Last zu tragen, muß eine
Pavianmutter ihre Energieaufnahme im ersten Monat um weitere 5 % steigern. Mit zunehmendem Alter und Gewicht des Kindes schnellen diese
Kosten so sehr in die Höhe, daß Kinder, die älter als drei Monate sind,
zunehmend seltener und im Alter von 8 Monaten kaum noch getragen
werden [11].

Wie groß die Belastung für die Mutter ist, zeigt sich auch an der Tatsache, daß junge, erstgebärende Weibchen, die sich selbst noch im Wachstum
befinden, oft sehr viel mehr Zeit benötigen, um wieder konzipieren zu
können, als ausgewachsene Mütter [z. B. 224, 475].

Eltern-Kind-Konflikte

Es gibt Lebewesen – Agaven etwa, aber auch bestimmte australische
Beutelmäuse der Gattung *Antechinus*, die sich nach der „Big-bang"-Me-
thode fortpflanzen: nur einmal im Leben („jede legt noch schnell ein Ei")
– und dann kommt der Tod herbei [211]. Primaten verfahren nicht nach
dieser Methode. Wer sich mehrfach im Leben fortpflanzen kann, sollte
allerdings mit seinen Kräften haushalten – vor allem wenn die Aufzucht
jedes einzelnen Kindes so weitgehend auf Kosten weiterer Fortpflanzungsmöglichkeiten geht, wie es bei Primaten der Fall ist. Eine Mutter, die gerade ebensoviel in jedes einzelne Kind investiert, daß es optimale Startchancen erhält, die Startchancen weiterer (auch noch ungeborener) Kinder
dabei aber möglichst wenig geschmälert werden, wird am Ende ihren Lebens einen größeren Fortpflanzungserfolg aufzuweisen haben als eine, die
zugunsten eines Lieblings ihre weiteren Reproduktionschancen vernachlässigt. Für eine stillende Mutter kann dies zweierlei bedeuten: Zum einen
können Mütter um so mehr Energie für die Aufzucht eines Kindes aufwenden, je älter sie werden – die Kosten sinken ja, da immer weniger
zukünftige Kinder betroffen sein werden [486, 722]. Dafür, daß dies so ist,
gibt es vereinzelte Hinweise. Vom Menschen etwa ist bekannt, daß ältere
Frauen seltener abtreiben als jüngere – unabhängig davon, in welcher sozialen Situation sie sich befinden [284]. Bei vielen Affenarten haben Kinder älterer Weibchen höhere Überlebenschancen. Das könnte zumindest
teilweise damit zusammenhängen, daß alte Mütter in ihre Kinder mehr
investieren als jüngere [477].

Zum anderen verändert sich das Nutzen-Kosten-Verhältnis der Aufzucht für die Mutter mit zunehmendem Alter des *Kindes*: Bei einem Neugeborenen, das relativ wenig Milch braucht, aber vollständig davon abhängig ist, ist der Aufwand noch gering, der Nutzen jedoch hoch. Da das Kind wächst (also mehr Nahrung benötigt), gleichzeitig aber an Selbständigkeit gewinnt, kommt jedoch der Zeitpunkt, an dem sich dieses Verhältnis umkehrt. An diesem Punkt der Entwicklung sollten Mütter ihr Investment zugunsten weiterer Kinder beenden.

Aus der Perspektive des Kindes sieht die Nutzen-Kosten-Kalkulation etwas anders aus: Zwar profitiert es indirekt ebenfalls, wenn seine Eltern in Geschwister investieren, denn dies trägt auch zur Verbreitung der eigenen Gene bei (Vollgeschwister teilen im Mittel 50 Prozent ihrer Gene, Halbgeschwister immerhin noch 25 Prozent). Selbst von elterlichen Fürsorgeleistungen profitieren zu können bringt allerdings größeren Nutzen, denn in diesem Fall wird ja in 100 Prozent der eigenen Gene investiert. So ungewohnt diese Argumentation sein mag – das Motto „Selber essen macht fett" wird den meisten Lesern vertraut sein. Gewöhnungsbedürftig an dieser Argumentation ist nur die Tatsache, daß nicht eigentlich die Perspektive des Kindes hier im Mittelpunkt steht, sondern die seiner Gene, die den Organismus sozusagen als Vehikel für die eigene Replikation benutzen. Man wird also erwarten können, daß Kinder zwar nicht die gesamte elterliche Leistungskraft für sich selbst beanspruchen, aber doch mehr als die Eltern zu geben bereit sind, und mehr als sie ihren (auch noch ungeborenen) Geschwistern gönnen.

Konflikte zwischen Eltern und Kindern sind nach dieser Theorie von Robert Trivers die logische Folge eines inhärenten genetischen Interessenskonfliktes [636, 637], der offenbar schon im Mutterleib beginnt [244]. Die Auseinandersetzungen zwischen Müttern und ihren Kindern kulminieren, wenn die Mütter beginnen, in ein weiteres Kind zu investieren: Rhesusaffenmütter verweigern ihren Kindern am häufigsten in der Paarungszeit den Zugang zur Milchquelle. Gleichzeitig intensivieren die Kinder ihre Annäherungsversuche und reagieren auf mütterliche Abweisungen mit lautem Protest. Mütter, die in dieser Phase hart bleiben, werden eher wieder schwanger als solche, die sich weniger abweisend verhalten [226, 439]. Da die Stillphase spätestens mit der Geburt eines Geschwisterchens üblicherweise abgeschlossen ist, versuchen Kinder den Zeitpunkt einer Neukonzeption hinauszuschieben: Lautstarker Protest, übertrieben wirkende Wutanfälle und regressives Verhalten, also scheinbare Rückfälle auf eine frühere Entwicklungsstufe – ein auch bei nichtmenschlichen Primaten häufig auftretendes Phänomen [291] – sind psychologische Kampfmittel, um durch vorgetäuschte Hilflosigkeit mehr Investment zu ergattern als vom tatsächlichen Entwicklungsstand her notwendig. Bei vielen Arten schließlich versuchen Primatenkinder durch lautstarke und zum Teil handgreifliche Störungen Paarungen der Mutter zu verhindern [440]. Daß derartige Paarungsstörungen durch Kinder eine erneute Konzeption der Mutter hinausgezögern, ist bislang allerdings nicht überzeugend nachgewiesen [235].

Ganz unumstritten ist das Triverssche Modell des Eltern-Kind-Konfliktes bis heute nicht. Uneinigkeit besteht darüber, ob genetische Interessenskonflikte zwangsläufig zu einem Verhaltenskonflikt führen müssen und ob beobachtbare Konflikte zwischen Müttern und Kindern tatsächlich aus einem Interessenskonflikt über die Dauer und Höhe des Investments resultieren. Zwar ist zu erwarten, daß Kinder auch ein Eigeninteresse daran haben, selbständig zu werden. Bei manchen Säugetieren scheinen sich Jungtiere aber – ganz ohne Zutun der Mutter – quasi selbst zu entwöhnen [37]. Beim Schlanklori beispielsweise läuft die Entwöhnung offenbar konfliktfrei ab [414]. Schlankloris sind kleine, nachtaktive Halbaffen, deren Feindvermeidungsstrategie darin besteht, sich möglichst unauffällig, kryptisch zu verhalten. Lautstarke Auseinandersetzungen wären hier offensichtlich nachteilig.

Auch andere ökologische Faktoren beeinflussen das Ausmaß des Mutter-Kind-Konfliktes. So fand man bei afrikanischen Meerkatzen, daß das Nahrungsangebot eine wichtige Rolle spielt. Bei Tieren, die in einem nahrungsreichen Sumpfgelände lebten, war der Entwöhnungskonflikt deutlich ausgeprägter als bei anderen, die weniger zu fressen fanden. Kaum meßbar war der Konflikt schließlich bei einer Gruppe in Menschenobhut, die ein Überangebot an Nahrung zur Verfügung hatte [269].

Ob Konflikte über Dauer und Höhe elterlichen Investments auftreten und welches Ausmaß sie annehmen, hängt also von vielfältigen Einflüssen ab, die bisher noch kaum systematisch untersucht wurden. Manches deutet allerdings darauf hin, daß Konflikte zwischen Müttern und Kindern nicht aus unterschiedlichen Fortpflanzungsinteressen resultieren, sondern aus einer für beide Partner gleichermaßen adaptiven Koordination der jeweiligen Bedürfnisse [9]. So zeigt eine Untersuchung an Dscheladas, daß die Häufigkeit, mit der die Kinder an der mütterlichen Brust hingen, über die ersten neun Lebensmonate erstaunlich konstant blieb. Konflikte um den Zugang zur Milchquelle traten zwar auf, aber hier ging es offenbar nicht um die Menge der begehrten Ressource, sondern nur um den richtigen Zeitpunkt, das „Timing". Die Mütter wiesen ihre Kinder nämlich fast nur dann ab, wenn sie selbst fraßen, und während dieser Zeit sank die Stillrate entsprechend [32]. Letztlich mag dies im Interesse beider Beteiligten liegen, denn eine gut genährte Mutter ist für ein Kind eine bessere Überlebensgarantie als eine, die sich an der Grenze ihrer Leistungskraft befindet.

Hoffnungsvolle Nachkommen

Wenn das Kind eines Meerkatzenweibchens stirbt, führt dies dazu, daß die Mutter ihr nächstes Kind mit um so größerer Aufmerksamkeit umsorgt. Sie überwacht die ersten Ausflüge ihres Kindes stärker, nimmt öfter Körperkontakt auf und sendet mehr mimische Signale. Daß diese größere Fürsorge mit erhöhten Reproduktionskosten für die Mutter verbunden ist, zeigt sich an der Tatsache, daß die Zeitspanne bis zur Geburt eines weiteren Kindes deutlich verlängert ist [191]. Welches Ausmaß an Fürsorge Primatenmütter ihren Kindern zukommen lassen, hängt also auch von früheren Erfahrungen ab. Gegenwärtige Risikofaktoren wie potentielle Gefährdungen durch Artgenossen oder Raubfeinde beeinflussen ebenfalls das mütterliche Verhalten [268]. In einer experimentellen Studie an Grünen Meerkatzen behandelten Mütter in Gruppen mit neu introduzierten Männchen ihre kleinen Kinder sehr viel protektiver. Offenbar betrachteten die Mütter die neuen Männchen als potentielle Gefahr für ihre Kinder – im Freiland sind Kindestötungen durch eben solche Männchen beobachtet worden (vgl. Kapitel 2). Ältere Kinder wiesen sie dagegen häufiger ab – was zur Folge hatte, daß Mütter in Gruppen mit neuen Männchen schneller wieder schwanger wurden als Mütter in Gruppen mit „alteingesessenen" Männchen. Die Autoren der Studie interpretieren diesen Befund als mütterliche Taktik, ihre Kinder aus der Gefahrenzone zu holen, denn entwöhnte Kinder stellen für neue Männchen kein Reproduktionshindernis mehr dar [194].

Diese Befunde stehen im offensichtlichen Gegensatz zu der Erwartung, daß Eltern in alle ihre Kinder gleich viel investieren sollten, da sie schließlich mit allen gleich nahe verwandt sind. Ein solches Postulat ist theoretisch aber nur dann begründet, wenn alle sonstigen Umstände gleich sind – was im wirklichen Leben selten der Fall ist. Wenn elterliche Fürsorge letztlich dazu dient, die eigene Fitness zu maximieren, sollte das Ausmaß der Fürsorge auch von den Überlebenschancen und dem prospektiven Fortpflanzungserfolg der Nachkommen abhängig sein. Eltern sollten daher – so die Erwartung – vorzugsweise in „genetische Hoffnungsträger" investieren, also jene Kinder, die zu einer überproportionalen Verbreitung der elterlichen Gene beitragen können. In diesem Zusammenhang kann das Geschlecht der Kinder zu einem bedeutenden Faktor werden.

Nehmen wir einmal an, überlegten Robert Trivers und Dan Willard 1973 in einem berühmt gewordenen Artikel, daß die Varianz im Fortpflanzungserfolg von Männchen hoch ist – es gibt wenige Gewinner und viele Verlierer, während die Geschichte bei den Weibchen ausgeglichener ist. (Daß dies bei vielen Primaten offenbar der Fall ist, haben wir im letzten Kapitel gesehen; tatsächlich ist es bei allen Arten zu erwarten, bei denen die Männchen weniger in den Nachwuchs investieren als die Weibchen [635].) Nehmen wir weiter an, spekulierten Trivers und Willard, die Kondition einer Mutter hätte einen Einfluß auf die Kondition ihrer Kinder: Kräftige Mütter werden im Durchschnitt eher kräftige Kinder bekommen, schwächliche Mütter dagegen eher schwächliche Kinder. Wenn dieser Unterschied im Laufe der Entwicklung nicht verschwindet, sondern sich auf den späteren Fortpflanzungserfolg der Kinder auswirkt, sollte man erwarten, daß kräftige Kinder erfolgreicher sein werden als schwächliche. Dann sollten die Söhne der kräftigen Weibchen viele Nachkommen zeugen, also zu den Gewinnern gehören, die Söhne der schwächlichen Weibchen dagegen eher wenige oder gar keine – also Verlierer sein. Bei den Töchtern dagegen sollte es kaum einen Unterschied machen, ob die Mutter kräftig ist oder nicht. Schlußfolgerung: Die Selektion sollte Mechanismen begünstigen, die kräftige oder ranghohe Weibchen in die Lage versetzten, eher Söhne zu gebären, schwächere oder rangniedere Weibchen dagegen eher Töchter [638].

So logisch dies alles klingt – einen Haken hat die Geschichte. Wie soll man als Mutter das Geschlecht seiner Kinder beeinflussen? Zumindest bei Säugern und Vögeln erweist sich dies als schwierig, denn hier ist das Geschlecht chromosomal determiniert: Weibchen haben (bei Säugern) zwei X-Chromosomen, Männchen jeweils ein X- und ein Y-Chromosom. Bei der Bildung der Geschlechtszellen werden die beiden Chromosomensätze auseinanderdividiert, so daß es reine Glückssache zu sein scheint, ob die mütterliche Eizelle (die grundsätzlich ein X-Chromosom enthält) von einem Spermium mit einem X- oder einem Y-Chromosom befruchtet wird – die Chancen, einen Sohn oder eine Tochter zu zeugen, stehen exakt 1:1. Für Manipulation bleibt da offenbar wenig Spielraum. Ein weiteres Problem kam hinzu: Selbst wenn es Abweichungen von der Regel geben sollte, daß normalerweise gleich viele Weibchen wie Männchen geboren werden – gab es einen Zusammenhang mit der Kondition der Mutter? Und würde sich dies auch in der vorhergesagten Weise auf die Anzahl der Enkelkinder auswirken?

Trivers war sich bewußt, daß er mit der als *Trivers-Willard-Modell* in die Wissenschaftsgeschichte eingegangenen Hypothese seinen Kolleginnen und Kollegen eine harte Nuß zu knacken gegeben hatte: „*Selbst wenn ich unrecht habe*", soll er bemerkt haben, „*sie werden Jahre brauchen, es herauszufinden*" [297]. Tatsächlich sollte es gut 10 Jahre dauern, bis sich herausstellte, daß er offenbar *nicht* unrecht hatte. Im Jahr 1984 nämlich publizierten Timothy Clutton-Brock und seine Mitarbeiter einen Artikel in der angesehenen Zeitschrift *Nature,* in dem sie zeigten, daß die Rothirsche der

vor der schottischen Küste gelegenen Insel Rhum sich exakt an das von
Trivers und Willard vorhergesagte Muster hielten: Die ranghohen Hirsch-
kühe brachten überdurchschnittlich viele männliche Kälber zur Welt, die
rangtiefen dagegen eher weibliche, und die Söhne der ranghohen Kühe
erreichten einen deutlich höheren Fortpflanzungserfolg als die Söhne der
rangtiefen Kühe. Auf den Fortpflanzungserfolg der Töchter hatte der mütterliche Rang dagegen keinen Einfluß. Damit zahlte es sich für die rangniederen Mütter aus, auf Töchter zu setzen, denn die waren erfolgreicher
als ihre Söhne [118].

Bei Primaten ist das Bild aber leider keineswegs so eindeutig. Tatsächlich ergaben erste Untersuchungen an Savannenpavianen, Hutaffen und
Rhesusaffen ein ganz anderes Bild: Nicht die ranghohen, sondern die rangtiefen Weibchen brachten überdurchschnittlich viele Söhne zur Welt, die
ranghohen dagegen eher Töchter [9, 551, 558]. Auch dafür schien es freilich
eine Erklärung zu geben, die mit der Grundidee von Trivers und Willard
(„investiere in genetische Hoffnungsträger") übereinstimmt. Joan Silk
machte folgende Rechnung auf: Bei den meisten Primaten bleiben die
Weibchen lebenslang Mitglieder der Gruppe, in der sie geboren wurden,
während die Männchen bei Erreichen der Geschlechtsreife emigrieren und
sich in anderen Gruppen fortpflanzen. Für die Weibchen bedeutet dies, daß
die eigenen Töchter mit den Töchtern der anderen Weibchen um jenes Gut
konkurrieren, das die weibliche Fortpflanzung und die Überlebensaussichten des Nachwuchses am meisten einschränkt: Nahrung. Für rangniedere
Pavian- oder Makakenweibchen werden Töchter, denen soziale Aufstiegs-
chancen ohnehin verwehrt sind, also kaum „hoffnungsvolle Nachkommen"
sein: Die ranghohen Weibchen sollten versuchen, ihre Zahl im Interesse
der eigenen Töchter zu begrenzen. Besser, man setzt in diesem Fall auf
Söhne. Anders sieht die Situation für die ranghohen Weibchen aus: Ihre
Töchter werden schon in eine privilegierte Position „hineingeboren", während das Schicksal der Söhne nach der Auswanderung eher unsicher ist.
Der entscheidende Unterschied zum Trivers-Willard-Modell ist also, daß
Silk der Konkurrenz zwischen Weibchen eine sehr viel stärkere Bedeutung
zuweist. In Silks Modell, das daher auch *LRC-Modell* genannt wird (engl.
„local resource competition"), sind damit die Zukunftschancen der Töchter
sehr viel stärker vom mütterlichen Rang abhängig als die der Söhne [551].

Wenn man sich die heute verfügbaren Daten zum Zusammenhang zwischen mütterlichem Rang und dem Geschlechterverhältnis der Kinder bei
nichtmenschlichen Primaten ansieht, ergibt sich ein buntes Bild (Tab. 6.1).
In manchen Populationen fand man, daß ranghohe Weibchen eher Söhne
zur Welt brachten, rangniedere eher Töchter – so wie Trivers und Willard
es vorausgesagt hatten. In anderen Populationen war es – entsprechend

Tab. 6.1. Prozentualer Anteil männlicher Geburten in Abhängigkeit vom mütterlichen Rang in nichtmenschlichen Primatenpopulationen.

Art	Ort der Untersuchung	Rang der Mutter hoch	tief	Anzahl Geburten	Quelle
Pro Trivers-Willard-Hypothese:					
Schwarze Klammeraffen *Ateles paniscus*	Manu-Nationalpark, Peru	52	0	44	[403]
Javaneraffen *Macaca fascicularis*	Universität Utrecht, Niederlande	58	43	213	[664]
Japanmakaken *M. fuscata*	Zoo Rom, Italien	66	49	85	[27]
Rhesusaffen *M. mulatta*	La Parguera, Puerto Rico	54	49	719	[417]
Berberaffen *M. sylvanus*	„Affenberg" Salem, Deutschland	58	48	545	[472]
Pro Null-Hypothese:					
Bärenmakaken *Macaca arctoides*	Universität Riverside, Kalifornien	70*	55	75	[504]
Japanmakaken *M. fuscata*	Arashiyama, Japan	50	49	973	[345]
Rhesusaffen *M. mulatta*	Cayo Santiago, Puerto Rico	51	53	292	[54]
Grüne Meerkatzen *Cercopithecus aethiops*	Amboseli-Nationalpark, Kenia	56	57	73	[108]
Savannenpaviane *Papio cynocephalus*	Mikumi-Reservat, Tansania	49	51	214	[508]
Pro LRC-Hypothese:					
Javaneraffen *Macaca fascicularis*	Gunung-Leuser-Nationalpark, umatra	50	54	98	[649]
Rhesusaffen *M. mulatta*	Universität Cambridge, England, 1960–81	28	63	139	[558]
	Universität Cambridge, England, 1983–88	26	63	50	[225]
	Universität Davis, Kalifornien	46	54	374	[565]

Art	Ort der Untersuchung	Rang der Mutter		Anzahl	Quelle
		hoch	tief	Geburten	
Hutaffen *M. radiata*	Universität Davis, Kalifornien	49	63	207	[552]
Savannenpaviane *Papio cynocephalus*	Amboseli-Nationalpark, Kenia	33	63	80	[13]

* Männchenüberschuß durch ein Weibchen verursacht

der Hypothese von Joan Silk – genau umgekehrt, und wieder andere Befunde scheinen den Skeptikern recht zu geben, die das ganze Gerede um adaptive Manipulationen des Geschlechterverhältnisses ohnehin für heiße Luft halten. Tatsächlich ist nicht auszuschließen, daß die Vielfalt der mehr oder weniger kleinen Abweichungen von einem ausgeglichenen Geschlechterverhältnis letztlich nur eine Hypothese – die sogenannte Null-Hypothese – unterstützen: Daß alles doch nur Zufall ist.

Wasser auf die Mühlen der Skeptiker ist auch die Tatsache, daß bisher vollkommen unbekannt ist, auf welche Weise Primatenweibchen es fertigbringen, das Geschlecht ihrer Kinder zu beeinflussen. An Rezepten, die einem eher zu Söhnen oder Töchtern verhelfen sollen – bis hin zur „Wunschkinddiät" –, ist zwar kein Mangel, als besonders erfolgreich hat sich aber noch keines herausgestellt. Und doch – um ein unlösbares Problem handelt es sich offenbar nicht. Physiologen haben mittlerweile nämlich eine ganze Reihe von Mechanismen ausfindig gemacht, die für unausgewogene Geschlechterverhältnisse bei der Geburt verantwortlich sein könnten. Prinzipiell denkbar sind zwei Möglichkeiten:

– Unterschiedliche Befruchtungschancen von Spermien: Spermien, die Y-Chromosomen transportieren, haben einen leichten Vorteil hinsichtlich ihrer Mobilität – sie sind schneller. Das könnte dazu führen, daß Kopulationen kurz vor der Ovulation ihnen einen Befruchtungsvorteil verschaffen. Hinzu kommt, daß auch der pH-Wert im weiblichen Genitaltrakt (der wiederum von der Konzentration bestimmter Sexualhormone abhängig ist) die Wanderungsgeschwindigkeit und Überlebensfähigkeit der Spermien beeinflußt. Spermien, die ein X-Chromosom tragen, scheinen länger zu leben, hätten also eine größere Chance, wenn die Kopulation längere Zeit vor der Ovulation stattfindet.

– Unterschiedliche Überlebenschancen männlicher und weiblicher Embryonen und Föten. Ein erheblicher Teil der befruchteten Eizellen wird in frühen Stadien der Schwangerschaft spontan abortiert oder vom mütterlichen Körper resorbiert. Dabei haben Streß, der Ernährungszustand der Mutter und die Konzentration mütterlicher Sexualhormone einen

Einfluß darauf, ob männliche oder weibliche Embryonen vermehrt betroffen sind [346].

Mechanismen, die dafür sorgen könnten, daß Weibchen unter bestimmten Umständen eher Töchter, unter anderen eher Söhne zur Welt bringen, scheint es also zu geben. Auch die Tatsache, daß die vorliegenden Untersuchungen über den Zusammenhang zwischen dem mütterlichen Rang und dem Geschlechterverhältnis der Kinder ganz unterschiedliche Trends zutage förderten (Tab. 6.1), beweist nicht unbedingt, daß letztlich alles doch nur Zufall ist. Schließlich könnte es ja sein, daß unterschiedliche Lebensbedingungen einen profunden Einfluß darauf haben, wann welches Geschlecht für die jeweilige Mutter zum „Hoffnungsträger" wird. Tatsächlich fanden Carel van Schaik und Sarah Hrdy, als sie dieser Frage nachgingen, daß das Geschlechterverhältnis der Kinder in expandierenden Populationen eher dem Trivers-Willard-Muster entsprach, während in stagnierenden oder schrumpfenden Populationen eher Silks LRC-Muster vorherrschte. Auch das ist ein Befund, der evolutionär durchaus Sinn macht, denn gerade in stagnierenden oder schrumpfenden Populationen wird man erwarten können, daß die Konkurrenz um offenbar rare Nahrungsressourcen hart ist und vor allem rangniedere Weibchen einen deutlichen Wettbewerbsnachteil erleiden [658].

Die entscheidende Frage lautet also, ob und unter welchen Bedingungen Söhne oder Töchter zu genetischen Hoffnungsträgern werden. Hier Antworten zu finden, ist verständlicherweise nicht ganz einfach, denn bis aus Primatenkindern Erwachsene geworden sind, deren Fortpflanzungskarriere man verfolgen kann, dauert es in der Regel Jahre.

Joan Silk untermauerte ihre Hypothese vor allem mit der Beobachtung, daß in der von ihr untersuchten Hutaffenkolonie die Töchter der rangtiefen Weibchen außerordentlich schlechte Überlebensaussichten hatten: Nur 17 Prozent dieser Tiere wurden 4 Jahre alt und damit geschlechtsreif, während immerhin 52 Prozent der Töchter ranghoher Weibchen dieses Alter erreichten. Bei den Söhnen waren die Unterschiede weitaus geringer (36 % versus 41 %). Hinzu kam, daß die wenigen überlebenden Töchter der rangniederen Weibchen kein einziges Baby zur Welt brachten, das selbst überlebte [551, 561]. Daß Töchter rangniederer Weibchen besonders schlechte Überlebensaussichten haben, zeigte sich auch in anderen Untersuchungen – etwa an wilden Hutaffen *(Macaca sinica)* in Sri Lanka oder den Pavianen des Amboseli-Nationalparks in Kenia und des Mikumi-Reservats in Tansania [13, 153, 507]. Bei den Berberaffen des „Affenberg" Salem und den Rhesusaffen von La Parguera – beides Populationen, in denen rangniedere Weibchen etwas mehr Töchter als Söhne zur Welt brachten – bestätigte sich dieses Bild allerdings nicht. Auch auf den Fortpflanzungserfolg der

Töchter hatte der mütterliche Rang hier kaum einen Einfluß. Auch dies spricht dafür, daß van Schaik und Hrdy mit ihrer Annahme recht haben könnten, daß das Ausmaß der Konkurrenz unter Weibchen ein entscheidender Faktor sein könnte.

Bleibt die Frage nach den Söhnen. Würden sich die Söhne der ranghohen Weibchen als „Gewinner" im Rennen nach Fortpflanzungserfolg erweisen, die der rangniederen Weibchen als „Verlierer", so wie Trivers und Willard es vorausgesagt hatten? Bis vor wenigen Jahren war man hier noch auf Spekulationen angewiesen, denn über das Schicksal von Männchen, nachdem sie aus ihrer Geburtsgruppe ausgewandert waren, wußte man so gut wie nichts. Zwar hatten Vaterschaftstests an Rhesusaffen gezeigt, daß nicht nur der Rang der Söhne, sondern auch die Anzahl der Kinder, die sie zeugten, mit dem Rang ihrer Mütter korrelierte, aber diesen Männchen war die Emigration aus ihrer Geburtsgruppe verwehrt – sie lebten in einer Laborkolonie [570]. Die Frage war, ob für Männchen, die auswandern, dasselbe gilt. Begründete Zweifel wurden vor allem von dem Amerikaner John Berard angemeldet, der die Lebensgeschichte männlicher Rhesusaffen auf Cayo Santiago verfolgt hatte. Von seinen *„poor little rich boys"*-Söhnen ranghoher Weibchen, die nach der Auswanderung nie wieder in einer Gruppe Fuß fassen konnten und oft früh starben – hatten wir in einem früheren Kapitel ja schon gehört [43].

Ob die Beobachtungen von Berard freilich ein generelles Phänomen widerspiegeln, bleibt zweifelhaft. Auf La Cueva und Guayacan nämlich, zwei Nachbarinseln von Cayo Santiago, auf denen man ebenfalls Rhesusaffen angesiedelt hatte (eine Kolonie, die nach dem nahegelegenen Fischerdorf La Parguera benannt ist), fanden Douglas Meikle und Stephen Vessey keinerlei Hinweise dafür, daß die Söhne ranghoher Weibchen nach der Auswanderung ein besonders schweres Schicksal erlitten. Im Gegenteil, sie hatten eine höhere Lebenserwartung als die Söhne rangniederer Mütter, und alles sprach dafür, daß sie auch einen höheren Fortpflanzungserfolg erreichten [416, 671]. Für die Berberaffen des „Affenberg" Salem ließ sich letzteres schließlich auch mit Hilfe von DNA-Analysen nachweisen: Söhne ranghoher Weibchen zeugten mehr Kinder als Söhne rangtiefer Weibchen, und zwar auch *nachdem* sie ihre Geburtsgruppe verlassen hatten [476]. Keine Spur von „armen kleinen reichen Jungen" fanden auch Maria van Noordwijk und Carel van Schaik bei den Javaneraffen des Gunung-Leuser-Nationalparks auf Sumatra. Die beiden konnten den Lebensweg von 8 Männchen verfolgen, die ihre Natalgruppe verlassen hatten und in einer anderen Gruppe eine Spitzenposition in der Hierarchie erklommen hatten. *Alle* 8 Männchen waren Söhne ranghoher Weibchen [651].

Auf welche Weise die Söhne ranghoher Weibchen es schaffen, Fortpflanzungsvorteile zu erlangen, ist derweil noch unbekannt. Vielleicht sind sie schon früh darauf „konditioniert zu gewinnen", wie Vessey und Meikle meinen. Vielleicht spielen aber auch Unterschiede in der frühkindlichen Versorgung durch die Mutter eine Rolle. Darauf deuten zumindest Daten von Schwarzen Klammeraffen hin, die Margaret McFarland Symington in Peru untersuchte. Auch hier war das Geschlechterverhältnis bei der Geburt unausgeglichen: Die ranghohen Weibchen hatten etwas häufiger Söhne, die rangniederen dagegen ausschließlich Töchter. Da bei Klammeraffen auch die Töchter emigrieren, scheint ein niedriger mütterlicher Rang für sie kein Handicap zu sein – die Daten unterstützen also sowohl die Trivers-Willard-Hypothese als auch die LRC-Hypothese. Auch nach der Geburt investierten die ranghohen Weibchen bevorzugt in ihre Söhne: Sie trugen sie länger als ihre Töchter, entwöhnten sie später und brauchten auch erheblich länger, um wieder zu konzipieren [403]. Ähnliche Beobachtungen hat man beim Menschen gemacht: In den Vereinigten Staaten stillen Mütter der „upper class" ihre Söhne sehr viel länger als ihre Töchter, während es in der „lower class" umgekehrt ist [217].

Es scheint also, daß die Theorie von Trivers und Willard weitreichende Gültigkeit hat. Als ranghohe Mutter auf Söhne als genetische Hoffnungsträger zu setzen, zahlt sich aus – nicht nur für Rothirsche, sondern auch für Berberaffen und andere Primaten. Aus der Perspektive der Mutter ist aber noch eine andere Frage entscheidend: Wie sehr belastet die Aufzucht des einen oder anderen Geschlechtes die eigenen zukünftigen Reproduktionschancen? Dieser Frage ist die spanische Biologin Montserrat Gomendio an den Rhesusaffen der Universität Cambridge nachgegangen – einer Kolonie, in der krasse Abweichungen von einem ausgeglichenen Geschlechterverhältnis eine lange Tradition haben. Gomendio fand, daß vor allem die Töchter rangniederer Weibchen häufig Aggressionen anderer Gruppenmitglieder ausgesetzt waren, ihre Mütter offenbar als Reaktion auf die vielen Störungen das Stillen häufiger unterbrachen, die Töchter daraufhin um so häufiger Brustkontakt suchten und im Gegensatz zu den Töchtern ranghoher Mütter dabei auch seltener abgewiesen wurden. In der Konsequenz führte dies dazu, daß die rangniederen Weibchen nach der Geburt von Töchtern grundsätzlich ein Jahr mit der Reproduktion aussetzten, nach der Geburt von Söhnen dagegen bald wieder konzipierten. Für die ranghohen Weibchen hatte das Geschlecht der Kinder dagegen keinen Effekt. Sie brachten fast alle im nächsten Jahr ein weiteres Kind zur Welt. Gomendio meint daher, daß für rangniedere Mütter die Aufzucht von Töchtern unter den gegebenen sozialen Konstellationen mit erheblichen Kosten verbunden sein kann – ein guter Grund also, Söhne zu gebären [225, 227].

So stimmig die Befunde Gomendios sind – ob sich hier ein genereller Trend andeutet, bleibt fraglich. Einige Jahre früher hatten Anne und Michael Simpson nämlich in derselben Kolonie einen anderen Trend gefunden: Damals waren es nicht die rangniederen Weibchen, die durch die Aufzucht von Töchtern an einer schnellen Neukonzeption gehindert wurden, sondern in viel stärkerem Maße die ranghohen [559]. Joan Silk fand bei ihren Hutaffen dagegen keinerlei derartigen Zusammenhang [553]. Untersuchungen an Berberaffen und Japanmakaken scheinen Gomendios Daten in einem Punkt zu bestätigen: Auch hier stellten Töchter für die rangniederen Weibchen ein stärkeres Hindernis für eine schnelle Neukonzeption dar als Söhne. Bemerkenswert war hier aber nicht, wie *lange* die rangniederen Weibchen nach der Geburt von Töchtern brauchten, um wieder zu konzipieren, sondern wie *schnell* sie es nach der Geburt von Söhnen schafften. Für die rangniederen Berberaffen- und Japanmakakenmütter stellten Töchter jedenfalls kein größeres Reproduktionshindernis dar als für die ranghohen auch [472, 617].

Väter

Vor nicht allzu langer Zeit – 1992 – entdeckte man, daß es in Malaysia eine fruchtfressende Fledermausart gibt, bei der die Männchen über funktionell intakte Milchdrüsen verfügen. Zwar ist nicht so ganz klar, wozu die Männchen ihre Milchdrüsen benutzen – über das Verhalten der Tiere weiß man bisher noch gar nichts. Daß die Väter ihre Jungen ausgiebig stillen, kann man bezweifeln, denn die Brustwarzen der Männchen erwiesen sich als deutlich kleiner und weniger verhornt als die der Weibchen, und viel Milch gewinnen ließ sich daraus auch nicht [206]. Verblüffend ist die Entdeckung dennoch, zeigt sie uns doch, daß das scheinbar Selbstverständliche manchmal ganz und gar nicht selbstverständlich ist: Die naheliegende Annahme, daß Säugetierväter die Aufzucht der Jungen deshalb der Mutter überlassen, weil die Evolution sie nicht mit den dafür notwendigen physiologischen Mitteln ausgestattet habe, ist offensichtlich zu kurz gegriffen [134]. Es muß also andere Gründe dafür geben, daß sich bei der überwiegenden Mehrheit der Säugetiere – es handelt sich um wenigstens 90 Prozent der Arten – Väter nicht an der Aufzucht ihrer Kinder beteiligen [336].

Eine der Ursachen für die Seltenheit väterlichen Investments dürfte in der inneren Befruchtung liegen – bei Säugetieren die obligate Form der Fortpflanzung. Innere Befruchtung bietet zweifellos Vorteile: Den befruchteten Eizellen wird ein optimales Medium zur Entwicklung geboten.

Gleichzeitig ist diese Form der Fortpflanzung allerdings für beide Elternteile mit Problemen verbunden:
- Der Vater kann sich nicht sicher sein, ob er tatsächlich der Vater des (oder der) meist viele Monate später geborenen Jungtiere ist (ein Froschmännchen, das gleichzeitig mit dem Weibchen seine Keimzellen ins Wasser abgibt, kann sich seiner Vaterschaft sicher sein – zumindest solange nicht just in diesem Moment ein Konkurrent dazwischenfunkt).
- Die Mutter ist – zumindest für die Dauer der Schwangerschaft – auf Gedeih und Verderb an ihre Nachkommen gebunden.

Beide Umstände begünstigen die „Don-Juan-Strategie“: Männchen, die das Risiko eingehen, in das Erbgut eines Konkurrenten zu investieren und damit die Abstammungslinie eines anderen auf Kosten der eigenen zu fördern, können nach erfolgter Besamung die Mutter „sitzenlassen“ und weitere sexuelle Abenteuer suchen. Innere Befruchtung ist allerdings auch bei Vögeln obligat, und hier beteiligen sich bei der Mehrzahl der Arten die Väter an der Aufzucht. Offensichtlich spielen also noch wenigstens zwei andere Faktoren eine Rolle:
- Der Aufwand, der notwendig ist, um die Vaterschaft – etwa durch Bewachung des Weibchens – sicherzustellen (bei Vögeln ist dieser Aufwand verhältnismäßig gering, denn zwischen Befruchtung und Eiablage verstreichen oft nur Stunden), und
- die mit dem Investment verbundenen Kosten und Nutzen. Letztlich geht es darum, ob der Aufwand, den ein Vater betreibt, sich in einer erhöhten Nachkommenschaft niederschlägt oder ob die Alternative – *investiere nichts, sondern befruchte statt dessen so viele Weibchen wie möglich* – zu einer größeren Repräsentanz eigener Gene in der folgenden Generation führt. Wenn Paarungschancen rar gesät sind, aber das Überleben der Jungen nur durch zusätzliches Investment des Vaters gesichert werden kann, sollte man sich für die Investment-Variante entscheiden [115].

Wenn man sich die Ordnung der Primaten anschaut, so scheint es, daß väterliche Fürsorge hier häufiger zu beobachten ist als bei den meisten anderen Säugetiergruppen. Stillen können Primatenväter ihre Jungen zwar nicht, aber sie können sie beschützen, tragen, wärmen, ihr Fell pflegen und – sobald die Kinder feste Nahrung aufnehmen können – auch Nahrung mit ihnen teilen. All dies findet man – wenngleich die Unterschiede zwischen den einzelnen Arten beträchtlich sind. Bei den südamerikanischen Springaffen beispielsweise ist der Vater von Geburt an der Hauptträger des Jungtieres – zur Mutter kommt das Jungtier nur, um zu trinken. Beim Siamang, der einzigen Gibbonart, bei der sich Väter überhaupt an der Aufzucht der Jungen beteiligen, wird der Vater dagegen erst im zweiten Lebensjahr des Jungtieres zu dessen Hauptbezugsperson [715].

Tab. 6.2. Paarungssysteme und Männchen-Kind-Beziehungen bei gruppenlebenden nichtmenschlichen Primaten. Fett gedruckt sind Arten, bei denen enge Männchen-Kind-Beziehungen obligatorisch sind.[2]

männliche Fürsorge	keine männliche Fürsorge
Monogamie	
Weißbüschelaffe *(Callithrix jacchus)*	Mohrenmaki *(Eulemur macaco)*
Gelbkopfbüschelaffe *(Callithrix flaviceps)*	Brauner Maki *(E. fulvus)*
Zwergseidenaffe *(Cebuella pygmaea)*	Vari *(Varecia variegata)*
Braunrückentamarin *(Saguinus fuscicollis)*	Koboldmaki *(Tarsius spectrum)*
Lisztaffe *(Saguinus oedipus)*	Schweifaffen *(Pithecia* spp., 5 Arten) (?)
Löwenaffe *(Leontopithecus rosalia)*	Schwarzrückentamarin *(Saguinus nigricollis)* (?)
Nachtaffe *(Aotus* spp., 9 Arten)	Brazzameerkatze *(Cercopithecus neglectus)*
Springaffen *(Callicebus* spp., 10 Arten)	Kurzschwanzlangur *(Simias concolor)*
Guatemala-Brüllaffe *(Alouatta pigra)*	Mentawailangur *(Presbytis potenziani)*
Siamang *(Hylobates syndactylus)*	Gibbons *(Hylobates* spp., 10 Arten)
Polygynie	
Springtamarin *(Callimico goeldii)*	Dschelada *(Theropithecus gelada)*
Gorilla *(Gorilla gorilla)*	Mantelpavian *(Papio hamadryas)*
	Hanuman-Langur *(Semnopithecus entellus)*
	Roter Langur *(Presbytis melalophos)*
	Brillenlangur *(Trachypithecus obscurus)*
	Schopflangur *(T. pileatus)*
	Dianameerkatze *(Cercopithecus diana)*
	Campbells Meerkatze *(C. campbelli)*
	Husarenaffe *(Erythrocebus patas)*
Promiskuität/ Polyandrie	
Braunrückentamarin *(Saguinus fuscicollis)*	Larvensifaka *(Propithecus verreauxi)*

männliche Fürsorge	keine männliche Fürsorge
Gelbkopfbüschelaffe (*Callithrix flaviceps*)	Totenkopfaffe (*Saimiri sciureus*)
Gehaubter Kapuziner (*Cebus apella*)	Roter Brüllaffe (*Alouatta seniculus*)
Anubis-Pavian (*Papio anubis*)	Rhesusaffe (*Macaca mulatta*)
Gelber Pavian (*P. cynocephalus*)	Schweinsaffe (*M. nemestrina*)
Bärenpavian (*P. ursinus*)	Hutaffe (*M. radiata*)
Bärenmakak (*Macaca arctoides*)	Ceylon-Hutaffe (*M. sinica*)
Japanmakak (*M. fuscata*)	Javaneraffe (*M. fascicularis*)
Tibetmakak (*M. thibetana*)	Grüne Meerkatze (*Cercopithecus aethiops*)
Berberaffe (*M. sylvanus*)	Schimpanse (*Pan troglodytes*)

Es gibt heute knapp 80 Primatenarten, von denen einigermaßen gute Daten über Männchen-Kind-Beziehungen vorliegen (Tab. 6.2). Nahezu 30 dieser Arten (also mehr als 36 Prozent) zeichnen sich durch sehr enge Männchen-Kind-Kontakte aus (in Tabelle 6.2 fett gedruckt) – das ist immerhin mehr als dreimal soviel, wie sonst bei Säugetieren üblich. Nimmt man jene Arten hinzu, bei denen die Beziehungen zwar nicht so eng, freundliche Interaktionen zwischen Männchen und Kindern aber doch mit einiger Regelmäßigkeit zu beobachten sind, schnellt der Anteil der Arten, die sich durch männliche Fürsorge auszeichnen, sogar auf knapp 47 Prozent empor. Wer nun aber glaubt, Primatenväter zeichneten sich durch ein ungewöhnlich großes Maß an Fürsorge gegenüber ihren Kindern aus, sieht sich getäuscht: 90 Prozent der Arten mit besonders engen Männchen-Kind-Beziehungen gehören zur Gruppe der Neuweltaffen, und hier wiederum ist die Familie der Krallenaffen mit allen 5 Gattungen am stärksten vertreten. Nur in einer von einem Dutzend Primatenfamilien sind enge Männchen-Kind-Kontakte also obligatorisch. In gerade mal drei weiteren Familien (*Cebidae*, *Cercopithecidae* und *Hylobatidae*) finden sie sich bei einer Minderheit der Arten. Woran liegt es, daß bei manchen Arten Männchen sich intensiv um die Jungen kümmern, bei anderen hingegen rein gar kein Interesse an ihnen bekunden?

Betrachten wir zunächst den Faktor Vaterschaftssicherheit. Lange vermutete man, daß Monogamie und väterliche Fürsorge grundsätzlich Hand in Hand gehen. Bei näherem Hinschauen erweist sich das allerdings als Illusion: Väterliche Fürsorge findet sich bei monogam lebenden Primaten zwar am häufigsten, aber bei einer Reihe von Arten beteiligen sich die Väter *nicht* an der Aufzucht der Jungen – und das, obwohl sie sich ihrer

Vaterschaft trotz gelegentlicher Seitensprünge in der Regel ziemlich sicher sein dürften. Erweitert man die Analyse auf jene Arten, bei denen ein Männchen das Paarungsmonopol über eine Gruppe von Weibchen hat („Ein-Männchen-Polygynie"), verschiebt sich das Bild noch mehr: Väterliche Fürsorge findet sich nur bei einer kleinen Minderheit der Arten. Ganz offensichtlich ist hohe Vaterschaftssicherheit also *keine hinreichende* Voraussetzung für die Evolution väterlichen Investments bei Primaten [583]. Allerdings könnte es sich um eine *notwendige* Voraussetzung handeln. Immerhin ist die überwiegende Mehrzahl der Arten, bei denen Männchen-Kind-Beziehungen besonders eng und obligatorisch sind, durch Paarungssysteme mit hoher Vaterschaftswahrscheinlichkeit ausgezeichnet. Um keine Mißverständnisse aufkommen zu lassen: „Obligatorisch" bedeutet nicht, daß hier ein starres, streng genetisch determiniertes Verhaltensprogramm automatisch abspult. Schon scheinbar geringfügige Umweltvariationen können Entscheidungen beeinflussen. Krallenaffenmännchen machen ihren Einsatz nämlich davon abhängig, wie viele andere Helfer noch verfügbar sind [404, 517].

Auffällig ist allerdings, daß es eine ganze Reihe von Arten gibt, bei denen sich die Weibchen mit mehreren Männchen paaren – die Vaterschaftssicherheit also eher gering ist –, die Männchen aber trotzdem mehr oder weniger enge Beziehungen zu Jungtieren pflegen. Ins Auge fallen hier vor allem vier Arten: der Braunrückentamarin, der Gelbkopfbüschelaffe (beide gehören zur Gruppe der Krallenaffen), der Tibetmakak und der Berberaffe.

Braunrückentamarine und Gelbkopfbüschelaffen – und das gilt möglicherweise für alle Krallenaffen – zeichnen sich durch sehr flexible Paarungssysteme aus: Manche leben in monogamen Paarbeziehungen, andere haben ein polyandrisches Paarungssystem, leben also in Gruppen, in denen sich die Weibchen mit mehreren Männchen (meist sind es zwei) paaren. An der Aufzucht der Jungtiere beteiligen sich die Männchen in beiden Fällen. Warum?

Hundertprozentig geklärt ist diese Frage nicht, aber es gibt verschiedene Denkmöglichkeiten:

– Bei zwei Männchen liegt die Vaterschaftssicherheit bei immerhin 50 Prozent. Wenn das Überleben der Jungtiere davon abhängt, daß der Vater bei der Aufzucht hilft – und dafür gibt es Hinweise [341, 610] –, könnte es besser sein, eine 50prozentige Irrtumswahrscheinlichkeit in Kauf zu nehmen, als den Tod des eigenen Kindes zu riskieren. Auch wenn Krallenaffen selbst nicht rechnen: Wenn die Chancen weitere Kinder zu zeugen minimal sind, würden jene, die sich für Investment entscheiden, möglicherweise mehr Nachkommen hinterlassen als jene, die nach weiteren Paarungschancen suchen.

– Wenn die beteiligten Männchen untereinander nahe verwandt sind –
  Brüder etwa, würde auch ein Männchen, das nicht der Vater ist, in eigenes Erbgut investieren.
– Krallenaffen gebären in der Regel zweieiige Zwillinge [254]. Damit
  könnte es sein, daß jedes Männchen Vater jeweils eines Kindes ist.
– Fürsorge für ein nicht verwandtes Kind könnte sich für das Männchen
  schließlich dadurch auszahlen, daß es von der Mutter – wenn sie wieder
  empfängnisbereit wird – sozusagen im Gegenzug als Sexualpartner akzeptiert wird [578, 715].

Es ist ganz lehrreich, sich die Geschichte auch aus der Perspektive der
Mutter anzusehen. Kinder aufzuziehen ist ein hartes Brot – wir haben es
am Anfang des Kapitels gesehen. Für Krallenaffen gilt das in besonderem
Maße, denn sie sind selbst nicht nur sehr klein, ihre Kinder zeichnen sich
auch durch ein sehr hohes relatives Geburtsgewicht aus: Ein neugeborener
Braunrückentamarin wiegt im Mittel 34 Gramm, seine Mutter 350 Gramm;
die beiden Zwillinge zusammen bringen also knapp 20 Prozent des mütterlichen Gewichts auf die Waage [489]. Zum Vergleich: Ein menschliches
Neugeborenes wiegt $5^1/_2$ Prozent von dem, was seine Mutter wiegt, beim
Schimpansen liegt der Wert bei 4 %, beim Gorilla bei nur 2,6 %, beim
Siamang und beim Berberaffen bei 6 % und beim Rhesusaffen bei 7 %.
Mit anderen Worten: Für Krallenaffen und einige andere Arten mit vergleichsweise schweren Kindern, wie Nachtaffen (14 %), Springaffen
(10 %), Springtamarine (9 %) und Totenkopfaffen (15 %), ist das Tragen
der Kinder (die ja schließlich auch noch wachsen) mit einem ungeheuren
Energieaufwand verbunden. Das ist eine Situation, in der es Sinn macht,
nach Alternativen zu suchen. Tatsächlich scheinen Primatenmütter, wenn
das Geburtsgewicht ihrer Kinder um die 10 Prozent (oder mehr) ihres
eigenen Gewichtes beträgt, nur zwei Möglichkeiten zu haben: die Kinder
abzulegen (die Halbaffen-Lösung) oder Helfer zu rekrutieren [221, 337,
515]. Und wer käme besser als Helfer in Frage als ein naher Verwandter?
    Und damit wären wir wieder beim Faktor Vaterschaftssicherheit. Toten-
kopfaffen scheinen die einzigen simischen Primaten mit einem hohen relativen Geburtsgewicht der Babys zu sein, bei denen sich die Väter trotz
der erheblichen Belastung für die Mütter *nicht* an der Aufzucht der Jungen
beteiligen. Der Grund wird in unsicherer Vaterschaft vermutet, denn Totenkopfaffen leben in großen Gruppen mit vielen Männchen und einem
promisken Paarungssystem [715].[3]
    Vaterschaftsicherheit, oder besser gesagt, -*unsicherheit* („*pater semper
incertus*"!) ist also zweifellos ein gewichtiger Faktor für die Evolution väterlichen Investments. Und dennoch: Ist genetische Verwandtschaft wirklich der entscheidende Grund dafür, daß Männchen in Kinder investieren?

Zweifel sind angebracht, nicht zuletzt deshalb, weil enge Beziehungen zwischen Männchen und Kindern in Gesellschaftssystemen mit geringer Vaterschaftssicherheit gar nicht so selten sind. Die Alternativhypothese ist schon angesprochen worden: Es könnte doch sein, daß es den Männchen gar nicht darum geht, das Überleben der eigenen Jungen sicherzustellen, sondern in Wirklichkeit nur darum, sich selbst künftige Fortpflanzungschancen zu sichern, indem sie bei der Mutter „Eindruck schinden". In diesem Fall betreiben die Männchen also gar keinen elterlichen Aufwand, sondern ihr Verhalten wäre mit dem Konzept des „Paarungsaufwandes" erklärbar [578]. Tatsächlich deutet einiges darauf hin, daß dieses Konzept eine umfassendere Erklärungskraft bietet als das Konzept des elterlichen Investments:

– Laborbefunde zeigen, daß Krallenaffenmännchen unabhängig von der genetischen Verwandtschaft in Kinder investieren – beispielsweise auch dann, wenn sie neu in eine Gruppe eingegliedert werden [516].

– Lisztaffenmännchen (eine Krallenaffenart) tragen auffällig häufig ausgerechnet dann Kinder, wenn sie deren Mutter besteigen, und ihre sexuellen Avancen werden von der Mutter dann auch seltener zurückgewiesen [494].

– Meerkatzenmännchen verhalten sich Kindern gegenüber freundlich, wenn die Mutter sie sehen kann, sind aber unfreundlich, wenn die Mutter (zumindest in ihrer Wahrnehmung) nicht zuschaut. Hat die Mutter dennoch Informationen über das Verhalten des Männchens, wirkt sich dies auch auf ihre Beziehung zu ihm aus – und zumindest ranghohe Weibchen haben durchaus die Möglichkeit, sich sexuellen Annäherungen von Männchen zu erwehren [333].

– Savannenpavianmännchen schließen unabhängig von genetischer Verwandtschaft Freundschaften mit bestimmten Weibchen und ihren Kindern; Weibchen und Kinder profitieren, weil sie von ihrem „Beschützer" bei Auseinandersetzungen unterstützt werden, die Männchen, weil sie von der Mutter als Sexualpartner bevorzugt werden [573].

– Männliche Fürsorge ist bei Arten, bei denen ein Männchen das Paarungsmonopol besitzt (insbesondere in Systemen mit Ein-Männchen-Polygynie), deutlich seltener als bei Arten, bei denen mehrere oder viele Männchen um Paarungschancen konkurrieren (Tab. 6.2). Trotz hoher Vaterschaftssicherheit scheinen Männchen also sehr oft wenig Neigung zu verspüren, in ihre Kinder zu investieren, solange ihre Paarungschancen gesichert sind.

Daß männliche Jungenfürsorge eher der Sorge um die Schaffung und Erhaltung der eigenen Sexualbeziehungen als der Sorge um die eigenen Jungen entspringen könnte, klingt natürlich nicht sehr schmeichelhaft – vor

allem, wenn dies auch noch unserer eigenen Art unterstellt wird (Exkurs
6.1). Den Müttern kann es natürlich letztendlich egal sein, aus welchem
Motiv die Männchen handeln – Hauptsache, sie bekommen, was sie wollen.
Dennoch sollte man im Auge behalten, daß die Hypothese vom Paarungs-
aufwand – so überzeugend sie erscheint – eine Hypothese ist. Denn ob die
Männchen tatsächlich bekommen, was sie wollen, ist bislang kaum hinrei-
chend getestet. Interessant wäre es beispielsweise zu erfahren, ob rangnie-
dere Männchen ihren Wettbewerbsnachteil über freundliches Verhalten
Kindern gegenüber ausgleichen. Daten vom Menschen deuten in diese
Richtung ...

Exkurs 6.1:
Homo sapiens: eine Bresche für die Väter?

Vater werden ist nicht schwer, Vater sein dagegen sehr, reimte Wilhelm Busch, und irgendwie hatte er damit ja auch recht. Andererseits:
Um das Herz ihrer Allerliebsten zu gewinnen, unternehmen Männer
schon einige Anstrengungen. Wenn es aber darum geht, die Mutter bei
der Arbeit mit den Kindern zu entlasten, neigen sie doch eher zur
Zurückhaltung. Das ist kein Phänomen, das auf unsere Gesellschaft
beschränkt wäre: Mary Katz und Melvin Konner, die die ethnologische
Literatur durchforstet haben, kommen zu dem Schluß, daß nur bei
einer winzigen Minderheit der Ethnien (4 %) enge Beziehungen zwischen Vätern und Kleinkindern die Norm sind [330]. In den meisten
Gesellschaften sind Kinder – zumindest solange sie noch klein sind –
Frauensache. Ein wohl nicht untypisches Beispiel sind die Ye'kwana
in Venezuela. Ye'kwanaväter rangieren, was Fürsorgeleistungen für die
Kinder angeht, nicht nur weit hinter den Müttern, sondern werden
auch noch von Schwestern, Kusinen, Großmüttern und Tanten der Kinder in den Schatten gestellt [247]. Das Gegenbeispiel liefern die zen-
tralafrikanischen Aka-Pygmäen. Nirgendwo sonst auf der Welt hat
man fürsorglichere Väter gefunden. Zwar investieren auch Akaväter
deutlich weniger in ihre Kinder als die Mütter (auf dem Arm haben
sie Babys im Mittel knapp 1 Stunde täglich, die Mütter dagegen gut 8
Stunden), aber im Gegensatz zu den Ye'kwana rangieren sie damit als
Bezugsperson direkt hinter der Mutter. Ist es ein Zufall, daß sich ausgerechnet Aka-Babys durch ein für Menschen vergleichsweise hohes
relatives Geburtsgewicht – es liegt bei 6,6 Prozent des mütterlichen
Gewichts [280] – auszeichnen? Interessant sind die Aka aber noch aus

einem weiteren Grund: Jene Männer, die über Ansehen, Ressourcen und mehrere Ehefrauen verfügen, zeigen nämlich deutlich weniger väterliches Engagement als die anderen, die gerade mal eine Frau haben [279]. Väterliches Engagement als Strategie, die geringere eigene Attraktivität für Frauen zu kompensieren? Auch die Daten von Katz und Konner deuten darauf hin, daß es hier einen Zusammenhang gibt.

Beobachtungen in einem karibischen Dorf nähren ebenfalls den Verdacht, daß es Männern letztlich doch immer nur um „das Eine" geht: Stiefväter zeigten am Beginn der Ehe deutlich mehr Interesse am Kind als hinterher, und sie behandelten die Kinder um so besser, je jünger und attraktiver die neue Frau war [201]. Daß die Strategie *„Sei nett zum Kind, und Du hast gute Chancen bei der Mutter"* auch in modernen westlichen Gesellschaften wirksam ist, zeigt ein einfaches Experiment, das in Amerika durchgeführt wurde: Man zeigte Frauen Bilder, auf denen jeweils derselbe Mann in drei verschiedenen Situationen zu sehen war: allein, freundlich mit einem Baby schäkernd oder unbeteiligt neben einem schreienden Baby sitzend. Man muß nicht lange raten, wer bei den Frauen den meisten Zuspruch fand: Natürlich wurden Männer dann am sympathischsten beurteilt, wenn sie freundlich mit den Babys interagierten. In der umgekehrten Konstellation – Männer, denen entsprechende Bilder von Frauen gezeigt wurden – ergab sich dagegen keine signifikante Bevorzugung.[4]

Zumindest für eine Art, den nordafrikanischen Berberaffen, hat sich die Hypothese vom Paarungsaufwand allerdings als nicht stichhaltig erwiesen. Berberaffenmännchen tragen gerne und häufig Kinder, haben allerdings keine Ahnung, wer der Vater welchen Kindes ist – eine Folge des promisken Sexualverhaltens der Weibchen. Väterliches Investment fällt als Erklärung also aus. Da die Mütter den Trägern ihrer Kinder auch auf der sexuellen Ebene keine Vorrechte einräumen, kann man die Hypothese vom Paarungsaufwand ebenfalls verwerfen. Was treibt die Männchen dann dazu, sich mit Kindern abzugeben?

Es gibt dramatische Schilderungen darüber, wie Berberaffen, die von einem ranghöheren Männchen angegriffen werden, blitzschnell nach einem Baby greifen und dieses wie ein Schutzschild vor sich halten, worauf der Aggressor auf einen Schlag lammfromm wird. Auch dies kann man getrost ins Reich der Legende verweisen, denn die Wirkung einer Wunderdroge haben Berberaffenbabys nicht. Richtig ist allerdings, daß die Männchen oft Babys einsetzen, wenn sie mit anderen – vor allem ranghöheren – Männchen interagieren. Daraus machen sie ein regelrechtes Ritual: Nicht selten sitzen zwei oder sogar drei große Männchen um ein winziges Baby herum, halten es in die Luft und schnattern es begeistert an. Auch Berberaffen instrumentalisieren Kinder, wie es scheint, als „soziales Werkzeug" für ihre eigenen Interessen – allerdings nicht, um ihre sexuellen Chancen bei der Mutter zu erhöhen, sondern um gute Beziehungen zu potenten Koalitionspartnern aufzubauen [479]. Ähnliches hatte schon vor vielen Jahren der japanische Forscher Junichiro Itani angenommen, als er 1959 den Verdacht äußerte, rangniedere Japanmakakenmännchen würden Jungtiere sozusagen als „Eintrittskarte" zu den „besseren Kreisen der Gesellschaft" benutzen [314]. Während aber bei Japanmakaken derartige taktische Manöver eher selten zu beobachten sind, haben Berberaffen und Tibetmakaken – die sich ebenfalls durch bemerkenswert enge Männchen-Kind-Kontakte auszeichnen – das System auf die Spitze getrieben: Sie setzen gezielt solche Jungtiere als soziales Werkzeug ein, mit denen auch der Interaktionspartner eine enge Beziehung unterhält [453, 479].

Attraktive Babys

Ein neugeborenes Hanumanlangurenkind muß für den weiblichen Teil seiner Umwelt etwas Unwiderstehliches an sich haben. Vom ersten Lebenstag an wird es unter den Weibchen der Gruppe herumgereicht, getragen und „bemuttert". In seinen ersten vier Lebenswochen verbringt es bis zu 50 Prozent des Tages in Kontakt mit „Tanten", wie man diese Weibchen früher nannte. Heute ist man – da die wirklichen Verwandtschaftsbeziehungen oftmals gar nicht bekannt sind – vorsichtiger und spricht von sogenannten „Allomüttern" (engl. *„allomothers"*).

Auch bei anderen Primatenarten tragen Weibchen gerne und ausgiebig die Babys anderer Weibchen mit sich herum. Totenkopfaffenkinder beispielsweise werden nahezu den halben Tag (40 %) von solchen Allomüttern getragen [439]. Darüber, was in der Nacht geschieht, gibt es wenig Beobachtungen; aber in der Regel verbringen die Kinder sie wohl mit ihren Müttern.

Derartig exzessiv wie bei den neuweltlichen Totenkopfaffen und den altweltlichen Languren werden Primatenkinder natürlich nur selten von anderen Weibchen herumgeschleppt. Zum Teil liegt das daran, daß bei vielen Arten – Rhesusaffen etwa – die Mütter deutlich restriktiver sind und anderen Gruppenmitgliedern zumindest in den ersten Lebenswochen des Babys kaum gestatten, es anzufassen. Daß Babys aber auf viele weibliche Primaten eine geradezu magische Faszination ausüben, während das Interesse der Männchen (mit wenigen Ausnahmen) eher verhalten ausfällt, scheint ein durchgängiges Phänomen zu sein. Das gilt übrigens auch für den Menschen. Psychologen, die eigentlich überzeugt waren, daß es sich hier um ein typisches Produkt geschlechtsspezifischer Sozialisation handelte, stellten erstaunt fest, daß das unterschiedliche Interesse am Umgang mit Babys einer der kulturell durchgängigsten und offenbar erziehungsresistentesten Geschlechtsunterschiede überhaupt ist [177].

Zwei Fragen drängen sich auf: Erstens: Worin liegt die biologische Erklärung für dieses Verhalten? Zweitens: Warum sind die Mütter bei manchen Arten restriktiver als bei anderen? Wenden wir uns der zweiten Frage zuerst zu. Eine der häufigsten Erklärungen lautet, das Herumtragen durch andere Gruppenmitglieder fördere die Sozialisation der Kinder. Leider wird nur selten erklärt, was genau damit gemeint ist. Irgendwie soll wohl das frühzeitige Kennenlernen der anderen dem Kind nützen. Ob aber die Tatsache, daß man als Säugling von anderen Weibchen herumgetragen wurde, zum eigenen Erfolg beiträgt, ist völlig ungeklärt. Manche vermuten auch, im Falle des Todes der Mutter hätte das Kind eine erhöhte Adoptionschance. Auch das klingt gut, wird aber durch die verfügbaren Daten nicht sonderlich überzeugend gestützt. Säuglinge brauchen Milch, und die bekommen sie von ihren „Allomüttern" in den allermeisten Fällen nicht. Tatsächlich sind die meisten Fachleute heute der Auffassung, daß das Baby selbst am allerwenigsten davon hat, wenn es von anderen Weibchen herumgeschleppt wird [293, 677].

Es gibt noch eine Vielzahl weiterer möglicher Erklärungen [382]. Greifen wir die wichtigsten heraus.

Die „Wie-werde-ich-eine-gute-Mutter?"-Hypothese

Bei den Grünen Meerkatzen in Kenia beobachtete die amerikanische Anthropologin Jane Lancaster schon in den 60er Jahren, daß vor allem junge Weibchen, die noch keine eigenen Kinder hatten, überaus eifrig mit Säuglingen interagierten. „Play mothering" nannte Lancaster das – auf spielerische Weise die Mutterrolle einüben [361]. Tatsächlich zeigten viele der nachfolgenden Freilandstudien, daß gerade junge Weibchen sich als „Allomutter" besonders hervortun [439]. Zwar ist nicht recht klar, was die Weibchen eigentlich lernen, wenn sie Kinder herumtragen [676, 677]. Dennoch fand Lynn Fairbanks die Hypothese in ihrer Meerkatzenkolonie in Kalifornien bestätigt: Weibchen, die als Heranwachsende häufig Säuglinge getragen hatten, waren bei der Aufzucht ihres ersten eigenen Kindes erfolgreicher als weniger erfahrene Weibchen [192]. Bei Berberaffen fand sich ein solcher Effekt allerdings nicht, obwohl auch hier adoleszente Weibchen besonders häufig Kinder tragen [473].

Die „Gönnen-wir-Mutter-ein-paar-schöne-Stunden"-Hypothese
Hilfe bei der Aufzucht nahe verwandter Kinder – diese Hypothese hatten wir schon kennengelernt. In sogenannten „kommunalen Aufzuchtssystemen" verzichten Helfer – in der Regel ältere Kinder – zeitweise oder gar lebenslang auf die eigene Fortpflanzung und unterstützen die Mutter bei der Aufzucht ihrer jüngeren Geschwister. Ein zumindest zeitweiliger Verzicht auf eigene Fortpflanzung von Helfern ist bei Primaten auf Krallenaffen beschränkt. Hier agieren nicht nur Männchen als Helfer, auch die weiblichen Verwandten sind beteiligt. Auch bei Totenkopfaffen – deren Kinder sich ja ebenfalls durch ein hohes Geburtsgewicht auszeichnen, die Männchen sich aber nicht an der Aufzucht beteiligen – dürfte die Hilfe verwandter Weibchen eine Entlastung für die Mutter darstellen.

Daß genau dies der entscheidende Punkt ist, vermuten auch die Langurenforscher Volker Sommer und Craig Stanford [590, 597]. Volker Sommer stellte bei den Hanumanlanguren von Jodhpur fest, daß die Babys vorwiegend von nahe verwandten Weibchen getragen wurden und die Mütter in dieser Zeit mehr und hochwertigere Nahrung zu sich nahmen, an die mit Baby am Bauch offenbar nur schwer heranzukommen war. Junge, noch kinderlose Weibchen waren auch hier die eifrigsten „Allomütter" – daß sie dabei etwas lernten oder überhaupt lernen könnten, hatte schon Volker Sommers und mein Lehrer Christian Vogel bezweifelt. Den einzigen direkten Vorteil hat Sommers Meinung nach die Mutter; indirekt allerdings profitiert die „Allomutter" über den Weg der Verwandtenselektion ebenfalls – und dies bei geringen eigenen Kosten, denn ein Reproduktionsverzicht von Helfern findet bei Languren nicht statt.

Etwas anders liegt die Geschichte mit den Schopflanguren, die Craig Stanford untersuchte. Hier waren es nämlich nicht junge, sondern erwachsene Weibchen, die vorwiegend die Kinder trugen. Die Lernhypothese kann man hier wohl ausschließen. Auch Stanford konnte zeigen, daß Mütter, während ihre Kinder von anderen Weibchen getragen wurden, mehr Nahrung aufnahmen. Allerdings meint er, daß das System bei den Schopflanguren nicht auf Verwandtenhilfe beruht, sondern auf reziproker Unterstützung: *„Hilfst du mir bei der Aufzucht meines Kindes, helf ich dir bei der nächsten Gelegenheit bei der Aufzucht des deinen."* Belege dafür konnte Stanford freilich nicht liefern, und Untersuchungen an anderen Arten lassen hier eher Skepsis aufkommen [473, 677].

Biologisch entscheidend ist natürlich nicht, daß „Mutter", wie oben etwas flapsig formuliert, „ein paar schöne Stunden hat". Entscheidend ist auch nicht, daß sie sich in der Zeit den Bauch vollschlagen kann. Die vor dem Hintergrund der Selektion entscheidende Frage ist, ob die Entlastung, die sie erfährt, ihr einen Fitnessvorteil bringt. Wieder war es Lynn Fair-

banks, die diese Hypothese in ihrer Langzeituntersuchung an Grünen
Meerkatzen bestätigt fand: Weibchen, deren Kinder häufig von „Allomüttern" getragen wurden – und auch hier waren es meist nahe Verwandte –,
konzipierten schneller wieder und hatten damit einen höhere Reproduktionsrate als Weibchen, die ihre Kinder mehr oder weniger allein aufziehen
mußten [192]. Es ist nicht schwer, eine Ursache für die schnellere Neukonzeption von Müttern viel getragener Babys auszumachen: Vermutlich führt
die zeitweise Trennung des Kindes von der Mutter zu einer Verminderung
der Stillhäufigkeit und damit zu einer früheren Wiederaufnahme ovulato-
rischer Zyklen. Bessere Ernährung der Mutter könnte die gleiche Wirkung
haben. Möglicherweise haben wir es hier also mit einer Hypothese von
weitreichender Bedeutung zu tun. Freilich – Untersuchungen an Berberaffen bestätigen Fairbanks Daten nicht. Zwar bevorzugten auch hier weibliche „Allomütter" verwandte Kinder, aber wie oft die Kinder von anderen
Grupppenmitgliedern – Männchen wie Weibchen – getragen wurden, hatte
keinen Einfluß darauf, wann ihre Mütter wieder konzipierten [473].

*Die „Wie-schade-ich-meiner-Konkurrentin-am-wirkungsvollsten?"-Hypo-
these*
Könnte es sein, daß wir die scheinbar so altruistischen Interaktionen
zwischen „Tanten" und Babys durch eine rosarote Brille gesehen haben?
Faktum ist, daß Weibchen, die Babys anderer Mütter tragen, diese von der
einzigen Nahrungsquelle, die ihr Überleben garantiert – der Muttermilch –,
trennen. Zwar kommt es vor, daß auch „Allomütter" den Babys Brustkontakt erlauben und sie gelegentlich sogar stillen. Die Regel ist dies aber
nicht – und sei es nur deshalb, weil die Weibchen meist keine Milch haben
[457]. Primatenbabys aber brauchen wegen des geringen Protein- und Fett-
gehalts der Muttermilch im Prinzip ständig den Zugang zur Mutterbrust.
Längere Trennungen von der Mutter müßten daher – ganz gleich, welche
psychologischen Mechanismen die „Allomutter" antreiben – zu einer
Schwächung des Kindes führen [699]. Tatsächlich sind eine ganze Reihe
von Fällen bekannt, bei denen Babys von sogenannten „Allomüttern" regelrecht zu Tode „bemuttert" wurden [83, 121, 382]. Rigide Rangverhält-
nisse unter den Weibchen können solche Fälle von „Kidnapping" mit töd-
lichem Ausgang begünstigen – rangtiefe Mütter haben unter solchen Voraussetzungen oft Schwierigkeiten, ihr Kind von einer ranghöheren
„Allomutter" zurückzubekommen.
   Joan Silk, Samuel Wasser und David Barash meinen daher, daß der funk-
tionelle Hintergrund von Weibchen-Kind-Interaktionen darin liegen könnte, die Fitness von Konkurrentinnen zu beeinträchtigen – Kinder anderer
Weibchen zugunsten der eigenen zu schwächen [548, 701]. Sinn macht

diese Kidnapping-Hypothese natürlich nur, wenn es sich bei den entführten Babys nicht um verwandte Säuglinge handelt. Ein Einwand drängt sich damit auf: In vielen Fällen *sind* die „Allomütter" mit den Babys, die sie tragen, eng verwandt. Möglicherweise ist dieser Einwand aber nicht so stichhaltig, wie er scheint. Denn erstens gibt es viele Fälle, in denen kein Verwandtschaftsverhältnis besteht, und zweitens zählt in der Selektion nur der Effekt: Entscheidend ist, ob das Kind lange genug von der Mutter getrennt ist, daß es Schaden nimmt. Mütter, die mit der Kidnapperin verwandt sind, werden in aller Regel wenig Schwierigkeiten haben, ihr Kind zurückzubekommen. Besteht keine Verwandtschaftsbeziehung, dafür aber ein deutliches Ranggefälle zwischen Mutter und „Allomutter", kann dies schwierig werden. Und damit sind wir bei der ersten vorhin gestellten Frage: warum die Mütter bei manchen Arten restriktiver sind als bei anderen. Wenn die Nahrungskonkurrenz unter den Weibchen ausgeprägt und die Rangbeziehungen demgemäß eher despotisch sind, sollten Mütter darauf achten, wer Zugang zu ihren Kindern hat. Languren, bei denen aufgrund der Blattnahrung Nahrungskonkurrenz und Ranggefälle eher gering ausgeprägt sind, meint James McKenna, können es sich leisten, ihre Kinder an andere, auch unverwandte Weibchen abzugeben, die eher despotischen Makaken und Paviane dagegen nicht [410].

Die „Babys-sind-niedlich"-Hypothese
Viele Forscher sind heute der Auffassung, daß das Tragen der Kinder anderer Weibchen ein sehr heterogenes Phänomen ist: In manchen Fällen könnte es um das Einüben mütterlichen Verhaltens gehen, in anderen um die Hilfe bei der Aufzucht (diese beiden Erklärungsebenen schließen einander selbstverständlich nicht aus) und in wieder anderen um das Schädigen von Konkurrenten. Tatsächlich scheinen die verfügbaren Daten mal die eine, mal die andere Hypothese zu bestätigen. Und dennoch könnte der Evolution dieses Verhaltens ein allgemeines Prinzip zugrunde liegen: Das Bedürfnis, Babys im Arm zu halten und zu tragen, könnte nämlich schlicht und einfach, so vermutet Duane Quiatt, als Nebenprodukt einer starken Selektion für eine enge Mutter-Kind-Bindung entstanden sein [498]. Primatenkinder sind schließlich darauf angewiesen, daß ihre Mütter hochmotiviert sind, eine enge Bindung zu ihnen entwickeln. Auf das eigene Kind gerichtet wäre ein solches Motivationssystem zweifellos hochgradig adaptiv; beim Fehlen dieses eigentlichen Zielobjektes könnte es aber für Irrtümer anfällig sein: Auch der Umgang mit passenden Ersatzobjekten befriedigt das Bedürfnis. Nach diesem Erklärungsansatz ist also das Verhalten selbst – fremde Babys herumzutragen – nicht adaptiv, wenngleich der evolutionäre Ursprung des weiblichen Interesses am Umgang mit

Säuglingen durchaus einen adaptiven Hintergrund hat. Es gibt eine Reihe von Indizien, die für diese Hypothese sprechen:

– Weibchen bevorzugen im allgemeinen den Umgang mit möglichst kleinen Kindern – ein Hinweis darauf, daß bei ihnen das berühmte Lorenz'-sche „Kindchenschema" [371] einen starken Auslöser mütterlichen Verhaltens darstellt (freilich stünde dieses Faktum allein auch im Einklang mit der „Konkurrenz"-Hypothese, da die kleinsten Kinder auch die verletzlichsten sind).[5]

– Es sind Fälle bekannt, bei denen Großmütter die eigenen Enkelkinder „zu Tode bemuttert" haben, aber auch Fälle, bei denen Weibchen unverwandte Kinder „adoptiert" und erfolgreich aufgezogen haben [473, 626]. Fitnessfördernd ist zweifellos weder das eine noch das andere.

– Einigen Untersuchungen zufolge zeigen besonders Weibchen, die gerade ihr eigenes Neugeborenes verloren haben, ein besonders starkes Interesse, mit anderen Babys zu interagieren. Mütter, die eigene Kinder zu versorgen haben, sind dagegen weniger interessiert – kein Wunder angesichts der großen Belastung, die mit der Aufzucht eines Kindes verbunden ist [383, 457, 473, 534, 626, 723].

Auch das große Interesse, das gerade heranwachsende Weibchen, die noch keine eigenen Kinder haben, an Babys zeigen, fügt sich nahtlos in diesen Erklärungsansatz ein. Daß es vorwiegend verwandte Kinder sind, die getragen werden, ist ebenfalls verständlich: Sie sind einfach am leichtesten zugänglich. Es ist vielleicht auch kein Zufall, daß die eifrigsten Trägerinnen von Berberaffenbabys, die ich je gekannt habe, zwei offenbar aufgrund einer Hormoninsuffizienz sterile Weibchen waren. Wie es scheint, kann der Kinderwunsch schon bei nichtmenschlichen Primaten Blüten treiben, die nicht immer fitnessfördernd sind und doch aus dem Bestreben wurzeln, die eigenen Gene erfolgreich weiterzugeben. Bei den Menschen ist es offenbar nicht anders ... (Exkurs 6.2).

Exkurs 6.2: „Allomütterliches Verhalten" in menschlichen Gesellschaften

Mitte der 60er Jahre wurden in den USA pro Jahr mehr als 100 000 Kinder adoptiert. Seither sind die Zahlen zurückgegangen, die Nachfrage aber eher noch gestiegen [554]. Auch in traditionellen Kulturen ist die Adoption von Kindern nichts Ungewöhnliches. In manchen arktischen und ozeanischen Gesellschaften wachsen bis zu 25 Prozent der Kinder in nichtelterlichen Haushalten auf [549].

Daß Menschen wissentlich und willentlich Kinder aufziehen, die nicht ihre eigenen sind, scheint soziobiologischen Prinzipien diametral entgegenzustehen. Schließlich fördert man auf diesem Wege die genetische Repräsentanz von Konkurrenten – zu Lasten der eigenen Abstammungslinie. Mit den Prinzipien der Darwinschen Evolutionstheorie sind derartige Praktiken dennoch erklärbar. In traditionellen wie modernen Gesellschaften geben Eltern ihre Kinder dann zur Adoption frei, wenn sie selbst Schwierigkeiten haben, sie aufzuziehen. Die Adoptiveltern sind materiell bessergestellt und ermöglichen dem Kind damit einen besseren Start ins Leben. Die leiblichen Eltern handeln also adaptiv. In traditionellen Kulturen gilt dies auch für die Adoptiveltern, denn hier handelt es sich in aller Regel um nahe Verwandte.

Adoptionen in modernen westlichen Gesellschaften sind mit dem Prinzip der Verwandtenselektion freilich nicht zu erklären – hier handeln Adoptiveltern offensichtlich *nicht* im Dienste der eigenen Fitness. Dafür gibt es zwei Erklärungsmöglichkeiten: Erstens könnte es sein, daß sich im Verlaufe vieler Generationen unsere Psyche an eine Umwelt angepaßt hat, in der die Wahrscheinlichkeit, ein unverwandtes Kind zu adoptieren, außerordentlich gering war. Wir hätten es also mit einem ursprünglich adaptiven Verhaltensmuster zu tun, das erst seit sehr kurzer Zeit – unter den Bedingungen der Zivilisation – seiner reproduktiven Sinnhaftigkeit beraubt worden ist. Zweitens könnte es sich um ein Nebenprodukt jener Selektionskräfte handeln, die es vorteilhaft machen, Kinder in die Welt zu setzen und – um ihr Überleben sicherzustellen – eine enge Bindung zu ihnen zu entwickeln. Welche Ausmaße der Wunsch nach *eigenen* Kindern annehmen kann, wird heute mit dem Ansturm auf die Kliniken der Reproduktionsmediziner offenbar. Adoptivkinder fungieren nach dieser Hypothese quasi als Ersatzobjekte, die dazu dienen, ein Bedürfnis zu befriedigen, das unter anderen Umständen – bezogen auf ein eigenes Kind – biologisch zweifellos adaptiv ist. Nicht von ungefähr sind sowohl in traditionellen wie in modernen Gesellschaften Adoptiveltern selbst ganz überwiegend kinderlos. Auch die an Kindes Statt angenommenen Ersatzobjekte – Haustiere, Puppen, Teddybären – sprechen Bände. Es sind übrigens nicht die Kleinkinder, die Teddybären mit einem ausgeprägten Kindchenschema besonders niedlich finden (diese Präferenz entwickelt sich erst im Alter von 4 Jahren) – es sind die Eltern, die das Spielzeug schließlich ja auch kaufen [434]. Daß Mädchen aber schon recht früh Babys niedlicher finden als Jungen, ist ein weltweites Phänomen, das von den Müttern zweifellos häufig noch verstärkt – und ausgenutzt –

wird: In vielen Gesellschaften werden Töchter zur Mithilfe bei der Kinderversorgung herangezogen [177]. Daten aus Trinidad und dem mikronesischen Ifaluk-Atoll zeigen, daß sich derartige Hilfeleistungen positiv auf den Fortpflanzungserfolg der Eltern auswirken und damit auch evolutionär Sinn machen [202, 642].

7. Intelligenz

So groß nun auch nichtsdestoweniger die Verschiedenheit an Geist zwischen dem Menschen und den höheren Thieren sein mag, so ist sie doch sicher nur eine Verschiedenheit des Grads und nicht der Art.

Charles Darwin

Können Sie sich vorstellen, was passiert, wenn man einem Gorilla, einem Schimpansen und einem Orang-Utan einen Schraubenzieher in den Käfig legt? Der Gorilla braucht eine Stunde, bis er den Schraubenzieher entdeckt, und das auch nur, weil er drauftritt. Dabei erschreckt er sich erst einmal fürchterlich und braucht eine weitere Stunde, bis er sich vorsichtig an *das Ding* herantraut. Nachdem er sich davon überzeugt hat, daß *das Ding* harmlos ist, versucht er es aufzuessen. Natürlich merkt er, daß der Schraubenzieher nicht schmeckt. Also wirft er ihn weg und kümmert sich nicht mehr darum. Der Schimpanse bemerkt den Schraubenzieher sofort und schnappt ihn sich. Kreativ wie er ist, benutzt er ihn für alles mögliche – als Zahnstocher, als Knüppel, als Spieß, als Hammer, als Hebel, als Wurfpfeil –, nur eben nicht als Schraubenzieher. Er manipuliert unaufhörlich damit, bewacht sein Fundstück eifersüchtig und verliert erst nach Tagen das Interesse. Auch der phlegmatisch wirkende Orang bemerkt den Schraubenzieher sofort, tut aber erst einmal so, als interessiere er ihn überhaupt nicht. Er wartet, bis es Nacht wird, nimmt den Schraubenzieher, schraubt zielsicher die Käfigtür auf – und macht sich aus dem Staub.

Diese Geschichte – sie kursiert unter Zooleuten – ist natürlich frei erfunden. Wirklichkeitsfremd ist sie allerdings nicht. Im Gegenteil, sie orientiert sich strikt an dem, was man beobachten kann – und womit man in einem Zoo, der Menschenaffen hält, rechnen sollte [40]. Allerdings gibt sie uns auch einige Rätsel auf. Warum diese Unterschiede? Sind Gorillas etwa intellektuell ein wenig beschränkt? Da Primatologen dazu neigen, eine gewisse Sympathie für die Tiere zu entwickeln, mit denen sie sich beschäftigen, werden Gorillaforscher hier wohl energisch widersprechen. Tatsache ist allerdings, daß Gorillas – für Primaten ihrer Größe – ein bemerkenswert kleines Gehirn haben. Für uns selbst ergibt sich freilich eine viel bedrohlichere Frage: Gerät hier womöglich die letzte Bastion unserer Einzigartigkeit im Tierreich – der menschliche Geist – ins Wanken?

„Nun unterscheidet sich aber der Mensch von den sonstigen, unvernünftigen Geschöpfen darin, daß er Herr seiner Handlungen ist", behauptete schon Thomas von Aquin vor 700 Jahren in seiner *Summa theologica,* und dieser Lehrsatz scheint sich vor allem bei Geistes- und Sozialwissenschaftlern bis heute beharrlich zu halten. Aber stimmt denn das? Sind Tiere wirklich nur geist- und willenlose Automaten, sklavische Befehlsempfänger ihrer „Instinkte"? Die Geschichte von den drei Menschenaffen im Zoo läßt Zweifel daran zu. Und wie steht es mit uns selbst? Wissen wir nicht spätestens seit Sigmund Freud, daß wir oft genug keineswegs Herr im eigenen Oberstübchen sind? Wie groß ist der Unterschied zwischen einem Affen (oder Hund oder Vogel), der sein eigenes Spiegelbild als besonders impertinenten Rivalen bekämpft, und einem Mann, der sich von der zweidimensionalen Abbildung einer nackten Frau in einer Zeitschrift in den Zustand sexueller Erregung versetzen läßt?

Natürlich wäre es töricht zu behaupten, es gebe keinerlei Unterschiede zwischen den mentalen Fähigkeiten des Menschen und der anderen Primaten. Aber wenn man akzeptiert, daß der Geist – ebensowenig wie wir selbst – nicht einfach vom Himmel gefallen ist, sondern einen evolutionären Ursprung hat, wird man zumindest irgendwelche *Vorstufen* der menschlichen Intelligenz bei unseren nächsten lebenden Verwandten annehmen müssen. Das, was wir am meisten an uns selbst bewundern – unser Bewußtsein, unsere Vernunft und Sprache, unsere Technologie und Kultur –, ist vielleicht nicht ganz so einzigartig, wie wir gerne glauben. Hier Vergleiche anzustellen – die Höhe des Sockels, auf den wir uns gestellt haben, abzuschätzen – ist allerdings auch nicht so einfach, wie es scheint. Intelligenz ist ein schillernder Begriff, der sich schon beim Menschen einer einfachen und allgemein akzeptierten Definition entzieht. Für Psychologen ist Intelligenz oft ganz pragmatisch das, was der Intelligenztest mißt. Aber spätestens bei der Anwendung desselben Tests auf Angehörige unterschiedlicher Kulturen wird dieses Instrument zumindest problematisch. Bei einem Vergleich verschiedener *Arten* wird das Ergebnis vollends zur Farce, da der Test für die beiden mit großer Wahrscheinlichkeit nicht dasselbe bedeutet [630]. Oder um auf die Geschichte mit den drei Menschenaffen zurückzukommen: Gorillas müssen nicht unbedingt dümmer sein als Orang-Utans – es könnte sein, daß sie einfach nur *andere* Talente besitzen. Wir werden uns also einer ganzen Reihe von Hinweisen bedienen müssen, um den mentalen Fähigkeiten unserer Verwandten auf die Spur zu kommen.

Gehirngrößen im Vergleich

Gehirngröße und Intelligenz haben offensichtlich etwas miteinander zu tun; allerdings ist der Zusammenhang weder so eindeutig noch so einfach, wie man meinen möchte. Zunächst einmal muß man natürlich berücksichtigen, daß die Körpergröße eine Rolle spielt: Ein Löwe hat selbstverständlich ein größeres Gehirn (220 g) als eine Hauskatze (30 g), auch wenn sich die beiden in ihrer Intelligenz vielleicht nicht wesentlich voneinander unterscheiden. Insofern sagt es zunächst einmal gar nichts, wenn ein 60 Kilogramm schwerer Mensch mehr Gehirnmasse aufbringt (ca. 1300 g) als ein 60 Gramm schwerer Mausmaki, dessen Gehirn gerade mal 1,8 Gramm wiegt. Tatsächlich zeigt sich an diesem Beispiel, daß auch das relative Gehirngewicht (im Verhältnis zur Körpermasse) kein guter Vergleichsmaßstab ist: Der Mausmaki hat mit einem Gehirn-Körpermasse-Verhältnis von 1:33 nämlich mehr zu bieten als der Mensch (1:46). Der Grund dafür ist, daß zwischen Gehirnvolumen und Körpermasse kein linearer Zusammenhang besteht, sondern bei zunehmender Körpermasse die Gehirngröße weniger stark zunimmt. Kleine Tiere wie Mausmakis haben also grundsätzlich ein *relativ* größeres Gehirn als größere Tiere.[1] Um eine vernünftige Vergleichsbasis zu bekommen, muß man also den Einfluß der Körpergröße einberechnen. Vergleichende Analysen, die diesen Aspekt berücksichtigen, fördern einige interessante Ergebnisse zutage [392, 396]:

- Primaten haben zwar im Durchschnitt – aber keineswegs grundsätzlich – größere Gehirne als andere Säugetiere.
- Halbaffen haben nicht mehr Hirn als ein Durchschnittssäuger, und einige von ihnen liegen sogar deutlich unter dem Klassendurchschnitt (allerdings gibt es auch solche, die deutlich darüber liegen).
- Das Gehirn der Affen und Menschenaffen ist im Mittel doppelt so groß wie das eines Durchschnittssäugers; allerdings gibt es auch hier Überschneidungen mit Säugetieren aus anderen Verwandtschaftsgruppen (insbesondere Robben und Zahnwalen).
- Das Gehirn des Menschen ist etwa dreimal so groß, wie das eines Durchschnittsaffen gleicher Größe wäre. Das nächstgrößere Gehirn nach dem Menschen haben nicht die Menschenaffen, sondern die Delphine, Schwert- und Pottwale.

Es ist also keineswegs so, daß *alle* Primaten größere Gehirne hätten als alle anderen Säuger – allenfalls läßt sich ein Trend in diese Richtung feststellen. Bemerkenswert ist auch, daß die großen Menschenaffen zwar (wie zu erwarten) *absolut* größere Gehirne als irgendein Affe haben, mit ihrem *relativen* Gehirnvolumen aber keineswegs über dem Spektrum der Alt- und Neuweltaffen liegen. Deutlich wird dies am „Hirnvolumenindex" in

Tab. 7.1. Gewichte und Hirnvolumen ausgewählter Primaten. Der Hirnvolumenindex ist ein Maß für die relative Gehirngröße (siehe Text).[2]

Art	Gewicht (g)	Hirn-volumen (cm³)	Hirn-volumen index	relative Neocortex-größe
Lemuren				
Mausmaki *(Microcebus murinus)*	60	1,8	3,4	0,79
Wieselmaki *(Lepilemur mustelinus)*	630	8,1	3,1	0,81
Mongozmaki *(Eulemur mongoz)*	1 669	23,0	4,5	1,23
Larvensifaka *(Propithecus verreauxi)*	3 384	30,6	3,7	1,10
Fingertier *(Daubentonia madagascariensis)*	2 800	45,2	6,3	1,08
Loris				
Senegalgalago *(Galago senegalensis)*	229	3,7	2,8	0,94
Bärenmaki *(Arctocebus calabarensis)*	203	7,6	6,3	
Plumplori *(Nycticebus coucang)*	1 110	11,9	3,1	1,11
Koboldmakis				
Koboldmaki (*Tarsius* spec.)	112	3,0	3,7	1,09
Neuweltaffen				
Nachtaffe *(Aotus trivirgatus)*	985	16,9	4,8	1,59
Totenkopfaffe *(Saimiri sciureus)*	914	23,6	7,0	2,21
Gehaubter Kapuziner *(Cebus apella)*	2 437	76,2	11,7	2,36
Wollaffe *(Lagothrix lagotricha)*	6 248	97,2	7,8	2,22
Klammeraffe (*Ateles* spec.)	8 200	108,8	7,3	2,35
Roter Brüllaffe *(Alouatta seniculus)*	6 556	60,3	4,7	1,82
Weißbüschelaffe *(Callithrix jacchus)*	203	7,2	6,0	1,52
Altweltaffen				
Roter Stummelaffe *(Procolobus badius)*	8 617	61,6	4,0	2,22
Zwergmeerkatze *(Miopithecus talapoin)*	1 250	39,0	9,4	2,33
Rotschwanzmeerkatze *(Cercopithecus ascanius)*	3 605	63,4	7,4	2,44
Dschelada *(Theropithecus gelada)*	21 500	133,0	4,6	2,55
Rhesusaffe *(Macaca mulatta)*	4 600	83,0	8,2	2,60
Anubispavian *(Papio anubis)*	16 650	177,0	7,3	2,76

Art	Gewicht (g)	Hirn-volumen (cm^3)	Hirn-volumen index	relative Neocortex-größe
Menschenaffen und Mensch				
Weißhandgibbon *(Hylobates lar)*	5 442	99,9	8,8	2,08
Siamang *(H. syndactylus)*	10 725	123,7	6,9	
Orang-Utan *(Pongo pymaeus)*	55 000	418,0	7,7	
Gorilla *(Gorilla gorilla)*	114 450	465,0	5,2	2,65
Schimpanse *(Pan troglodytes)*	45 290	393,0	8,2	3,22
Mensch *(Homo sapiens)*	65 000	1409,0	23,0	4,10

Tabelle 7.1. Dieser Index ist ein körpergrößenbereinigtes Maß für die Gehirngröße, wobei das Gehirn basaler Insektenfresser (also etwa einer Spitzmaus oder eines Igels) als einer besonders ursprünglichen, den Primaten nahestehenden Säugergruppe als Bezugsmaßstab dient; das Gehirn eines Primaten mit einem Hirnvolumenindex von 3,0 wäre also dreimal so groß wie das eines fiktiven Insektenfressers gleicher Größe. Nimmt man diesen Index als Vergleichsmaßstab, sind die Primaten mit dem – nach dem Menschen – relativ größten Gehirn nicht etwa die uns verwandtschaftlich am nächsten stehenden Schimpansen, sondern die Kapuzineraffen der Neuen Welt. Das ist natürlich einigermaßen überraschend – auch wenn man in Rechnung stellt, daß Kapuzineraffen vielfach als besonders intelligent gelten.

Natürlich sind Schimpansen nicht sakrosankt. Theoretisch spricht nichts dagegen, daß Kapuzineraffen uns geistig näherstehen als Schimpansen – schließlich ist unsere genetische Verwandtschaft mit den Delphinen noch um einiges weitläufiger. Die relative Größe des gesamten Gehirnes als *das* entscheidende Kriterium für die Intelligenz zu betrachten, ist allerdings nicht unumstritten [91]. Relativ gesehen ist es zwar dasselbe, ob ein 5 kg schwerer Affe über 5 Prozent mehr Gehirn verfügt, als man bei seinem Körpergewicht erwarten würde, oder einer, der 50 kg wiegt. Aber im letzteren Fall könnten aufgrund der absolut größeren Anzahl von Nervenzellen weitaus mehr Gehirnverschaltungen zur Durchführung höherer Rechenoperationen zur Verfügung stehen – und nicht nur der Aufrechterhaltung basaler Körperfunktionen dienen. Über wie viel „freie Rechenkapazität" ein Gehirn verfügt, ist natürlich nicht so einfach zu klären. Aber es liegt nahe, sich jenen Teil des Gehirnes anzuschauen, der bei Säugetieren für solche höheren Rechenoperationen zuständig ist und der auch in der Evolution der Primaten (und der Wale) die größte Zunahme erfahren hat: den Neocortex, also den entwicklungsgeschichtlich jüngsten Teil der Großhirnrinde.[3] Wenn man die Größe des Neocortex im Verhältnis zur Größe des restlichen Gehirns betrachtet (in Tabelle 7.1 als „relative Neocortex-größe" bezeichnet), rangieren als diejenigen Primaten mit dem relativ größten Neocortex nach dem Menschen nicht mehr die Kapuzineraffen, sondern die Schimpansen. Gorillas freilich bleiben auch unter Zugrunde-legung dieses Maßes immer noch weit abgeschlagen: Ihr Neocortex ist re-lativ zum Restgehirn nicht größer als der eines Pavians. Nur in ihrer abso-luten Neocortex- und Gesamthirngröße übertreffen *alle* großen Menschen-affen sämtliche „niederen" Affen.

Werkzeuge

„Es ist oft gesagt worden, daß kein Thier irgendein Werkzeug gebrauche. Der Schimpanse knackt aber im Naturzustande eine wilde Frucht, ungefähr einer Walnuß ähnlich, mit einem Steine" [139, S. 89]. Für Darwin war mit dieser Beobachtung, die der Bostoner Arzt und Missionar Thomas Savage in Westafrika gemacht und in den 40er Jahren des vorigen Jahrhunderts publiziert hatte, die scheinbar unüberbrückbare Kluft zwischen den geisti-gen Fähigkeiten des Menschen und der anderen Tiere ein gutes Stück schmaler geworden. Von nun an hieß es nicht mehr *„Man, the tool user"*, sondern *„Man, the tool maker"*. Die Grenze, auf die wir so viel Wert legen, war neu definiert worden.

Als Jane Goodall gut hundert Jahre später zum ersten Mal beobachtete, wie David Greybeard – einer ihrer Lieblingsschimpansen – sorgfältig Blätt-chen und Seitentriebe von einem Zweig entfernte und mit diesem Werk-zeug begann, Termiten aus ihrem Bau zu fischen, fiel auch diese Grenze: *„Jetzt müssen wir entweder Werkzeug neu definieren, oder wir müssen Mensch neu definieren, oder wir müssen Schimpansen als Menschen akzep-tieren"*, triumphierte der berühmte Paläoanthropologe Louis Leakey (1903–1972), der die Forschungen von Jane Goodall ebenso wie die von Dian Fossey an Berggorillas und Biruté Galdikas an Orang-Utans maß-geblich gefördert hatte [648]. Wie zu erwarten bewies der menschliche Geist auch in dieser prekären Lage seine außerordentliche Flexibilität. Fortan galt als Mensch nur noch, wer Werkzeuge zum Zweck der Werk-zeugherstellung gebrauchte. Das klingt zwar schon um einiges bescheide-ner als das hochtrabende „Der Mensch – der Werkzeughersteller", aber der Zweck der Übung war erreicht: Wir sind eben doch einmalig!

Schimpansen sind keineswegs die einzigen Tiere, die Werkzeuge herstel-len und gebrauchen: Krabben bewaffnen sich mit Seeanemonen, die sie als Schutzschild auf ihrem Panzer tragen; tropische Raubwanzen saugen Termiten aus und benutzen die tote Hülle ihres Opfers, um weitere Termiten anzulocken; Schmutzgeier werfen Steine auf Straußeneier, um deren harte Schale aufzubrechen; Galapagos-Spechtfinken stochern mit zurechtgestutzten Zweigen und Kaktusnadeln nach Insekten, und Seeotter benutzen Steine, um die wohlschmeckenden, aber hartschaligen Abalonen („Seeohren") zu knacken. Inwieweit hier Intelligenz im Spiel ist, ist umstritten; vielfach deuten stereotype Handlungsabläufe und der begrenzte Einsatz der Werkzeuge zu einem einzigen Zweck darauf hin, daß es sich um starre, angeborene Verhaltensprogramme handelt, die keinerlei Einsicht in Ursache und Wirkung voraussetzen. Aber die Annahme, daß es sich nur um einfache, vorprogrammierte Instinkthandlungen dreht, wird keineswegs durch alle Beobachtungen gestützt: Reiher sind beispielsweise dabei beobachtet worden, wie sie mit Brotkrumen oder toten Fliegen Fische anlockten – ein Verhalten, das offensichtlich nicht zum normalen Verhaltensrepertoire dieser Tiere gehört [240].[4] In jüngster Zeit ist auch die bislang vorherrschende Meinung, daß Tiere – mit Ausnahme von Primaten – grundsätzlich nur ein sehr beschränktes Werkzeugrepertoire zum Erreichen ihrer Ziele gebrauchen, ins Wanken gekommen: Eine auf Neukaledonien heimische Krähenart benutzt ein ganzes Arsenal unterschiedlich zurechtgestutzter Zweige und Blätter, um allerlei Getier aus Baumhöhlen herauszufischen [306].

Die Vielseitigkeit von Primaten bleibt aber wohl unerreicht. Primaten benutzen nicht nur eine Vielzahl verschiedener Werkzeuge, sie setzen sie auch in den unterschiedlichsten Situationen und zu den unterschiedlichsten Zwecken ein. Dabei lassen sich drei Funktionskreise unterscheiden: Waffengebrauch, Nahrungsbeschaffung und Hygiene.[5]

Fast alle baumlebenden Affen und Menschenaffen werfen mit Ästen und Zweigen nach potentiellen Störenfrieden und Nahrungskonkurrenten. Kapuzineraffen beispielsweise bewerfen Opossums, Nasenbären und Klammeraffen mit Ästen, Früchten und Bromelien. In einem eher kuriosen Fall warf ein wilder Kapuzineraffe sogar, nachdem er sämtliche anderen verfügbaren Wurfgeschosse aufgebraucht hatte, mit einem lebenden Totenkopfaffen nach einer reichlich verdutzten Wissenschaftlerin [78]. Die mehr bodenlebenden Paviane sind dagegen dafür berüchtigt, daß sie Steine als Waffen einsetzen – auch gegen Menschen. Ein solcher Fall wurde George Romanes, der von Darwin zum Studium der vergleichenden Psychologie angeregt worden war, von einem gewissen Lieutenant Shipp zugetragen. Shipp, der im Jahr 1810 in Südafrika Dienst getan hatte, war beauftragt worden, mit seinem Trupp von 20 Soldaten eine Uniform wiederzubeschaffen, die ein Bärenpavian aus ihrem Lager gestohlen hatte. Als seine Männer und er an dem Felsen eintrafen, auf den sich die Paviangruppe geflüchtet hatte, wurden sie von einem Hagel „ungeheuer großer" Steine empfangen, die die Paviane auf sie herabrollen ließen. Shipp und seine Leute taten das, was vernünftige Soldaten in aussichtslosen Situationen tun sollten: Sie kapitulierten. In einem ähnlich gelagerten Fall ging die Geschichte anders aus: Als die Paviane angeblich auch noch mit Steinen *warfen*, schoß das Militär todesmutig aus allen Rohren (mit Maschinengewehren!) zurück. Eine gesunde Portion Skepsis ist bei solchen Geschichten natürlich angebracht. Aber es gibt auch glaubwürdige Berichte von Primatologen, die von den Pavianen, die sie beobachten wollten, mit einem Steinhagel empfangen wurden. Der amerikanische Primatenforscher William Hamilton und seine Mitarbeiter zählten insgesamt 124 Steine, die die Paviane bei 23 Gelegenheiten von ihren Schlaffelsen offensichtlich gezielt in ihre Richtung warfen oder fallen ließen. Diese Geschosse hatten ein Gewicht von durchschnittlich immerhin knapp 600 Gramm und waren damit erheblich schwerer und größer als die Mehrzahl der ansonsten dort herumliegenden Steine. Nicht so ganz ins Bild paßt freilich, daß die Paviane, die im Camp Jane Goodalls als lästige Nahrungskonkurrenten von Schimpansen mit Steinen und Knüppeln beworfen wurden, niemals irgend etwas zurückwarfen.

Wirklich gefährliche Feinde werden nur ausnahmsweise Ziel solcher Attacken. Der Holländer Adriaan Kortland konfrontierte in einem berühmt gewordenen Freilandexperiment Schimpansen mit einem ausgestopften Leoparden. Der Leopard rief heftige Reaktionen hervor: Die Schimpansen griffen ihn mit Knüppeln an, und die Wucht der Schläge hätte ausgereicht, ihm das Rückgrat zu brechen. Ein ähnlicher, allerdings nicht von Menschen induzierter Fall wurde bei Kapuzineraffen beobachtet. Hier schlug ein erwachsenes Männchen auf eine fast 2 Meter lange, verletzt am Boden liegende Giftschlange solange mit einem Knüppel ein, bis sie tot war [78]. Eher selten scheint es auch zu sein, daß Gegenstände benutzt werden, um damit nach Artgenossen zu schlagen und zu werfen. Schimpansen, die bei ihren eindrucksvollen Imponierveranstaltungen oft alles mögliche durch die Gegend wirbeln, wenn es nur Krach macht – und seien es Benzinkanister, werfen manchmal auch bei innerartlichen Auseinandersetzungen gezielt mit Stöcken, Steinen oder Sand nach ihren Gegnern [230, 684]. Bei ernsthaften Kämpfen scheinen Werkzeuge gezielt und systematisch als Waffen gegen Angehörige der eigenen Art aber nur von uns selbst eingesetzt zu werden.

Einfallsreichtum beweisen Affen und Menschenaffen auch, wenn es um die Beschaffung begehrter Nahrung geht. Von einem zahmen Kapuzineraffen beispielsweise wird berichtet, daß er gerne Enten fütterte – ein Verhalten, das er sich offensichtlich von Menschen abgeschaut hatte. Zweifellos war es aber seine eigene Idee, die Enten mit diesem Trick heranzulokken, um sie dann zu fangen und zu fressen. Kapuzineraffen benutzen gelegentlich Steine und andere harte Gegenstände, um Nüsse zu öffnen. Javaneraffen, im Englischen auch „crab-eating monkeys" genannt, wenden dieselbe Methode an, um den Panzer von Krabben aufzubrechen. Japanmakaken, denen man die Aufgabe gestellt hatte, mit Hilfe von Stöcken für sie unerreichbare Apfelstücke aus einer durchsichtigen Plastikröhre herauszustoßen, meisterten nicht nur dieses Problem, sie erfanden auch neue Methoden: Erfahrene Stockbenutzer nahmen später auch Steine, mit denen sie nach den Äpfeln warfen, und ein Weibchen stopfte sogar seine eigenen Kinder in die Röhre, um auf diese Weise in den Besitz der Äpfel zu kommen [631]. Ein hohes Maß an Kreativität und Vielfalt unter natürlichen Bedingungen findet sich freilich nur bei Schimpansen, die mit Grashalmen, entlaubten oder entrindeten Zweigen unterschiedlichster Machart Ameisen und Termiten angeln, Honig aus Bienenstöcken holen, mit zu Schwämmen zerkauten Blättern Wasser aus Baumhöhlen aufnehmen und mit Hilfe von Hämmern und Ambossen aus Stein oder Holz hartschalige Früchte öffnen [406].

Bemerkenswerte Beispiele von Werkzeuggebrauch finden sich schließlich auch im Bereich der Hygiene und des persönlichen Wohlbefindens. Ein Kapuzineraffenweibchen in Menschenobhut wurde dabei beobachtet, wie sie mit Hilfe eines Stöckchens Sirup auf eine Wunde an ihrem Bein träufelte. Jahre später bestrich dasselbe Weibchen eine schwere Kopfverletzung ihres Kindes behutsam mit einer Art Pinsel – einem Stöckchen, dessen eines Ende sie durch Kauen zerfasert hatte [509]. Menschenaffen benutzen Blätter, um sich vor Regen zu schützen. Blätter dienen ihnen auch dazu, Blut, Samenflüssigkeit oder Kot vom eigenen Körper (oder dem einer begehrten Sexualpartnerin) abzuwischen. Eine Schimpansin ist dabei beobachtet worden, wie sie einem jüngeren Männchen unter Zuhilfenahme eines Stückchen Stoffs einen lockeren Milchzahn zog. Und in den Wäldern des tansanischen Mahalegebirges benutzte ein erkälteter Schimpanse kleine, zahnstocherartig zurechtgemachte Hölzchen, um seine verstopfte Nase vom Schleim zu befreien: Sobald er das Werkzeug einführte, nieste er den ganzen Schmodder aus [448]. Schimpansen schließlich sind dafür bekannt, daß sie „naturheilkundliche" Verfahren einsetzen, um sich selbst bei Parasitenbefall zu kurieren: Sie kauen das bittere Mark bestimmter Pflanzen (*Vernonia amygdalina*, ein Korbblütler), dessen Inhaltsstoffe auf Nematoden (Fadenwürmer) und andere Parasiten toxisch wirken, und schlucken die Blätter bestimmter anderer Pflanzenarten (unter anderem *Aspilia mossambicensis*, ebenfalls ein Korbblütler) unzerkaut hinunter und scheiden sie ebenso auch wieder aus. In der rauhen, behaarten Oberfläche der Blätter verfangen sich die Würmer und werden auf diese Weise abgeführt (ob hier ebenfalls toxische Inhaltsstoffe wirksam sind, ist noch nicht ganz klar). Auch Bonobos und östliche Flachlandgorillas bedienen sich offenbar dieser Methoden der Selbstmedikamentation [303, 304].[6]

Das alles mag eindrucksvoll genug sein. Daß hier Intelligenz – und nicht etwa Instinkt – im Spiel ist, wird auch daran deutlich, daß von Halbaffen kein einziges Beispiel von Werkzeuggebrauch aus dem Freiland bekannt ist, während die Palette bei den Menschenaffen (vor allem den Schimpansen) erheblich breiter ist als bei den Affen. Die instrumentellen Fähigkeiten von Primaten scheinen also zumindest grob mit ihrer Hirnentwicklung zu korrelieren. Dennoch bleiben Fragen: Da sind zum einen schwer verständliche Unterschiede im Werkzeugverhalten der Menschenaffen. Schimpansen glänzen überall, wo sie untersucht wurden, durch eine außerordentliche Vielfalt, Gorillas dagegen weitgehend durch Inaktivität. Ein weiterer Hinweis auf die begrenzten intellektuellen Fähigkeiten von Gorillas? Nicht notwendigerweise: Wer in der „Salatschüssel" sitzt, formuliert es William McGrew, braucht wohl keine Werkzeuge, um an sein Essen zu kommen [406].[7] Allerdings zeigen Gorillas auch in anderen Kontexten als dem Nahrungserwerb keine besonderen technologischen Fertigkeiten (die Selbstmedikamentation – keine „klassische" Form des Werkzeugverhaltens – ist möglicherweise eine Ausnahme; dies ist bei Gorillas aber noch nicht hinlänglich untersucht). Rätselhaft ist bis jetzt auch noch, warum Bonobos im Freiland offenbar kaum Werkzeugverhalten zeigen, in Gefangenschaft aber ebenso innovativ sind wie ihre Vettern, die Schimpansen. Auch Orangs galten im Freiland lange Zeit als Werkzeugmuffel, während sie in Gefangenschaft Schimpansen mindestens ebenbürtig sind. Neuere Beobachtungen zeigen jedoch, daß zumindest manche Orangpopulationen regelmäßig Zweige auf verschiedene, der jeweiligen Aufgabe angepaßte Art bearbeiten und sich mit ihrer Hilfe Zugang zu Honig und Insekten verschaffen und bestimmte Früchte öffnen [665].

Die andere Frage betrifft die kognitiven Mechanismen, die bei der Herstellung und dem Gebrauch von Werkzeugen beteiligt sind. Muß man hier grundsätzlich Absicht, Planung und ein Verständnis von Ursache und Wirkung – also Einsicht – unterstellen?

Einsicht

„Geprüft wird Sultan. Ihm stehen als Stäbe zwei hohle, aber feste Schilfrohre zur Verfügung, wie die Tiere sie schon oft zum Heranziehen von Früchten verwendet haben. Das eine hat einen so viel kleineren Querschnitt als das andere, daß es sich in dessen beide Öffnungen leicht ein-

schieben läßt. Jenseits eines Gitter liegt das Ziel so weit entfernt, daß das
Tier mit den (etwa gleich langen) einzelnen Rohren nicht ankommen kann.
– Trotzdem gibt es sich zunächst große Mühe [...]. Als alles umsonst ist,
begeht Sultan einen „schlechten Fehler" oder, deutlicher gesagt, eine kräftige Dummheit, die sich bei ihm auch sonst bisweilen zugetragen hat: Er
zerrt aus dem Hintergrunde des Raumes eine Kiste ans Gitter; von dort
schiebt er sie allerdings gleich wieder zurück, da sie nichts nützt oder vielmehr im Wege steht. Gleich danach setzt er ein zwar praktisch nutzloses,
im übrigen aber unter die „guten Fehler" zu rechnendes Verfahren ein: Er
führt das eine Rohr soweit wie möglich hinaus, nimmt darauf das andere
und schiebt mit ihm das erste vorsichtig auf das Ziel zu, indem er es, am
hinteren Ende langsam stoßend und drängend, sorgfältig in der Richtung
auf die Früchte zu hält. [...] Schließlich gibt der Beobachter dem Tier eine
Hilfe, indem er vor dessen Augen den Zeigefinger in die Öffnung des einen
Rohres einführt (ohne übrigens dabei auf das andere Rohr hinzuweisen):
Keine Wirkung – Sultan steuert wie vorher das eine Rohr mit dem andern
aufs Ziel hin, und als diese Pseudolösung ihm nicht mehr genügt, stellt er
seine Bemühungen ganz ein [...]. Der Versuch hat über eine Stunde ge-
dauert und wird, als in dieser Form aussichtslos, vorläufig abgebrochen.
[...] Für alle Fälle wird der Wärter als Wachtposten aufgestellt.
      Bericht des Wärters: *„Sultan hockt zunächst gleichgültig auf der Kiste, die
etwas rückwärts vom Gitter stehengeblieben ist; dann erhebt er sich, nimmt
die beiden Rohre auf, setzt sich wieder auf die Kiste und spielt mit den
Rohren achtlos herum. Dabei kommt es zufällig dazu, daß er vor sich in
jeder Hand ein Rohr hält, und zwar so, daß sie in einer Linie liegen; er steckt
das dünnere ein wenig in die Öffnung des dickeren, springt auch schon auf
ans Gitter, dem er bisher halb den Rücken zukehrte, und beginnt eine Banane mit dem Doppelrohr heranzuziehen. Ich rufe den Herrn ..."* [343,
S. 90–91].
      Der junge Schimpanse Sultan, einer von sieben, deren Intelligenzleistun-
gen im Jahr 1914 in der „Anthropoidenstation" der Preußischen Akademie
der Wissenschaften auf Teneriffa von Wolfgang Köhler (1887–1967) untersucht worden waren, hatte schlagartig *verstanden*, welche technischen Möglichkeiten ihm dieses neue Werkzeug eröffnete; er probierte nicht mehr
herum, ihm war das sprichwörtliche Licht aufgegangen. Eben das bedeutet
Einsicht: ein Problem im Kopf zu lösen, einen inneren Bezug zwischen zwei
Objekten rein mental erfassen zu können. Die besten und klarsten Lösun-
gen, die er beobachtet habe, schrieb Köhler, seien vielfach ganz plötzlich
aufgetreten, nachdem sich das Tier zu Anfang des Versuchs und manchmal
über Stunden volkommen hilflos gezeigt habe. *„Es handelt sich [...] durchaus nicht darum, nachzuweisen, daß der Schimpanse ein Wunder von Klug-*

heit ist", sah Köhler sich genötigt, zu betonen. *„Nur ob überhaupt einsichtiges Verhalten bei ihm vorkommt, ist zu entscheiden, und die Beantwortung dieser prinzipiellen Frage ist vorläufig viel wichtiger als eine genaue Bestimmung vorhandener Intelligenzgrade"* [343, S. 147–148]. Für Köhler, der seine Untersuchungen schon 1917 erstmals veröffentlicht hatte, war die Frage eindeutig entschieden: *„Die Schimpansen zeigen einsichtiges Verhalten von der Art des beim Menschen bekannten."* Und weiter: *„Dieser Anthropoide tritt nicht allein mit allerhand morphologischen und im engeren Sinn physiologischen Momenten aus dem übrigen Tiersystem heraus und in die Nähe der Menschenrassen, er weist auch jene Verhaltensform auf, die als spezifisch menschlich gilt"* [343, S. 191]. Der „große Hiatus" zwischen den „höchsten Tieren und den Menschen", den selbst Konrad Lorenz noch Mitte der 70er Jahre in der „Erschaffung" eines „neuen kognitiven Apparates" zu erkennen glaubte [375], erweist sich als allzu eitler Anthropozentrismus. Wie Darwin bereits sagte: eine Verschiedenheit des Grads, und nicht der Art.

Einsicht in die Zusammenhänge zwischen Ursache und Wirkung scheint auch bei den anderen genannten Fällen von Werkzeugverhalten bei Primaten eine naheliegende Erklärung zu sein. Ein Beispiel ist das Verhalten der Japanmakaken an der Plexiglasröhre: Nachdem sie das Problem auf eine Art zu lösen gelernt hatten (mit Stöcken), wandten zumindest einige von ihnen auch andere Techniken an (Steine) – eine Art einfacher Lerntransfer. Bemerkenswerterweise nahmen die Steinewerfer manchmal einen Stein vom Boden auf, legten ihn aber gleich wieder hin und wählten einen anderen. Die Forscher gingen der Sache nach und fanden, daß die Affen Steine eines bestimmten Gewichtes bevorzugten. Außerdem berücksichtigten die Affen, ob andere Tiere am anderen Ende der Röhre saßen – dann nämlich konnte es vorkommen, daß dem Werfer der Apfel gestohlen wurde. Eines der Tiere setzte weniger Kraft ein, wenn andere Affen da waren, so daß der Apfel nicht gleich aus der Röhre fiel. Ein anderes, rangtiefes Tier wartete immer erst, bis alle anderen weg waren, bevor es Steine warf [631].

Eher desillusionierend sind allerdings Versuche mit Kapuzineraffen – jenen Primaten, die nach den Schimpansen am berühmtesten für ihre Spontaneität, ihr Geschick und ihren Einfallsreichtum im Umgang mit Werkzeugen sind. Elisabetta Visalberghi und ihre Kollegen von der Universität in Rom konfrontierten die Affen mit dem gleichen Problem, vor dem auch die Japanmakaken standen: einer Plexiglasröhre, in deren Mitte sich eine – nur mit dem Arm unerreichbare – Erdnuß befand. Die Nuß mit einem geeigneten Stock hinauszustoßen, lernten die meisten Affen schnell – viel schneller als die Japanmakaken. Auch wenn ihnen neben geeigneten eine ganze Reihe ungeeignete Stöcke (zu dick, zu kurz, mit Hindernissen versehen) zur Verfügung standen, verschafften sich die Affen in Windeseile

Zugang zu der Nuß. Die Fehler, die ihnen dabei unterliefen, zeigten allerdings, daß es um ihre Einsicht in die Zusammenhänge nicht allzu gut bestellt war. Sie nahmen viel zu kurze Stöcke, auch wenn ein perfekter direkt vor ihnen lag; sie entfernten ein Hindernis von der einen Seite eines Stocks, versuchten dann aber, die andere Seite (an der sich ebenfalls ein abnehmbares Hindernis befand) in die Röhre zu schieben; vor allem aber: Diese Fehler unterliefen ihnen immer wieder! Mit anderen Worten: Die Affen probierten herum – äußerst schnell und effizient zwar, aber ihr Erfolg basierte einzig und allein darauf, daß die eine oder andere Methode schließlich funktionierte. Die Einsicht, *warum* ein bestimmtes Objekt ein brauchbares Werkzeug sein könnte, schien sich bei ihnen nicht einzustellen [91, 674].

Schimpansen gehen hier ganz anders vor: Ihre Einsicht in die inneren Zusammenhänge zwischen Objekten erlaubt es ihnen, Werkzeuge schon *vor* dem Gebrauch zweckdienlich zu präparieren. Nur ganz selten kommt es vor, daß sie während des Gebrauchs Werkzeuge noch modifizieren [74]. Auch bei Orang-Utans scheint derart planvolles Handeln die Norm zu sein. Ob Gorillas über dieselben Fähigkeiten verfügen, wird sich dagegen erst noch herausstellen müssen.[8]

Selbstbewußtsein

Sich selbst im Spiegel zu erkennen, scheint eine triviale Fähigkeit – wir erschrecken eher, wenn das Gesicht, das uns morgens manchmal aus dem Badezimmerspiegel anschaut, einem anderen zu gehören scheint. Trivial ist die Unterscheidung zwischen dem *Selbst* und dem *Anderen* allerdings nicht: Kinder beginnen erst im Alter von $1^1/_2$ Jahren sich selbst im Spiegel zu erkennen, und die meisten nichtmenschlichen Primaten scheinen ihr Spiegelbild ihr Leben lang nicht als ihr eigenes Abbild zu begreifen. Daß dies bei Schimpansen offenbar anders ist, stellte Wolfgang Köhler schon zu Anfang des Jahrhunderts fest. Als Köhler seinen Schimpansen das erste Mal einen kleinen Spiegel gab, war das Interesse – und Erstaunen – riesengroß. Die ersten Reaktionen – vergebliche Griffe in den leeren Raum hinter dem Spiegel – deuteten auf Nichterkennen. Aber schon bald änderte sich das Verhalten. Die Schimpansen betrachteten andächtig ihr Spiegelbild und „spielten" mit ihm: Sie schnitten *„allerlei Grimassen, immer wieder und wieder."* Köhler enthielt sich weitergehender Interpretationen; er stellte nur fest, daß andere Tiere schnell das Interesse an ihren Spiegelbildern verloren, wenn außeroptische Kontrolle deren „Unwirklichkeit" offenbart.[9] *„Was sind die Schimpansen für merkwürdige Wesen, daß die Beob-*

achtung von solchen Erscheinungen ohne den geringsten greifbaren Vorteil sie dauernd derart fesseln kann", fragte Köhler sich [343, S. 226].[10]

Die experimentelle Überprüfung, ob Schimpansen ihr Spiegelbild als Selbst erkennen, erfolgte 1970 durch den amerikanischen Psychologen Gordon Gallup [215].[11] Gallup hatte bemerkt, daß an Spiegel gewöhnte Schimpansen diesen bald für selbstgerichtete Tätigkeiten benutzten – etwa um Körperteile zu betrachten, die sie sonst nicht sehen konnten. Um die Fähigkeit der Schimpansen zur Selbstwahrnehmung zu testen, ersann Gallup ein ebenso einfaches wie elegantes Experiment: Schimpansen, die einige Erfahrung mit Spiegeln gesammelt hatten, betäubte er für kurze Zeit und malte ihnen einen leuchtendroten, aber ohne die Hilfe eines Spiegels nicht wahrnehmbaren Fleck auf eine Augenbraue und ein Ohr. Als die Schimpansen wieder aufgewacht waren und sich im Spiegel sahen, betasteten sie diese neuen, ungewohnten Merkmale nicht etwa bei ihrem Gegenüber im Spiegel, sondern mit offenkundiger Verwunderung und Zielstrebigkeit an sich selbst. Auch bei Orang-Utans und Bonobos wurde mit solchen Versuchen nachgewiesen, daß sie sich selbst erkennen, während das Verhalten von Gorillas, Gibbons und verschiedenen Affenarten keinen Hinweis darauf ergab. Vorsicht ist allerdings angebracht: Erstens ist das Fehlen eines Beweises für eine Fähigkeit nicht notwendigerweise der Beweis für das Fehlen eben dieser Fähigkeit. So ist schon die Vermutung geäußert worden, daß Schimpansen (und vielleicht auch Orangs, die sich vor dem Spiegel auch schon mal mit einem Salatblatt auf dem Kopf „schmücken") vielleicht nur besonders narzißtisch veranlagt sind und deshalb auf sich selbst viel stärker reagieren als andere Primaten. Zweitens erkennen sich auch viele Schimpansen nicht im Spiegel – was möglicherweise mit ihrem Alter oder ihrer Sozialisation zu tun hat. Drittens scheint es zumindest einen Gorilla (namens „Koko") zu geben, der sich im Spiegel selbst erkennt. Viertens sind auch viele Affen in der Lage, richtig auf Spiegelinformationen über ihre *Umwelt* zu reagieren – nur mit ihrem *eigenen* Spiegelbild wissen sie offenbar nichts anzufangen. Ob die Grenze zwischen den kognitiven Fähigkeiten bei Schimpansen, Bonobos und Orangs auf der einen und weiteren nichtmenschlichen Primaten auf der anderen Seite so scharf zu ziehen ist, ist also eine noch nicht ganz geklärte Frage. Fünftens schließlich wissen wir nicht wirklich, was es *bedeutet*, sich selbst im Spiegel zu erkennen. Selbst*wahrnehmung* ist nicht unbedingt dasselbe wie Selbst*erkenntnis* oder Selbst*bewußtsein*, also die bewußte Wahrnehmung der eigenen Gefühls- und Gedankenwelt, der eigenen Möglichkeiten und Grenzen. Inwieweit sind Schimpansen oder andere nichtmenschliche Primaten in der Lage, über sich selbst zu reflektieren? Die Spiegelexperimente sagen uns darüber nichts [281].

Ganz ohne eine einigermaßen realistische Einschätzung des Selbst, seiner Fähigkeiten und Grenzen wird vermutlich kein Primat lange überleben. In der dreidimensionalen Welt der Bäume, an die Primaten angepaßt sind, wäre eine Überschätzung der eigenen Fähigkeiten buchstäblich halsbrecherisch. Das bedeutet natürlich nicht, daß jeder Sprung bewußt berechnet werden muß. Aber den „niederen" Affen jede Form von Selbstbewußheit abzusprechen, wäre vermutlich voreilig. Dennoch scheint es, daß die Unfähigkeit, sich selbst im Spiegel zu erkennen, auf einige generellere kognitive Defizite verweist. Zum einen haben Affen, die sich nicht erkennen, offenbar auch Schwierigkeiten, Probleme mittels Einsicht zu lösen. Der Einsicht *in* das Selbst und der Einsicht in die Beziehungen zwischen Dingen *außerhalb* des Selbst scheinen also ähnliche kognitive Mechanismen zugrunde zu liegen. Zum anderen tauchen beim Menschenkind die ersten Anzeichen von Empathie, also der Fähigkeit, sich in andere einfühlen zu können, just dann auf, wenn es sich selbst im Spiegel erkennt. Daß man bei Schimpansen beobachtet, daß sie Unterlegene eines Kampfes trösten, während bei Makaken derartiges nicht vorkommt, weist ebenfalls darauf hin, daß *Selbst*bewußtsein eine Voraussetzung für das sich Einfühlen-Können in die Bewußtseinszustände *anderer* ist [692].

Sich in die Bewußtseinszustände anderer einfühlen zu können, ist im sozialen Bereich natürlich von ungeheurer strategischer Bedeutung: Wer um die Bewußtseinszustände anderer weiß, ist nicht nur in der Lage, andere zu trösten, sondern prinzipiell auch, sie zum eigenen Vorteil zu manipulieren. Aber schon die Fähigkeit, sich *selbst* zu sehen, wie einen *andere* sehen, eröffnet ungeahnte Möglichkeiten. Zwei Anekdoten mögen dies verdeutlichen:

Grüne Meerkatzen warnen mit einem bestimmten Ruf vor Leoparden. Dieser Ruf veranlaßt alle anderen Meerkatzen, sich schnellstens auf die Bäume zu flüchten. Manchmal wird ein solcher Leopardenalarm allerdings auch ausgelöst, wenn der Warner nachweislich keinen Leoparden gesehen haben kann – ein Fall von Täuschung. Im Amboseli-Nationalpark beobachteten Dorothy Cheney und Robert Seyfarth, wie ein rangniederes Männchen, das sie Kitui nannten, mehrfach derartige falsche Alarmrufe ausstieß. Cheney und Seyfarth vermuten, daß es Kitui dabei darum ging, durch Vorspiegelung falscher Tatsachen einen Rivalen davon abzuhalten, in die eigene Gruppe einzuwandern. Jedenfalls hielten die Alarmrufe den Eindringling eine Weile in Schach, weil dieser glauben mußte, ein Leopard sei in der Nähe. Einmal unterlief Kitui dabei allerdings ein schwerer Fehler, der seine Glaubwürdigkeit in Frage stellen mußte: Er stieg nämlich vom Baum herunter und marschierte seelenruhig – dabei ununterbrochen

Warnrufe ausstoßend – durch das Gras, um dann auf einen Baum in der Nähe des Eindringlings zu steigen. Ein höchst ungewöhnliches Verhalten für einen Affen, der eindrücklich vor einem Leoparden warnt! Kitui war sich offensichtlich seiner Wirkung auf andere ebensowenig bewußt wie ein kleines Kind, das trotz seines schokoladeverschmierten Mundes bestreitet, genascht zu haben [107].

Daß Schimpansen anders sind (wenngleich auch ihnen natürlich Fehler unterlaufen), zeigt eine Anekdote von Frans de Waal. Es ging um den Kampf um die Alpha-Stellung in der Schimpansengruppe des Arnheimer Zoos, der zwischen den beiden Männchen Luit (der noch Alpha war) und Nikkie (seinem Herausforderer) tobte. Einmal gelang es Luit mit Unterstützung von zwei anderen, seinen Gegner auf einen Baum zu jagen. Der allerdings begann schon gleich darauf, Luit wieder anzujohlen. Bei dieser neuerlichen Provokation entblößte Luit, der mit dem Rücken zu Nikkie unter dem Baum saß, in stummer Panik unwillkürlich seine Zähne (eine Geste, die auch Unterwürfigkeit signalisiert), *„faßte sich aber sofort an den Mund und preßte mit den Fingern die Lippen zusammen"*. Endgültig das ängstliche Grinsen aus seinem Gesicht zu bannen, gelang ihm aber erst im dritten Anlauf, und nun erst drehte er sich zu seinem Widersacher um. Nikkie seinerseits hatte sich so lange in der Gewalt, bis die anderen abgezogen waren. Dann wendete er sich ab und ließ seinen Emotionen freien Lauf – auch er begann nervös zu grinsen [684, S. 134].

Auch andere Beobachtungen von de Waal an den Arnheimer Schimpansen zeigen, daß diese sich ihrer eigenen Wirkungen auf andere sehr wohl bewußt sind: beispielsweise Dandy, der von dem ranghöheren Luit beim Schäferstündchen überrascht, geistesgegenwärtig seinen erigierten Penis hinter den Händen versteckte; oder Yeroen, der – von seinem Rivalen Nikkie leicht am Fuß verletzt – noch eine Woche später gotterbärmlich hinkte – allerdings nur, wenn er sich in Nikkies Blickfeld befand. Ohne Selbst*bewußt*sein wären solche Reaktionen wohl kaum denkbar. Dennoch bleibt die Frage, inwieweit Nikkie, Yeroen, Dandy und all die anderen über sich selbst, ihr Leben und den Tod reflektieren – so wie wir Menschen es unzweifelhaft tun.

Ansichten über den Tod

Von der bereits erwähnten Gorilladame Koko, die von der Stanford-Absolventin Francine Patterson in *AmeSLan*, der amerikanischen Zeichensprache für Taubstumme (*„American Sign Language"*) unterrichtet wurde, ist das folgende, denkwürdige Gespräch mit einem ihrer Lehrer überliefert [469][12]:

Lehrer:	*Wann sterben Gorillas?*
Koko:	*Beschwerden, alt.*
Lehrer:	*Wohin gehen Gorillas, wenn sie sterben?*
Koko:	*Bequemes Loch, auf Wiedersehen.*
Lehrer:	*Was fühlen Gorillas, wenn sie sterben:*
	Glück, Trauer oder Angst?
Koko:	*Schlafen.*

Es ist schon eine bizarre Situation: Da unterhält sich ein Mensch mit einem Gorilla über dessen Ansicht über den Tod. Francine Patterson, die dieses Gespräch „vor dem Hintergrund des Kampfes dieser Art gegen ihre Ausrottung" übrigens für besonders bedeutsam hält, ist überzeugt, daß Gorillas nicht nur über ein Selbstkonzept, sondern auch über ein Konzept vom Tod verfügen. Das Selbstkonzept offenbare sich bei diesen außerordentlich sensiblen Tieren freilich nur in einer entspannten, familiären Atmosphäre (Koko kam im Alter von einem halben Jahr zu Francine Patterson, die sie wie ein eigenes Kind aufzog). Das ist natürlich durchaus möglich – auch Schimpansen scheinen ihr Spiegelbild eher zu erkennen, wenn sie menschlichen „Familienanschluß" haben. In einem noch merkwürdigerem Licht erscheint die Unterhaltung allerdings, wenn man weiß, daß Koko (wie Patterson bemerkte) von dem menschlichen Brauch, die Toten zu beerdigen (*„bequemes Loch, auf Wiedersehen"*), überhaupt nichts wissen konnte. Was war hier geschehen? Gedankenübertragung?

Skeptiker meinen, daß hier der Geist des „Klugen Hans" umgeht [276, 596].[13] Der Kluge Hans war ein Pferd, das Anfang des Jahrhunderts durch seine vermeintlichen mathematischen Fähigkeiten Tausende von Menschen narrte – einschließlich gestandener Wissenschaftler und Biologen. Hans gehörte einem Herrn Wilhelm von Osten, der mit seinem Wunderpferd in Varietévorstellungen beträchtliche Summen verdiente. Stellte jemand aus dem Publikum die Frage, wieviel ist 18 geteilt durch 3, antwortete Hans mit 6 Hufschlägen. Die Menge war begeistert – zumal Experten versichert hatten, daß hier weder mit Tricks noch doppelten Böden gearbeitet wurde. Erst ein Gutachten des Berliner Psychologen Oskar Pfungst, der als Student von seinem Lehrer Professor Stumpf mit der Untersuchung des „Phänomens" beauftragt worden war, setzte dem Spuk ein Ende. Pfungst fand heraus, daß Hans immer nur genauso klug war wie sein Trainer – wußte der die richtige Lösung, war auch Hans' Antwort richtig; irrte sich von Osten (oder wurde ihm die falsche Antwort gesagt), stampfte auch Hans prompt die falsche Lösung. Von Osten sagte seinem Pferd durchaus nicht absichtlich vor – er war von den Fähigkeiten seines Dukatenesels ernsthaft überzeugt; aber er gab unwillkürlich kleine Zeichen: kaum wahrnehmbare Bewegungen seines Kopfes, die Hans verrieten, wann er mit dem

Wie alle Affen reagieren Berberaffen beim ersten Anblick ihres Spiegelbildes mit einer Mischung aus Erstaunen und Vorsicht. Nur die Großen Menschenaffen erkennen sich selbst.

Durch ihre von Generation zu Generation weitergegebene Tradition, Süßkartoffeln im Meer zu waschen, haben die Japanmakaken der Insel Koshima Berühmtheit erlangt.

Die Affen von Koshima haben unterschiedliche Methoden entwickelt, Kartoffeln zu waschen. Dieses Männchen säubert seine Kartoffel durch Rollen im seichten Wasser.

Stampfen anzufangen und aufzuhören hatte. Auch Pfungst selbst konnte nicht verhindern, daß er dem Pferd gegen seinen Willen soufflierte. Die Wahrnehmungsfähigkeit von mit überaus leistungsfähigen Sinnesorganen ausgestatteten Tieren zu *unter*schätzen ist also ebenso leichtsinnig, wie die bewußte Kontrolle des eigenen Körpers zu *über*schätzen.

Auch Affen und Menschenaffen besitzen die Fähigkeit, in den Gesichtern, Haltungen und Bewegungen anderer zu lesen. Gezeigt hat dies beispielsweise Emil Menzel in einer Serie von Experimenten mit sechs jungen Schimpansen. Menzels Versuchsanordnung sah so aus, daß einem der Schimpansen ein Versteck im großen Außengehege gezeigt wurde, in dem sich entweder Futter oder etwas Bedrohliches (eine Kunststoffschlange) befand, während die anderen im Innenkäfig warteten. Der informierte Schimpanse wurde dann zu den ahnungslosen anderen zurückgebracht, und wenig später wurden alle zusammen ins Außengehege gelassen. Es ist nicht klar, wann und wo die anderen es errieten – im Innenkäfig oder erst im Außengehege; spätestens dort war ihnen aber klar, *daß* etwas versteckt war, *was* es war und *wo* es war: Je attraktiver das versteckte Futter war, desto wilder stürmte die Horde los, wobei der „Informant" keineswegs immer voran lief; ein Weibchen, das als „Informant" fungierte und dem die Beute regelmäßig abgenommen wurde, gab sich sogar redlich Mühe, ihr Wissen zu verbergen – mit mäßigem Erfolg. Die versteckte Schlange (manchmal war es auch ein Krokodil) hatte dagegen den Effekt, daß die Schimpansen das Gehege nur äußerst vorsichtig und mit gesträubten Haaren betraten [419].

Aus welchen Verhaltensweisen des „Informanten" die Schimpansen ihre Informationen bezogen, war Menzel durchaus nicht immer klar; klar war nur, daß Schimpansen über sehr scharfe Sinne verfügen und selbst kleinste Hinweise verwerten können. Einem Gorilla ähnliches zuzutrauen, ist vermutlich nicht verkehrt. Wir haben also allen Grund, Kokos Geschichten zumindest skeptisch zu betrachten. Die Sache mit dem „bequemen Loch" riecht zu sehr danach, daß sie nicht das sagte, was *sie* dachte, sondern das, was ihr *Lehrer* dachte. Im übrigen: Woher weiß jemand, der weder direkt noch indirekt mit dem Tod in Berührung gekommen ist, etwas darüber?

Um zu erfahren, was nichtmenschliche Primaten mit dem Tod verbinden, ob sie ein Konzept vom Tod haben, tun wir also gut daran, auch andere Informationsquellen zu Rate zu ziehen. Wir haben im letzten Kapitel schon erfahren, wie nichtmenschliche Primatenkinder – zumindest solange sie noch klein und unselbständig sind – auf den Tod ihrer Mutter reagieren. Nichts spricht dafür, daß die Emotionen und Gefühle, die hier offensichtlich durchbrechen, sich grundsätzlich von denen eines Menschenkindes in vergleichbarer Situation unterscheiden. Aber Gefühle sind eine Sache – Bewußtsein, was der Tod bedeutet, eine andere. Letzteres werden wir eher von Tieren erwarten können, denen der Tod vertraut ist. Für Kinder ist der Tod der Mutter eine einmalige Erfahrung. Mütter dagegen sind mit dem Tod von Kindern alles andere als selten konfrontiert. Mütter – und andere Erwachsene – sind also sehr viel geeignetere Kandidaten als Kinder, wenn es gilt herauszufinden, ob nichtmenschliche Primaten ein Konzept vom Tod haben.

Eine der ersten – und genauesten – Beschreibungen, wie Affenmütter auf den Tod ihres Kindes reagieren, stammt von Sir Solly Zuckerman:

„Wenn das Baby eines säugenden Affenweibchens stirbt, verhält sich die Mutter dem toten Kind gegenüber zunächst ganz genauso wie dem lebenden. Nichts verändert sich in der Art, wie sie es hält. Sie preßt es an ihre Brust und hält es bei jedem Schritt in ihren Armen. In der ersten Zeit legt sie es nie auf den Boden; sie pflegt sein Fell, so wie sie es tat, als es noch lebte. Sie untersucht seinen Mund und seine Augen, seine Nase und seine Ohren. Nach einigen Tagen bemerkt man eine Verhaltensänderung. Der in Verwesung übergehende Körper hängt nun schlaff über ihren Armen. Sie drückt es nicht länger an ihre Brust – außer wenn sie läuft. Zwar betreibt sie weiterhin an dem toten Körper Fellpflege [...], aber von nun an legt sie ihn auch öfter auf den Boden. Der Körper verwest mehr und mehr und beginnt schließlich zu mumifizieren. Und doch hört sie nicht auf, Haut und Haar zu untersuchen. Endlich fängt der eingetrocknete Körper an, sich in seine Bestandteile aufzulösen. Man bemerkt ein fehlendes Bein, einen fehlenden Arm, und bald ist nur noch [...] ein Fetzen vertrockneter Haut übrig. Öfter sieht man die Mutter Stücke davon abbeißen – ob sie auch etwas davon hinunterschluckt, ist unbekannt. Erst in diesem Stadium mag sie gewillt sein, das, was von den eingetrockneten Überresten noch vorhanden ist, aus eigenem Antrieb aufzugeben" [745, S. 300].[14]

Zuckermans Beschreibung, die in der Folgezeit von vielen anderen Beobachtern bestätigt wurde, gibt keinen Hinweis darauf, daß die Affenmutter *überhaupt* etwas empfand – außer einer sehr starken, den Tod überdauernden Bindung an ihr Kind.[15] Tatsächlich gibt es nicht einmal ein Anzeichen dafür, daß die Mutter *erkannt* hatte, daß ihr Kind tot ist. Erfahrung mit derartigen Situationen scheint das Verhalten der Tiere nicht wesentlich zu beeinflussen. Auch andere Gruppenmitglieder behandeln tote Kinder mitunter wie lebendige. Von Berberaffen und Languren ist bekannt, daß andere Weibchen tote Kinder zumindest gelegentlich tragen. Berberaffenmännchen benutzen sie – ebenso wie lebende Kinder – als „soziales Werkzeug" bei Interaktionen mit anderen Männchen (vgl. Kapitel 6) [420]. In den meisten Fällen scheint das Interesse anderer Gruppenmitglieder an toten Kindern allerdings relativ rasch zu erlahmen – sie senden nicht mehr die Signale, die sie interessant machen.

Wieder einmal könnte es sein, daß Schimpansen (und vielleicht auch andere Menschenaffen) anders sind. Jane Goodall, die beobachtet hatte, wie eine junge, unerfahrene Mutter *„ihr totes Baby noch einen Tag, nachdem es gestorben war, genauso behutsam mit sich herumtrug, als ob es nach wie vor am Leben sei"*, wunderte sich über die Achtlosigkeit, mit der Olly, ein altes Schimpansenweibchen, ihr totes Kind behandelte: *„Als Olly vom Baum herabkletterte, hielt sie ihr Kind sorglos mit einer Hand fest, und als sie auf der Erde angekommen war, warf sie sich den schlaffen Körper über die Schulter. [...] Wenn sie sich hinsetzte, schlug er manchmal hart auf den Boden auf."* Von „Trauer" oder „Depression" ist in dieser Beschreibung nicht die Rede, allerdings meinte Goodall eine gewisse „Lethargie" im Verhalten der Schimpansin zu erkennen [648, S. 180].

Auf die Bedeutung der Erfahrung weisen auch andere Beobachtungen hin. Ein Gorillaweibchen im Zoo von Toronto trug ihr totgeborenes Kind vier Tage lang äußerst behutsam und versuchte sogar, es zum Trinken zu bewegen. Als auch das nächste Kind des Weibchens im Alter von 20 Tagen starb, wurde sie lethargisch. Sie saß einfach nur da, den Kopf an die Wand gelehnt, und „ihr Gesichtsausdruck glich dem eines trauernden Menschen".[16]

Ganz ähnlich verhielt sich eine Schimpansin der Arnheimer Kolonie mit dem mißverständlichen Namen „Gorilla". Gorilla hatte mehrere Kinder wenige Wochen nach der Geburt verloren, vermutlich weil sie zu wenig Milch hatte. Danach, schrieb de Waal, *„war sie jedesmal in eine Art Depression verfallen, hatte wochenlang zusammengekauert in einer Ecke gehockt, ohne auf die Vorgänge ringsum zu achten, und hatte von Zeit zu Zeit ein klägliches Jammergeschrei angestimmt"* [684, S. 70]. Auch die in der Gebärdensprache *AmeSLan* trainierte Schimpansin Washoe reagierte auf die Mitteilung, daß ihr an Lungenentzündung erkranktes Baby trotz tierärztlicher Rettungsversuche gestorben sei (*„Baby dead, baby gone, baby finished"*), tief betroffen: Die Arme, die sie eben noch als Zeichen für „Baby?" vor der Brust verschränkt hatte, sanken herab, sie wandte die Augen ab und schlich langsam in eine Ecke ihres Käfigs. Über Tage verharrte sie leeren Blicks in dieser selbstgewählten Isolation und stellte – bis auf die immer wiederkehrende Frage „Baby?" – jede Kommunikation mit ihren menschlichen Pflegern ein [204].[17]

Natürlich sind all diese Beobachtungen kein strenger Beweis für das Vorhandensein eines Todesbewußtseins. Es könnte sich – gerade in Gefangenschaft, wo Leichname üblicherweise so schnell wie möglich weggeschafft werden – einfach um die Reaktion auf den Verlust eines wichtigen Sozialpartners handeln, ohne daß dabei irgendein Verständnis für die Ursache dieses Verlustes vorhanden ist. Es gibt allerdings auch

Beobachtungen, die diese Erklärung nicht voll befriedigend erscheinen lassen:

An einem Morgen im November 1968 wurden Ruth Davis und Geza Teleki, zwei Mitarbeiter des Schimpansenprojektes in Gombe, auf einen lautstarken Tumult aufmerksam, der in einer Gruppe von 16 Schimpansen, die sich an einem Flußlauf getroffen hatten, ausbrach. Mit gesträubten Haaren liefen die Schimpansen laut schreiend, Steine und Äste durch die Gegend schleudernd, um den leblos daliegenden Körper eines Männchens ihrer Gruppe herum – es war vom Baum gefallen und hatte sich, wie sich später herausstellte, das Genick gebrochen. Nachdem sich die erste Aufregung, die von zahlreichen Aggressionen, heftigen Umarmungen und nervösem Grinsen begleitet war – ein Männchen hatte sogar mehrere Steine in Richtung des Toten geworfen (ohne ihn zu treffen) –, einigermaßen gelegt hatte, wagten sich etliche aus der Gruppe näher an den Leichnam heran, starrten ihn an und wimmerten leise. Niemand berührte ihn. Ein junges Weibchen saß über eine Stunde vollkommen still und bewegungslos da und blickte den Toten unverwandt an. Endlich, nach über drei Stunden entfernten sich die ersten Schimpansen. Die anderen folgten – nicht ohne sich noch einmal umzuschauen.

Teleki ist sich durchaus nicht sicher, ob die Schimpansen die Bedeutung dessen, was sie gesehen hatten, erfaßt hatten. Vielleicht, meinte er, kam ihnen das alles nur reichlich seltsam vor [621]. Zweifel an einer solchen, *sparsamen Erklärung* kommen einem aber angesichts einer scheinbar unbedeutenden Episode, von der Frans de Waal im Zusammenhang mit dem Tod des Arnheimer Schimpansenmännchens Luit berichtet: Luit war in einem nächtlichen Kampf mit seinen Gegnern Nikkie und Yeroen schwer verletzt worden – unter anderem fehlten ihm beide Hoden. Er starb nach vergeblichen Rettungsversuchen durch den Tierarzt am darauffolgenden Abend in seinem Schlafkäfig. Als die anderen Schimpansen am selben Abend in ihre Schlafkäfige gebracht wurden, verhielten sie sich auffallend ruhig. Die Stille hielt bis zum nächsten Morgen an. Selbst als die Schimpansen gefüttert wurden – normalerweise ein Anlaß zu lautstarkem Tumult –, blieben sie merkwürdig ruhig. Erst als der Leichnam weggebracht worden war, setzte die übliche Geräuschkulisse wieder ein [690, 692].

Die Emotionen, die hier durchscheinen, lassen durchaus den Schluß zu, daß Schimpansen zumindest in Ansätzen die Bedeutung des Todes erfassen *könnten*. Nichts deutet allerdings – wenn man von dem „Gespräch" mit Koko absieht – darauf hin, daß nichtmenschliche Primaten sich ihrer *eigenen* Sterblichkeit bewußt sind (obwohl auch hier das Fehlen eines Beweises natürlich nicht notwendigerweise ein Beweis für das Fehlen ist). In diesem Punkt scheint die Kluft zwischen menschlichen und nichtmenschlichen Primaten tief zu sein. Weit ist sie allerdings nicht: *Wir* sind zwar in der Lage, über den Tod – auch unseren eigenen – nachzudenken; aber unser Bemühen, diese Gedanken mehr schlecht als recht zu verdrängen, zu rationalisieren oder mit mythischen und religiösen Vorstellungen zu verbrämen, zeigt deutlich, daß auch wir beträchtliche Schwierigkeiten haben, dieses finale Ereignis wirklich zu begreifen.

Sprache

„Niemand ist fester als ich von dem gewaltigen Ausmaß der Kluft zwischen dem Menschen und dem Vieh … überzeugt, denn der Mensch allein besitzt die wunderbare Gabe einer verständlichen, vernünftigen Sprache [und] … durch sie erhebt er sich, als stünde er auf dem Gipfel eines Berges, weit über die Ebene seiner bescheidenen Gefährten und entschlüpft seiner primitiven Natur, indem er – hie und da – einen Schimmer wahrnimmt aus der unerschöpflichen Quelle der Wahrheit." Der dies sagte, war niemand anderes als Thomas Henry Huxley – Darwins „Bulldogge" [367].

Huxley steht mit seiner Meinung nicht allein da. Für die meisten Philosophen und Linguisten handelt es sich ohnehin um eine nicht zu hinterfragende Selbstverständlichkeit, daß die menschliche Sprache etwas Einzigartiges darstellt und uns – und *nur* uns – den Zugang zu völlig neuen geistigen Sphären eröffnet. Biologen wissen zwar, daß auch Tiere über eigene und oft hochentwickelte Kommunikationssysteme verfügen. Allerdings ist selbst unter ihnen die Auffassung verbreitet, daß zwischen der menschlichen Sprache und der Kommunikation von Tieren – gleichgültig, wie komplex sie ist – ein grundlegender Unterschied besteht: Menschliche Sprache untersteht willkürlicher Kontrolle und ist – zumindest prinzipiell – unabhängig von momentanen emotionalen Zuständen. *Wir* können von Wut, Angst oder Trauer sprechen, ohne gleichzeitig wütend zu sein, Angst zu haben oder traurig zu sein. Tieren wird dagegen vielfach jede willkürliche Kontrolle über das, was sie „sagen", pauschal abgesprochen. Natürlich entgleitet diese Kontrolle oft genug auch uns. Aber im Gegensatz zu uns – so die Verfechter der Einzigartigkeit des menschlichen Kommunikationssystems – hätten Lautäußerungen von Tieren *grundsätzlich* keinen von inneren Zuständen unabhängigen, externen Bezugscharakter [z. B. 455].

Es gibt zwei grundverschiedene Methoden, sich dem Problem der Sprache bei nichtmenschlichen Arten zu nähern. Der eine Ansatz untersucht die Kommunikation, die Tiere untereinander natürlicherweise benutzen; der andere versucht, mit den Tieren direkt, wenn auch auf eine künstliche Art zu kommunizieren, wie etwa über die bereits erwähnte Gebärdensprache. Der zweite Ansatz ist natürlich populärer – allein schon deshalb, weil sich hier der alte Menschheitstraum zu erfüllen erscheint, mit anderen Lebewesen in direkten sprachlichen Kontakt treten zu können. Gleichzeitig werden derartige Experimente aber von vielen mit unverhohlener Skepsis betrachtet. Anlaß dazu gibt nicht nur die Möglichkeit, auf den „Klugen-Hans-Effekt" hereinzufallen; es besteht auch die Gefahr, in die Äußerungen der „Gesprächspartner" mehr hineinzuinterpretieren, als tatsächlich darin ist [596].

Vor allem Freilandexperimente von Dorothy Cheney und Robert Seyfarth an wilden Meerkatzen haben gezeigt, daß die Art und Weise, in der nichtmenschliche Primaten miteinander kommunizieren, wesentlich komplexer und willkürlicher ist, als man lange Zeit gedacht hatte. Wir haben bereits von Kitui, dem Meerkatzenmännchen, das mit inszenierten Warnrufen einen Artgenossen zu täuschen versuchte, gehört; dieses Täuschungsmanöver, so wenig überzeugend es im Endeffekt auch gewesen sein mag, ist ein klarer Hinweis dafür, daß eine Lautäußerung wie ein Warnruf keineswegs eine reflexartige Reaktion auf eine plötzliche Bedrohung darstellt und sich in ihm nur die Angst des Rufers ausdrückt; tatsächlich handelt es sich eher um das Äquivalent eines bewußt ausgesprochenen Wortes, das den Zuhörern einen bestimmten Bedeutungsinhalt übermitteln soll. Meerkatzen verfügen in ihrer „Sprache" über eine Vielzahl solcher Wortäquivalente, die von den Affen, wie Playback-Experimente von Cheney und Seyfarth zeigen, auch als solche wahrgenommen und verstanden werden. Beispielsweise dienen verschiedene Alarmrufe dazu, vor Leoparden, Adlern und Pythons zu warnen, und das Abspielen dieser Warnrufe löst auch in Abwesenheit des dazugehörigen Raubfeindes die jeweils angemessene Reaktion aus (vor Leoparden fliehen Meerkatzen in die Baumwipfel, vor Adlern dagegen ins Unterholz, und bei Schlangenalarm stellen sie sich auf, um einen besseren Überblick über das, was sich auf dem Boden bewegt, zu bekommen). Daß es sich hierbei um eine einfache Konditionierung nach dem Muster der berühmten Pawlowschen Hunde handelt, denen der Speichel nicht nur beim Anblick von Nahrung, sondern schließlich auch beim Ertönen der Glocke, die anfangs nur bei der Fütterung läutete, aus dem Maul floß, konnten Cheney und Seyfarth anhand von Gewöhnungsexperimenten ausschließen: Sie spielten den Affen einen bestimmten Ruf vor, der üblicherweise auf die Anwesenheit einer fremden Gruppe aufmerksam macht. Da dieses Bezugsobjekt fehlte, achteten die Affen bald nicht mehr darauf. Sie ignorierten aber nicht nur diesen einen, speziellen Ruf, sondern auch einen anderen, der ebenfalls mit der Anwesenheit einer anderen Gruppe im Zusammenhang steht – allerdings nur, wenn er von demselben, offenbar unzuverlässigen Informanten geäußert wurde. Die Affen wußten also sehr wohl zwischen den akustischen Eigenschaften bestimmter Laute und ihren Bedeutungsinhalten zu unterscheiden [107].

Warnrufe und andere Lautäußerungen von Meerkatzen als „Sprache" zu bezeichnen, wird manchem natürlich weit überzogen vorkommen. Folgt man allerdings dem Nestor der kognitiven Ethologie, Donald Griffin, in der Ansicht, daß die Wörter als Träger der Gedanken die Grundlage der Sprache sind [240], dann verfügen Meerkatzen zumindest über diese Grundlage. Und wenn der wohl berühmteste zeitgenössische Linguist, Noam Chomsky, sagt, *„eine Sprache beherrschen heißt, im Prinzip fähig sein, zu verstehen, was gesagt wird, und ein Signal mit einer intendierten semantischen Interpretation zu erzeugen"* [109, S. 345], dann verfügen wohl auch Meerkatzen und andere nichtmenschliche Primaten über eine Sprache. Natürlich ist es keine Frage, daß die Kommunikationssysteme nichtmenschlicher Primaten sehr viel einfacher und unflexibler sind als die menschliche Sprache. Ihr „Wortschatz" ist relativ bescheiden, und Hinweise für die Fähigkeit, durch die Kombination von Lauten definierten semantischen Inhalts neue Bedeutungsinhalte zu vermitteln, sind zugegebenermaßen äußerst mager. Für Linguisten ist aber die *Syntax*, also jenes System von Regeln, die der Aneinanderreihung von Worten zu Sätzen eine innere Struktur und einen übergeordneten Sinn verleihen und eine schier unendliche Vielfalt von Kombinationsmöglichkeiten erlauben, *das* entscheidende Merkmal der menschlichen Sprache.[18]

So bescheiden die Hinweise sein mögen, daß nichtmenschliche Primaten sich in ihrer Kommunikation syntaktischer Regeln bedienen, so nahe liegt aus der Perspektive der Evolutionsbiologie die Annahme, daß wir zumindest einige basale Elemente der Sprachfähigkeit mit unseren nächsten Verwandten teilen. Auf dieser Annahme basieren auch die ebenso spektakulären wie umstrittenen Versuche, mit Menschenaffen in direkten sprachlichen Kontakt zu treten.

„Sprachversuche" mit Menschenaffen haben eine lange Tradition. In den 1930er Jahren zogen die Psychologen Louise und Winthrop Kellogg das Schimpansenbaby Gua bei sich zu Hause auf, um ihm das Sprechen beizubringen. Obwohl Gua sich in mancher Hinsicht schneller entwickelte als ihr eigener kleiner Sohn, waren die Bemühungen der Kelloggs nicht von Erfolg gekrönt. Dennoch versuchten Catherine und Keith Hayes es in den 40er Jahren erneut mit dem Schimpansenbaby Viki. Mit viel Mühe brachte Viki es nach sieben Jahren harten Trainings fertig, ihren Adoptiveltern vier Worte eher nachzukeuchen als nachzusprechen: „mama", „papa", „cup" (Tasse) und „up" (hoch). Auch dieses Ergebnis schien nicht sehr ermutigend. Heute wissen wir, daß es eine ganze Reihe von Gründen gibt, warum Menschenaffen nicht in der Lage sind, artikulierte Laute zu bilden: Die

etwas andere Anatomie des Rachenraumes spielt hier ebenso eine Rolle
wie Defizite in der zentralnervösen Steuerung der Atmung [91, 368, 582].

Erfolgreicher verliefen dagegen seit Mitte der 60er Jahre durchgeführte
Versuche, mit Menschenaffen über die bereits erwähnte amerikanische Gebärdensprache AmeSLan zu kommunizieren. Schimpansinnen wie Lucy
(die ebenfalls in einer menschlichen Familie aufwuchs) und Washoe gerieten zu Stars der Szene. Sie lernten nicht nur ein beeindruckendes Vokabular, das sie zum Fragen, Bitten und selbst zum Fluchen benutzten. Vor allem
aber schienen sie in der Lage, diese Symbole kreativ zu kombinieren und
ihnen damit neue Bedeutungsinhalte zu geben. Zwiebeln nannte Lucy beispielsweise „Weinen-Früchte", ein Rettich wurde mit der Zeichenfolge
„Weinen-Wehtun-Nahrungsmittel" bedacht. Schlagzeilen machten auch
die „Konversationen" mit dem Gorillaweibchen Koko, während die
sprachlichen Fähigkeiten des Orang-Utans Chantek weniger Aufsehen er-
regten [436, 470]. Die Leistungen von Washoe veranlaßten den deutschen
Verhaltensforscher Otto Koehler (1889–1974) seine früher geäußerte Ansicht zu revidieren, daß *„noch kein Tier je aus zwei getrennt gelernten Wörtern spontan einen neuen sinngerechten Satz gebildet* [habe]; *das kleine Kind
tut das schon, wenn es erst ganz wenige Wörter spricht. Beim ersten tatsa-
chentreuen Zweiwortsatz wird seine Überlegenheit über jedes Tier endgültig
deutlich"* [339, S. 124, 340].

Die Ernüchterung folgte Ende der 70er Jahre, als der Psychologe Herbert Terrace seine Ergebnisse mit einem Schimpansen veröffentlichte, den
er mit viel Gespür für Öffentlichkeitswirksamkeit Nim Chimpsky genannt
hatte – eine Anspielung auf Noam Chomsky. Terrace, ein Schüler des Be-
havioristen Burrhus F. Skinner (1904–1990), war ursprünglich der Überzeugung gewesen, daß man Tieren (und Menschen) praktisch alles andres-
sieren könne.[19] Nim erwies sich jedoch als Fehlschlag. Das Fazit, das Terrace nach Auswertung vieler Videosequenzen von Nim, aber auch anderer
Schimpansen zog, war vernichtend: Menschenaffen könnten keine Sätze
bilden, sie plapperten im wesentlichen das nach, was ihnen ihre Lehrer
gerade vormachten. Die folgende, teilweise heftig geführte Auseinandersetzung darüber, ob die Affen wirklich *verstehen*, was sie „sagen", hat sich
bis heute nicht ganz gelegt.[20]

Skepsis vor so manchen erstaunlich anmutenden Leistungen, Einsichten
oder Fähigkeiten sprachgelehrter Menschenaffen dürfte, wie wir im Falle
Kokos gesehen haben, durchaus angebracht sein. Dennoch ist es sicher
nicht gerechtfertigt, sämtliche Befunde der Sprachforschung an Menschenaffen als Dressurleistung, die jedes bessere Zirkustier zustande bringt, abzutun. Vor allem die Arbeiten von Sue Savage-Rumbaugh und ihren Kollegen an den Schimpansen Sherman und Austin und dem Bonobo Kanzi

werden von nicht auf diesem Gebiet arbeitenden Primatologen als „Durchbruch" gewertet [91, 107, 582]. Savage-Rumbaugh arbeitet nicht mit der Gebärdensprache AmeSLan, bei der die Gefahr des „Klugen-Hans-Effektes" naturgemäß besonders hoch ist; ihre Menschenaffen kommunizieren über eine Art Computertastatur, auf der die Tasten mit Symbolen für einzelne Wörter belegt sind – eine Kunstsprache, die am Yerkes Primate Center in Atlanta erfunden worden war und daher auch „Yerkish" heißt. Sherman und Austin lernten auf Yerkish nicht nur mit ihrer Lehrerin, sondern auch *miteinander* zu kommunizieren und diese Kommunikation sinnvoll einzusetzen: Sie gebrauchten Symbole zur Übermittlung von Informationen, mit denen einer der beiden ein Werkzeug beschaffen konnte, das dem anderen Zugang zu einer Nahrungsquelle ermöglichte; die Beute wurde dann brüderlich geteilt. All das funktionierte nicht ohne intensives Training; aber Kontrollversuche zeigten, daß die beiden, nachdem sie erst einmal das Prinzip erfaßt hatten, *wußten*, was sie taten, und *verstanden*, was sie sagten.

Den zweiten Durchbruch schaffte der Bonobo Kanzi, der am 28. Oktober 1980 im Yerkes Primate Center das Licht der Welt erblickt hatte. Kanzi fiel schon dadurch aus dem Rahmen, *wie* er „sprechen" lernte. Er eignete sich die Kunstsprache Yerkish nicht durch das übliche System aus Pauken und Belohnungen an, sondern lernte sie ebenso wie auch menschliche Kinder sprechen lernen: quasi nebenbei, durch die Beobachtung dessen, was um ihn herum vorging. Die eigentliche „Versuchsperson" war nicht er, sondern seine Mutter Matata, die sich vermutlich aufgrund ihres Alters als nicht besonders gelehrig erwies.[21] Kanzi dagegen zeigte, daß er allein durch Zuschauen nicht nur die Bedeutung der Symbole auf der Tastatur begriffen hatte, sondern auch gesprochene Worte und Sätze verstand. Das scheint nicht weiter bemerkenswert: Den Eindruck, daß Tiere ganz genau verstehen, was man sagt, hat man ja oft. Hier spielt uns jedoch der „Kluge-Hans-Effekt" einen Streich: Die Tiere verstehen uns nur, wenn bestimmte Worte in einen bestimmten, ihnen vertrauten Gesamtzusammenhang eingebettet sind. Kanzi war auf derartige Hilfen nicht angewiesen. Auf 660 für ihn völlig neue Sätze, die Fragen oder Aufforderungen enthielten, reagierte er zu 74 Prozent korrekt – die zweijährige Tochter einer Mitarbeiterin des Projektes brachte es nur auf 65 Prozent. Es bereitete Kanzi auch keinerlei Mühe, aus zwei oder drei Symbolen seiner Tastatur spontan sinngerechte neue Sätze zu bilden, wobei er durchaus ein Gespür für Syntax entwickelte.

Entscheidend für Kanzis Lernerfolg war nach Savage-Rumbaughs Ansicht, daß er bereits als kleines Kind (im Alter von 6 Monaten) in einer sozialen Umwelt lebte, in der er den Umgang mit Sprache spielerisch erlernen konnte. Spätere Untersuchungen ergaben, daß auch andere Bono-

bos und Schimpansen unter solchen Bedingungen spontan ein Verständnis
für die Bedeutung von Symbolen und Wörtern erwerben. Die Leistungen
des Schimpansen Nim waren vermutlich auch deshalb enttäuschend, weil
seine Umwelt wegen des wissenschaftlichen Anspruchs, „unkontrollierba-
re", subjektive Faktoren nach Möglichkeit auszuschalten, extrem reizarm
und steril gehalten wurde.

Natürlich bleibt es dabei: Affen und Menschenaffen verfügen nicht über
dasselbe ausgefeilte Kommunikationssystem wie wir. Menschenaffen haben
zwar die kognitiven Fähigkeiten, sich in einer geeigneten Umwelt Grund-
züge einer menschlichen Sprache anzueignen, aber unter natürlichen Bedingungen scheinen diese Fähigkeiten – zumindest in diesem Kontext –
nicht zur Entfaltung kommen zu können. Und selbst unter Bedingungen,
die eine sprachliche Entwicklung fördern, bleiben ihr Vokabular, ihre Syntax und die Inhalte ihrer „Unterhaltungen" begrenzt. Allein hoch oben auf
dem Berg, auf dem Huxley uns wähnte, stehen wir indes nicht. Die „bescheidenen" Verwandten sind uns näher, als es den Anschein hat. Irrig ist
auch die Annahme, daß wir allein durch die Sprache imstande sind, jenen
„Schimmer von der ewigen Quelle der Wahrheit" zu erhaschen. Zwar ist
es sicher richtig, daß Sprache enorm hilfreich ist, um Ordnung in unsere
Gedanken zu bekommen und Wissen zu vermehren – abgesehen davon,
daß Sprache auch eine Menge anderer Dinge sehr erleichtert: Kooperation
beispielsweise oder Manipulation. Aber bevor ein Menschen- oder Schim-
pansenkind Sprache *benutzen* kann, muß es die Zusammenhänge zwischen
Symbolen und den Objekten oder Ereignissen in der realen Welt, die die
Symbole repräsentieren, erst einmal *begreifen*. Sprach*verständnis*, auch das
ein Ergebnis der Arbeit von Savage-Rumbaugh, geht auch bei nichtmenschlichen Primaten der Sprach*produktion* voraus. Am Anfang war also
nicht das *Wort*, sondern das *Verstehen*. Das hatte Otto Koehler schon in
den 50er Jahren erkannt, als er vom „unbenannten Denken" sprach, dem
wir unsere Fähigkeit, mit Worten umzugehen, erst verdanken. Daß die
Sprache die einzige Quelle geordneter Vorstellungen sei, hält auch die britische Philosophin Mary Midgley für abwegig. So wie sich für Tiere die
Welt zweifellos nicht völlig ungeordnet darstellt, ist auch für uns Menschen
ein großer Teil der Ordnung in der Welt präverbal festgelegt.[22]

Kultur

*„Niemand hat im Urwald einen fackeltragenden oder einen betenden
Schimpansen gesehen, um diesen Tatbestand auf eine grob-einfache Formel
zu bringen"*, schrieb 1980 der vor kurzem verstorbene Schweizer Tierpsy-

chologe Heini Hediger, Vater der modernen Tiergartenbiologie. *„Feuer, Transzendentes und Religion sind dem Tier fremd. Hier besteht eine wesentliche Kluft, die nicht zugeschüttet, nicht wegdiskutiert werden kann."* Was Tier und Mensch trennt, läßt sich nach Hedigers Meinung *„mit einem Wort umschreiben: es ist das Geistige. Und darunter ist zu verstehen: Wissenschaft, Sprache, Kunst, Religion – kurz Kultur"* [276, S. 272 und 288].

„Tiere haben weder Geschichte noch Kultur", stimmt ihm das amerikanische Psychologenehepaar Anne und David Premack zu, das durch seine „Sprach"versuche mit der Schimpansin Sarah bekannt geworden ist [493]. Für die Premacks bedeutet Geschichte, daß man die Welt, in der man lebt, verändert, und diese Veränderung der Welt auch das eigene Leben verändert: Der Mensch ist Produzent und gleichzeitig Produkt seiner Geschichte. Nichts deute darauf hin, daß Schimpansen, seit es sie gibt, sich selbst und ihre Welt nennenswert verändert hätten. Daß Schimpansen unter diesen Vorzeichen auch keine Kultur haben können, ist naheliegend: Wer keinen Einfluß auf die Welt und damit sich selbst nimmt, kann auch keine Kultur erschaffen.

Der Kulturbegriff hat in der Geschichte eine Reihe von Umdeutungen erfahren. Lange Zeit war Kultur gleichbedeutend mit zivilisatorischem Fortschritt; als der Fortschrittsglaube gegenüber dem Relativismus an Boden verlor, gab es nicht mehr nur *die* Kultur, sondern Kultur*en*, die sich durch unterschiedliche Gestaltung des Lebens auszeichneten; von der Gestaltung, also beobachtbarem Verhalten, zu den ihr zugrundeliegenden mentalen Konzepten und Überzeugungen war es dann nur noch ein kleiner Schritt [309]. Entsprechend existieren weit über hundert unterschiedliche Kulturdefinitionen; nur in einem waren und sind sich die Sozialwissenschaftler immer einig: Kultur ist per definitionem eine menschliche Errungenschaft [406].

Die Ehrfurcht der Biologen vor dem Begriff Kultur ist entsprechend groß – so groß, daß sie es im Zusammenhang mit Tieren vielfach nur wagen, ihn in Anführungszeichen zu benutzen, oder bescheiden von „prä-" oder „protokulturellem" Verhalten sprechen: *„Einige der berühmtesten Beispiele für präkulturelles instrumentelles Verhalten"*, sagte beispielsweise der japanische Primatologe Masao Kawai, *„sind die* [bei den Japanmakaken] *auf Koshima beobachteten Gewohnheiten, Kartoffeln und Weizen zu waschen"* [331, S. 33]. Betrachten wir dieses Beispiel ein wenig genauer.

Koshima ist ein kleines, 30 Hektar großes Eiland vor der japanischen Hauptinsel Kyushu. Anfang der 50er Jahre begannen japanische Zoologen damit, das Sozialverhalten der dort lebenden Japanmakaken zu erforschen. Um die anfangs noch scheuen Tiere an sich zu gewöhnen, streuten die Forscher Süßkartoffeln am einzigen Sandstrand der Insel aus. Im September 1953 beobachteten sie, wie ein 18 Monate altes Weibchen, das sie Imo nannten, eine der sandigen Süßkartoffeln zu einem Bach schleppte und dort den Sand im Wasser abwischte, bevor sie die Kartoffel aß. Daß Affen Sand und Schmutz von ihrer Nahrung abwischen, ist durchaus nichts Besonderes. Aber Imo war darauf gekommen, daß sich Wasser besser zum Waschen eignet. In den folgenden Jahren breitete sich das neue Verhalten in der Population aus. Als erstes übernahm eine Spielgefährtin von Imo, Semushi, das Verhalten. Das war einen Monat nach der Erfindung. Noch drei Monate später begann auch Imos Mutter und eine weitere Altersgenossin Imos Kartoffeln zu waschen. Im März 1958 wuschen 14 der 15 jugendlichen und zwei der 11 erwachsenen Tiere in Imos Gruppe Kartoffeln. Inzwischen hatte es sich auch eingebürgert, die Kartoffeln nicht mehr im Bach, sondern im Meer zu waschen, und zwar auch dann, wenn die Kartoffeln gar nicht schmutzig waren – die Affen hatten das Würzen erfunden.

Entscheidend für die Ausbreitung der neuen Verhaltensweise waren offensichtlich soziale Beziehungen und das Alter der Tiere. Junge Tiere, Spielkameraden und nahe Verwandte übernahmen das Verhalten eher als ältere und sozial ferner stehende. Vor allem die älteren Männchen taten sich mit der neuen Mode schwer. Es scheint verführerisch, dies mit einer geringeren Flexibilität im Denken und Handeln in Zusammenhang zu bringen; gegen eine solche Erklärung ist vorgebracht worden, daß die erwachsenen Japanmakakenmännchen von Koshima wenig Kontakt mit den innovativen Jungtieren haben und meistens allein fressen. Daß die neue Mode aber gänzlich unbemerkt an den älteren Männchen vorbeigegangen sein sollte, erscheint wenig überzeugend. Nachdem die erste Phase der Ausbreitung abgeschlossen war, setzte eine Richtungsumkehr ein: *Kinder* lernten nun das Kartoffelwaschen im Salzwasser von ihren Müttern als einen selbstverständlichen Bestandteil der Nahrungsaufnahme.

Im Jahr 1956, Imo war jetzt 4 Jahre alt, machte sie eine weitere Erfindung: das Weizenwaschen. Weizenkörner lassen sich aus trockenem Sand nicht besonders gut herausklauben, und vor allem stört der Sand zwischen den Zähnen. Imo nahm also eine Handvoll Sand mit Weizen und warf alles ins Wasser. Der Sand sank sehr schnell zu Boden, während sich der leichtere Weizen gut abfischen ließ. Auch dieses Verhalten übernahmen andere Tiere, und die Ausbreitung verlief nach demselben Muster wie das Kartoffelwaschen. Allerdings setzte sich diese neue Methode des Nahrungserwerbs sehr viel langsamer durch und erreichte wesentlich weniger Individuen: 1962, also 6 Jahre später, hatten erst 19 der 49 jüngeren Affen das Verhalten übernommen. Auch heute, nachdem man in den 70er Jahren die Fütterungen vorübergehend drastisch reduziert hatte, ist Kartoffelwaschen sehr verbreitet, Weizen (oder Sojabohnen, die heute gefüttert werden) wäscht aber nur eine Minderheit der Affen von Koshima. Andere Innovationen folgten: Seit 1959 ist es Brauch, bei schönem Wetter im Meer zu baden, und 1979, als ein Fischer auf der Insel lebte, entdeckten die Affen rohen Fisch als neue Nahrungsquelle (die freilich nie besonders beliebt wurde).[23]

„Ich bin der Meinung, unter Kultur sollte man sich etwas mehr vorstellen als nur Kartoffelwaschen", bemerkte Hediger dazu süffisant [276, S. 296].[24] Darüber läßt sich diskutieren. Ganz unproblematisch ist es allerdings nicht, Kultur über ihre Inhalte zu definieren: Der amerikanische Anthropologe William McGrew kam bei einem Vergleich der Werkzeugkulturen von Schimpansen und tasmanischen Aborigines zu dem Schluß, daß letztere natürlich über komplexere Technologien verfügen – aber unüberbrückbar schienen ihm die Unterschiede nicht. Als einen der wenigen durchgängigen Unterschiede fand McGrew, daß Menschen Beutel oder andere Behälter herstellen, um Nahrung zu transportieren [406].[25] Soll das also der Rubikon sein, der „das Tier" vom Menschen trennt – Menschen stellen Beutel her?

Die Vielzahl der Kulturdefinitionen zeigt, daß der Begriff mehr als vage und von dem jeweils herrschenden Zeitgeist abhängig ist. Biologen versuchen daher, den Kulturbegriff anders zu fassen: Nach Kawai ist Kultur *„eine Lebensweise, die zu einer Verhaltensweise wurde, die erworben, geteilt, sozial vererbt und unter den Mitgliedern derselben Gesellschaft fixiert wird"* [331, S. 32]. Für Hans Kummer sind Kulturen *„auf sozialer Modifikation beruhende Verhaltensvarianten, deren Träger ihrerseits das Verhalten anderer in gleicher Weise beeinflussen werden"* [355, S. 5]. Und der amerikanische Biologe John Tyler Bonner definiert Kultur als *„die Weitergabe von Information durch Verhalten, insbesondere durch den Vorgang von Lernen und Lehren"* [79, S. 17]. Diese Definitionen legen das Schwergewicht auf die Informations*übertragung* und nicht auf die Informations*inhalte* (obwohl diese, wie man etwa an der Definition von Kummer sieht, nicht ganz ausgeblendet werden).

Man mag eine solche neuerliche Umdeutung des Kulturbegriffs, die Tieren nicht a priori jede Kulturfähigkeit abspricht, unangemessen finden. Dem Geschichtsverständnis von Anne und David Premack kommt sie allerdings nahe: Es geht nämlich um Veränderung, die erstmals in der Evolutionsgeschichte nicht mehr nur über die Weitergabe neuer Genkombinationen an die Nachkommen erfolgt, sondern über die *„Vererbung" erworbener Eigenschaften*!

Die Affen von Koshima haben die verhaltensbiologische Interpretation von Kultur als einer traditiven Weitergabe innovativen Verhaltens zweifellos nachhaltig beeinflußt. Ausgerechnet sie sind allerdings nun, da sich das Augenmerk auf den *Mechanismus* der Weitergabe richtet, ins Gerede gekommen. Lernen und Lehren sind nach Bonner die Mechanismen, über die neue Verhaltensweisen wie das Waschen von Kartoffeln ebenso wie Überzeugungen wie die, daß 2 mal 2 4 ist oder die Welt in 7 Tagen erschaffen wurde, weitergegeben werden. Lernen kann man auf verschiedene Weise:

– durch „klassische Konditionierung" oder einfache *Assoziation*, also beispielsweise die Erfahrung, daß auf einen Blitz früher oder später immer ein Donner folgt oder beim Läuten der Glocke immer das Essen serviert wird;
– durch „instrumentelle Konditionierung" oder Lernen durch *Versuch und Irrtum*: Rote Erdbeeren schmecken einfach besser als grüne;
– durch *Imitation*, bei der ein „Novize" das „Vorbild" beobachtet und anschließend nachahmt;
– durch *Einsicht*, also das rein gedankliche Erfassen von Zusammenhängen.

Imitation als eine ausgesprochen soziale Form des Lernens spielt beim Menschen sicher eine wichtige Rolle in der Tradierung von Verhaltensweisen. Daß auch die Traditionen der Koshima-Makaken durch Imitation zustande gekommen waren, galt lange Zeit als selbstverständlich. Hätte jeder Affe ebenso wie Imo von selbst darauf kommen müssen, daß man Kartoffeln waschen kann, hätte sich das Verhalten wohl kaum ausgebreitet. Im übrigen gilt Nachahmung gemeinhin als eine relativ einfache Form des Lernens, die Affen ohne weiteres beherrschen – nicht umsonst ist in vielen Sprachen der Ausdruck „Nachäffen" verbreitet.[26]

Massive Zweifel an dieser Interpretation kamen erst in den letzten Jahren auf [91, 213, 675]. Warum, begann man sich zu fragen, dauerte es Monate und Jahre, bis die anderen Affen das Verhalten übernahmen? Schließlich ist es ein Merkmal der kulturellen Evolution, daß sie wesentlich schneller als die genetische Evolution vonstatten geht – unter anderem deshalb, weil Neuerungen nicht mehr nur horizontal von Eltern an Kinder weitergegeben werden, sondern auch vertikal: Soziales Lernen durch Imitation sollte wie ein Schnupfen um sich greifen – je mehr Leute infiziert sind, desto schneller breitet sich die Krankheit aus. Das war auf Koshima aber offenbar nicht der Fall. Natürlich könnte mangelnde Motivation der Grund für die langsame Ausbreitung gewesen sein: Vielleicht waren die Kartoffeln nicht immer so schmutzig, und um eine besonders wichtige Neuerung, die das Leben deutlich angenehmer oder leichter macht, handelte es sich zweifellos auch nicht. Es könnte sich aber auch alles ganz anders abgespielt haben: Die Affen, die ja schließlich gefüttert wurden, könnten für „richtiges" Verhalten belohnt worden sein: Wer seine Kartoffel anständig wusch, bekam noch eine.

Der schwerwiegendste Einwand gegen die Imitationshypothese ist allerdings die Tatsache, daß Affen – entgegen der landläufigen Meinung – offenbar Schwierigkeiten damit haben, andere „einfach" nur „nachzuäffen" [675]. Darauf hatte im übrigen schon Wolfgang Köhler hingewiesen, als er feststellte, *„daß es bei Tieren mit dem anscheinend so leichten Nachahmen im allgemeinen recht schlecht bestellt ist"*. Selbst Schimpansen hätten damit Probleme. Das ist weniger paradox, als es scheint: Schließlich könne *„auch der Mensch sofort nicht mehr ,einfach nachahmen', wenn er einen Vorgang, eine Gedankenfolge nicht genügend versteht"*. Jemanden zu imitieren, ist also weniger einfach, als es scheint: Für Köhler beinhaltete Imitation, daß man *„sofort versteht, einsichtig erfaßt, was das Tun des anderen bedeutet, inwiefern es etwa eine ,Lösung' in der betreffenden Situation ist"* [343, S. 160–161].

Hinweise dafür, daß es Affen Probleme bereitet, den Sinn von den Handlungen anderer und die dahinterstehenden Absichten und Motive zu erkennen, kommen auch von den Rhesusaffen von Cayo Santiago. Auf dieser Insel vor der Küste Puerto Ricos gibt es viele Kokospalmen, deren Nüsse bekanntermaßen nicht ganz einfach zu öffnen sind. Wenn die Affen aber aufgebrochene Kokosnüsse finden, essen sie sie sehr gerne. Zwei Affen auf Cayo Santiago lernten es, Kokosnüsse zu knacken, indem sie sie auf Steine schlugen. Aber obwohl andere die beiden oft dabei beobachteten und dominante Tiere ihnen nach getaner Arbeit nicht selten die Nüsse raubten, übernahm keiner der 1000 übrigen Affen auf der Insel das Verhalten. Mangelnde Motivation dürfte dafür wohl kaum der Grund gewesen sein [675].

Aber wenn es nicht Imitation war, wodurch es zu den Traditionen auf Koshima gekommen war, was war es dann? Eine Mischung aus individuellem Lernen und sozialen Faktoren, die dieses Lernen erleichtern beziehungsweise die Weitergabe fördern, wird vermutet. Affen interessieren sich für das, was ihre Sozialpartner tun – besonders, wenn dies mit Nahrung zusammenhängt. Das erhöht die Wahrscheinlichkeit, daß sie sich mit denselben Dingen beschäftigen. Wie und warum man Kartoffeln oder Weizen wäscht, müßten sie allerdings selbst lernen – durch Versuch und Irrtum. Verhaltenstraditionen von Schimpansen, wie das Termitenangeln oder Nüsseknacken, könnten auf dieselbe Weise zustande kommen, obwohl Schimpansen zumindest in einem Punkt anderen Affen wohl überlegen sind: Sie erkennen, daß ein Werkzeug – etwa eine Angelrute – ein Werkzeug ist, und wozu es gut ist. Wie man es zu benutzen hat, müssen aber auch sie selbständig lernen [213, 633].

Unklar ist, was es mit den auf Koshima üblichen unterschiedlichen Methoden des Kartoffelwaschens auf sich hat: Einige Affen rollen die Kartof-

feln im flachen Wasser umher, andere tauchen sie ein und wischen den
Schmutz mit der Hand ab, und wieder andere tunken sie nach jedem Bissen
ins Wasser [331]. Manche werten dies als weiteren Hinweis dafür, daß der
Verhaltensablauf individuell gelernt wurde. Das klingt zweifellos plausibel.
Merkwürdig ist nur, daß nahe Verwandte dazu tendieren, *dieselbe* Methode
anzuwenden.

Nun ist es vielleicht nicht so entscheidend, auf welche Weise genau der
Lernprozeß bei Affen und Menschenaffen vonstatten geht, und ob dabei
Imitation eine Rolle spielt – obwohl das Lernen von einem Vorbild unbe-
streitbare Vorteile bietet.[27] Noch problematischer ist es allerdings um den
zweiten Mechanismus der Weitergabe innovativer Verhaltensmuster bestellt: das Lehren. Die Unsicherheit beginnt schon damit, was man als „Lehren" bezeichnen soll. Klar ist, daß zum Unterrichten immer zwei gehören:
ein „Lehrer" und ein „Schüler". Aber muß der „Lehrer" wissen, daß der
„Schüler" Wissenslücken hat, wo sie sind, wie er sie stopfen kann, und vor
allem: muß er dies absichtlich tun? Wer in erster Linie an kognitiven Fähigkeiten interessiert ist, wird all dies voraussetzen [107]. Andere, die mehr am
Effekt interessiert sind, meinen, daß es nur auf drei Dinge ankomme: Der
„Lehrer" muß sein Verhalten in Anwesenheit des „Schülers" – und nur dann
– verändern; er darf selbst keinen direkten Vorteil von seinem Verhalten
haben (es muß also mit „Kosten" verbunden sein), und der „Schüler" muß
etwas lernen, das er ohne die „Instruktion" entweder gar nicht oder erst
später in seinem Leben zustande bringen würde [95].

Welcher der beiden Meinungen man auch zuneigt – Hinweise dafür, daß
Affen oder Menschenaffen ihre Kinder oder andere naive Individuen unterrichten, sind äußerst rar gesät. Strafreize senden Affen und Menschenaffen zwar häufig aus, und vermutlich haben diese beim „Schüler" auch
einen Lerneffekt; aber den „Lehrern" geht es in aller Regel offenbar nur
darum, etwas zu unterbinden, was ihnen selbst nicht paßt. Anders ist es,
wenn Affen- oder Menschenaffenmütter ihre Kinder daran hindern, etwas
Ungenießbares zu fressen; das bemerkenswerteste an solchen Beobachtungen ist aber, daß sie so selten sind [107].

Positive Handlungsanweisungen scheinen noch seltener zu sein. Immerhin gibt es, vor allem von Schimpansen, einige aufschlußreiche Anekdoten.
So beobachtete Köhler einmal, wie sein Schimpanse Sultan mit offensichtlich wachsendem Ärger mitansehen mußte, wie die anderen Schimpansen
der Gruppe sich vergeblich bemühten, ein paar Kisten aufeinanderzusta-
peln, um an eine an der Decke aufgehängte Banane heranzukommen. Sultan beherrschte diesen Trick schon lange. Schließlich verlor er die Geduld,
rannte in den Raum, stapelte die Kisten aufeinander und lief wieder hinaus
– ohne sich selbst in den Besitz der Banane gebracht zu haben [343].

Ein anderes Beispiel stammt von der in AmeSLan trainierten Schimpansin Washoe und ihrem Adoptivsohn Loulis. Loulis wurde von Roger Fouts und seinen Kollegen, die die Untersuchung durchführten, absichtlich nicht in AmeSLan unterrichtet, da man herausfinden wollte, ob er diese Sprache von Washoe lernen würde. Als Loulis das erste Mal zu Washoe gebracht wurde, signalisierte sie ihm das Zeichen „Komm" und nahm ihn dann, als er nicht reagierte, zu sich. Drei Tage danach sagte sie wieder „Komm" und bewegte sich dann einige Schritte auf ihn zu. Später signalisierte sie nur noch „Komm" und beobachtete dann, was er tat. Ein anderes mal setzte Washoe einen Stuhl vor Loulis und machte ihm fünfmal das Zeichen „Stuhl-Sitzen" vor; Loulis hat dieses Zeichen später allerdings nie benutzt. Der bemerkenswerteste Vorfall wurde eines Tages beobachtet, als der Pfleger ihnen Futter brachte. Aufgeregt signalisierte Washoe mehrmals „Nahrung". Dann hielt sie inne, nahm Loulis' Hände in die ihren, formte damit das Zeichen „Nahrung" und führte seine Hände mehrfach zu seinem Mund. Im Alter von 4 Jahren beherrschte Loulis 39 Zeichen. Washoes Bemühungen könnten daran nicht ganz unbeteiligt gewesen sein [204].

Das letzte Beispiel, das hier erwähnt werden soll, stammt von den Schimpansen des Taï-Nationalparks an der Elfenbeinküste. Dort beobachtete der Schweizer Forscher Christophe Boesch, wie Schimpansenmütter ihre Kinder in der Technik des Nüsseknackens unterwiesen. Die Schimpansen des Taï-Waldes sammeln die energiereichen, aber hartschaligen Panda- und Kolanüsse, tragen sie oft über weite Strecken zu einer Baumwurzel, die sich als Amboß eignet und schlagen sie mit einem Stein oder Knüppel – dem Hammer – auf. Kinder sehen ihren Müttern oft dabei zu, und die Mütter machen es ihnen manchmal auch besonders langsam und demonstrativ vor, wobei sie darauf achten, daß das Kind auch tatsächlich zuschaut. Allein durch Beobachtung lernen Schimpansenkinder die richtige Technik aber offensichtlich nicht: Es braucht viele Jahre, bis sie sie perfekt beherrschen. Zumindest gelegentlich aber unterstützen die Mütter ihre Kinder in ihren Bemühungen auch direkt. Boesch beobachtete zwei solcher Begebenheiten. Einmal nahm die Schimpansin Salome ihrem kleinen Sohn Sartre eine Pandanuß, die dieser gerade etwas schief auf den Amboß gelegt hatte, wieder weg, wischte übriggebliebene Schalenreste weg und legte sie dann wieder sorgfältig und richtig plaziert darauf. Sartre schlug zu und knackte die Nuß erfolgreich. Ein anderes Mal beobachtete Boesch, wie Ricci ihrer Tochter Nina zu Hilfe kam, die es nicht schaffte, ihren Hammer richtig zu orientieren. Nina gab (!) ihrer Mutter den Hammer, die ihn demonstrativ langsam richtig herum drehte, mühelos einige Nüsse knackte (die sie mit Nina teilte), und ihn dann Nina zurückgab, die nun ebenfalls erfolgreich war [71].

Diese Beobachtungen sind zweifellos eindrucksvolle Beispiele für Lehren – wenngleich zumindest Sultan wohl nicht im Sinn hatte, seinen Kumpels etwas beizubringen: Er war sonst eher dafür bekannt, deren Lösungsversuche zu torpedieren. Dennoch bleiben Zweifel, ob Lehren bei nichtmenschlichen Primaten eine große Rolle spielt. Wenn Schimpansen das Nüsseknacken gelehrt wird, fragen Anne und David Premack, warum brauchen sie dann so lange – 10 Jahre oder mehr, um es zu lernen? Ihre Antwort: Entweder sei der angebliche Unterricht reichlich ineffektiv, oder das, was bei Schimpansen „Unterricht" genannt werde, hätte mit menschlichem Unterrichten herzlich wenig zu tun. Schimpansenmütter würden die Fehler ihrer Kinder eben *nicht* wieder und wieder korrigieren, bis sie das Erwünschte endlich beherrschen [493].

Aber welchen Maßstab legen die Premacks hier an? Es scheint, daß hier der alte Graben wieder sichtbar wird – nicht der zwischen Menschen und Schimpansen, sondern der zwischen Sozialwissenschaftlern und Biologen. Daß für Psychologen der Mensch das Maß aller Dinge ist, mag noch verständlich sein; allerdings machte Jane Goodall schon 1971 darauf aufmerksam, „*daß nur ein echtes Verständnis der Ähnlichkeiten im Verhalten des Schimpansen und des Menschen die Basis schaffen kann für ein sinnvolles Nachdenken darüber, in welchen Punkten sich Mensch und Schimpanse unterscheiden. Und erst wenn uns diese Unterschiede wirklich bewußt sind, haben wir die Möglichkeit, die Einmaligkeit des Menschen, sowohl in biologischer als auch in geistiger Hinsicht, ganz zu ermessen*" [648, S. 208]. Um „Schimpozentrismus" zu vermeiden: *Verstehen* werden wir Menschen und Schimpansen erst, wenn wir auch Bonobos begreifen und Gorillas und Paviane und und … Wenn wir beispielsweise wissen wollen, warum tödliche Gewalt zwischen Gruppen bei Menschen und Schimpansen so ausgeprägt ist, dann finden wir die richtige Antwort vielleicht bei Bonobos (vgl. Kapitel 2).

Zurück zum Lehren. Offenkundig unterscheiden sich die erwähnten Beispiele von Unterrichten bei Schimpansen nicht grundsätzlich vom Unterrichten beim Menschen. Richtig bleibt allerdings, daß Lehren bei Schimpansen – und dies gilt für andere nichtmenschliche Primaten wohl noch mehr – eine weitaus geringere Rolle spielt als bei uns Menschen. Schimpansenkindern wird das Nüsseknacken nicht systematisch beigebracht, sie müssen üben, üben, üben. Der Grund dafür, daß nichtmenschliche Primaten von dem doch zweifellos vorteilhaften Lehren so wenig Gebrauch machen, dürfte derselbe sein, warum es ihnen schwerfällt, andere zu imitieren. Beides Mal mangelt es an Einsicht: Der Zuschauer hat Mühe, den Sinn im Tun des anderen zu begreifen, und der „Lehrer" weiß nicht, daß er selbst mehr weiß als der „Schüler" [107]. Aber daß sie sich hier schwertun, bedeutet nicht notwendigerweise, daß sie kulturunfähig seien.

Haben Affen oder Menschenaffen also Kultur? Wenn mit Kultur Unterschiede im Verhalten einzelner Populationen gemeint sind, die weder auf genetische Unterschiede noch auf Unterschiede in ihrem Habitat zurückgeführt werden können, sondern tradiert werden, wird die Antwort wohl „Ja" lauten müssen – auch wenn uns diese Unterschiede lächerlich vorkommen mögen: Nach Termiten angeln beispielsweise die Schimpansen in Gombe und Mahale (Tansania) ebenso wie die des Mount Assirik (Senegal), während die in Budongo (Uganda) und Lopé (Gabun) lebenden Schimpansen Termiten verschmähen. Im Taï-Nationalpark und in Kibale (Uganda) fressen die Schimpansen gelegentlich Termiten, fangen sie aber mit der Hand. Das Knacken von Nüssen mit Hilfe von Hammer und Amboß ist in Westafrika weit, aber nicht durchgängig verbreitet, in Zentral- und Ostafrika dagegen unbekannt – obwohl es auch dort zum Teil dieselben Nußarten gibt, und an geeigneten Werkzeugen sicher auch kein Mangel herrscht [75, 407]. Keine Augenbraue würde sich heben, meint William McGrew, würde man derartige lokale Unterschiede als kulturelle Unterschiede in einer ethnologischen Fachzeitschrift veröffentlichen – ohne zu verraten, daß es sich um Schimpansen handelt. Wenn mit Kultur Unterschiede in Überzeugungen, Wertesystemen und anderen mentalen Vorstellungen gemeint sind, werden wir aber wohl eher geneigt sein, mit „Nein" zu antworten – wenngleich wir uns da vielleicht nicht so sicher sein sollten. Stellen wir uns vor, in Afrika würden zwei Völker entdeckt, von denen das eine offene Gewässer – Bäche, Flüsse, Seen, vom Meer ganz zu schweigen – nie betritt, nie in ihnen badet, sie nie zu überqueren wagt, während das andere in dieser Hinsicht keinerlei Probleme hat. Zweifellos irgendein Tabu, würden wir denken. Es gibt in Afrika zwei solche Völker: die Schimpansen von Gombe und die von Mahale … [406].

Die Evolution der Intelligenz

Grenzen, die früher als klar und unüberwindlich galten, verschwimmen bei näherer Betrachtung. Intelligenz, Bewußtsein, Sprache, Kultur – nichts trennt uns so eindeutig von unseren „bescheidenen Verwandten". Bleibt die Frage, warum Menschen und andere Primaten über ein so hohes Maß an Intelligenz verfügen. Welche Selektionsfaktoren waren dafür verantwortlich? Die Vorstellungen hierüber haben sich in den letzten Jahren gründlich gewandelt. In einer Zeit des ungebrochenen Glaubens an die Macht des technischen Fortschritts herrschte die Annahme vor, die Haupttriebfeder für die Evolution der Intelligenz hätte in der Erfindung immer komplexerer Werkzeugtechnologien gelegen. Der Weg von der Termitenangel über den Faustkeil bis hin zu Handy und Neutronenbombe schien diesen Zusammenhang ebenso eindrucksvoll zu bestätigen wie die Tatsache, daß unsere Intelligenz bei der Bewältigung technischer Probleme ständig gefordert ist. Aber abgesehen davon, daß Werkzeuge im Alltagsleben der meisten Primaten kaum ein Rolle spielen, stellt sich die Frage, warum das Gehirn der Neandertaler – trotz ihrer vergleichsweise primitiven Werkzeugkultur – kaum kleiner war als das des modernen Menschen [522].[28] Aufgrund solcher Ungereimtheiten spielt die Hypothese von der technischen Intelligenz heute nur noch eine untergeordnete Rolle; die eigentlichen Ursachen für die Evolution der Intelligenz müssen wohl tiefer liegen.

Die Kunst zu überleben

Primaten sind in ihrer überwiegenden Mehrheit Tiere, die einen großen Teil ihres Lebens in Bäumen verbringen. Das Leben in Bäumen ist zweifellos nicht ganz einfach: Man muß sich in einer komplexen, dreidimensionalen Welt zurechtfinden. Das ist nicht ohne Auswirkungen auf die Morphologie der Primaten geblieben: Mit opponierbaren Daumen und Großzehen und außerordentlich tastempfindlichen Hautleisten ausgestattete Hände und Füße sind ausgezeichnete Greif- und Kletterorgane, nach vorn gerichtete, große Augen befähigen zum stereoskopischen Sehen. Auch das Gehirn dürfte nicht ganz unbeeinflußt geblieben sein: Um die Absturzgefahr zu minimieren, muß es schon in der normalen Alltagsroutine ständig komplizierte Rechenoperationen durchführen, die einen Abgleich zwischen dem Selbst und seinen Fähigkeiten und der physikalischen Struktur des Lebensraumes ermöglichen. Trägt der Ast, auf den man klettert? Kann der Sprung zum nächsten Baum gelingen? Blitzschnelle Entscheidungen sind in Gefahrensituationen gefordert, in denen es um Leben oder Tod geht: Ein falscher Schritt kann das Aus bedeuten. Die Herausforderungen, die das Leben in Bäumen stellt, könnten also eine wichtige Voraussetzung für die Evolution der Intelligenz und des Selbstbewußtseins darstellen. Viel weiter führt uns dieser Erklärungsansatz allerdings nicht, denn er verrät uns nichts über die Gründe für die ungewöhnlich großen Unterschiede in den Gehirngrößen der heute lebenden Primaten. Außerdem sind Primaten nicht die einzigen Säugetiere, die hervorragend an das Leben in Bäumen angepaßt sind: Eichhörnchen haben weder primatentypische Greifextremitäten noch eng beieinanderliegende Augen, noch ein besonders großes Gehirn.[29] Dennoch ist nicht auszuschließen, daß die wesentlichen Selektionsfaktoren, die eine Zunahme der Intelligenz gefördert haben, ökologischer Natur sind. Primaten leben nicht im Schlaraffenland – um für ihren Lebens-

unterhalt zu sorgen, müssen sie viele Informationen aus ihrer Umwelt aufnehmen und verarbeiten können. Vor allem wenn hochwertige Nahrung
weit verstreut auftritt und das Angebot saisonalen Schwankungen unterliegt, ist die genaue Kenntnis eines unter Umständen viele Quadratkilo-
meter großen Streifgebietes und ein gutes Gedächtnis von Vorteil. Tatsächlich scheinen Primaten oft über ein erstaunlich detailliertes Wissen um die
Lage von Futter- und Wasserstellen zu besitzen, und das über riesige Area-
le. Mantelpaviane, die bis zu 20 Kilometer am Tag zurücklegen, können
sich auch an selten aufgesuchte Wasserlöcher erinnern und scheinen genau
zu wissen, wie sie diese am rationellsten erreichen können. Die Landkarte,
mit der sie ihre Tagesroute planen, haben sie ganz offensichtlich im Kopf
[547]. Auch Schimpansen, die ihre Nüsse oder Hämmer nicht selten über
längere Strecken zu einer geeigneten Nußknackerschmiede tragen, verfügen offenbar über eine „mentale Landkarte" [73].

Einen Zusammenhang zwischen Ernährungsweise und Intelligenz zu
vermuten, ist naheliegend: Fruchtfresser müssen ihre Nahrung in einem
großen Streifgebiet suchen; an energieärmere und schwer aufschließbare
Blattnahrung angepaßte Primaten können es sich dagegen weder *leisten*,
weit zu wandern – sie benötigen viel Zeit, um möglichst viel in sich hin-
einzustopfen und zu verdauen –, noch *brauchen* sie ein großes Wohngebiet:
Blätter finden sich in größerer Zahl und Dichte als Früchte. Tatsächlich ist
das Gehirn von Klammer- und Wollaffen, die sich vorzugsweise von reifen
Früchten ernähren, fast doppelt so groß wie das der nahe verwandten und
ähnlich großen, aber auf Blätter spezialisierten Brüllaffen (Tab. 7.1). Auch
andere Blätterfresser – Wieselmakis, Indris, Stummelaffen, Dscheladas, Gorillas – haben deutlich kleinere Gehirne als ihre früchtefressenden Verwandten. In allen Primatengruppen korreliert die Gehirngröße also auffallend mit der Ernährungsweise. Mit anderen Worten: Man ist, was man ißt
[117, 424].

Die Jokerhypothese

Die Korrelation zwischen Hirngröße und Ernährungsweise scheint die
Hypothese vom ökologischen Ursprung der Intelligenz eindrucksvoll zu
bestätigen. Leider sagen Korrelationen aber nicht notwendigerweise etwas
über Kausalbeziehungen aus: Es gibt eine Korrelation zwischen dem Aussterben der Störche in Mitteleuropa und dem Geburtenrückgang; aber sollen wir daraus schließen, daß die Kinder eben doch vom Storch gebracht
werden? Auch der Zusammenhang zwischen Ernährung und Intelligenz
könnte ganz andere Ursachen haben, als von den Verfechtern der Hypothese von der ökologischen Intelligenz angenommen wird.

Vor allem der britische Anthropologe Robert Martin vertritt die Auffassung, daß das Gehirn ein universell nützliches Organ ist, das seinem Träger intelligente Problemlösungen in vielen Bereichen ermöglicht und damit auch in vielfältiger Hinsicht seine Überlebens- und Fortpflanzungschancen steigert. Nicht von ungefähr hat das Hirnvolumen im Laufe der Evolution nicht nur bei Primaten, sondern in allen Säugetiergruppen zugenommen. Allerdings ist die Größe des Gehirns durch die zur Verfügung stehende Energie begrenzt [396]. In dieser Hinsicht ist das Gehirn ein außerordentlich kostspieliges Organ: Beim erwachsenen Menschen verbraucht es, obwohl es nur 2 Prozent der Körpermasse ausmacht, im Ruhestoffwechsel ungefähr 25 Prozent der zur Verfügung stehenden Energie. Beim menschlichen Neugeborenen sind es gar – die Angaben schwanken hier etwas – 60 bis 87 Prozent [396, 465]. Bei Affen und Menschenaffen liegen die Werte zwar deutlich niedriger, aber immer noch erheblich über denen anderer Säugetiere. Primatenmütter müssen also erhebliche Energiemengen aufbringen, um den Bedarf des kindlichen Gehirns zu decken. Blätterfressende Primaten sind hier naheliegenderweise im Nachteil: Ihre Nahrung ist deutlich energieärmer als die der Fruchtfresser. Hinzu kommt, daß der Verdauungsapparat selbst auch ein Energiefresser ersten Ranges ist: Obwohl er beim erwachsenen Menschen weniger als 2 Prozent der Körpermasse ausmacht, verbraucht er etwa 15 Prozent der Energie [3]. Blätterfresser aber brauchen einen großen Verdauungstrakt, um ihre schwer aufschließbare Nahrung überhaupt verwerten zu können. Entsprechend weniger Energie steht ihnen für den Aufbau und Unterhalt eines großen Gehirnes zur Verfügung. Ein Blick auf unsere Innereien und die unserer nächsten Verwandten zeigt es: Gorillas haben den längsten Verdauungsapparat, an zweiter Stelle folgen die Orang-Utans, an dritter die Schimpansen und schließlich – recht weit abgeschlagen – die Menschen. Mit der relativen Gehirngröße verhält es sich umgekehrt [3, 91].

Es ist also nicht unbedingt die Schwierigkeit, energiereiche Nahrung zu finden, die den Anstoß zu einer Vergrößerung des Gehirns gegeben hat; energiereiche Nahrung und ein kostensparender Verdauungstrakt sind nach dieser Hypothese erst die *Voraussetzung* für die Vergrößerung des Gehirns – eines Organs, das nach Überzeugung Martins als eine Art Universaljoker fungiert, der in allen Lebenslagen hilfreich ist.

Das Treibhaus des Sozialen

Martins Hypothese ist bestechend, denn den Ursprung der Intelligenz ausgerechnet bei Primaten – Tieren, die geradezu als „Spezialisten für das

Unspezialisiertsein" gelten – in einem eng umschriebenen Bereich zu suchen, erscheint wenig überzeugend. Dennoch gibt es eine Fülle von Hinweisen dafür, daß Primaten in einem Bereich über besondere Fähigkeiten verfügen: dem sozialen. Beispiele für geschicktes Taktieren auf der sozialen Ebene haben wir bereits kennengelernt: Meerkatzen, die ihre Konkurrenten durch falsche Warnrufe täuschen; Rhesusaffen, die ihre Karriere mit Hilfe guter Beziehungen inszenieren; Schimpansen, die mit Geschenken und anderen Gefälligkeiten „Politik machen". Derartige Beobachtungen bilden die materielle Grundlage für die Hypothese vom sozialen Ursprung der Intelligenz. Die theoretische Basis sind drei recht einfache Grundannahmen [305][30]:

– Artgenossen sind einerseits die wichtigsten Konkurrenten, gegenüber denen man sich behaupten muß; andererseits sind sie aber auch wichtige Kooperationspartner, deren Hilfe bei der Erlangung eigener Ziele oft genug unerläßlich ist.

– Artgenossen sind keine passiven Objekte, die sich beliebig manipulieren lassen. Der Umgang mit ihnen gleicht eher einem Schachspiel: Jeder Zug beeinflußt den nächsten. Um erfolgreich zu sein, bedarf es daher eines hohen Maßes an Voraussicht, Kreativität und Flexibilität.

– Artgenossen sind, was ihre geistigen Fähigkeiten betrifft, im Durchschnitt ebenbürtige Gegner. Jeder kleine Intelligenzvorsprung, der zu einem Fortpflanzungsvorteil verhilft, wird von der Selektion allerdings prämiert. Damit ist der Nährboden für eine evolutionäre Rüstungsspirale geschaffen, in der die Zunahme des Gehirnvolumens und der Intelligenz quasi vorprogrammiert ist.

Grundlage für die Hypothese vom sozialen Ursprung der Intelligenz ist also die Annahme, daß soziale Beziehungen mit ihrem komplexen Gemisch aus Kooperation und Konkurrenz eine größere Herausforderung an die geistigen Fähigkeiten darstellen als die „feindlichen Kräfte der Natur". Wenn die Hypothese zutrifft, sollte man zweierlei erwarten: Erstens sollten Primaten auf sozialem Gebiet über größere Fähigkeiten verfügen als in anderen Bereichen. Und zweitens sollte ihre Intelligenz – oder um einen zweifellos groben, aber einfacher meßbaren Indikator zu verwenden, ihre Gehirngröße – mit der Komplexität des sozialen Milieus korrelieren. Für beide Annahmen gibt es recht gute Hinweise. Meerkatzen beispielsweise sind ausgezeichnete soziale Strategen. Sie wissen nicht nur um ihre eigene soziale Position in der Gruppe, in der sie leben, sondern haben auch sehr detaillierte Vorstellungen von den Rang- und Verwandtschaftsbeziehungen zwischen den anderen Gruppenmitgliedern; und sie sind in der Lage, das Verhalten ihrer Artgenossen zu interpretieren und zu ihrem eigenen Vorteil zu manipulieren. Von dem, was sonst um sie herum passiert, wissen sie aber offenbar erstaunlich wenig. So scheinen sie keine Ahnung zu haben, daß Nilpferde sich tagsüber im Wasser aufhalten; da Nilpferde für Meerkatzen keine besondere Bedeutung haben, ist das vielleicht nicht sonderlich überraschend. Bemerkenswert ist aber, daß eine tote Gazelle in einer Astgabel – untrügliches Zeichen für die Nähe eines Leoparden – oder die frische Spur eines Pythons im Gras keinerlei Alarmreaktion, ja nicht einmal erhöhte Aufmerksamkeit auslöst [107]. Menschen würden hier zweifellos ganz anders reagieren. Allerdings fällt auch uns die Lösung von Intelligenztests wesentlich leichter, wenn es dabei um soziale Interaktionen geht; kommt dasselbe logische Problem in einem anderen Gewand daher, tun wir uns deutlich schwerer – unabhängig davon, wie vertraut uns die Situation ist [125].[31]

Es scheint also, daß die Gehirne von Menschen und anderen Primaten keine Universalcomputer sind, die sämtliche Aufgaben gleich gut bewältigen. Vielmehr scheinen sie speziell zur Lösung sozialer Probleme programmiert zu sein. Wie gut sie diese Aufgabe bewältigen, ist offenbar von der Größe des wichtigsten Assoziations- und Planungszentrums im Gehirn abhängig: des Neocortex. Dafür gibt es mehrere Hinweise:

– Erstens korreliert die Neocortexgröße (im Verhältnis zum restlichen Gehirn) mit der Anzahl der Artgenossen, mit denen Primaten üblicherweise in einer Gruppe zusammenleben und kooperieren; mit der Ernährung oder der Größe ihres Streifgebietes besteht dagegen kein statistisch erkennbarer Zusammenhang. Der Komplexität des Beziehungsgeflechtes, das Primaten überschauen und in dem sie sich erfolgreich behaupten können, scheinen also kognitive Grenzen gesetzt zu sein [34, 170].[32]

– Zweitens betreiben Affen und Menschenaffen (einschließlich des Menschen) eine komplexere Bündnispolitik als Halbaffen und andere Säugetiere – vielleicht mit Ausnahme von Delphinen. Unterstützung, durch deren Hilfe der einzelne bei innerartlichen Auseinandersetzungen Vorteile erlangt, findet sich zwar auch bei anderen sozialen Säugern; aber nur Affen und Menschenaffen konkurrieren gezielt um die Gunst ranghöherer Individuen und kultivieren solche, für ihre eigene Karriere förderlichen Beziehungen. Das Prinzip „Wie du mir, so ich dir" scheint ebenfalls nur bei Affen und Menschenaffen eine Rolle zu spielen [257].

– Drittens existieren mittlerweile eine Fülle von Beobachtungen, nach denen Affen und Menschenaffen – nicht aber Halbaffen – Artgenossen durch Vorspiegelung falscher Tatsachen in die Irre führen, um sich dadurch selbst in den Genuß von Vorteilen zu bringen. „Taktische" Täuschungen, bei denen Signale wie etwa Warnrufe sowohl zur Information wie zur Desinformation von Artgenossen eingesetzt werden können, sind zwar ebenfalls keine Primatenspezialität; aber Affen und Menschenaffen – vom Menschen ganz zu schweigen – scheinen anderen Säugetieren auch auf diesem Gebiet qualitativ und quantitativ überlegen zu sein. Vergleicht man die Häufigkeit taktischer Täuschungen von Primaten mit deren Neocortexgröße, findet sich auch hier ein signifikanter Zusammenhang [91].[33]

Wie es scheint, sind wir Primaten (mit Ausnahme der Halbaffen) also vor allem auf einem Gebiet unschlagbar: Wenn es darum geht, andere zum eigenen Vorteil zu manipulieren. Daß es auch hier noch bedeutende qualitative Unterschiede gibt, wurde bereits angedeutet: Menschen sind in der Lage, sich in andere hineinzuversetzen, sich in ihre Bewußtseinszustände, ihr Denken, ihre Empfindungen und Motive einzufühlen; von hier bis zur Manipulation des Bewußtseins der anderen ist es nur ein kleiner Schritt. Affen sind, wie es scheint, nur in der Lage, das *Verhalten* anderer zu manipulieren; auf deren *Bewußtsein* haben sie, wie wir am Beispiel der Meerkatze Kitui gesehen haben, offenbar keinen Zugriff. Die großen Menschenaffen scheinen in dieser Hinsicht zwischen den Affen und Menschen zu stehen, obwohl letzte Zweifel an dieser Interpretation noch nicht ausgeräumt sind [632].

Insgesamt spricht also einiges für einen sozialen Ursprung der Intelligenz – oder zumindest für deren Entfaltung. Dennoch bleiben Fragen offen; vieles spricht beispielsweise dafür, daß Menschenaffen intelligenter sind als Affen – aber gilt das für alle Arten? Und selbst wenn dies der Fall ist: Welche Selektionsfaktoren haben dazu geführt, daß Menschenaffen, die sich durch ganz unterschiedliche, aber nicht unbedingt komplexere Sozialsysteme als die Affen auszeichnen, intelligenter sind als diese? Antworten auf derartige Fragen zu bekommen, ist zugegebenermaßen schwierig. Aber wenn sie uns gelingen, erfahren wir nicht nur etwas über unsere „bescheidenen Verwandten" – was Grund genug sein könnte, solchen Fragen nachzugehen –, sondern auch etwas über uns selbst.

Epilog

„Nehmen wir an", hat Irven DeVore, einer der Pioniere der Freilandforschung an Primaten einmal gesagt, *„wir stießen bei einer unserer Weltraummissionen tatsächlich einmal auf intelligente Wesen – Wesen, deren genetischer Code mit dem unseren zu mehr als 98 Prozent identisch ist. Wieviel Geld würden wir wohl ausgeben, um sie zu erforschen? Es gibt solche Wesen. Sie leben auf der Erde, und wir lassen es zu, daß sie für immer ausgelöscht werden".*[1]

Kein Zweifel: Es steht nicht gut um die Überlebenschancen unserer nächsten Verwandten. Schimpansen hatten in Afrika einst ein riesiges Verbreitungsgebiet. Heute ist davon nicht mehr viel übrig. Man findet freilebende Schimpansen zwar immer noch in 21 Ländern West- und Zentralafrikas, aber in nennenswerten Zahlen existieren sie nur noch in Kamerun, Gabun, der Elfenbeinküste, dem Kongo und der Demokratischen Republik Kongo. Anfang der 90er Jahre wurde der Gesamtbestand auf noch etwa 200000 Tiere geschätzt, deren ohnehin schon stark fragmentierter Lebensraum immer weiter schrumpft. Für viele andere Arten stellt sich die Situation noch weitaus dramatischer dar. Die im Grenzgebiet von Ruanda, Uganda und der Demokratischen Republik Kongo lebenden Berggorillas waren vermutlich nie besonders häufig, aber heute ist die auf wenige hundert Individuen zusammengeschrumpfte Restpopulation akut vom Aussterben bedroht. Nicht besser sieht es für die letzten Silbergibbons auf Java aus, die im atlantischen Regenwald Südostbrasiliens lebenden Muriquis, Löwenaffen und Braunen Brüllaffen, die ebenfalls nur noch wenige hundert Individuen zählenden Delacour-Languren und Tonkin-Stumpfnasen Nordvietnams und viele der nur auf Madagaskar heimischen Lemurenarten. Mittlerweile gilt jede zweite Primatenart als selten, in ihrem Bestand gefährdet oder unmittelbar von der Ausrottung bedroht.

Nach den Ursachen braucht man nicht lange zu suchen. Innerhalb von nur einer Generation haben wir es fertiggebracht, weltweit 50 Prozent des tropischen Regenwaldes – Lebensraum für 90 Prozent aller Primatenarten – zu vernichten. Regional sieht es noch weit schlimmer aus: Auf Madagaskar, Java und an der brasilianischen Atlantikküste sind von den ursprünglichen Regenwäldern kaum mehr als 5 Prozent übriggeblieben. Und die Zerstörung schreitet munter weiter fort: Jahr für Jahr fallen an die 20 Millionen Hektar Tropenwald den Kettensägen internationaler Großkonzerne und den Brandrodungen bettelarmer Kleinbauern, denen das Wasser selbst bis zum Hals steht, zum Opfer. Betroffen sind aber nicht nur regenwaldbewohnende Primaten. Selbst noch vergleichsweise häufige Arten wie Rhesusaffen haben 70 Prozent ihres Lebensraumes eingebüßt. Unkontrollierte Jagd und kommerzieller Handel tun ein übriges, um den letzten wilden Primaten den Garaus zu machen. Zwar haben wir in diesem Jahrhundert – soweit wir wissen – noch keine einzige Primatenart ausgerottet; aber in der übrigen Tier- und Pflanzenwelt hat das große Massensterben längst begonnen. Vorsichtigen Schätzungen zufolge sterben bereits heute von den wenigstens 10 Millionen Arten, die auf der Erde existieren (vermutlich sind es sehr viel mehr), stündlich drei aus. Eine schnelle Trendwende ist nicht in Sicht: Bis zum Jahr 2050 wird die Weltbevölkerung von heute knapp 6 Milliarden Menschen auf mindestens 10 Milliarden anwachsen. Auch Geburtenregelungsprogramme – die durchaus Erfolge zu verzeichnen haben – werden daran nichts mehr ändern.

Das Ende der letzten Büschelohrmakis, Schwarzgesichtigen Löwenaffen und Delacour-Languren – wer hat von diesen Arten je etwas gehört? – würden die meisten Menschen nicht einmal bemerken, geschweige denn, daß sie dadurch in irgendeiner Weise betroffen wären. Zwar ist unstrittig, daß uns der gigantische Verlust an biologischer Vielfalt teuer zu stehen kommen wird, obwohl – oder weil – wir größtenteils gar nicht wissen, welches genetische Potential uns dabei verlorengeht. Aber als Begründung für den Schutz nichtmenschlicher Primaten scheinen Nützlichkeitserwägungen an ihre Grenzen zu stoßen. Sicherlich hat die biomedizinische Forschung einen nicht unerheblichen Bedarf an Primaten als Versuchstiere; aber abgesehen davon, daß dieser „Bedarf" schwierige ethische Fragen aufwirft und damit zumindest *diskussions*würdig ist, benötigt die Biomedizin sicher nicht 250 verschiedene Primatenarten, um zu vernünftigen Arbeitshypothesen für die Verursachung, Behandlung und Vorbeugung menschlicher Krankheiten zu kommen. Gewiß können von einem ökologisch verträglichen Gorillatourismus Menschen *und* Tiere profitieren; aber wie schwierig der Interessensausgleich zwischen Wirtschaft und Naturschutz in dichtbesiedelten Ländern ist, erfahren wir im eigenen Land nahezu täglich. Ohne Zweifel sind nichtmenschliche Primaten auch eine wichtige Erkenntnisquelle für unser eigenes Selbstverständnis; aber abgesehen davon, daß ein solches Argument nur eine verschwindende Minderheit erreicht (etwa jene, die Bücher wie dieses lesen und den darin geäußerten Gedankengängen auch noch folgen), hat selbst das Volk der „Dichter und Denker" für Forschungen dieser Art erschreckend wenig Geld übrig.

So mag das Verschwinden der nichtmenschlichen Primaten nicht viel mehr als ein ästhetisches und ein ethisches Problem sein. Das sollte eigentlich genügen. Aber können wir uns angesichts der bedrückenden Probleme, vor denen die Menschheit steht, Sentimentalitäten dieser Art leisten? Die Antwort lautet eindeutig „Ja": Der globale Artentod *ist* eines der bedrükkendsten Probleme, mit denen die Menschheit heute konfrontiert ist, und Primaten können ebenso wie Pandabären oder Buckelwale als „Flaggschiffarten" eine breite Öffentlichkeit für die Interessen des Arten- und Naturschutzes mobilisieren und damit auch weniger spektakuläre Arten vor dem Untergang bewahren. Und abgesehen davon, daß es nun wirklich eine Affenschande wäre, würden wir unseren weniger erfolgreichen Verwandten den endgültigen Garaus bereiten, sollten wir vielleicht noch eines bedenken: Die Wüste mag etwas Erhabenes haben. Lebensqualität bietet sie nicht.

Anmerkungen

Einleitung

[1] Der „Physiologus" (der Naturkundige) [146], ein Werk über Tiere und ihre Symbolik, entstand ca. 200 n. Chr. Im Mittelalter hatte er eine ähnliche Breitenwirkung wie die Bibel.

[2] Zitiert nach [357]

[3] In der zweiten Auflage seines Werkes von 1883 findet sich dieser Satz nicht mehr – Brehm war zum Darwin-Anhänger mutiert [85].

[4] Daß hier keine exakte Zahl genannt wird, mag bei einer so gut untersuchten Tiergruppe wie den Primaten erstaunen. Es gibt zwei Gründe für diese Unsicherheit: Erstens werden immer noch Arten entdeckt, die bislang völlig unbekannt waren. Beispiele sind der Goldene Bambuslemur [415], der Tattersall-Sifaka [615], der Dianakoboldmaki [441] und der Maues-Krallenaffe [428]. Andere, wie der Büschelohrmaki und der Zwergmausmaki, wurden schon für ausgestorben gehalten, kürzlich aber wiederentdeckt [413, 536]. Zweitens sind sich die Systematiker in vielen Fällen nicht sicher, ob sie es mit Arten oder Unterarten zu tun haben. Die westafrikanischen Schimpansen beispielsweise unterscheiden sich genetisch von den zentral- und ostafrikanischen so stark, wie man es sonst nur bei verschiedenen Spezies findet [432]. Auch zwischen den Gorillas West- und Zentralafrikas und den Orang-Utans von Borneo und Sumatra sind die genetischen Unterschiede zwischen verschiedenen Populationen so groß, daß es gerechtfertigt erscheint, ihnen den Artstatus zuzugestehen (obwohl sich die Tiere in Gefangenschaft miteinander fortpflanzen). Besonders problematisch sind wenig bekannte, nachtaktive Arten, wie die Galagos. Hier hatte man bis vor kurzem 8 Arten unterschieden [581]; heute geht man davon aus, daß es 12 bis 18 Arten gibt [335, 518].

[5] Sollte sich die ebenfalls auf molekularbiologischen Daten beruhende Ansicht durchsetzen, daß der bisher als Unterart des Schimpansen geführte westafrikanische Schimpanse *(Pan troglodytes verus)* eine eigenständige Art ist [432], gäbe es sogar noch eine weitere Schwesterart des Menschen.

[6] [147]; in der von Gerhard Heberer übersetzten Fassung von Huxleys „Evidence as to man's place in natur" [308] liest sich dieser Satz so: „Niemand ist sich dessen so sicher, daß, mag der Mensch von den Tieren stammen oder nicht, er zuverlässig nicht eins derselben ist."

Kapitel 1

[1] Darwin war, was diesen Punkt betrifft, zugegebenermaßen oft vieldeutig. Auch klingen viele seiner Äußerungen heute erschreckend rassistisch. Gegen eine ideologische Vereinnahmung seiner Lehre sprach er sich allerdings ebenso wie sein Mitstreiter T. H. Huxley aus.

[2] Soziobiologen definieren Altruismus als ein Verhalten, das geeignet ist, den Fortpflanzungserfolg eines Artgenossen, der kein direkter Nachkomme des Aktors ist, zu erhöhen und gleichzeitig den eigenen Fortpflanzungserfolg zu verringern [62].

[3] Wenn Frans de Waal [692] meint, die Metapher vom „egoistischen Gen" sage weder direkt noch indirekt etwas über Motivationen, Emotionen oder Intentionen aus, hat er insofern sicherlich recht. Aber diese Metapher erklärt uns, woher diese Motivationen und Emotionen kommen und wann wir mit ihnen rechnen müssen! Im übrigen sollte man die Bezeichnung „Metapher" nicht überstrapazieren: Wie soll man Gene nennen, die ihre eigene Fortpflanzungswahrscheinlichkeit auf Kosten anderer, im selben Organismus ansässiger (!) Gene steigern, indem sie sie mit Hilfe von Enzymen zerstören [307]?

[4] Es scheint Phänomene zu geben, die sich weder mit dem Konzept der Verwandtenselektion noch dem des reziproken Altruismus erklären lassen: Menschen, die völlig Fremden, denen sie vermutlich nie wieder begegnen, mitunter unter Einsatz des eigenen Lebens helfen. Der amerikanische Evolutionsbiologe Richard Alexander sieht den Lohn derartiger Tugendhaftigkeit in der sozialen Anerkennung des Altruisten durch die Gemeinschaft – er nennt dies indirekten reziproken Altruismus [5]. Die Bedeutung dieses Konzeptes ist aber umstritten [682, 692].

[5] Inzwischen ist auch bekannt, daß Grooming – ähnlich wie der Genuß von Schokolade – im Gehirn des Gegroomten körpereigene Opiate (sog. Beta-Endorphine) freisetzt, die ihm ein Glücksgefühl verschaffen [334].

[6] In dem „Gerechtigkeitsempfinden", das sich hier äußere, sieht de Waal Anfänge einer Moral; es handelt sich allerdings wohl um eine „doppelte Moral", da sich das „Gerechtigkeitsempfinden" bei Schimpansen offenbar nur einstellt, wenn sie selbst ungerecht behandelt werden. Das gibt uns keinen Grund, uns erhaben zu fühlen: Auch unsere „natürliche Moral" ist in weiten Bereichen eine „doppelte Moral" [678].

[7] Auf die Parallele zwischen dem Verhalten von Schimpansen und Menschen hat vor allem Symons hingewiesen [614]. Hawkes [275] kommt zu der Ansicht, daß menschliche Jäger in erster Linie nicht deshalb jagen und ihre Beute teilen, um ihre Familie zu versorgen, sondern um sexuelle Eroberungen zu machen. Die entsprechenden Daten von Schimpansen finden sich bei Stanford et al. [598]; anderen Untersuchungen zufolge erhalten Schimpansenweibchen allerdings weder mehr Nahrung noch andere Vergünstigungen, wenn sie paarungsbereit sind [278].

[8] Der Begriff „Mutualismus" – gegenseitige Hilfe – wird häufig nur im Zusammenhang mit verschiedenen Arten gebraucht.

[9] Auch Daten von Savannenpavianen deuten darauf hin, daß die Konkurrenz zwischen Gruppen eine weniger wichtige Rolle als die innerhalb von Gruppen spielt [35, 127].

[10] Ein „Silberrücken" ist eigentlich das dominante Männchen einer Gorillagruppe; Primatologen verwenden die Bezeichnung gelegentlich etwas scherzhaft für die Doyens ihrer Disziplin.

[11] Interessanterweise gibt es von den blätterfressenden Affen der alten und neuen Welt bisher keine Berichte über zwischengeschlechtliche Freundschaften. Das mag Zufall sein, könnte aber auch damit zusammenhängen, daß hier die Nahrungskonkurrenz zwischen den Weibchen geringer ausgeprägt ist – man also auch gut ohne männlichen „Begleitschutz" auskommen kann.

[12] Brüllaffen: [130]; Mangaben: [241]; Javaneraffen: [524, 650]; Savannenpaviane: [451, 481]; Dscheladas: [156]; Hanumanlanguren: [729].

[13] Varis sind die einzigen Primaten, die ihre Kinder in Nestern „parken" und dennoch in gemischtgeschlechtlichen Gruppen leben; allerdings bewachen Varimännchen diese Nester oft. Die Aktivitätsperiode selbst erklärt nicht, warum in der einen Gruppe Männchen und Weibchen zusammenleben, in der anderen dagegen nicht: Es gibt auch nachtaktive Arten (manche Lemuren, die südamerikanischen Nachtaffen), die ihre Kinder tragen und in bisexuellen Gruppen leben.

Kapitel 2

[1] War William Hamilton zunächst noch auf Unverständnis gestoßen (sein erster Artikel über die Evolution des Altruismus war ausgerechnet von der Zeitschrift Nature – die von Freunden und Förderern Darwins gegründet worden war – mit dem Rat abgelehnt worden, er möge es bei einer soziologischen oder psychologischen Fachzeitschrift versuchen), lösten die Bücher von Wilson und Dawkins eine heftige Kontroverse aus. Heute ist die Auseinandersetzung um die Soziobiologie, die in vieler Hinsicht an die Auseinandersetzung um Darwins „Entstehung der Arten" erinnert, weitgehend Geschichte.

[2] Nahrungsmangel und eine damit verbundene höhere Krankheitsanfälligkeit ist sicher nicht der einzige Grund für eine erhöhte Mortalität rangniederer Gruppenmitglieder; vielfach werden sie auch an den Rand der Gruppe gedrängt, wo sie häufiger Raubfeinden zum Opfer fallen [512].

[3] Leider beschrieb Carpenter nicht, auf welche Weise die Kinder zu Tode kamen – vermutlich verhungerten sie schlicht.

[4] Nach Smuts [574], verändert; ergänzende Informationen für Löwenaffen: [208]; Hanumanlanguren: [76]; Rhesusaffen: [58, 521, 620]; Japanmakaken: [175]; Tibetmakaken: [145, 744]; Gelbe Paviane: [163]; Bonobos: [322].

[5] Frans de Waal hat eine andere Erklärung für die Zunahme weiblicher Aggressionen bei erhöhter Individuendichte: Er meint, daß bei den Männchen das Potential sozusagen schon ausgereizt wäre – sie können nicht aggressiver werden, als sie es ohnehin schon sind; Weibchen hingegen wären noch steigerungsfähig [692].

[6] Diese Meinung wurde bedauerlicherweise auch – und völlig unbegründet – von einem einflußreichen deutschen Nachrichtenmagazin kolportiert (*Der Spiegel* 29/1996, S. 158–159).

[7] Nur der Mantelpavian stellt eine interessante Ausnahme dar: Hier hat man in Gefangenschaft eine Vielzahl von Kindestötungen durch Männchen beobachtet, während aus dem Freiland kein einziger gesicherter Fall vorliegt.

[8] Siehe dazu auch die Gegenpositionen von Hrdy et al. [301] und Sommer [590].

[9] Mit dieser Einschätzung ist allerdings nichts über die beteiligten mentalen Prozesse gesagt. Christopher Boehm [69] ist der Meinung, daß Schimpansen über kein klares Konzept vom Tod verfügen und daher auch keine effizienten Killer sind.

[10] Zitiert in [276], S. 290.

Kapitel 3

[1] Das Konzept von der Aufmerksamkeitsstruktur wurde schon früh, z. B. 1974 von Robert Hinde (einem Tinbergen-Schüler), kritisiert [285]; Eibl-Eibesfeldt [181] hält nach wie vor an ihm fest.

[2] Die Auffassung, daß Rangordnungen in erster Linie dazu dienen, den sozialen Frieden zu erhalten, ist alt (z. B. Lorenz [373]), wird aber auch heute noch von einigen Forschern vertreten (z. B. Bramblett [84]); kritisiert wurde sie vor allem von Popp & DeVore [491]. Daß die Erhaltung des sozialen Friedens ein wesentlicher Aspekt von Rangbeziehungen ist, meint auch Frans de Waal [685, 689], der dafür plädiert, bei aller Notwendigkeit der Erforschung der ultimaten Ursachen von Dominanzbeziehungen jene Mechanismen, die Individuen in die Lage versetzen, gut miteinander auszukommen, nicht aus dem Auge zu verlieren.

[3] Siehe aber Mason [400] für eine andere Meinung.

[4] Noch 1976 wurde in dem Time-Life-Buch „Die Primaten" (engl. Erstauflage 1965) die längst widerlegte Ansicht verbreitet, weibliche Rangpositionen wechselten ständig und seien weniger scharf umrissen als die der Männchen [182]. Vor allem Sarah Hrdy [295] hat sich vehement gegen das weitverbreitete, aber nichtsdestotrotz falsche Klischee gewandt, daß Dominanz eine männliche Angelegenheit sei.

[5] „Scramble"-Konkurrenz betreiben auch Menschen, die gleichzeitig aus demselben Suppentopf ihre Suppe löffeln: Die Anzahl der Mitesser entscheidet darüber, wie schnell der Topf leer ist. Wilde Bankivahühner scheinen im übrigen oft genug auf „dicke Brocken" zu stoßen, daß sich eine Hackordnung – die sie de facto besitzen – für sie lohnt [120].

[6] Die Rangstruktur der Japanmakaken wurde von Masao Kawai und Shunzo Kawamura aufgedeckt, deren erste 1958 in japanisch veröffentlichte Arbeiten zusammen mit anderen „Klassikern" der frühen japanischen Primatologie 1965 von Stuart Altmann in englischer Übersetzung herausgegeben wurden [17].

[7] Die funktionalen Deutungen des „Kawamura-Prinzips" stammen von Bernard Chapais und Steven Schulman [105] sowie Julia Horrocks und Wayne Hunte [290]. Eine neue Übersicht zum Stand der Forschung findet sich in Hill & Okayasu [283].

8 Allerdings bemerkt Goodall [230], daß trotz einer unklaren Hierarchie eindeutig ranghohe und rangtiefe Weibchen gebe und die Kinder der ersteren (vor allem die Söhne) dazu tendierten, ebenfalls einen hohen Rang zu erlangen.

9 Bernard Chapais und seine Mitarbeiter haben eine Reihe von Experimenten mit Japanmakaken durchgeführt, in denen ebenfalls nachgewiesen wurde, daß Rangbeziehungen von der jeweiligen sozialen Konstellation abhängig sind. Dabei spielten Koalitionen – meist zwischen Verwandten – eine Schlüsselrolle, wenn es darum ging, eine bestimmte Rangposition zu erlangen und diese dann zu verteidigen (Übersicht bei Chapais [103]).

10 Nicht von ungefähr heißt de Waals Buch im Original „Chimpanzee Politics"; für andere Beispiele von „Großzügigkeit", die mit der Theorie des reziproken Altruismus erklärbar sind, siehe de Waal [692].

11 Eibl-Eibesfeldt [181] begründet diese Sicht unter anderem mit dem merkwürdigen Argument, daß junge Leute sich zwar gegen Autoritäten auflehnen, aber gleichzeitig Poster anderer Autoritäten (?) an die Wand hängen.

Kapitel 4

1 Allerdings sind bei Totenkopfaffen, Hanumanlanguren und Gorillas Kopulationen ebenfalls auf wenige Tage des Zyklus beschränkt, vgl. [393, 592].

2 Siehe auch Eibl-Eibesfeldt [181]; Morris hat diesen Gedanken von William Etkin [189] übernommen.

3 Für ähnliche Szenarien siehe auch [376, 604, 641].

4 Daten, nach denen Frauen außerehelichen Geschlechtsverkehr vorzugsweise in der ersten, fruchtbaren Zyklushälfte haben [41], unterstützen dieses Argument für den Menschen.

5 Aufreiten unter Männchen wurde früher meist als Dominanzdemonstration gedeutet; das ist es aber wohl in den seltensten Fällen [669].

6 Simon LeVay [366] scheint einem ähnlichen Gedanken nachzuhängen. Er schreibt: „Interessant wäre zu erfahren, ob in einer utopischen Gesellschaft, in der es keine Repressalien gegenüber Schwulen und Lesben mehr gibt, diese Merkmale nach und nach verschwinden würden" (S. 168).

7 In der deutschen Literatur ist gelegentlich von „Eheformen" bei Tieren die Rede. Da eine Ehe eine kulturelle Institution ist, ziehe ich es vor, den Begriff „ehelich" in Anführungszeichen zu setzen: Tiere schließen keine gesellschaftlich sanktionierten Kontrakte!

8 Neben dem Begriff der Promiskuität wird auch – oft synonym – der der Polygynandrie gebraucht. Manchmal gibt es allerdings feine Unterschiede: Promiskuität impliziert dann, daß keinerlei Bindungen zwischen den Sexualpartnern vorhanden sind, während dies bei der Polygynandrie durchaus der Fall ist – eine Art multipler Paarbindung.

9 Alle Beobachter und Beobachterinnen sind sich darüber einig, daß man die erzwungenen Kopulationen nicht anders als Vergewaltigungen bezeichnen kann. Barbara Smuts [557] vermutet, daß die solitäre Lebensweise der Orangweibchen

eine solche männliche Paarungsstrategie begünstigen könnte, da die Weibchen auf keinerlei Hilfe (etwa von Verwandten) rechnen könnten. Mitani [425] beobachtete, daß von 170 Vergewaltigungsversuchen 157 erfolgreich waren.

[10] Interessanterweise sind offenbar nicht alle scheinbar jüngeren (subadulten) Männchen wirklich jünger. Es gibt Beobachtungen, nach denen Orangmännchen in Anwesenheit eines voll ausgewachsenen dominanten Männchens ihr Wachstum verzögern – wodurch sie möglicherweise harmloser wirken und sich so Paarungen „erschleichen" können. In diesem Fall hätten wir es mit einer besonders ausgeklügelten alternativen Paarungsstrategie zu tun, wie man sie auch von einigen Fischen kennt, bei denen sich Männchen als Weibchen tarnen.

[11] Die Palette reicht vom einfachen Heben der Augenbrauen – einer leichten Drohung – bis hin zum angedeuteten Nackenbiß [357].

[12] Die Anzahl der Männchen einer Primatengruppe, also das Sozialsystem, sagt nicht notwendigerweise etwas über das Paarungssystem aus: Kapuzineraffen, Brüllaffen, aber auch Gorillas leben nicht selten in Mehr-Männchen-Gruppen, in denen aber in der Regel das ranghöchste Männchen das Paarungsmonopol besitzt.

[13] Um exakt zu sein, müßte man von monogyner Polyandrie sprechen – schließlich verhalten sich Weibchen auch in promisken Systemen polyandrisch; bei monogyner Polyandrie paaren sich die Männchen dagegen nur mit einem Weibchen, eben *monogyn.*

[14] Daß bei Krallenaffen (wie in den wenigen menschlichen Populationen, in denen Polyandrie herrscht) eine „fraternale" Polyandrie die Regel ist, scheint eher zweifelhaft [223].

[15] Ein Beispiel ist der Mongozmaki *(Eulemur mongoz),* eine Art, die einen kathemeralen Aktivitätsrhythmus besitzt, d. h. deren Aktivitätsperioden unregelmäßig über Tag und Nacht verteilt sind. Vorwiegend nachtaktive Populationen scheinen eher monogam zu sein, vorwiegend tagaktive dagegen eher promisk [216].

[16] Flinn & Low [203] nennen 4 Kulturen, die sich durch weitgehende sexuelle Freizügigkeit auszeichneten, darunter die südindischen Nayar. Lange, durch Handel oder Krieg bedingte Abwesenheit der Männer gilt als wahrscheinlichste Erklärung für die Entstehung eines solchen Systems.

[17] Beim Mohrenmaki *(Eulemur macaco)* sind die Männchen schwarz, die Weibchen rotbraun. Auch beim Braunen Maki *(E. fulvus),* dem Weißbrauengibbon *(Hylobates hoolock)* und dem Schopfgibbon *(H. concolor)* sind die Geschlechter unterschiedlich gefärbt.

[18] Auch bei vielen Parasiten bestehen Männchen fast nur noch aus ihren Geschlechtsorganen und sind mit den viel größeren Weibchen fest verwachsen.

[19] Man bezeichnet diesen Zusammenhang nach dem deutschen Zoologen Bernhard Rensch auch als „Rensch's Regel".

[20] Es gibt Ausnahmen, wie die Brazzameerkatze *(Cercopithecus neglectus),* bei der die Männchen doppelt so groß sind wie die Weibchen. Allerdings scheinen nur die westafrikanischen Brazzameerkatzen monogam zu sein, während ihre ostafrikanischen Artgenossen ein polygynes Paarungssystem haben [695] – was den großen Sexualdimorphismus erklären würde.

21 Martin et al. [397] verweisen freilich darauf, daß beispielsweise bei Languren, die üblicherweise ein polygynes Paarungssystem haben, der Sexualdimorphismus sehr viel geringer ist, als man erwarten würde. Diese Autoren vermuten, daß die sexuelle Selektion nicht dazu geführt hat, daß die Männchen größer, sondern daß die Weibchen *kleiner* geworden seien.

22 Die meisten Angaben über die Länge des Schimpansenpenis beziehen sich auf die Untersuchung von Short [543], der nur 8 cm gemessen hat. Der hier angegebene Wert stammt von Dixson & Mundy [160].

23 Übersichten bei Symons [614] und Buss [89]; Small [564] vermutet dagegen, daß Frauen – wenn man sie nur ließe – ebenso promisk wären wie Männer. Sie stützt sich dabei unter anderem auf Umfragen von Zeitschriften wie Cosmopolitan – deren Repräsentativität aber vielleicht nicht ganz unzweifelhaft ist.

24 Zitiert nach Vogel [679]; daß Menschen jemals in voneinander isolierten polygynen Haremsgruppen gelebt haben, wie etwa Gorillas, nimmt niemand an. Die Ausgangssituation dürfte vielmehr eher jenen „mild polygynen" „Mehr-Männchen"-Gruppen, wie man sie noch heute bei vielen Jäger-Sammler-Völkern findet, zu suchen sein. Der Übergang zur ausgeprägten Polygynie mit großen Harems hat sich vermutlich in der neolithischen Revolution mit der Möglichkeit zur Konzentration von Macht und Ressourcen vollzogen und fand in den frühen Hochkulturen sein Extrem (vgl. [63]).

25 Männliche Forscher wie Robert Smith [572] und Jared Diamond [150] verweisen demgegenüber auf Daten, nach denen die Männer selbst von ihrem „edelsten Teil" weit mehr beeindruckt zu sein scheinen als die Frauen.

26 Mit recht drastischen Laborexperimenten hat man gezeigt, daß das optische Signal der eigentliche Auslöser ist: Der Anblick weiblicher Bärenpaviane, denen man die Eierstöcke entfernt und anschließend durch Östrogeninjektionen das Wachstum der Schwellung angeregt hatte, löste bei ihren männlichen Artgenossen einen Anstieg des Testosteronspiegels und eifriges Masturbieren aus; wenn die Käfige der Weibchen allerdings verdeckt waren, die Männchen sie also nur riechen und hören, aber nicht sehen konnten, trat dieser Effekt nicht ein [65].

27 Rhesusaffenweibchen besitzen keine Schwellung, zeigen aber ihren Zykluszustand durch eine auffällige Rötung der Haut im Genitalbereich an. Bei männlichen Rhesusaffen rötet sich in der Paarungszeit ebenfalls die Haut im Gesicht und Genitalbereich, und die Hoden verdoppeln ihre Größe [529, 666].

28 Drills und Mandrills – Arten, von denen man aus dem Freiland wenig weiß – könnten tatsächlich auch ein promiskes Paarungssystem haben: Im Primatenzentrum von Franceville (Gabun) wird eine Gruppe Mandrills gehalten, bei der sich die Weibchen mit mehreren Männchen paaren [716]. Mantelpaviane und Dscheladas behalten dagegen ihr Haremssystem auch im Zoo bei. Phylogenetische Trägheit muß allerdings nicht die einzige Erklärung dafür sein, daß Mantelpavianweibchen trotz des polygynen Paarungssystems eine Schwellung besitzen. Kummer [357, S. 52] schreibt: „Wenn ein Gefolge von drei oder mehr prächtig geschwollenen Weibchen hinter demselben älteren Pascha einherzieht, so könnte das allen un- oder unterbeweibten Männern seiner Herde gewisse Veränderun-

gen nahelegen, die durchaus im Interesse der Weibchen liegen könnten." Pagel [459] äußert denselben Gedanken.

29 Tenaza [623] hat das Vorkommen von – wenngleich nicht besonders auffälligen – Sexualschwellungen beim Kurzschwanzlangur *Simias concolor*, der in monogamen Paaren, häufiger aber in polygynen Ein-Männchen-Gruppen lebt, zu der Vermutung veranlaßt, daß Weibchen mit Hilfe ihrer Schwellungen um das (oder in Mehr-Männchen-Systemen: das „beste") Männchen konkurrieren. Pagel [459] vermutet ebenfalls, daß Konkurrenz unter Weibchen der ausschlaggebende Faktor ist, da ein Anheizen der Konkurrenz unter Männchen nicht nötig sei: Die Männchen würden auch um Weibchen konkurrieren, wenn diese keine Schwellungen besäßen. Wenn allerdings die Größe oder Färbung der Schwellung auch etwas über den Gesundheitszustand oder die Parasitenresistenz des Weibchens aussagen würde, könnte dies die Wahrscheinlichkeit, vom „besten Männchen" befruchtet zu werden, erheblich steigern.

30 Die viktorianische Ansicht zur weiblichen Sexualität stammt von dem Mediziner William Acton, einem Zeitgenossen Darwins (zitiert in [740]).

31 Spekuliert wird auch darüber, daß die Form und Farbe der weiblichen Sexualschwellungen ein Indikator für die Parasitenbelastung sein könnte [218].

32 Besonders die Weibchen der nordafrikanischen Berberaffen und der südamerikanischen Spinnenaffen oder Muriquis sind für ihre promisken Sexualbeziehungen bekannt. Karen Strier [605] führt die weitgehende sexuelle Freiheit der Muriquiweibchen auf den fehlenden Sexualdimorphismus zurück; für Berberaffen kann diese Hypothese nicht zutreffen, da hier der Sexualdimorphismus deutlich ausgeprägter ist als bei den meisten anderen Makaken und die Männchen grundsätzlich dominant über die Weibchen sind.

33 Möglicherweise spielt bei der Bevorzugung ranghöherer Weibchen auch die Tatsache eine Rolle, daß deren Söhne einen überdurchschnittlich hohen Fortpflanzungserfolg haben (vgl. [350]).

34 Daß menschliche Männer auf die Jugend einer prospektiven Partnerin erheblich mehr Wert legen als nichtmenschliche Primatenmännchen (jedenfalls solche, die in promisken Paarungssystemen leben), hat einen einfachen Grund: Mit zunehmenden Alter der Frau sinkt ihr sogenannter „Rest-Reproduktionswert", also die Anzahl der Kinder, die sie in Zukunft rein statistisch noch erwarten kann. Für den zu erwartenden Reproduktionserfolg des Mannes ist daher die Jugend einer Frau ein Faktor von erheblicher Bedeutung – jedenfalls dann, wenn er gewillt ist, eine längere Fortpflanzungsgemeinschaft einzugehen.

Kapitel 5

1 Barbour 1965, zitiert in [629].

2 Siehe beispielsweise die Kommentare in Voland [681].

3 Gene veranlassen nicht nur „ihre" Körper, sich „egoistisch" zu verhalten; tatsächlich kennt man auch Gene, die auf Kosten anderer Gene *desselben* Körpers ihre eigenen Replikationschancen steigern – und sei es durch Liquidation der Kon-

kurrenten: [307]; die Metapher vom „egoistischen Gen" erhält dadurch eine völlig neue Dimension.

4 An dieser Stelle heißt es absichtlich nicht „ihrer Gene", denn Gene können auch andere Organismen als ihre eigenen „Vehikel" dahingehend manipulieren, ihren Vermehrungserfolg zu befördern – Parasiten sind die bekanntesten Beispiele [142].

5 Genetische Vaterschaftsuntersuchungen mit traditionellen Methoden der Blutgruppenbestimmung etc. hat es auch schon früher gegeben; allerdings war die Anwendbarkeit dieser Methoden zur vergleichenden Untersuchung des Reproduktionserfolges männlicher Primaten begrenzt [571].

6 Im 5. Jahrhundert v. Chr. gab es einen Maharadscha, der hier wohl den Rekord hielt: Sein Serail umfaßte 16000 (junge!) Frauen; Fei-Ti, Kaiser von China aus der T'ang-Dynastie (618–907 n. Chr.), standen immerhin 10000 Frauen zur Verfügung, über deren Zykluszustand peinlich genau Buch geführt wurde – nicht etwa, um unerwünschte Schwangerschaften zu vermeiden, sondern damit der „Sohn des Himmels" seinen kostbaren Samen nicht unnütz verschwendete [64]. Auch im christlichen Abendland hielt man sich nicht zurück: Von August „dem Starken", Kurfürst von Sachsen und König von Polen (1670–1733) heißt es, er habe mit unzähligen Mätressen mehr als 300 Kinder gezeugt.

7 Das Wort „gezielt" soll auch hier natürlich keinen bewußt gesteuerten Prozeß implizieren; es bedeutet nur, daß die Selektion derartige Verhaltensprogramme gefördert haben könnte.

8 Die einzige Ausnahme scheint Linda Wolfes [732] relativ kurzfristige Untersuchung der Japanmakaken von Arashiyama zu sein. Wolfe fand, daß rangtiefe Weibchen ihr erstes Kind signifikant *früher* zur Welt brachten als ranghohe Weibchen und auch eine (nichtsignifikant) höhere Geburtenrate hatten; die 30jährige Langzeitstudie von Koyama et al. [344] an derselben Gruppe macht zum ersten Punkt leider keine Aussage, konnte aber den zweiten Befund von Wolfe nicht bestätigen.

9 Natürlich haben rangniedere Weibchen noch eine andere Alternative, ihr Handicap bei der Konkurrenz um Nahrung zu kompensieren: Sie können sich ihre Nahrung woanders, etwa an der Peripherie der Gruppe suchen; das allerdings erhöht die Gefahr, Beute von Raubfeinden zu werden [512, 649].

10 Wilson [725] definiert „spite" als ein Verhalten, das die Fitness anderer mindert, ohne daß es einem selbst Vorteile bringt und sogar die eigene (direkte) Fitness mindern kann; „bös*williges*" Verhalten muß man Tieren natürlich nicht unterstellen – womit sich auch jegliche Versuchung einer moralischen Wertung erübrigt.

11 Auch wenn man von „psychischer Kastration" spricht – um eine Kastration im eigentlichen Sinn (die Entfernung der Keimdrüsen) handelt es sich natürlich nicht. Die ovulationshemmende Wirkung ist reversibel. Bei manchen Arten, wie den Löwenaffen, wird noch nicht einmal die Ovulation unterdrückt, sondern „nur" die Befruchtung verhindert.

12 Allerdings haben Zumpe & Michael [746] in Laborversuchen zeigen können, daß rangniedere Rhesusaffenweibchen in Gruppen mit nur einem Männchen extrem selten zur Kopulation gelangten, in Abwesenheit ihrer dominanten Konkurren-

tinnen aber nicht weniger beliebt waren als diese. In einer Japanmakakengruppe mit nur einem Männchen hat man ähnliches beobachtet [503]; freilich leben Japanmakaken ebenso wie Rhesusaffen normalerweise in Mehr-Männchen-Gruppen, und hier gibt es keine Hinweise dafür, daß die Kopulationschancen rangniederer Weibchen eingeschränkt wären.

¹³ Auswertungen tierärztlicher Befunde von im Labor gehaltenen Schweinsaffen *(Macaca nemestrina)* hatten ergeben, daß Weibchen, die in der Schwangerschaft wegen Bißverletzungen hatten behandelt werden müssen, häufiger Töchter als Söhne zur Welt brachten; vor ihrer Schwangerschaft wurden Weibchen, die später Töchter zur Welt gebracht hatten, dagegen nicht häufiger gebissen. Keine Informationen gab es über die Identität der Aggressoren; es wurde nur aufgrund anderer Untersuchungen an derselben Kolonie vermutet, daß es Weibchen und nicht die Männchen waren [527]. Ebenfalls unklar ist, wie weibliche Föten erkannt werden können; da die Verletzungshäufigkeit erst ab der Mitte der Schwangerschaft anstieg, vermutete man, daß das Testosteron, das männliche (!) Föten zu diesem Zeitpunkt in die mütterliche Blutbahn abgeben, eine Rolle spielen könnte. In einer Verhaltensuntersuchung an Bärenmakaken *(M. arctoides)* fanden Nieuwenhuijsen et al. [444], daß das Geschlecht des Fötus *keinen* Einfluß darauf hatte, wie häufig Weibchen in der Schwangerschaft Aggressionen ausgesetzt waren. Tatsächlich sank die Aggressionshäufigkeit im Verlauf der Schwangerschaft, wenngleich dieser Effekt nur bei Weibchen mit männlichen Föten signifikant war.

¹⁴ Das Ausmaß reproduktiver Konkurrenz zwischen Weibchen hängt offenbar von einer Reihe äußerer Faktoren wie der Gruppengröße und der Nahrungsgrundlage ab: Bei Makaken findet sich eine Übersterblichkeit junger Weibchen gehäuft in Freilandgruppen, nicht aber in Gefangenschaftspopulationen mit gesicherter Nahrungsgrundlage [270].

¹⁵ In der Praxis wird „Paarungserfolg" unterschiedlich gemessen: Manche Autoren verstehen darunter die Anzahl der (ejakulatorischen) Kopulationen eines Männchens, andere die Anzahl der Weibchen, mit denen ein Männchen kopuliert hat, wieder andere (insbesondere „Pavianologen") die Zeit, die ein Männchen als „Begleiter" östrischer Weibchen verbracht hat.

¹⁶ Das „priority-of-access" Modell wurde von Stuart Altmann [16] entwickelt; Abweichungen von diesem Modell haben auch Chapais [101] an Rhesusaffen und Bulger [86] an Bärenpavianen festgestellt, während neue Untersuchungen an den Amboseli-Pavianen eine sehr viel bessere Übereinstimmung zwischen beobachteten und erwarteten Werten ergaben [15].

¹⁷ Abgesehen von Rangwechseln, die durch demographische Prozesse (z. B. Todesfälle oder Migrationen) bedingt waren, kam es alle 3 Wochen zu einem Rangwechsel zwischen Männchen, während die Hierarchie der Weibchen über die gesamten 400 Tage der Studie stabil blieb.

¹⁸ Bei Pavianen und anderen Arten mit einer Sexualschwellung ist das Abschwellen der Genitalregion ein deutliches Zeichen dafür, daß die Lutealphase eingesetzt hat. Bei vielen Arten wie Rhesusaffen oder Berberaffen wird der Beginn der Lutealphase auch durch einen plötzlichen Attraktivitätseinbruch der Weibchen

markiert – die Weibchen scheinen von einem Tag auf den anderen, oft sogar innerhalb von Stunden für Männchen sexuell uninteressant zu werden. Bei Kenntnis der Schwangerschaftsdauer läßt sich durch Zurückrechnen vom Tag der Geburt retrospektiv der Konzeptionsöstrus bestimmen; allein auf rechnerischem Wege den Konzeptionszeitraum bestimmen zu wollen, birgt freilich das Risiko, knapp daneben zu treffen.

[19] Man kann heute durch Hormonanalysen aus Urin oder Kot den Ovulationszeitpunkt vieler Arten recht genau bestimmen. Diese neuen Methoden finden auch in der Feldforschung zunehmend Anwendung.

[20] Daß die Weibchen zwischen Männchen, die einmal eine hohe Rangposition erreichen werden, und solchen, denen dies nicht gelingt, unterscheiden können, scheint im vorliegenden Fall nicht ausgeschlossen, da es sich bei den Aufsteigern in der Regel um Söhne ranghoher Mütter handelte.

[21] Merkwürdigerweise behauptet Small [564, S. 159–160] das Gegenteil, obwohl ihre eigenen Daten dies nicht stützen (vgl. [566]).

[22] Die Kritiker Vinings bemängelten, daß sich mit diesen Daten die soziobiologische Hypothese keineswegs schlüssig widerlegen ließe: Schließlich ist es auch möglich, Kinder zu zeugen, ohne zu heiraten; Statistiken über die Fruchtbarkeit von Familien würden also nur wenig über den Fortpflanzungserfolg von Männern aussagen; auch die Tatsache, daß viele Männer aus den unteren Schichten unverheiratet blieben, während auf der anderen Seite insbesondere Männer aus den oberen Schichten ihren Reproduktionserfolg durch serielle Monogamie steigern könnten, bliebe unberücksichtigt (siehe dazu die Kommentare in Vining [673]).

[23] Der Autor dieses Zitats, das ich durch die Hinzufügung von Anführungsstrichen etwas entschärft habe, möge ungenannt bleiben (es stammt allerdings nicht aus einer Zeit, in der man noch zwischen Barbaren und Menschen unterschied, sondern aus 1996).

[24] Da Pérusse sich auf Individuen und nicht auf Familien konzentrierte, konnte er mögliche Schwachstellen früherer Analysen ausschließen.

[25] Bei verheirateten Männern, so fand Pérusse, wirkten sich – zumindest bei den Frankokanadiern seiner Untersuchung – Statusunterschiede nicht auf die Anzahl ihrer außerehelichen Affären aus; der potentiell erreichbare Fortpflanzungserfolg wurde also durch die Institution der Ehe begrenzt.

[26] Reproduktive Selbstbeschränkung ist im übrigen keine menschliche Erfindung: Viele Tierarten (und selbst Pflanzen) praktizieren sie, wenn die Kosten der Aufzucht den zu erwartenden Fitnessgewinn übersteigen (siehe z. B. [115]). Hinweise dafür, daß reproduktive Selbstbeschränkung beim Menschen eine gegen den Widerstand von Männern durchgeführte weibliche Strategie ist, finden sich in [31, 298, 324].

Kapitel 6

[1] Der Ausdruck „Tragling" wurde von Bernhard Hassenstein [266] geprägt.

[2] Nach Smuts & Gubernick [578], verändert; ergänzende Informationen für die Paarungssysteme von Mohrenmakis und Braunen Makis: [216], Schweifaffen:

[526]; ergänzende Informationen zur männlichen Fürsorge bei Zwergseidenaffen: [584], Gelbkopfbüschelaffen: [199], Tibetmakaken: [453].

3   Bei den Totenkopfaffen Costa Ricas *(Saimiri oerstedi)* ist der Paarungserfolg der Männchen allerdings sehr ungleich verteilt (vgl. Kap. 4), und hier verteidigen die vermutlichen Väter ihre Kinder zumindest vor Raubfeinden [77].

4   La Cerra et al. 1992, zitiert in [89].

5   Merkmale des Lorenzschen Kindchenschemas – rundliche Köpfe mit einer hochgewölbten Stirn, große Augen, tapsige Bewegungen – finden sich auch bei nichtmenschlichen Primatenbabys, die zudem oft anders gefärbt sind als die Erwachsenen. Nur lösen diese Merkmale leider keineswegs immer Brutpflegeverhalten aus: Sie prädestinieren ihre Träger auch dazu, Opfer tödlicher Aggressionen zu werden, wobei nicht nur Männchen, sondern unter Umständen auch Weibchen die Täter sind (Kap. 2). Um einen einfachen „angeborenen Auslösemechanismus" handelt es sich also zweifellos nicht.

Kapitel 7

1   Wenn Organe oder Körperteile bei verschiedenen Individuen oder Arten in einem anderen Verhältnis zueinanderstehen als die Gesamtgröße, spricht man von Allometrie oder allometrischem Wachstum (griech. *allos*, anders). Mathematisch lassen sich solche Beziehungen durch die sog. Allometrieformel ausdrücken: $y = b \cdot x^a$, wobei y die zu analysierende Teilgröße darstellt (z. B. das Gehirngewicht), x die Bezugsgröße ist (das Körpergewicht), und der Exponent a den größenbedingten Einfluß von y durch x wiedergibt (der Faktor b bezeichnet alle weiteren Einflüsse, die die Größe von y bestimmen). Bei einem Exponent von 1 nimmt die Teilgröße im selben Ausmaß wie die Bezugsgröße zu – die Beziehung ist linear (oder isometrisch); ist a kleiner als 1, nimmt die Teilgröße in geringem Maße zu als die Bezugsgröße; in diesem Fall spricht man von negativer Allometrie. Bei plazentalen Säugetieren liegt der Hirn-Allometrie-Exponent bei 0,75 [143, 392].

2   Gewicht, Hirnvolumen und „Hirnvolumenindex" nach Martin [392]; die Daten zur relativen Neocortexgröße (Volumen des Neocortex im Verhältnis zum Volumen des restlichen Gehirns) sind Dunbar [170] entnommen (sie beziehen sich, wenn Daten für mehrere Arten einer Gattung vorliegen, nicht auf die angegebene Art, sondern die entsprechende Gattung).

3   Die Größe des Neocortex korreliert eng mit der Größe des gesamten Gehirns; beim Menschen ist er exakt so groß, wie man bei einer Primatenart mit seiner Gesamtgehirngröße erwarten würde [468].

4   Der amerikanische Verhaltensforscher Donald Griffin [240, S. 159] meint, daß wir grundsätzlich bereit sein sollten, *„bewußtes Denken immer dann in Erwägung zu ziehen, wenn ein Tier solch ein geniales Verhalten zeigt, ganz gleich, welcher taxonomischen Gruppe es angehört und ungeachtet unserer Voreingenommenheit im Hinblick auf die Grenzen tierlicher Bewußtheit".* Viele seiner Kollegen bevorzugen es allerdings, Tieren keine komplexeren Problemlösungsstrategien zu unter-

stellen als unbedingt nötig – ein Prinzip, das nach dem Franziskaner William von Ockham (1285–1349) auch als „Ockhams Messer" und speziell in der Verhaltens-biologie als „Morgans Canon" bekannt ist [721].

[5] Die meisten der im folgenden aufgeführten Beispiele wurden von Beck [40] zusammengetragen.

[6] Durch dieses Verhalten der Schimpansen hat man bisher völlig unbekannte phar-makologisch wirksame Substanzen entdeckt; man kann nur hoffen, daß die phar-mazeutische Industrie, die fieberhaft nach neuen Antibiotika sucht, Schimpansen nicht mehr nur als nützliche Versuchstiere betrachtet, sondern ihrem Schutz und der Erhaltung ihrer Lebensräume oberste Priorität einräumt.

[7] Natürlich ernähren sich Gorillas nicht ausschließlich von wildem Sellerie; aber Nüsse, die Schimpansen mit Hilfe von Hämmern und Ambossen knacken, öffnen die Gorillas im selben Habitat offenbar mit den Zähnen; Termitenhügel, deren Öffnungen Schimpansen zum „Angeln" benutzen, werden von Gorillas einfach aufgebrochen [406].

[8] Gorillas benutzen zwar selten Werkzeuge, aber sie gehen durchaus planvoll und zielgerichtet vor, wenn sie z. B. wilde Nesseln fressen [91].

[9] Das gilt aber offenbar nicht für alle Tiere. Hunde, Katzen und Affen verlieren nach einiger Zeit das Interesse, während Sittiche und Siamesische Kampffische ihr Spiegelbild bis zur Erschöpfung bekämpfen [205].

[10] Köhler veröffentlichte diesen Teil seiner Untersuchung erstmals 1921.

[11] Übersichten über aktuelle Befunde von Spiegelversuchen mit Primaten und an-deren Tieren finden sich in [466, 492]; Versuche mit Bonobos wurden unter an-derem von Walraven et al. [697] durchgeführt.

[12] Übersetzung von Meder [412].

[13] Der Schweizer Tierpsychologe Heini Hediger scheute sich nicht, im Zusammen-hang der Unterhaltungen Pattersons mit einem Gorilla von „erstaunlicher Nai-vität" zu sprechen [276] – eine Einschätzung, die angesichts der Verbindung, die Patterson zwischen Kokos „Aussagen" und dem „Kampf der Gorillas gegen ihre Ausrottung" zieht, nicht ganz unberechtigt erscheint.

[14] Übersetzung von mir.

[15] Wenn Affenmütter ihren toten Säugling verlieren oder er ihnen abgenommen wird, zeigen sie allerdings deutliche Anzeichen von Aufregung, suchen den Leich-nam und stoßen Rufe aus, die man als menschlicher Beobachter als „klagend" empfindet [573, 692, eigene Beobachtungen].

[16] Coe 1986, zitiert in [743].

[17] Als man Washoe zwei Wochen später ein „Ersatzbaby" präsentierte, reagierte sie zunächst – vermenschlicht ausgedrückt – überglücklich: Aufgeregt signalisierte sie „Baby, mein Baby, Baby, Baby". Als sie das neue Baby, den 10 Monate alten Loulis, aus der Nähe sah, kühlte ihr Interesse zwar merklich ab, aber nach diesem kurzen Moment der Irritation akzeptierte sie Loulis an Kindes Statt [204, S. 169 ff].

[18] Ansätze einer primitiven Syntax hat man bei verschiedenen Primatenarten, aber auch Vögeln gefunden; über die funktionellen Zusammenhänge ist aber noch wenig bekannt (siehe dazu [107, 582]).

[19] Die extreme behavioristische Schule der Psychologie – Skinner war ihr promi-

nentester Vertreter – ging davon aus, daß alles Verhalten auf äußere Reize zurückzuführen sei und zumindest Vögel und Säugetiere im Prinzip beliebig kon-
ditionierbar seien.

[20] Die Geschichte der Auseinandersetzungen über die „Sprachforschung" an Menschenaffen liest sich mindestens so spannend wie die von ihr erzielten Ergebnisse.
Einen aktuellen Überblick über die kontroversen Meinungen findet der deutsche
Leser unter anderem in den Büchern von Stamp Dawkins [596], Savage Rum-
baugh & Lewin [532] und Peterson & Goodall [485]; das letztgenannte Buch
informiert auch über die teilweise bedrückenden Schicksale einiger der „Ver-
suchsobjekte".

[21] Matata war eigentlich Kanzis „Adoptivmutter" – sie hatte den neugeborenen
Kanzi seiner richtigen, unerfahrenen Mutter weggenommen und aufgezogen; mit
10 Jahren war sie älter als alle anderen Menschenaffen, die an Sprachprojekten
teilnahmen [532].

[22] Midgley 1985, zitiert in [532].

[23] In den Shiga-Bergen auf der Insel Honshu lebt eine andere Japanmakakengruppe, die dadurch berühmt geworden ist, daß sie im Winter (der dort bitter kalt und
schneereich ist) in über 40°C heißen Quellen badet. Auch diese Tradition wurde
von Jungtieren eingeführt [612]. Über Fisch als neue Nahrungsquelle der Koshi-
ma-Affen berichtet Watanabe [706].

[24] Die Begriffe Prä- oder Protokultur sind heute fast vollständig aus der Literatur
verschwunden, da niemand so genau sagen konnte, was eine „Präkultur" denn
nun genau von „echter" Kultur unterscheidet.

[25] Auch die populäre Behauptung, der Mensch sei das einzige Wesen, das das Feuer
beherrsche, hält McGrew für problematisch: Zwar *benutzen* alle menschlichen
Gesellschaften Feuer zum Kochen, aber nicht alle *machen* auch selbst Feuer.
Über die Fähigkeit, Feuer zu *benutzen*, würden aber auch Schimpansen verfügen
– auch wenn sie von dieser Fähigkeit unter natürliche Bedingungen wohl keinen
Gebrauch machen.

[26] Die Engländer sagen beispielsweise „to ape", die Franzosen „singer", die Italie-
ner „scimmiotare", die Portugiesen „macaquear".

[27] Kummer [355, S. 5] bemerkte zu seiner Kulturdefinition, daß diese nichts über
den genauen Mechanismus der sozialen Modifikation aussage. Für ihn war entscheidend, daß sich das Verhalten von zwei Gruppen mit demselben Genbestand
und demselben Biotop nur in der „Kultur" unterscheiden könne. Auch McGrew
[407] hält es nicht für gerechtfertigt, das Vorhandensein von Kultur zu leugnen,
nur weil den Mechanismen der Imitation und der Lehrens möglicherweise eine
geringere Bedeutung zukommt, als man ursprünglich dachte.

[28] Absolut war das Hirnvolumen der Neandertaler mit etwa 1500 Kubikzentimetern
größer als das des modernen Menschen (1350 Kubikzentimeter); relativ zur Körpermasse – Neandertaler waren etwa 30 % größer als heutige Menschen – war
es allerdings geringfügig kleiner [522].

[29] Die Gruppe der Hörnchen, weltweit mit etwa ebenso vielen Arten wie die Primaten vertreten, war in der Evolution offenbar nicht weniger erfolgreich als die
Primaten. Von der verbreiteten „arborealen Theorie der Primatenevolution" sei-

en mithin nur noch Ruinen übrig, meint der amerikanische Anthropologe Matt Cartmill [98]. Primatentypische Merkmale wie Greifhände und stereoskopisches Sehen seien dadurch zu erklären, daß die ursprünglichen Primaten baumlebende, nacht- oder dämmerungsaktive Jäger waren, die ihre Beute mit den Augen erspäht hätten.

[30] Zur Geschichte und weiteren Entwicklung dieser Idee siehe auch [6, 92].

[31] Eine allgemeinverständliche Einführung in das Gebiet der evolutionären Psychologie und die Tests, die hier benutzt werden, findet sich bei Allman [8].

[32] Interessanterweise korreliert aber die Größe des Streifgebietes mit der Größe des Hippocampus, einer Hirnregion, die eine wichtige Rolle bei der Speicherung und Abrufung von Gedächtnisinhalten spielt [34]. Dieser Befund weist darauf hin, daß auch ökologische Faktoren die Evolution der Intelligenz beeinflußt haben. Gegen die Hypothese von der sozialen Intelligenz wurde eingewandt, daß Fingertiere und Kapuzineraffen hinsichtlich ihrer relativen Hirngröße deutlich aus dem Rahmen ihrer näheren Verwandtschaft fallen, obwohl ihre Sozialstruktur keinen Anlaß für die Vermutung gibt, sie müßten sich mit besonders komplexen sozialen Problemen herumschlagen [396]. Hinsichtlich ihrer relativen Neocortexgröße fallen allerdings weder Fingertiere noch Kapuzineraffen aus dem Rahmen (Tab. 7.1).

[33] Da Daten über taktische Täuschungen aufgrund der Seltenheit solcher Akte auf unsystematischen Beobachtungen beruhen, sind derartige Vergleiche natürlich mit vielen Unsicherheitsfaktoren behaftet; einige der wichtigsten glaubt Richard Byrne [91], von dem die Analyse stammt, allerdings erkannt und berücksichtigt zu haben, so daß der generelle Zusammenhang wohl nicht ganz falsch sein dürfte. Den letzten Katalog taktischer Täuschungen bei Primaten haben Byrne & Whiten [93] veröffentlicht; eine ausführlichere deutsche Zusammenfassung dieser Befunde findet sich bei Sommer [588].

Epilog

[1] Das Zitat am Anfang des Kapitels stammt aus McGrew [406]. Angaben über den Bestand wildlebender Schimpansen finden sich bei Teleki [622], Peterson & Goodall [485] und Marchesi et al. [390]. Eingehende Informationen über den globalen Verlust der biologischen Vielfalt finden sich bei Wilson [726, 727] und bei Engelhardt („Das Ende der Artenvielfalt", 1997). Eine empfehlenswerte Einführung in die hier nicht angesprochene aber nichtsdestotrotz wichtige Rolle zoologischer Gärten für die Erhaltung bedrohter Arten hat Tudge [640] vorgelegt. Mit dem Schutz nichtmenschlicher Primaten beschäftigt sich eine eigene Fachzeitschrift: Primate Conservation (herausgegeben von Conservation International und dem Department of Anatomical Sciences der State University of New York at Stony Brook, USA).

Literatur

1. Abbott, David H. (1993): Social conflict and reproductive suppression in marmoset and tamarin monkeys. In: W. A. Mason & S. P. Mendoza (Hrsg.), Primate Social Conflict. State University of New York Press, Albany, NY, S. 331–372.
2. Agoramoorthy, Govindasamy & Rudran, R. (1995): Infanticide by adult and subadult males in free-ranging red howler monkeys, *Alouatta seniculus*, in Venezuela. Ethology 99: 75–88.
3. Aiello, Leslie C. & Wheeler, P. (1995): The expensive tissue hypothesis: the brain and the digestive system in human and primate evolution. Curr. Anthropol. 36: 199–221.
4. Alexander, Richard D. (1979): Darwinism and Human Affairs. University of Washington Press, Seattle.
5. Alexander, R. D. (1987): The Biology of Moral Systems. Aldine de Gruyter, New York.
6. Alexander, R. D. (1989): Evolution of the human psyche. In: P. Mellars & C. Stringer (Hrsg.), The Human Revolution. Behavioural and Biological Perspectives on the Origins of Modern Humans. Edinburgh University Press, Edinburgh, S. 455–513.
7. Alexander, R. D. & Noonan, Katherine M. (1979): Concealment of ovulation, parental care, and human social evolution. In: N. A. Chagnon & W. Irons, Evolutionary Biology and Human Social Behavior. N. Scituate, Duxbury, S. 436–453.
8. Allman, William F. (1996): Mammutjäger in der Metro. Spektrum, Heidelberg.
9. Altmann, Jeanne (1980): Baboon Mothers and Infants. Harvard University Press, Cambridge.
10. Altmann, J. (1990): Primate males go where the females are. Anim. Behav. 39: 193–195.
11. Altmann, J. & Samuels, Amy (1992): Costs of maternal care: infant-carrying in baboons. Behav. Ecol. Sociobiol. 29: 391–398.
12. Altmann, J., Altmann, S. A. & Hausfater, G. (1978): Primate infant's effect on mother's future reproduction. Science 201: 1028–1029.
13. Altmann, J., Hausfater, G. & Altmann, S. A. (1988): Determinants of reproductive success in savannah baboons, *Papio cynocephalus*. In: T. H. Clutton-Brock (Hrsg.), Reproductive Success. University of Chicago Press, Chicago, S. 403–418.
14. Altmann, J., Sapolsky, R., Licht, P. & Packer, C. (1995): Baboon fertility and social status. Nature 377: 688–690.
15. Altmann, J., Alberts, S. C., Haines, S. A., Dubach, J., Muruthi, P., Coote, T., Geffen, E., Cheesman, D. J., Mututua, R. S., Saiyalel, S. N., Wayne, R. K., Lacy, R. C &

Bruford, M. W. (1996): Behavior predicts genetic structure in a wild primate group. Proc. Natl. Acad. Sci. USA 93: 5797–5801.

16. Altmann, Stuart A. (1962): A field study of the sociobiology of rhesus monkeys, *Macaca mulatta*. Ann. N. Y. Acad. Sci. 102: 338–435.

17. Altmann, S. A. (1965) (Hrsg.): Japanese Monkeys. A Collection of Translations. Emory University, Atlanta.

18. Altmann, S. A. (1991): Diets of yearling female primates *(Papio cynocephalus)* predict lifetime fitness. Proc. Natl. Acad. Sci. USA 88: 420–423.

19. Andelman, Sandy J. (1986): Ecological and social determinants of cercopithecine mating patterns. In: D. I. Rubenstein & R. W. Wrangham (Hrsg.), Ecological Aspects of Social Evolution. Princeton University Press, Princeton, S. 201–216.

20. Andelman, S. J. (1987): Evolution of concealed ovulation in vervet monkeys *(Cercopithecus aethiops)*. Am. Nat. 129: 785–799.

21. Anderson, Conni M. (1986): Female age: male preference and reproductive success in primates. Int. J. Primatol. 7: 305–326.

22. Anderson, Donna M. & Simpson, M. J. A. (1979): Breeding performance of a captive colony of rhesus macaques *(Macaca mulatta)*. Laboratory Animals 13: 275–281.

23. Angst, Walter (1980): Aggression bei Affen und Menschen. Springer, Berlin.

24. Anzenberger, Gustl, Hotz, A. & Keller, M. (1996): Behavioral endocrinology of inbreeding avoidance in female common marmosets. In: Abstracts of the XVIth Congress of the IPS, Madison, Wisconsin.

25. Apelt, Ulrike (1996): Grooming competition in female Hanuman langurs. In: Abstracts of the XVIth Congress of the IPS, Madison, Wisconsin.

26. Arendt, Hannah (1964): Eichmann in Jerusalem. Piper, München.

27. Aureli, Filippo, Schino, G., Cordischi, C., Cozzolini, R., Scucchi, S. & van Schaik, C. P. (1990): Social factors affect secondary sex ratio in captive Japanese macaques. Folia Primatol. 55: 176–180.

28. Bachmann, Christian & Kummer, H. (1980): Male assessment of female choice in Hamadryas baboons. Behav. Ecol. Sociobiol. 6: 315–321.

29. Bailey, W. J., Hayasaka, K., Skinner, C. G., Kehoe, S., Sieu, L. C., Slightom, J. L. & Goodman, M. (1992): Re-examination of the African hominoid trichotomy with additional sequences from the primate beta-globin gene cluster. Mol. Phylogen. Evol. 1: 97–135.

30. Baldellou, Maribel & Henzi, S. P. (1992): Vigilance, predator detection and the presence of supernumerary males in vervet monkey troops. Anim. Behav. 43: 451–461.

31. Barkow, Jerome H. & Burley, N. (1980): Human fertility, evolutionary biology, and the demographic transition. Ethol. Sociobiol. 1: 163–180.

32. Barrett, Louise, Dunbar, R. I. M. & Dunbar, P. (1995): Mother-infant contact as a contingent behavior in gelada baboons. Anim. Behav. 49: 805–810.

33. Bartlett, Thad Q., Sussman, R. W. & Cheverud, J. M. (1993): Infant killing in primates: a review of observed cases with specific reference to the sexual selection hypothesis. Amer. Anthropol. 95: 958–990.

34. Barton, Robert A. & Purvis, A. (1994): Primate brains and ecology: looking

beneath the surface. In: B. Thierry et al. (Hrsg.), Current Primatology, Vol I. Ecology and Evolution. ULP Press, Strasbourg, S. 1–10.

35. Barton, R. A., Byrne, R. W. & Whiten, A. (1996): Ecology, feeding competition and social structure in baboons. Behav. Ecol. Sociobiol. 38: 321–329.

36. Bateman, Angus J. (1948): Intra-sexual selection in *Drosophila*. Heredity 2: 349–368.

37. Bateson, Patrick (1994): The dynamics of parent-offspring relations in mammals. Trends Ecol. Evol. 9: 399–403.

38. Bauers, Kim A. & Hearn, J. P. (1994): Patterns of paternity in relation to male social rank in the stumptailed macaque, *Macaca arctoides*. Behaviour 129: 149–176.

39. Bearder, Simon K. (1987): Lorises, bushbabies, and tarsiers: diverse societies in solitary foragers. In: B. B. Smuts, D. L. Cheney, R. M. Seyfarth, R. W. Wrangham & T. T. Struhsaker (Hrsg.), Primate Societies. University of Chicago Press, Chicago, S. 11–24.

40. Beck, Benjamin B. (1980): Animal Tool Behavior. Garland, New York.

41. Bellis, Mark & Baker, R. R. (1990): Do females promote sperm competition? Data for humans. Anim. Behav. 40: 997–999.

42. Benshoff, Lee & Thornhill, R. (1979): The evolution of monogamy and concealed ovulation in humans. J. Soc. Biol. Structures 2: 95–106.

43. Berard, John D. (1989): Life histories of male Cayo Santiago macaques. Puerto Rico Health Sci. J. 8: 61–64.

44. Berard, J. D., Nürnberg, P., Epplen, J. T. & Schmidtke, J. (1993): Male rank, reproductive behavior, and reproductive success in free-ranging rhesus macaques. Primates 34: 481–489.

45. Bercovitch, Fred B. (1986): Male rank and reproductive activity in savanna baboons. Int. J. Primatol. 7: 533–550.

46. Bercovitch, F. B. (1987): Female weight and reproductive condition in a population of olive baboons *(Papio anubis)*. Am. J. Primatol. 12: 189–195.

47. Bercovitch, F. B. (1988): Coalitions, cooperation, and reproductive tactics among adult male baboons. Anim. Behav. 36: 1198–1209.

48. Bercovitch, F. B. (1991): Mate selection, consortship formation, and reproductive tactics in adult female savanna baboons. Primates 32: 437–452.

49. Bercovitch, F. B. (1991): Social stratification, social strategies, and reproductive success in primates. Ethol. Sociobiol. 12: 315–333.

50. Bercovitch, F. B. (1992): Re-examining the relationship between rank and reproduction in male primates. Animal Behaviour 44: 1168–1170.

51. Bercovitch, F. B. & Berard, J. D. (1993): Life history costs and consequences of rapid reproductive maturation in female rhesus macaques. Behav. Ecol. Sociobiol. 32: 103–109.

52. Bercovitch, F. B. & Nürnberg, P. (1996): Socioendocrine and morphological correlates of paternity in rhesus macaques *(Macaca mulatta)*. J. Reprod. Fertil. 107: 59–68.

53. Bercovitch, F. B. & Strum, S. C. (1993): Dominance rank, resource availability, and reproductive maturation in female savanna baboons. Behav. Ecol. Sociobiol. 33: 313–318.

54. Berman, Carol M. (1988): Maternal condition and offspring sex ratio in a group of free-ranging rhesus monkeys: An eleven-year study. Am. Nat. 131: 307–328.
55. Bernstein, Irwin S. (1969): Stability of the status hierarchy in a pigtail monkey group *(Macaca nemestrina).* Anim. Behav. 17: 452–458.
56. Bernstein I. S. (1981): Dominance: The baby and the bathwater. Behav. Brain Sci. 4: 419–458.
57. Bernstein, I. S. & Ehardt, C. L. (1985): Intragroup agonistic behavior in rhesus monkeys *(Macaca mulatta).* Int. J. Primatol. 6: 209–226.
58. Bernstein, I. S. & Ehardt, C. L. (1985): Age-sex differences in the expression of agonistic behavior in rhesus monkey *(Macaca mulatta)* groups. J. Comp. Psychol. 99: 115–132.
59. Bernstein, I. S. & Ehardt, C. L. (1986): Modification of aggression through socialization and the special case of adult and adolescent male rhesus monkeys *(Macaca mulatta).* Am. J. Primatol. 10: 213–227.
60. Bernstein I. S. & Gordon, T. P. (1980): The social component of dominance relationships in rhesus monkeys *(Macaca mulatta).* Anim. Behav. 28: 1033–1039.
61. Bernstein, I. S., Williams, L. & Ramsay, M. (1983): The expression of aggression in Old World monkeys. Int. J. Primatol. 4: 113–125.
62. Bertram, Brian C. R. (1982): Problems with altruism. In: King's College Sociobiology Group (Hrsg.), Current Problems in Sociobiology. Cambridge University Press, Cambridge, S. 251–267.
63. Betzig, Laura (1986): Despotism and Differential Reproduction. Aldine, Hawthorne, NY.
64. Betzig, L. (1993): Sex, succession, and stratification in the first six civilizations. In: L. Ellis (Hrsg.), Social Stratification and Socioeconomic Inequality, Vol 1: A Comparative Biosocial Analysis. Praeger, Westport, Connecticut, S. 37–74.
65. Bielert, Craig (1982): Experimental examinations of baboon *(Papio ursinus)* sex stimuli. In: C. T. Snowdon, C. H. Brown & M. R. Peterson (Hrsg.), Primate Communication, Cambridge University Press, Cambridge, S. 373–395.
66. Birkhead, Timothy R., Møller, A. P. & Sutherland, W. J. (1993): Why do females make it so difficult for males to fertilize their eggs? J. theor. Biol. 161: 51–60.
67. Bischof, Norbert (1985): Das Rätsel Ödipus. Piper, München.
68. Blume, Dieter, Fels, G., Liesenfeld, F. J. & Schrooten, G. (1988): Der Organismus. Klett, Stuttgart.
69. Boehm, Christopher (1992): Segmentary ‚warfare' and the management of conflict: comparison of East African chimpanzees and patrilineal-patrilocal humans. In: A. H. Harcourt & F. B. M. de Waal (Hrsg.), Coalitions and Alliances in Humans and Other Animals. Oxford University Press, Oxford, S. 137–173.
70. Boesch, Christophe (1991): The effect of leopard predation on grouping patterns in forest chimpanzees. Behaviour 117: 220–242.
71. Boesch, C. (1991): Teaching among wild chimpanzees. Anim. Behav. 41: 530–532.
72. Boesch, C. (1994): Cooperative hunting in wild chimpanzees. Anim. Behav. 48: 653–667.
73. Boesch, C. & Boesch, Hedwige (1984): Mental map in wild chimpanzees: an analysis of hammer transports for nut cracking. Primates 25: 160–170.

74. Boesch, C. & Boesch, H. (1990): Tool use and tool making in wild chimpanzees. Folia Primatol. 54: 86–99.
75. Boesch, C., Marchesi, P., Marchesi, N., Fruth, B. & Joulian, F. (1994): Is nut crakking in wild chimpanzees a cultural behaviour? J. Hum. Evol. 26: 325–338.
76. Boggess, Jane (1980): Intermale relations and troop male membership changes in langurs, *Presbytis entellus*, in Nepal. Int. J. Primatol. 1: 233–274.
77. Boinski, Sue (1987): Mating patterns in squirrel monkeys *(Saimiri oerstedi)*: implications for seasonal sexual dimorphism. Behav. Ecol. Sociobiol. 21: 13–21.
78. Boinski, S. (1988): Use of a club by a wild white-faced capuchin *(Cebus capucinus)* to attack a venomous snake *(Bothrops asper)*. Am. J. Primatol. 14: 177–179.
79. Bonner, John T. (1983): Kultur-Evolution bei Tieren. Parey, Berlin.
80. Borgerhoff Mulder, Monique (1991): Human behavioural ecology. In: J. R. Krebs & N. B. Davies (Hrsg.), Behavioural Ecology: An Evolutionary Approach, 3rd ed. Blackwell, Oxford, S. 69–98.
81. Borries, Carola, im Druck: Infanticide in seasonally breeding multimale groups of Hanuman langurs *(Presbytis entellus)* in Ramnagar (South Nepal). Behav. Ecol. Sociobiol.
82. Borries, C., Sommer, V. & Srivastava, A. (1991): Dominance, age, and reproductive success in free-ranging female Hanuman langurs *(Presbytis entellus)*. Int. J. Primatol. 12: 231–257.
83. Brain, Conrad (1992): Deaths in a desert baboon troop. Int. J. Primatol. 13: 593–599.
84. Bramblett, Claud A. (1994): Patterns of Primate Behavior. Waveland Press, Prospect Heights, IL.
85. Brehm, Alfred E. (1883): Brehms Thierleben. Allgemeine Kunde des Thierreichs. Erste Abteilung – Säugethiere. Erster Band. Verlag des Bibliographischen Instituts, Leipzig.
86. Bulger, John B. (1993): Dominance rank and access to estrous females in male savanna baboons. Behaviour 127: 67–103.
87. Burley, Nancy (1979): The evolution of concealed ovulation. Am. Nat. 114: 835–858.
88. Buss, David M. (1989): Sex differences in human mate preferences: Evolutionary hypotheses tested in 37 cultures. Behav. Brain Sci. 12: 1–49.
89. Buss, D. M. (1994): Die Evolution des Begehrens. Kabel, Hamburg.
90. Busse, Curt D. (1982): Social dominance and offspring mortality among female chacma baboons. Int. J. Primatol. 3: 267.
91. Byrne, Richard W. (1995): The Thinking Ape. Evolutionary Origins of Intelligence. Oxford University Press, Oxford.
92. Byrne, R. W. & Whiten, A. (Hrsg.) (1988): Machiavellian Intelligence. Social Expertise and the Evolution of Intellect in Monkeys, Apes, and Humans. Clarendon Press, Oxford.
93. Byrne, R. W. & Whiten, A. (1990): Tactical deception in primates: the 1990 database. Primate Report 27: 1–101.
94. Camperio Ciani, Andrea (1984): A case of infanticide in a free-ranging group of rhesus monkeys *(Macaca mulatta)* in the Jackoo Forest, Simla, India. Primates 25: 372–377.

95. Caro, Tim M. & Hauser, M. D. (1992): Is there teaching in nonhuman animals? Q. Rev. Biol. 67: 151–174.
96. Carpenter, Clarence R. (1942): Sexual behavior of free ranging rhesus monkeys *(Macaca mulatta)*. I. Specimens, procedures and behavioral characteristics of estrus. J. Comp. Psychol. 33: 113–142.
97. Carpenter, C. R. (1942): Societies of monkeys and apes. Biological Symposia 8: 177–204.
98. Cartmill, Matt (1992): Non-human primates. In: S. Jones, R. Martin & D. Pilbeam (Hrsg.), The Cambridge Encyclopedia of Human Evolution. Cambridge University Press, Cambridge, S. 24–32.
99. Chagnon; Napoleon A. (1988): Life histories, blood revenge, and warfare in a tribal population. Science 239: 985–992.
100. Chance, Michael R. A. (1967): Attention structures as the basis of primate rank orders. Man 2: 503–518.
101. Chapais, Bernard (1983): Reproductive activity in relation to male dominance and the likelihood of ovulation in rhesus monkeys. Behav. Ecol. Sociobiol. 12: 215–228.
102. Chapais, B. (1986): Why do adult male and female rhesus monkeys affiliate during the birth season? In: R. G. Rawlins & M. J. Kessler (Hrsg.), The Cayo Santiago Macaques. State University of New York Press, Albany, S. 173–200.
103. Chapais, B. (1992): The role of alliances in social inheritance of rank among female primates. In: A. H. Harcourt & F. B. M. de Waal (Hrsg.), Coalitions and Alliances in Humans and Other Mammals. Oxford University Press, Oxford, S. 29–59.
104. Chapais, B. (1995): Alliances as a means of competition in primates: evolutionary, developmental, and cognitive aspects. Yearb. Phys. Anthropol. 38: 115–136.
105. Chapais, B. & Schulman, S. R. (1980): An evolutionary model of female dominance relations in primates. J. theor. Biol. 82: 47–89.
106. Cheney, Dorothy L. & Seyfarth, R. M. (1987): The influence of intergroup competition on the survival and reproduction of female vervet monkeys. Behav. Ecol. Sociobiol. 21: 375–386.
107. Cheney, D. L. & Seyfarth, R. M. (1994): Wie Affen die Welt sehen. Hanser, München.
108. Cheney, D. L., Seyfarth, R. M., Andelman, S. & Lee, P. C. (1988): Reproductive success in vervet monkeys. In: T. H. Clutton-Brock (Hrsg.), Reproductive Success. University of Chicago Press, Chicago, S. 384–402.
109. Chomsky, Noam (1987): Die formale Natur der Sprache. In: K. R. Scherer, A. Stahnke & P. Winkler (Hrsg.), Psychobiologie. Wegweisende Texte der Verhaltensforschung. dtv, München, S. 345–356.
110. Clark, Tim W. (1978): Agonistic behavior in a transplanted troop of Japanese macaques: Arashiyama West. Primates 19: 141–151.
111. Clarke, A. Susan & Boinski, S. (1995): Temperament in nonhuman primates. Am. J. Primatol. 37: 103–125.
112. Clarke, Margaret R. & Glander, K. E. (1984): Female reproductive success in

a group of free-ranging howling monkeys *(Alouatta palliata)* in Costa Rica. In: M. F. Small (Hrsg.), Female Primates. Alan R. Liss, New York, S. 111–126.

113. Clarke, M. R., Zucker, E. L. & Glander, K. E. (1994): Group takeover by a natal male howling monkey *(Alouatta palliata)* and associated disappearance and injuries of immatures. Primates 35: 435–442.

114. Clutton-Brock, Timothy H. (1989): Mammalian mating systems. Proc. R. Soc. Lond. B 236: 339–372.

115. Clutton-Brock, T. H. (1991): The Evolution of Parental Care. Princeton University Press, Princeton.

116. Clutton-Brock, T. H. & Harvey, P. H. (1976): Evolutionary rules and primate societies. In: P. P. G. Bateson & R. A. Hinde (Hrsg.), Growing Points in Ethology. Cambridge University Press, Cambridge, S. 195–237.

117. Clutton-Brock, T. H. & Harvey, P. H. (1980): Primates, brains and ecology. J. Zool. (Lond.) 190: 309–323.

118. Clutton-Brock, T. H., Albon, S. D & Guinness, F. E. (1984): Maternal dominance, breeding success and birth sex ratios in red deer. Nature 308: 358–360.

119. Clutton-Brock, T. H., Harvey, P. H. & Rudder, B. (1977): Sexual dimorphism, socionomic sex ratio and body weight in primates. Nature 269: 797–800.

120. Collias, Nicholas E. & Collias, E. (1996): Social organization of a red junglefowl, *Gallus gallus*, population related to evolutionary theory. Anim. Behav. 51: 1337–1354.

121. Collins, D. Anthony, Busse, C. & Goodall, J. (1984): Infanticide in two populations of savanna baboons. In: G. Hausfater & S. B. Hrdy (Hrsg.), Infanticide. Aldine, New York, S. 193–215.

122. Cords, Marina (1987): Forest guenons and patas monkeys: male-male competition in one-male groups. In: B. B. Smuts, D. L. Cheney, R. M. Seyfarth, R. W. Wrangham & T. T. Struhsaker (Hrsg.), Primate Societies. University of Chicago Press, Chicago, S. 98–111.

123. Cords, M. (1992): Post-conflict reunions and reconciliation in long-tailed macaques. Anim. Behav. 44: 57–61.

124. Cords, M. & Turnheer, S. (1993): Reconciliation with valuable partners by long-tailed macaques. Ethology 93: 315–325.

125. Cosmides, Leda & Tooby, John (1992): Cognitive adaptations for social exchange. In: J. H. Barkow, L. Cosmides & J. Tooby (Hrsg.), The Adapted Mind. Oxford University Press, New York, pp. 163–228.

126. Cowlishaw, Guy (1994): Vulnerability to predation in baboon populations. Behaviour 131: 293–304.

127. Cowlishaw, G. (1995): Behavioural patterns in baboon group encounters: the role of resource competition and male reproductive strategies. Behaviour 132: 75–86.

128. Cowlishaw, G. & Dunbar, R. I. M. (1991): Dominance rank and mating success in male primates. Anim. Behav. 41: 1045–1056.

129. Crockett, Carolyn M. & Rudran, R. (1987): Red howler monkey birth data I, II. Am. J. Primatol. 13: 347–384.

130. Crockett, C. M. & Sekulic, Ranka (1984): Infanticide in red howler monkeys

(Alouatta seniculus). In: G. Hausfater & S. B. Hrdy (Hrsg.), Infanticide. Aldine, New York, S. 173–191.

131. Cronin, Helena (1991): The Ant and the Peacock. Cambridge University Press, Cambridge.

132. Curie-Cohen, Martin, Yoshihara, D., Luttrell, L., Benforado, K., MacCluer, J. W. & Stone, W. H. (1983): The effects of dominance on mating behavior and paternity in a captive troop of rhesus monkeys *(Macaca mulatta)*. Am. J. Primatol. 5: 127–138.

133. Dahl, Edgar (1991): Am Anfang war der Egoismus. Econ, Stuttgart.

134. Daly, Martin (1979): Why don't male mammals lactate? J. theor. Biol. 78: 325–345.

135. Daly, M. & Wilson, Margo (1982): Whom are newborn babies said to resemble? Ethol. Sociobiol. 3: 69–78.

136. Daly, M. & Wilson, M. (1983): Sex, Evolution, and Behavior. Wadsworth Publ., Belmont, Cal.

137. Daly, M. & Wilson, M. (1988): Homicide. Aldine de Gruyter, New York.

138. Darwin, Charles (1859): The Origin of Species by Means of Natural Selection, or the Preservation of Favoured Races in the Struggle for Life. John Murray, London (dt. Ausgabe: Die Entstehung der Arten durch natürliche Zuchtwahl. Reclam, Stuttgart, 1963).

139. Darwin, C. (1871): The Descent of Man and Selection in Relation to Sex. John Murray, London (dt. Ausgabe: Die Abstammung des Menschen. Fourier, Wiesbaden, 1992).

140. Datta, Saroj B. (1983): Relative power and the acquisition of rank. In: R. A. Hinde (Hrsg.), Primate Social Relationships. Blackwell, Oxford, S. 93–103.

141. Dawkins, Richard (1978): Das egoistische Gen. Springer, Berlin (überarbeitete und erweiterte Neuausgabe 1994, Spektrum, Heidelberg).

142. Dawkins, R. (1982): The Extended Phenotype. W. H. Freeman, Oxford.

143. Deacon, Terrence W. (1992): Primate brains and senses. In: S. Jones, R. Martin & D. Pilbeam (Hrsg.), The Cambridge Encyclopedia of Human Evolution. Cambridge University Press, Cambridge, S. 109–114.

144. Deag, John M. (1977): Aggression and submission in monkey societies. Anim. Behav. 25: 456–474.

145. Deng, Ziyun & Zhao, Q. (1987): Social structure in a wild group of *Macaca thibetana* at Mount Emei, China. Folia Primatol. 49: 1–10.

146. Der Physiologus. Tiere und ihre Symbolik. (1995): Übertragen und erläutert von O. Seel, Artemis & Winkler, Zürich.

147. Desmond, Adrian & Moore, James (1992): Darwin. List, München.

148. Dewsbury, Donald A. (1982): Ejaculate cost and male choice. Am. Nat. 119: 601–610.

149. Dewsbury, D. A. (1994): A final word on the inheritance of dominance. Anim. Behav. 48: 984–985.

150. Diamond, Jared (1994): Der dritte Schimpanse. S. Fischer, Frankfurt/M.

151. Dietz, James M. & Baker, A. J. (1993): Polygyny and female reproductive success in golden lion tamarins, *Leontopithecus rosalia*. Anim. Behav. 46: 1067–1078.

152. Digby, Leslie (1995): Infant care, infanticide, and female reproductive strategies

in polygynous groups of common marmosets *(Callithrix jacchus)*. Behav. Ecol. Sociobiol. 37: 51–61.

153. Dittus, Wolfgang P. J. (1980): The social regulation of primate populations: a synthesis. In: D. G. Lindburg (Hrsg.), The Macaques: Studies in Ecology, Behavior and Evolution. Van Nostrand Reinhold, New York, S. 263–286.

154. Dittus, W. P. J. (1986): Sex differences in fitness following a group take-over among Toque macaques: testing models of social evolution. Behav. Ecol. Sociobiol. 19: 257–266.

155. Dittus, W. P. J. (1988): Group fission among wild toque macaques as a consequence of female resource competition and environmental stress. Anim. Behav. 36: 1626–1645.

156. Dixson, Alan F. (1980): Androgens and aggressive behavior in primates: a review. Aggressive Behavior 6: 37–67.

157. Dixson, A. F. (1983): Observations on the evolution and behavioral significance of „sexual skin" in female primates. Adv. Std. Behav. 13: 63–106.

158. Dixson, A. F. (1987): Observations on the evolution of the genitalia and copulatory behaviour in male primates. J. Zool., Lond. 213: 423–443.

159. Dixson, A. F. (1995): Sexual selection and ejaculatory frequencies in primates. Folia Primatol. 64: 146–152.

160. Dixson, A. F. & Mundy, N. I. (1994): Sexual behavior, sexual swelling, and penile evolution in chimpanzees *(Pan troglodytes)*. Archives of Sexual Behavior 23: 267–280.

161. Dominey, Wallace J. (1984): Alternative mating tactics and evolutionary stable strategies. Amer. Zool. 24: 385–396.

162. Drews, Carlos (1993): The concept and definition of dominance in animal behaviour. Behaviour 125: 283–313.

163. Drews, C. (1996): Contexts and patterns of injuries in free-ranging male baboons *(Papio cynocephalus)*. Behaviour 133: 443–474.

164. Drickamer, Lee C. (1974): A ten-year summary of reproductive data for free-ranging *Macaca mulatta*. Folia Primatol. 21: 61–80.

165. Dunbar, Robin I. M. (1984): Reproductive Decisions. An Economic Analysis of Gelada Baboon Social Strategies. Princeton University Press, Princeton, N. J.

166. Dunbar, R. I. M. (1986): The social ecology of gelada baboons. In: D. Rubenstein & R. W. Wrangham (Hrsg.), Ecological Aspects of Social Evolution. Princeton University Press, Princeton, S. 332–351.

167. Dunbar, R. I. M. (1988): Primate Social Systems. Croom Helm, London.

168. Dunbar, R. I. M. (1989): Reproductive strategies of female gelada baboons. In: A. E. Rasa, C. Vogel & E. Voland (Hrsg.), The Sociobiology of Sexual and Reproductive Strategies. Chapman and Hall, London, S. 74–92.

169. Dunbar, R. I. M. (1991): Functional significance of social grooming in primates. Folia Primatol. 57: 121–131.

170. Dunbar, R. I. M. (1992): Neocortex size as a constraint on group size in primates. J. hum. Evol. 22: 469–493.

171. Dunbar R. I. M. (1995): The mating system of callithrichid primates: I. Conditions for the coevolution of pair bonding and twinning. Anim. Behav. 50: 1057–1070.

172. Dunbar, R. I. M. & Dunbar, Patsy (1988): Maternal time budgets of gelada baboons. Anim. Behav. 36: 970–980.

173. Dunbar, R. I. M. & Sharman, M. (1983): Female competition for access to males affects birth rate in baboons. Behav. Ecol. Sociobiol. 13: 157–159.

174. Duvall, S. W., Bernstein, I. S. & Gordon, T. P. (1976): Paternity and status in a rhesus monkey group. J. Reprod. Fert. 47: 25–31.

175. Eaton, G. Gray, Modahl, K. B. & Johnson, D. F. (1981): Aggressive behavior in a confined troop of Japanese macaques: effects of density, season, and gender. Aggressive Behavior 7: 145–164.

176. Eaton, G. G., Rostal, D. C., Glick, B. B. & Senner, J. W. (1987): Seasonal behavior in a confined troop of Japanese macaques *(Macaca fuscata)*. In: Seasonal Effects on Reproduction, Infection and Psychoses. SPB Academic Publishing, The Hague, The Netherlands, S. 29–40.

177. Edwards, Carolyn P. (1993): Behavioral sex differences in children of diverse cultures: the case of nurturance to infants. In: M. E. Pereira & L. A. Fairbanks (Hrsg.), Juvenile Primates. Oxford University Press, New York, Oxford, S. 327–338.

178. Edwards, R. G. (1980): Conception in the Human Female. Academic Press, New York.

179. Ehardt, Carolyn L. & Bernstein, I. S. (1986): Matrilineal overthrows in rhesus monkey groups. Int. J. Primatol. 7: 157–181.

180. Ehardt, C. L. & Bernstein I. S. (1992): Conflict intervention behaviour by adult male macaques: structural and functional aspects. In: A. H. Harcourt & F. B. M. de Waal (Hrsg.), Coalitions and Alliances in Humans and Other Animals. Oxford University Press, Oxford, S. 83–111.

181. Eibl-Eibesfeldt, Irenäus (1995): Die Biologie des menschlichen Verhaltens. Grundriß der Humanethologie. 3. überarb. Aufl., Piper, München.

182. Eimerl, Sarel & DeVore, Irven (1976): Die Primaten. Rowohlt, Reinbek bei Hamburg.

183. Ellrich, Lutz & Funken, Christiane (1996): Wissenschaftliche Fitnesskur oder soziobiologische Verklärung? Ethik und Sozialwissenschaften 7: 113–116.

184. Ely, John, Alford, P. & Ferrell, R. E. (1991): DNA „fingerprinting" and the genetic management of a captive chimpanzee population *(Pan troglodytes)*. Am. J. Primatol. 24: 39–54.

185. Emlen, Stephen T. & Oring, Lewis W. (1977): Ecology, sexual selection, and the evolution of mating systems. Science 197: 215–223.

186. Enomoto, Tomoo (1974): The sexual behavior of Japanese monkeys. J. Hum. Evol. 3: 351–372.

187. Epple, Gisela (1975): The behavior of marmoset monkeys (Callithrichidae). In: L. A. Rosenblum (Hrsg.), Primate Behaviour, Vol. 4. Academic Press, New York, S. (195–239.

188. Erwin, J. & Anderson, B. (1975): Agonistic behavior of pregnant female monkeys *(Macaca nemestrina)*: possible influences of fetal gonadal hormones. Psychol. Rep. 36: 699–702.

189. Etkin, William (1963): Social behavioral factors in the emergence of man. Hum. Biol. 35: 299–310.

190. Fairbanks, Lynn A. (1980): Relationships among adult females in captive vervet monkeys: testing a model of rank-related attractiveness. Anim. Behav. 28: 853–859.

191. Fairbanks, L. A. (1988): Mother-infant behavior in vervet monkeys: response to failure of last pregnancy. Behav. Ecol. Sociobiol. 23: 157–165.

192. Fairbanks, L. A. (1990): Reciprocal benefits of allomothering for female vervet monkeys. Anim. Behav. 40: 553–562.

193. Fairbanks, L. A. & McGuire, M. T. (1984): Determinants of fecundity and reproductive success in captive vervet monkeys. Am. J. Primatol. 7: 27–38.

194. Fairbanks, L. A. & McGuire, M. T. (1987): Mother-infant relationships in vervet monkeys: response to new adult males. Int. J. Primatol. 8: 351–366.

195. Fairgrieve, Chris (1995): Infanticide and infant eating in the blue monkey *(Cercopithecus mitis stuhlmanni)* in the Budongo Forest Reserve, Uganda. Folia Primatol. 64: 69–72.

196. Fay, J. M., Carroll, R., Kerbis Peterhans, J. C. & Harris, D. (1995): Leopard attack on and consumption of gorillas in the Central African Republic. J. Hum. Evol. 29: 93–99.

197. Fedigan, Linda M. (1983): Dominance and reproductive success in primates. Yb. phys. Anthropol. 26: 91–129.

198. Fedigan, L. M., Fedigan, L., Gouzoules, S., Gouzoules, H. & Koyama, N. (1986): Lifetime reproductive success in female Japanese macaques. Folia Primatol. 47: 143–157.

199. Ferrari, Stephen F. (1992): The care of infants in a wild marmoset *(Callithrix flaviceps)* group. Am. J. Primatol. 26: 109–118.

200. Fisher, Helen (1993): Anatomie der Liebe. Droemer Knaur, München.

201. Flinn, Mark V. (1988): Step- and genetic parent/offspring relationships in a Caribbean village. Ethol. Sociobiol. 9: 335–369.

202. Flinn, M. V. (1989): Household composition and female reproductive strategies in a Trinidadian village. In: A. E. Rasa, C. Vogel & E. Voland (Hrsg.), The Sociobiology of Sexual and Reproductive Strategies. Chapman and Hall, London, S. 206–233.

203. Flinn, M. V. & Low, Bobbi S. (1986): Resource distribution, social competition, and mating patterns in human societies. In: D. I. Rubenstein & R. W. Wrangham (Hrsg.), Ecological Aspects of Social Evolution. Princeton University Press, Princeton, S. 217–243.

204. Fouts, Roger A., Hirsch, A. D. & Fouts, D. H. (1982): Cultural transmission of a human language in a chimpanzee mother-infant relationship. In: H. E. Fitzgerald, J. A. Mullins & P. Gage (Hrsg.), Child Nurturance, Vol. 3: Studies of Development in Nonhuman Primates. Plenum Press, New York, S. 159–193.

205. Fox, M. W. (1982): Commentary: Are most animals 'mindless automatons'?: A reply to Gordon G. Gallup, Jr. Am. J. Primatol. 3: 341–343.

206. Francis, Charles M., Anthony, E. L. P., Brunton, J. A. & Kunz, T. H. (1994): Lactation in male fruit bats. Nature 367: 691–692.

207. Fredrickson, W. T. & Sackett, G. P. (1984): Kin preferences in primates *(Macaca nemestrina)*: relatedness or familiarity? J. comp. Psychol. 98: 29–34.

208. French, Jeffrey A. & Inglett, Betty J. (1989): Female-female aggression and male indifference in response to unfamiliar intruders in lion tamarins. Anim. Behav. 37: 487–497.
209. Frisch, Rose E. (1978): Population, food intake, and fertility. Science 199: 22–30.
210. Furuichi, Takeshi (1992): Dominance relations among wild bonobos *(Pan paniscus)* at Wamba, Zaire. Abstracts of the XIVth Congress of the International Primatological Society, S. 159.
211. Gadgil, M. & Bossert, W. H. (1970): Life historical consequences of natural selection. Am. Nat. 104: 1–24.
212. Galat-Luong, A. & Galat, G. (1979): Conséquences comportementales de perturbations sociales repetées sur une troupe de Mones de Lowe *Cercopithecus campbelli lowei* de Côte d'Ivoire. Terre et Vie 33: 4–57.
213. Galef, Bennet G. (1992): The question of animal culture. Human Nature 3: 157–178.
214. Galetti, Mauro, Pedroni, F. & Paschoal, M. (1994): Infanticide in the brown howler monkey, *Alouatta fusca.* Neotropical Primates 2: 6–7.
215. Gallup, Gordon G. Jr. (1970): Chimpanzees: self-recognition. Science 167: 86–87.
216. Ganzhorn, Jörg U. & Kappeler, P.M. (1993): Lemuren Madagaskars. Tests zur Evolution von Primatengemeinschaften. Naturwissenschaften 80: 195–208.
217. Gaulin, Stephen J. S. & Robbins, C. J. (1991): Trivers-Willard effect in contemporary North American society. Am. J. Phys. Anthropol. 85: 61–69.
218. Gibbons, A. (1992): Barbary macaques challenge theory of female choice. Science 257: 329–330.
219. Glander, Kenneth (1980): Reproduction and population growth in free-ranging mantled howling monkeys. Am. J. Phys. Anthropol. 53: 25–36.
220. Goldizen, Anne W. (1988): Tamarin and marmoset mating systems: unusual flexibility. Trends Ecol. Evol. 3: 36–40.
221. Goldizen, A. W. (1990): A comparative perspective on the evolution of tamarin and marmoset social systems. Int. J. Primatol. 11: 63–83.
222. Goldizen, A. W. & Terborgh, John (1989): Demography and dispersal patterns of a tamarin population: possible causes of delayed breeding. Am. Nat. 134: 208–224.
223. Goldizen, A. W., Mendelson, J., van Vlaardingen, M. & Terborgh, J. (1996): Saddle-back tamarin *(Saguinus fuscicollis)* reproductive strategies: Evidence from a thirteen year study of a marked population. Am. J. Primatol. 38: 57–83.
224. Gomendio, Montserrat (1989): Suckling behaviour and fertility in rhesus macaques *(Macaca mulatta).* J. Zoology, Lond. 217: 449–467.
225. Gomendio, M. (1990): The influence of maternal rank and infant sex on maternal investment trends in rhesus macaques: birth sex ratios, inter-birth intervals and suckling patterns. Behav. Ecol. Sociobiol. 27: 365–375.
226. Gomendio, M. (1991): Parent-offspring conflict and maternal investment in rhesus macaques. Anim. Behav. 42: 993–1005.
227. Gomendio, M. (1995): Maternal styles in Old World primates: their adaptive significance. In: C. R. Price, R. D. Martin & D. Skuse (Hrsg.), Motherhood in Human and Nonhuman Primates. Karger, Basel, S. 59–68.

228. Gomendio, M. & Colmenares, F. (1989): Infant killing and infant adoption following the introduction of new males to an all-female colony of baboons. Ethology 80: 223–244.

229. Gomendio, M. & Roldan, E. R. S. (1991): Sperm competition influences sperm size in mammals. Proc. R. Soc. London B 243: 181–185.

230. Goodall, Jane (1986): The Chimpanzees of Gombe. Patterns of Behavior. The Belknap Press of Harvard University Press, Cambridge, MA.

231. Goodall, J. (1989): Gombe: highlights and current research. In: P. G. Heltne & L. A. Marquardt (Hrsg.), Understanding Chimpanzees. Harvard University Press, Cambridge, MA, S. 2–21.

232. Goodall, J. (1991): Ein Herz für Schimpansen. Rowohlt, Reinbek bei Hamburg.

233. Goodall, J. (1992): Unusual violence in the overthrow of an alpha male chimpanzee at Gombe. In: T. Nishida, W. C. McGrew, P. Marler, M. Pickford & F. B. M. de Waal (Hrsg.), Topics in Primatology, Vol. I: Human Origins. University of Tokyo Press, Tokyo, S. 131–142.

234. Goosen, Cornelis (1980): On Grooming in Old World Monkeys. W. D. Meinema, Delft.

235. Gore, Mauvis A. (1986): Mother-offspring conflict and interference at mother's mating in *Macaca fascicularis*. Primates 27: 205–214.

236. Gould, Stephen J. (1983): Der falsch vermessene Mensch. Birkhäuser, Basel.

237. Gould, S. J. (1986): Wie das Zebra zu seinen Streifen kommt. Birkhäuser, Basel.

238. Gouzoules, Harold, Gouzoules, S. & Fedigan, L. (1982): Behavioral dominance and reproductive success in female Japanese monkeys *(Macaca fuscata)*. Anim. Behav. 30: 1138–1150.

239. Goy, Robert W. (1966): Role of androgens in the establishment and regulation of behavioral sex differences in mammals. J. Anim. Sci. 25: 21–31.

240. Griffin, Donald R. (1985): Wie Tiere denken. BLV, München.

241. Gust, Deborah A. (1994): A brief report on the social behavior of the crested mangabey *(Cercocebus galeritus galeritus)* with a comparison to the sooty mangabey *(C. torquatus atys)*. Primates 35: 375–383.

242. Gust, D. A., Gordon, T. P. & Gergits, W. (1995): Proximity at birth relates to a sire's tolerance of his offspring among sooty mangabeys. Anim. Behav. 49: 1403–1405.

243. Gust, D. A., Gordon, T. P., Gergits, W. F., Casna, N. J., Gould, K. G. & McClure, H. M. (1996): Male dominance rank and offspring initiated affliative behaviors were not predictors of paternity in a captive group of pigtail macaques *(Macaca nemestrina)*. Primates 37: 271–278.

244. Haig, David (1993): Genetic conflicts in human pregnancy. Q. Rev. Biol. 68: 495–532.

245. Hall, K. Ronald L. (1964): Aggression in monkey and ape societies. In: S. D. Carthy & F. J. Ebling (Hrsg.), The Natural History of Aggression. Academic Press, New York, S. 51–64.

246. Hamer, D. H., Hu, S., Magnuson, V. L., Hu, N. & Pattatucci, A. M. L. (1993): A linkage between DNA markers on the X chromosome and male sexual orientation. Science 261: 321–327.

247. Hames, R. B. (1988): The allocation of parental care among the Ye'kwana. In: L. Betzig, M. Borgerhoff Mulder & P. Turke (Hrsg.), Human Reproductive Behaviour. Cambridge University Press, Cambridge, S. 237–251.

248. Hamilton, William D. (1963): The evolution of altruistic behavior. Am. Nat. 97: 354–356.

249. Hamilton, W. D. (1964): The genetical evolution of social behavior. I., II. J. theor. Biol. 7: 1–52.

250. Hamilton, W. D. (1980): Sex versus non-sex versus parasite. Oikos 35: 282–290.

251. Hamilton, W. D. & Zuk, Marlene (1982): Heritable true fitness and bright birds: a role for parasites? Science 218: 384–387.

252. Hamilton, William J. (1984): Significance of paternal investment by primates to the evolution of adult male-female associations. In: D. M. Taub (Hrsg.), Primate Paternalism. Van Nostrand Reinhold, New York, S. 309–335.

253. Hamilton, W. J. (1985): Demographic consequences of a food and water shortage to desert chacma baboons, *Papio ursinus*. Int. J. Primatol. 6: 451–462.

254. Hampton, J. K. & Hampton, S. H. (1965): Marmosets (Hapalidae): breeding seasons, twinning, and sex ratio of offspring. Science 150: 915–917.

255. Hand, Judith L. (1986): Resolution of social conflicts: dominance, egalitarism, spheres of dominance, and game theory. Q. Rev. Biol. 61: 201–220.

256. Harcourt, Alexander H. (1987): Dominance and fertility among female primates. J. Zool., Lond. 213: 471–487.

257. Harcourt, A. H. (1992): Coalitions and alliances: are primates more complex than non-primates? In: A. H. Harcourt & F. B. M. de Waal (Hrsg.), Coalitions and Alliances in Humans and other Animals. Oxford University Press, Oxford, S. 445–471.

258. Harcourt, A. H. (1996): Sexual selection and sperm competition in primates: what are male genitalia good for? Evol. Anthropol. 4: 121–129.

259. Harcourt, A. H. & Gardiner, J. (1994): Sexual selection and genital anatomy of male primates. Proc. Royal Soc. London B 255: 47–53.

260. Harcourt, A. H., Harvey, P. H., Larson, S. G. & Short, R. V. (1981): Testis weight, body weight and breeding systems in primates. Nature 293: 55–57.

261. Harlow, Harry F. (1959): Love in infant monkeys. Sci. Amer. 200: 68–74.

262. Harris, Marvin (1991): Menschen. Wie wir wurden, was wir sind. Klett-Cotta, Stuttgart.

263. Harvey, Paul H. & Harcourt, A. H. (1984): Sperm competition, testes size, and breeding systems in primates. In: R. L. Smith (Hrsg.), Sperm Competition and the Evolution of Animal Mating Systems. Academic Press, New York, S. 589–600.

264. Hasegawa, Toshikazu & Hiraiwa, Mariko (1980): Social interactions of orphans observed in a free-ranging troop of Japanese monkeys. Folia Primatol. 33: 129–158.

265. Hasegawa, T. & Hiraiwa-Hasegawa, M. (1983): Opportunistic and restrictive matings among wild chimpanzees in the Mahale mountains, Tanzania. J. Ethol. 1: 75–85.

266. Hassenstein, Bernhard (1970): Tierjunges und Menschenkind im Blick der vergleichenden Verhaltensforschung. A. W. Gentner, Stuttgart.

267. Hauser, Jürg (1982): Bevölkerungslehre. UTB, Bern.
268. Hauser, Marc D. (1988): Variation in maternal responsiveness in free-ranging vervet monkeys: a response to infant mortality risk? Am. Nat. 131: 573–587.
269. Hauser, M. D. & Fairbanks, Lynn A. (1988): Mother-offspring conflict in vervet monkeys: variation in response to ecological conditions. Anim. Behav. 36: 802–813.
270. Hauser, Marc D. & Harcourt, Alexander H. (1992): Is there sex-biased mortality in primates? Folia Primatol. 58: 47–52.
271. Hausfater, Glenn (1975): Dominance and reproduction in baboons *(Papio cynocephalus)*. A quantitative analysis. Contrib. Primatol. 7: 1–150, Karger, Basel.
272. Hausfater, G. & Hrdy, S. B. (1984): Infanticide. Comparative and Evolutionary Perspectives. Aldine, New York.
273. Hausfater, G. & Vogel, C. (1982): Infanticide in langur monkeys (genus *Presbytis)*: recent research and a review of hypotheses. In: A. B. Chiarelli & R. S. Corruccini (Hrsg.), Advanced Views in Primate Biology. Springer, Berlin, S. 160–176.
274. Hausfater, G., Altmann, J. & Altmann, S. A. (1982): Long-term consistency of dominance relations among female baboons *(Papio cynocephalus)*. Science 217: 752–755.
275. Hawkes, Kristin (1990): Why do men hunt? Some benefits for risky strategies. In: E. Cashdan (Hrsg.), Risk and Uncertainty. Westview Press, Boulder, S. 145–166.
276. Hediger, Heini (1980): Tiere verstehen. Erkenntnisse eines Tierpsychologen. Kindler, München.
277. Hemelrijk, Charlotte K. (1994): Support for being groomed in long-tailed macaques, *Macaca fascicularis*. Anim. Behav. 48: 479–481.
278. Hemelrijk, C. K., van Laere, G. J. & van Hoof, J.A.R.A.M. (1992): Sexual exchange relationships in captive chimpanzees? Behav. Ecol. Sociobiol. 30: 269–275.
279. Hewlett, B. S. (1988): Sexual selection and paternal investment among Aka pygmies. In: L. Betzig, M. Borgerhoff Mulder & P. Turke (Hrsg.), Human Reproductive Behaviour. Cambridge University Press, Cambridge, S. 263–276.
280. Hewlett, B. S. (1992): Husband-wife reciprocity and the father-infant relationship among Aka pygmies. In: B. S. Hewlett (Hrsg.), Father-Child Relations. Aldine de Gruyter, New York, S. 153–176.
281. Heyes, Celia M. (1994): Reflections on self-recognition in primates. Anim. Behav. 47: 909–919.
282. Hill, David A. (1990): Social relationships between adult male and female rhesus macaques: II. Non-sexual affiliative behaviour. Primates 31: 33–50.
283. Hill, D. A. & Okayasu, N. (1995): Absence of ‚youngest ascendency‘ in the dominance relations of sisters in wild Japanese macaques *(Macaca fuscata yakui)*. Behaviour 132: 367–379.
284. Hill, Elisabeth M. & Low, Bobbi S. (1992): Contemporary abortion patterns: a life history approach. Ethol. Sociobiol. 13: 35–48.
285. Hinde, Robert A. (1974): Biological Bases of Human Social Behaviour. McGraw-Hill, New York.

286. Hinde, R. A. (1976): Interactions, relationships and social structure. Man 11: 1–17.
287. Hiraiwa-Hasegawa, Mariko (1987): Infanticide in primates and a possible case of male-biased infanticide in chimpanzees. In: Y. Ito, J. L. Brown & J. Kikkawa (Hrsg.), Animal Societies. Theories and Facts. Japan Sci. Soc. Press, Tokyo, S. 125–139.
288. Hiraiwa-Hasegawa, M. & Hasegawa, T. (1994): Infanticide in nonhuman primates: sexual selection and local resource competition. In: S. Parmigiani & F. S. vom Saal (Hrsg.), Infanticide and Parental Care. Harwood, Chur, S. 137–154.
289. Hood, Laura C. (1994): Infanticide among ringtailed lemurs *(Lemur catta)* at Berenty Reserve, Madagascar. Am. J. Primatol. 33: 65–70.
290. Horrocks, Julia A. & Hunte, Wayne (1983): Rank relations in vervet sisters: a critique of the role of reproductive value. Am. Nat. 122: 417–421.
291. Horwich, R. H. (1974): Regressive periods in primate behavioral development with reference to other mammals. Primates 15: 141–149.
292. Hrdy, Sarah B. (1974): Male-male competition and infanticide among the langurs *(Presbytis entellus)* of Abu, Rajasthan. Folia Primatol. 22: 19–58.
293. Hrdy, S. B. (1977): The Langurs of Abu. Harvard University Press, Cambridge, MA.
294. Hrdy, S. B. (1979): Infanticide among animals: a review, classification and examination of the implications for the reproductive strategies of females. Ethol. Sociobiol. 1: 13–40.
295. Hrdy, S. B. (1981): The Woman that Never Evolved. Harvard University Press, Cambridge, MA.
296. Hrdy, S. B. (1986): Empathy, polyandry, and the myth of the coy female. In: R. Bleier (Hrsg.), Feminist Approaches to Science. Pergamon, New York, S. 119–146.
297. Hrdy, S. B. (1987): Sex-biased parental investment among primates and other mammals: a critical evaluation of the Trivers-Willard hypothesis. In: R. Gelles & J. Lancaster (Hrsg.), Child Abuse and Neglect. Aldine, New York, S. 97–147.
298. Hrdy, S. B. (1994): Fitness tradeoffs in the history and evolution of delegated mothering with special reference to wet-nursing, abandonment and infanticide. In: S. Parmigiani & F. S. vom Saal (Hrsg.), Infanticide and Parental Care. Harwood, Chur, S. 3–41.
299. Hrdy, S. B. & Whitten, P. L. (1987): Patterning of sexual activity. In: B. B. Smuts, D. L. Cheney, R. M. Seyfarth, R. W. Wrangham & T. T. Struhsaker (Hrsg.), Primate Societies. University of Chicago Press, Chicago, S. 370–384.
300. Hrdy, S. B. & Williams, G. C. (1983): Behavioral biology and the double standard. In: S. K. Wasser (Hrsg.), Social Behavior of Female Vertebrates. Academic Press, New York, S. 3–17.
301. Hrdy, S. B., Janson, C. & van Schaik, C. P. (1995): Infanticide: let's not throw out the baby with the bath water. Evol. Anthropol. 3: 151–154.
302. Huffman, Michael A. (1991): Mate selection and partner preferences in female Japanese macaques. In: L. M. Fedigan & P. J. Asquith (Hrsg.), The Monkeys of Arashiyama. State University of New York Press, Albany, NY, S. 101–122.
303. Huffman, M. A. & Wrangham, R. W. (1994): Diversity of medicinal plant use

by chimpanzees in the wild. In: R. W. Wrangham, W. C. McGrew, F. B. M. de Waal & P. G. Heltne (Hrsg.), Chimpanzee Cultures. Harvard University Press, Cambridge, MA, S. 129–148.

304. Huffman, M. A., Page, J. E., Sukhdeo, M. V. K., Gotoh, S., Kalunde, M. S., Chandrasiri, T. & Towers, G. H. N. (1996): Leaf-swallowing by chimpanzees: a behavioral adaptation for the control of strongyle nematode infections. Int. J. Primatol. 17: 475–503.

305. Humphrey, Nicholas K. (1976): The social function of intellect. In: P. P. G. Bateson & R. A. Hinde (Hrsg.), Growing Points in Ethology, Cambridge University Press, Cambridge, S. 303–317.

306. Hunt, Gavin R. (1996): Manufacture and use of hook-tools by New Caledonian crows. Nature 379: 249–251.

307. Hurst, Laurence D. (1991): The incidence and evolution of cytoplasmatic male killers. Proc. R. Soc. Lond. B 244: 91–99.

308. Huxley, Thomas H. (1863): Evidence as to Man's Place in Nature. MacMillan, London (dt. Ausgabe: Zeugnisse für die Stellung des Menschen in der Natur. G. Fischer, Stuttgart, 1970).

309. Ingold, Tim (1994): Introduction to culture. In: T. Ingold (Hrsg.), Companion Encyclopedia of Anthropology. Routledge, London, S. 329–349.

310. Inoue, Miho, Mitsunaga, F., Ohsawa, H., Takenaka, A., Sugiyama, Y., Souma, A. G. & Takenaka, O. (1992): Paternity testing in captive Japanese macaques *(Macaca fuscata)* using DNA fingerprinting. In: R. D. Martin, A. F. Dixson & E. J. Wickings (Hrsg.), Paternity in Primates. Karger, Basel, S. 131–140.

311. Inoue, M., Mitsunaga, F., Nozaki, M., Ohsawa, H., Takenaka, A., Sugiyama, Y., Shimizu, K. & Takenaka, O. (1993): Male dominance rank and reproductive success in an enclosed group of Japanese macaques: with special reference to post-conception mating. Primates 34: 503–511.

312. Isbell, Lynne A., Cheney, D. L. & Seyfarth, R. M. (1990): Costs and benefits of home range shifts among vervet monkeys *(Cercopithecus aethiops)* in Amboseli National Park, Kenya. Behav. Ecol. Sociobiol. 27: 351–358.

313. Isbell, L. A., Cheney, D. L. & Seyfarth, R. M. (1991): Group fusions and minimum group sizes in vervet monkeys *(Cercopithecus aethiops)*. Am. J. Primatol. 25: 57–65.

314. Itani, Junichiro (1959): Paternal care in the wild Japanese monkey, *Macaca fuscata fuscata*. Primates 2: 61–93.

315. Itani, J. (1983): Die Tötung von Artgenossen bei nichtmenschlichen Primaten. In: M. Gruter & M. Rehbinder (Hrsg.), Der Beitrag der Biologie zu Fragen von Recht und Ethik. Duncker & Humblot, Berlin, S. 143–157.

316. Itoigawa, N., Tanaka, T., Ukai, N., Fujii, H., Koyama, T., Ando, A., Watanabe, Y. & Imakawa, S. (1992): Demography and reproductive parameters of a free-ranging group of Japanese macaques *(Macaca fuscata)* at Katsuyama. Primates 33: 49–68.

317. Janson, Charles H. (1984): Female choice and mating system of the brown capuchin monkey *Cebus apella* (Primates: Cebidae). Z. Tierpsychol. 65: 177–200.

318. Janson, C. H. (1985): Aggressive competition and individual food consumption

in wild brown capuchin monkeys *(Cebus apella)*. Behav. Ecol. Sociobiol. 18: 125–138.

319. Janson, C. H. (1994): Comparison of mating system across two populations of brown capuchin monkeys. Am. J. Primatol. 33: 217.

320. Jeffreys, Alec J., Wilson, Victoria & Thein, Swee L. (1985): Hypervariable ‚minisatellite' regions in human DNA. Nature 314: 67–73.

321. Jolly, Alison (1985): The Evolution of Primate Behavior. MacMillan, New York.

322. Kano, Takayoshi (1980): Social behavior of wild pygmy chimpanzees *(Pan paniscus)* of Wamba: a preliminary report. J. Hum. Evol. 9: 243–260.

323. Kano, T. (1987): A population study of a unit group of pygmy chimpanzees of Wamba – with a special reference to the possible lack of intraspecific killing. In: Y. Ito, J. L. Brown & J. Kikkawa (Hrsg.), Animal Societies. Japan Sci. Soc. Press, Tokyo, S. 159–172.

324. Kaplan, Hillard (1993): The problem of resource accrual and reproduction in modern human populations remains an unsolved evolutionary puzzle. Behav. Brain Sci. 16: 297–298.

325. Kappeler, Peter M. (1993): Variation in social structure: the effects of sex and kinship on social interactions in three lemur species. Ethology 93: 125–145.

326. Kappeler, P. M. (1993): Reconciliation and post-conflict behaviour in ringtailed lemurs, *Lemur catta*, and redfronted lemurs, *Eulemur fulvus rufus*. Anim. Behav. 45: 901–915.

327. Kappeler, P. M. (1993): Female dominance in primates and other mammals. In: P. P. G. Bateson et al. (Hrsg.), Perspectives in Ethology 10: Behavior and Evolution. Plenum Press, New York, S. 143–158.

328. Kappeler, P. M. (1993): Sexual selection and lemur social systems. In: Kappeler, P. M. & Ganzhorn, J. U. (Hrsg.), Lemur Social Systems and Their Ecological Basis. Plenum, New York, S. 223–240.

329. Kappeler, P. M. & van Schaik, C. P. (1992): Methodological and evolutionary aspects of reconciliation among primates. Ethology 92: 51–69.

330. Katz, Mary M. & Konner, M. J. (1981): The role of the father: an anthropological perspective. In: M. E. Lamb (Hrsg.), The Role of the Father in Child Development. Wiley, New York, S. 155–186.

331. Kawai, Masao (1975): Precultural behavior of the Japanese monkey. In: G. Kurth & I. Eibl-Eibesfeldt (Hrsg.), Hominisation und Verhalten. G. Fischer, Stuttgart, S. 32–55.

332. Keddy-Hector, Anne C. (1992): Mate choice in non-human primates. Amer. Zool. 32: 62–70.

333. Keddy Hector, A. C., Seyfarth, R. M. & Raleigh, M. J. (1989): Male parental care, female choice and the effect of an audience in vervet monkeys. Anim. Behav. 38: 262–271.

334. Keverne, Eric B., Martenz, N. D. & Tuite, B. (1989): Beta-endorphin concentrations in cerebrospinal fluid of monkeys are influenced by grooming relationships. Psychoneuroendocrinology 14: 155–161.

335. Kingdon, Jonathan (1997): The Kingdon Field Guide to African Mammals. Academic Press, San Diego.

336. Kleiman, Devra G. (1977): Monogamy in mammals. Q. Rev. Biol. 52: 39–69.
337. Kleiman, D. G. (1979): Parent-offspring conflict and sibling competition in a monogamous primate. Am. Nat. 114: 753–760.
338. Kleiman, D. G. & Malcolm, J. R. (1981): The evolution of male parental investment in mammals. In: D. J. Gubernick & P. H. Klopfer (Hrsg.), Parental Care in Mammals. Plenum Press, New York, S. 347–387.
339. Koehler, Otto (1968): Vom unbenannten Denken. In: Mensch und Tier. dtv, München, S. 116–125.
340. Koehler, O. (1974): Das unbenannte Denken. In: K. Immelmann (Hrsg.), Grzimeks Tierleben. Sonderband Verhaltensforschung. Kindler, München, S. 320–336.
341. Koenig, Andreas: (1995): Group size, composition, and reproductive success in wild common Marmosets *(Callithrix jacchus)*. Am. J. Primatol. 35: 311–317.
342. Koford, Carl B. (1963): Rank of mothers and sons in bands of rhesus monkeys. Science 141: 356–357.
343. Köhler, Wolfgang (1973): Intelligenzprüfungen an Menschenaffen. 3. Aufl., Springer, Berlin.
344. Koyama, N., Takahata, Y., Huffman, M. A., Norikoshi, K. & Suzuki, H. (1992): Reproductive parameters of female Japanese macaques: thirty years data from the Arashiyama troops, Japan. Primates 33: 33–47.
345. Krackow, Sven (1995): Potential mechanisms for sex ratio adjustment in mammals and birds. Biological Review 70: 225–241.
346. Krebs, John R. & Davies, Nicholas B. (1993): An Introduction to Behavioural Ecology. Blackwell, Oxford.
347. Kropotkin, Pjotr (1972 [1902]): Mutual Aid. A Factor of Evolution. New York University Press, New York.
348. Kuester, Jutta & Paul, A. (1988): Rank relations of juvenile and subadult natal males of Barbary macaques *(Macaca sylvanus)* at Affenberg Salem. Folia Primatol. 51: 33–44.
349. Kuester, J. & Paul, A. (1989): Reproductive strategies of subadult Barbary macaque males at Affenberg Salem. In: A. E. Rasa, C. Vogel & E. Voland (Hrsg.), The Sociobiology of Sexual and Reproductive Strategies. Chapman and Hall, London, S. 93–109.
350. Kuester, J. & Paul, A. (1996): Female-female competition and male mate choice in Barbary macaques *(Macaca sylvanus)*. Behaviour 133: 763–790.
351. Kuester, J., Paul, A. & Arnemann, J. (1994): Kinship, familiarity and mating avoidance in Barbary macaques, *Macaca sylvanus*. Anim. Behav. 48: 1183–1194.
352. Kuester, J., Paul, A. & Arnemann, J. (1995): Age-related and individual differences of reproductive success in male and female Barbary macaques *(Macaca sylvanus)*. Primates 36: 461–476.
353. Kummer, Hans (1957): Soziales Verhalten einer Mantelpaviangruppe. Beih. Schweiz. Z. Psychol. 33: 1–91.
354. Kummer, H. (1973): Aggression bei Affen. In: A. Plack (Hrsg.), Der Mythos vom Aggressionstrieb. Paul List, München. (Nachdruck in: R. Hilke, W. Kempf (Hrsg.): Aggression., Naturwissenschaftliche und kulturwissenschaftliche Perspektiven der Aggressionsforschung. Huber, Bern, 1982, S. 44–64.)

355. Kummer, H. (1975): Sozialverhalten der Primaten. Springer, Berlin.
356. Kummer, H. (1979): On the value of social relationships to nonhuman primates: a heuristic scheme. In: M. von Cranach, K. Foppa, W. Lepenies & D. Ploog (Hrsg.), Human Ethology. Claims and Limits of a New Discipline. Cambridge University Press, Cambridge, S. 381–395.
357. Kummer, H. (1992): Weiße Affen am Roten Meer. Piper, München.
358. Kummer, H., Banaja, A., Abo-Khatwa, A. & Ghandour, A. (1985): Differences in social behaviour between Ethiopian and Arabian hamadryas baboons. Folia Primatol. 45: 1–18.
359. Kurland, Jeffrey A. (1977): Kin Selection in the Japanese Monkey. Contrib. Primatol. 12: 1–145, Karger, Basel.
360. Kuroda, Suehisa (1980): Social behavior of the pygmy chimpanzee. Primates 21: 181–197.
361. Lancaster, Jane (1971): Play-mothering: the relation between juvenile females and young infants among free-ranging vervet monkeys (Cercopithecus aethiops). Folia Primatol. 15: 161–182.
362. Leakey, Meave G., Feibel, C. S., McDougall, I. & Walker, A. (1995): New four-million-year-old hominid species from Kanapoi and Allia Bay, Kenya. Nature 376: 565–571.
363. Leakey, Richard & Lewin, R. (1993): Der Ursprung des Menschen. S. Fischer, Frankfurt/M.
364. Lee, Phyllis C. & Bowman, J. E. (1995): Influence of ecology and energetics on primate mothers and infants. In: C. R. Pryce, R. D. Martin & D. Skuse (Hrsg.), Motherhood in Human and Nonhuman Primates. Karger, Basel, S. 47–58.
365. Leland, Lysa, Struhsaker, T. T. & Butynski, T. M. (1984): Infanticide by adult males in three primate species of Kibale forest, Uganda: a test of hypotheses. G. Hausfater & S. B. Hrdy (Hrsg.), Infanticide. Aldine, New York, S. 151–172.
366. Le Vay, Simon (1994): Keimzellen der Lust. Die Natur der menschlichen Sexualität. Spektrum, Heidelberg.
367. Lewin, Roger (1995): Die Herkunft des Menschen. 200 000 Jahre Evolution. Spektrum, Heidelberg.
368. Lieberman, Philip (1992): Human speech and language. In: S. Jones, R. Martin & D. Pilbeam (Hrsg.), The Cambridge Encyclopedia of Human Evolution. Cambridge University Press, Cambridge, S. 134–137.
369. Lindauer, Martin (1991): Auf den Spuren des Uneigennützigen. Artemis & Winkler, München.
370. Lindqvist Forsberg, Anna J. & Tullberg, Birgitta S. (1995): The relationship between cumulative number of cohabiting partners and number of children for men and women in modern Sweden. Ethol. Sociobiol. 16: 221–232.
371. Lorenz, Konrad (1943): Die angeborenen Formen möglicher Erfahrung. Z. Tierpsychol. 5: 235–409.
372. Lorenz, K. (1955): Über das Töten von Artgenossen. Jahrb. d. Max-Planck-Ges. Göttingen, 105–140 (Nachdruck in: K. Lorenz: Das Wirkungsgefüge in der Natur und das Schicksal des Menschen. Piper, München, 1978).

373. Lorenz, K. (1963): Das sogenannte Böse. Zur Naturgeschichte der Aggression. Borotha Schoeler, Wien.

374. Lorenz, K. (1964): Er redete mit dem Vieh, den Vögeln und den Fischen. dtv, München.

375. Lorenz, K. (1973): Die Rückseite des Spiegels. Piper, München.

376. Lovejoy, C. Owen (1981): The origin of man. Science 211: 341–350.

377. Low, Bobbi S. (1994): Human sex differences in behavioral ecological perspective. Analyse & Kritik 16: 38–67.

378. Loy, James (1988): Effects of supplementary feeding on maturation and fertility in primate groups. In: J. E. Fa & C. H. Southwick (Hrsg.), Ecology and Behavior of Food-Enhanced Primate Groups. Alan R. Liss, New York, S. 153–166.

379. Lunn, Peter G. (1988): Malnutrition and fertility. In: P. Diggory, W. Potts & S. Teper (Hrsg.), Natural Human Fertility. McMillan, London, S. 135–152.

380. Maccoby, Eleanor & Jacklin, Carol N. (1974): The Psychology of Sex Differences. Stanford University Press, Stanford.

381. Macleod, M. C. (1996): Multiple infanticide in blue monkeys – a successful reproductive strategy? Abstracts of the XVIth Congress of the International Primatological Society, Madison, Wisconsin.

382. Maestripieri, Dario (1994): Social structure, infant handling, and mothering styles in group-living Old World monkeys. Int. J. Primatol. 15: 531–553.

383. Maestripieri, D. & Wallen, Kim (1995): Interest in infants varies with reproductive condition in group-living female pigtail macaques *(Macaca nemestrina)*. Physiol. Behav. 57: 353–358.

384. Manning, Aubrey (1989): The genetic basis of aggression. In: J. Groebel & R. A. Hinde (Hrsg.), Aggression and War. Cambridge University Press, Cambridge, S. 48–57.

385. Manson, Joseph H. (1993): Sons of low-ranking female rhesus macaques can attain high dominance rank in their natal groups. Primates 34: 285–288.

386. Manson, J. H. (1994): Male aggression: a cost of female mate choice in Cayo Santiago rhesus macaques. Anim. Behav. 48: 473–475.

387. Manson, J. H. (1994): Mating patterns, mate choice, and birth season heterosexual relationships in free-ranging rhesus macaques. Primates 35: 417–434.

388. Manson, J. H. (1995): Do female rhesus macaques choose novel males? Am. J. Primatol. 37: 285–296.

389. Manson, J. H. & Wrangham, Richard W. (1991): Intergroup aggression in chimpanzees and humans. Curr. Anthropol. 32: 369–390.

390. Marchesi, Paul, Marchesi, N., Fruth, B. & Boesch, C. (1995): Census and distribution of chimpanzees at Cote D'Ivoire. Primates 36: 591–607.

391. Markl, Hubert (1986): Natur als Kulturaufgabe. DVA, Stuttgart.

392. Martin, Robert D. (1990): Primate Origins and Evolution. A Phylogenetic Reconstruction. Chapman and Hall, London.

393. Martin, R. D. (1992): Female cycles in relation to paternity in primate societies. In: R. D. Martin, A. F. Dixson & E. J. Wickings (Hrsg.), Paternity in Primates. Karger, Basel, S. 238–274.

394. Martin, R. D. (1992): Goeldi and the dwarfs: the evolutionary biology of the small New World monkeys. J. Hum. Evol. 22: 367–393.

395. Martin, R. D. (1995): Phylogenetic aspects of primate reproduction: the context of advanced maternal care. In: C. R. Price, R. D. Martin & D. Skuse (Hrsg.), Motherhood in Human and Nonhuman Primates. Karger, Basel, S. 16–26.

396. Martin, R. D. (1995): Hirngröße und Evolution. Spektrum der Wissenschaft 9/95: 48–55.

397. Martin, R. D., Willner, L. A. & Dettling, A. (1994): The evolution of sexual size dimorphism in primates. In: R. V. Short & E. Balaban (Hrsg.), The Differences between the Sexes. Cambridge University Press, Cambridge, S. 159–200.

398. Maslow, A. H. (1937): The role of dominance in social and sexual behavior of infra-human primates. IV. The determination of a hierarchy in pairs and in a group. J. Genet. Psychol. 49: 161–198.

399. Mason, William A. (1966): Social organization of the South American monkey, *Callicebus moloch*: a preliminary report. Tulane Stud. Zool. 13: 23–28.

400. Mason, W. A. (1993): The nature of social conflict: a psycho-ethological perspective. In: W. A. Mason & S. P. Mendoza (Hrsg.), Primate Social Conflict. State University of New York Press, Albany, N. Y., S. 13–47.

401. Maynard Smith, John (1964): Group selection and kin selection. Nature 201: 1145–1147.

402. Maynard Smith, J. & Price, G. R. (1973): The logic of animal conflict. Nature 246: 15–18.

403. McFarland Symington, Margaret (1987): Sex ratio and maternal rank in wild spider monkeys: when daughters disperse. Behav. Ecol. Sociobiol. 20: 421–425.

404. McGrew, William C. (1988): Paternal division of infant caretaking varies with family composition in cotton-top tamarins. Anim. Behav. 36: 285–286.

405. McGrew, W. C. (1992): Proximate causes for becoming alpha: fraternalistic coalitions in striving for dominance by male chimpanzees at Gombe. Abstracts of the XIVth Congress of the International Primatological Society, S. 247.

406. McGrew, W. C. (1992): Chimpanzee Material Culture. Cambridge University Press, Cambridge.

407. McGrew, W. C. (1994): Tools compared: The material of culture. In: R. W. Wrangham, W. C. McGrew, F. B. M. de Waal & P. G. Heltne (Hrsg.), Chimpanzee Cultures. Harvard University Press, Cambridge, MA, S. 25–39.

408. McGrew, W. C. & Feistner, Anna T. C. (1992): Two nonhuman primate models for the evolution of human food sharing: chimpanzees and callithrichids. In: J. H. Barkow, L. Cosmides & J. Tooby (Hrsg.), The Adapted Mind. Oxford University Press, New York, S. 229–243.

409. McGrew, W. C. & Marchant, L. F. (1991): Comment on Manson & Wrangham. Curr. Anthropol. 32: 380–381.

410. McKenna, James J. (1987): Parental supplements and surrogates among primates: cross-species and cross-cultural comparisons. In: J. Lancaster, J. Altmann & A. Rossi (Hrsg), Parenting Across the Life Span: Biosocial Dimensions. Aldine de Gruyter, New York, S. 143–184.

411. McMillan, Carol A. (1989): Male age, dominance, and mating success among rhesus macaques. Am. J. phys. Anthrop. 80: 83–89.
412. Meder, Angela (1993): Gorillas: Ökologie und Verhalten. Springer, Berlin.
413. Meier, Bernhard & Albinac, R. (1991): Rediscovery of *Allocebus trichotis* Gunther 1875 (Primates) in Northeast Madagascar. Folia Primatol. 56: 57–63.
414. Meier, B. & Preuschoft, H. (1985): Mutter-Kind-Verhalten und Verhaltensontogenese bei *Loris tardigradus nordicus*, HILL, Prosimiae. Verh. Dtsch. Zool. Ges. 78: 341.
415. Meier, B., Albinac, R., Peyrieras, A., Rumpler, Y. & Wright, P. (1987): A new species of Hapalemur (Primates) from South East Madagascar. Folia Primatol. 48: 211–215.
416. Meikle, Douglas B. & Vessey, S. H. (1988): Maternal dominance rank and lifetime survivorship of male and female rhesus monkeys. Behav. Ecol. Sociobiol. 22: 37–383.
417. Meikle, D. B., Tilford, B. L. & Vessey, S. H. (1984): Dominance rank, secondary sex ratio, and reproduction of offspring in polygynous primates. Am. Nat. 124: 173–188.
418. Melnick, Don J. (1987): The genetic consequences of primate social organization: a review of macaques, baboons and vervet monkeys. Genetica 73: 117–135.
419. Menzel, Emil W. (1971): Communication about the environment in a group of young chimpanzees. Folia Primatol. 15: 220–232.
420. Merz, Ellen (1978): Male-male interactions with dead infants in *Macaca sylvanus*. Primates 19: 749–754.
421. Meyer-Bahlburg, Heino F. L. (1980): Geschlechtsunterschiede und Aggression: Chromosomale und hormonale Faktoren. In: N. Bischof & H. Preuschoft (Hrsg.), Geschlechtsunterschiede. Entstehung und Entwicklung. C. H. Beck, München, S. 123–145.
422. Michael, Richard P. & Zumpe, Doris (1993): A review of hormonal factors influencing the sexual and aggressive behavior of macaques. Am. J. Primatol. 30: 213–241.
423. Milton, Katharine (1985): Mating patterns of wooly spider monkeys, *Brachyteles arachnoides*: implications for female choice. Behav. Ecol. Sociobiol. 17: 53–59.
424. Milton, K. (1993): Ernährung und Evolution der Primaten. Spektrum der Wissenschaft 10/93: 68–75.
425. Mitani, John C. (1985): Mating behaviour of male orangutans in the Kutai Reserve. Anim. Behav. 33: 392–402.
426. Mitani, J. C., Gros-Louis, J. & Manson, J. (1996): Number of males in primate groups: comparative tests of competing hypotheses. Am. J. Primatol. 38: 315–332.
427. Mitchell, Gary (1979): Behavioral Sex Differences in Nonhuman Primates. Van Nostrand Reinhold, New York.
428. Mittermeier, Russel A., Schwarz, M. & Ayres, J. M. (1992): A new species of marmoset, Genus *Callithrix* Erxleben, 1777 (Callitrichidae, Primates) from the Rio Maues region, State of Amazonas, Central Brazilian Amazonia. Goeldiana Zoologica 14: 1–17.

429. Møller, Anders P. (1988): Ejaculate quality, testes size and sperm competition in primates. J. Human Evolution 17: 479–488.

430. Møller, A. P. (1989): Ejaculate quality, testes size and sperm production in mammals. Funct. Ecol. 3: 91–96.

431. Mori, U. & Dunbar, R. I. M. (1985): Changes in the reproductive condition of female gelada baboons following the takeover of one-male units. Z. Tierpsychol. 67: 215–224.

432. Morin, Philipp A., Moore, J. J., Chakraborti, R., Jin, L., Goodall, J. & Woodruff, D. S. (1994): Kin selection, social structure, gene flow, and the evolution of chimpanzees. Science 265: 1193–1201.

433. Morris, Desmond (1968): Der nackte Affe. Droemer Knaur, München.

434. Morris, P. H., Reddy, V. & Bunting, R. C. (1995): The survival of the cutest: who's responsible for the evolution of the teddy bear? Anim. Behav. 50: 697–700.

435. Moyer, K. E. (1974): Sex differences in aggression. In: R. C. Friedman, R. M. Richart & R. L. Vande Wiele (Hrsg.), Sex Differences in Behavior. Krieger, Huntington, N. Y., S. 335–372.

436. Miles, H. Lyn W. (1994): Die Sprache und der Orang Utan: Die alte „Peson" des Waldes. In: P. Cavalieri & P. Singer (Hrsg.), Menschenrechte für die Großen Menschenaffen. Goldmann, München, S. 70–93.

437. Newton, Paul N. (1986): Infanticide in an undisturbed forest population of hanuman langurs. Anim. Behav. 34: 785–789.

438. Newton, P. (1994): Social stability and change among forest Hanuman langurs (Presbytis entellus). Primates 35: 489–498.

439. Nicolson, Nancy (1987): Infants, mothers, and other females. In: B. B. Smuts, D. L. Cheney, R. M. Seyfarth, R. W. Wrangham & T. T. Struhsaker (Hrsg.), Primate Societies. University of Chicago Press, Chicago, S. 330–342.

440. Niemeyer, Carol L. & Anderson, J. R. (1983): Primate harassment of matings. Ethol. Sociobiol. 4: 205–220.

441. Niemitz, Carsten, Nietsch, A., Warter, S. & Rumpler, Y. (1991): Tarsius dianae: a new primate species from Central Sulawesi (Indonesia). Folia Primatol. 56: 105–116.

442. Nieuwenhuijsen, Kees, Lammers, A.J.J.C., de Neef, K. J. & Slob, A. K. (1985): Reproduction and social rank in female stumptail macaques (Macaca arctoides). Int. J. Primatol. 6: 77–99.

443. Nieuwenhuijsen, K., Slob, K. & van der Werff Ten Bosch, J. J. (1988): Gender-related behaviors in group-living stumptail macaques. Psychobiology 16: 357–371.

444. Nieuwenhuijsen, K., Slob, A. K. & de Neef, K. J. (1988): Fetal gender and aggression in pregnant stumptail monkeys (Macaca arctoides). Developmental Psychobiology 20: 277–282.

445. Nishida, Toshisada (1994): Review of recent findings on Mahale chimpanzees. In: R. W. Wrangham, W. C. McGrew, F. B. M. de Waal & P. G. Heltne (Hrsg.), Chimpanzee Cultures. Harvard University Press, Cambridge, MA, S. 373–396.

446. Nishida, T. & Nakamura, M. (1993): Chimpanzee tool use to clear a blocked nasal passage. Folia Primatol. 61: 218–220.

447. Nishida, T., Hiraiwa-Hasegawa, M., Hasegawa, T. & Takahata, Y. (1985): Group extinction and female transfer in wild chimpanzees in the Mahale Mountains. Z. Tierpsychol. 67: 284–301.

448. Nishida, T., Hasegawa, T., Hayaki, H., Takahata, Y. & Uehara, S. (1992): Meat-sharing as a coalition strategy by an alpha male chimpanzee? In: T. Nishida, W. C. McGrew, P. Marler, M. Pickford & F. B. M. de Waal (Hrsg.), Topics in Primatology, Vol. 1: Human Origins. University of Tokyo Press, Tokyo, S. 159–174.

449. Noë, Ronald (1992): Alliance formation among male baboons: shopping for profitable partners. In: A. H. Harcourt & F. B. M. de Waal (Hrsg.), Coalitions and Alliances in Humans and Other Animals. Oxford University Press, Oxford, S. 285–321.

450. Noë, R. & Bshary, R. (1997): The formation of red colobus – diana monkey associations under predation pressure from chimpanzees. Proc. R. Soc. Lond. B 264: 253–259.

451. Noë, R. & Sluijter, A. A. (1990): Reproductive tactics of male savanna baboons. Behaviour 113: 117–170.

452. Oates, John F. (1977): The social life of black-and-white colobus monkeys, *Colobus guereza*. Z. Tierpsychol. 45: 1–60.

453. Ogawa, Hideshi (1995): Recognition of social relationships in bridging behavior among Tibetan macaques *(Macaca thibetana)*. Am. J. Primatol. 35: 305–310.

454. Ohsawa, Hideyuki, Inoue, M. & Takenaka, O. (1993): Mating strategy and reproductive success of male patas monkeys *(Erythrocebus patas)*. Primates 34: 533–544.

455. Osche, Günther (1987): Die Sonderstellung des Menschen in biologischer Sicht: Biologische und kulturelle Evolution. In: R. Siewing (Hrsg.), Evolution. G. Fischer, Stuttgart, S. 499–523.

456. Packer, Craig (1977): Reciprocal altruism in olive baboons. Nature 265: 441–443.

457. Packer, C., Lewis, S. & Pusey, A. (1992): A comparative analysis of non-offspring nursing. Anim. Behav. 43: 265–281.

458. Packer, C., Collins, D. A., Sindimwo, A. & Goodall, J. (1995): Reproductive constraints on aggressive competition in female baboons. Nature 373: 60–63.

459. Pagel, Mark (1994): The evolution of conspicuous oestrus advertisements in Old World monkeys. Anim. Behav. 47: 1333–1341.

460. Palmer, Craig (1989): Is rape a cultural universal? A re-examination of the ethnographic data. Ethnology 28: 1–16.

461. Palombit, Ryne A. (1994): Extra-pair copulations in a monogamous ape. Anim. Behav. 47: 721–723.

462. Palombit, R. A., Cheney, D. L. & Seyfarth, R. M. (1996): Infanticide and male-female „friendships" in wild chacma baboons *(Papio cynocephalus ursinus)*. Abstracts of the XVIth Congress of the International Primatological Society, Madison, Wisconsin.

463. Parish, Amy R. (1996): Female relationships in bonobos *(Pan paniscus)*. Evidence for bonding, cooperation, and female dominance in a male-philopatric species. Human Nature 7: 61–96.

464. Parker, Geoffrey A. (1970): Sperm competition and its evolutionary consequences in the insects. Biological Reviews 45: 525–567.

465. Parker, Sue T. (1990): Why big brains are so rare: energy costs of intelligence and brain size in anthropoid primates. S. T. Parker & K. R. Gibson (Hrsg.), „Language" and Intelligence in Monkeys and Apes. Cambridge University Press, Cambridge, S. 129–154.

466. Parker, S. T., Mitchell, R. W. & Boccia, M. L. (Hrsg.) (1994): Self-awareness in animals and humans. Cambridge University Press, New York.

467. Parmigiani, Stefano & vom Saal, F. S. (Hrsg.) (1994): Infanticide and Parental Care. Harwood Academic Publishers, Chur.

468. Passingham, R. E. (1982): The Human Primate. Freeman, Oxford.

469. Patterson, Francine (1986): The mind of the gorilla: conversation and conservation. In: K. Benirschke (Hrsg.), Primates. The Road to Self-Sustaining Populations. Springer, New York, S. 933–947.

470. Patterson, F. & Gordon, Wendy (1994): Zur Verteidigung des Personenstatus von Gorillas. In: P. Cavalieri & P. Singer (Hrsg.), Menschenrechte für die Großen Menschenaffen. Goldmann, München, S. 94–122.

471. Paul, A. (im Druck): Breeding seasonality affects the association between dominance and reproductive success in nonhuman male primates. Folia Primatol.

472. Paul, A. & Kuester, J. (1990): Adaptive significance of sex ratio adjustment in semifree-ranging Barbary macaques *(Macaca sylvanus)* at Salem. Behav. Ecol. Sociobiol. 27: 287–293.

473. Paul, A. & Kuester, J. (1996): Infant handling by female Barbary macaques *(Macaca sylvanus)* at Affenberg Salem: Testing functional and evolutionary hypotheses. Behav. Ecol. Sociobiol. 39: 133–145.

474. Paul, A. & Kuester, J. (1996): Differential reproduction in male and female Barbary macaques. In: J. E. Fa & D. G. Lindburg (Hrsg.), Evolution and Ecology of Macaque Societies. Cambridge University Press, Cambridge, S. 293–317.

475. Paul, A. & Thommen, D. (1984): Timing of birth, female reproductive success and infant sex ratio in semifree-ranging Barbary macaques *(Macaca sylvanus)*. Folia Primatol. 42: 2–16.

476. Paul, A., Kuester, J. & Arnemann, J. (1992): Maternal rank affects reproductive success of male Barbary macaques *(Macaca sylvanus)*: evidence from DNA fingerprinting. Behav. Ecol. Sociobiol. 30: 337–341.

477. Paul, A., Kuester, J. & Podzuweit, D. (1993): Reproductive senescence and terminal investment in female Barbary macaques *(Macaca sylvanus)* at Salem. Int. J. Primatol. 14: 105–124.

478. Paul, A., Kuester, J., Timme, A. & Arnemann, J. (1993): The association between rank, mating effort, and reproductive success in male Barbary macaques *(Macaca sylvanus)*. Primates 34: 491–502.

479. Paul, A., Kuester, J. & Arnemann, J. (1996): The sociobiology of male-infant interactions in Barbary macaques, *Macaca sylvanus*. Anim. Behav. 51: 155–170.

480. Pereira, Michael E. (1983): Abortion following the immigration of an adult male baboon *(Papio cynocephalus)*. Am. J. Primatol. 4: 93–98.
481. Pereira, M. E. (1989): Agonistic interactions of juvenile savanna baboons. II. Agonistic support and rank acquisition. Ethology 80: 152–171.
482. Pereira, M. E. (1995): Development and social dominance among group-living primates. Am. J. Primatol. 37: 143–175.
483. Pereira, M. E. & Weiss, M. L. (1991): Female mate choice, male migration, and the threat of infanticide in ringtailed lemurs. Behav. Ecol. Sociobiol. 28: 141–152.
484. Pérusse, Daniel (1993): Cultural and reproductive success in industrial societies: Testing the relationship at the proximate and ultimate levels. Behav. Brain Sci. 16: 267–322.
485. Peterson, Dale & Goodall, J. (1994): Von Schimpansen und Menschen. Rowohlt, Reinbek bei Hamburg.
486. Pianka, E. R. & Parker, W. S. (1975): Age-specific reproductive tactics. Am. Nat. 109: 453–464.
487. Plavcan, J. Michael & van Schaik, Carel P. (1992): Intrasexual competition and canine dimorphism in anthropoid primates. Amer. J. Phys. Anthropol. 87: 461–477.
488. Podzuweit, Doris (1994): Sozio-Ökologie weiblicher Hanuman Languren *(Presbytis entellus)* in Ramnagar, Südnepal. Cuvillier, Göttingen.
489. Pook, A. G. (1984): The evolutionary role of socio-ecological factors in the development of paternal care in the New World family Callitrichidae. In: D. M. Taub (Hrsg.), Primate Paternalism. Van Nostrand Reinhold, New York, 336–345.
490. Pope, Theresa R. (1990): The reproductive consequences of male cooperation in the red howler monkey: paternity exclusion in multi-male and single-male troops using genetic markers. Behav. Ecol. Sociobiol. 27: 439–446.
491. Popp, Joseph L. & DeVore, I. (1979): Aggressive competition and social dominance theory: a synopsis. In: D. A. Hamburg & E. R. MacCown (Hrsg.), The Great Apes. Benjamin Cummings, Menlo Park, S. 317–338.
492. Povinelli, Daniel J., Gallup, G. G., Eddy, T. J., Bierschwale, D. T., Engstrom, M. C., Perilloux, H. K. & Toxopeus, I. B. (1997): Chimpanzees recognize themselves in mirrors. Anim. Behav. 53: 1083–1088.
493. Premack, David & Premack, Ann J. (1994): Why animals have neither culture nor history. In: T. Ingold (Hrsg.), Companion Encyclopedia of Anthropology. Humanity, Culture and Social Life. Routledge, New York, S. 350–365.
494. Price, Eluned C. (1990): Infant-carrying as a courtship strategy of breeding male cotton-top tamarins. Anim. Behav. 40: 784–786.
495. Price, J. (1995): A remembrance of Thorleif Schjelderup-Ebbe. Human Ethol. Bulletin 10: 1–6.
496. Pusey, A. E. (1990): Mechanisms of inbreeding avoidance in nonhuman primates. In: J. R. Feierman (Hrsg.), Pedophilia: Biosocial Dimensions. Springer, New York, S. 201–220.
497. Pusey, A. E. & Packer, C. (1994): Infanticide in lions: consequences and coun-

ter-strategies. In: S. Parmigiani & F. S. vom Saal (Hrsg.), Infanticide and Parental Care. Harwood, Chur, S. 277–299.

498. Quiatt, Duane (1979): Aunts and mothers: adaptive implications of allomaternal behavior of nonhuman primates. Amer. Anthropol. 81: 310–319.

499. Raleigh, Michael J. & McGuire, Michael T. (1989): Female influences on male dominance acquisition in captive vervet monkeys, *Cercopithecus aethiops sabaeus*. Anim. Behav. 38: 59–67.

500. Rasa, O. Anne E. (1994): Altruistic infant care or infanticide: the dwarf mongooses' dilemma. In: S. Parmigiani & F. S. vom Saal (Hrsg.), Infanticide and Parental Care. Harwood, Chur, S. 301–320.

501. Regalsky, Jeanne M. & Gaulin, S. J. C. (1993): Whom are Mexican infants said to resemble? Monitoring and fostering paternal confidence in the Yucatan. Ethol. Sociobiol. 14: 97–113.

502. Reichard, Ulrich (1995): Extra-pair copulations in a monogamous gibbon *(Hylobates lar)*. Ethology 100: 99–112.

503. Rendall, Drew & Taylor, Linda L. (1991): Female sexual behavior in the absence of male-male competition in captive Japanese macaques *(Macaca fuscata)*. Zoo Biology 10: 319–328.

504. Rhine, Ramon J. (1994): A twenty-one-year study of maternal dominance and secondary sex ratio in a colony group of stumptailed macaques *(Macaca arctoides)*. Am. J. Primatol. 32: 145–148.

505. Rhine, R. J. & Maryanski, A. (1996): A twenty-one year history of a dominant stump-tail matriline. In: J. E. Fa & D. G. Lindburg (Hrsg.), Evolution and Ecology of Macaque Societies. Cambridge University Press, Cambridge, S. 473–499.

506. Rhine, R. J., Norton, G. W., Roertgen, W. J. & Klein, H. D. (1980): The brief survival of free-ranging baboon infants *(Papio cynocephalus)* after separation from their mothers. Int. J. Primatol. 1: 401–409.

507. Rhine, R. J., Wasser, S. K. & Norton, G. W. (1988): Eight-year study of social and ecological correlates of mortality among immature baboons of Mikumi National Park, Tanzania. Am. J. Primatol. 16: 187–197.

508. Rhine, R. J., Norton, G. W., Rogers, J. & Wasser, S. K. (1992): Secondary sex ratio and maternal dominance rank among wild yellow baboons *(Papio cynocephalus)* of Mikumi National Park, Tanzania. Am. J. Primatol. 27: 261–273.

509. Ritchie, Bill G. & Fragaszy, Dorothy M. (1988): Capuchin monkey *(Cebus apella)* grooms her infant's wound with tools. Am. J. Primatol. 16: 345–348.

510. Robinson, John G. (1988): Group size in wedge-capped capuchin monkeys *(Cebus olivaceus)* and the reproductive success of males and females. Behav. Ecol. Sociobiol. 23: 187–197.

511. Roda, S. A. & Roda, S. (1987): Infanticide in a natural group of *Callithrix jacchus* (Callithrichidae – Primates). Int. J. Primatol. 8: 497.

512. Ron, Tamar, Henzi, S. P. & Motro, U. (1996): Do female chacma baboons compete for a safe spatial position in a southern woodland habitat? Behaviour 133: 475–490.

513. Rose, Kenneth D. (1995): The earliest primates. Evol. Anthropol. 3: 159–173.

514. Rose, Lisa M. (1994): Benefits and costs of resident males to females in white-faced capuchins, *Cebus capucinus*. Am. J. Primatol. 32: 235–248.

515. Ross, Caroline & MacLarnon, Ann (1995): Ecological and social correlates of maternal expenditure on infant growth in haplorhine primates. In: C. R. Price, R. D. Martin & D. Skuse (Hrsg.), Motherhood in Human and Nonhuman Primates. Karger, Basel, S. 37–46.

516. Rothe, Hartmut & Darms, K. (1993): The social organization of marmosets: A critical evaluation of recent concepts. In: A. B. Rylands (Hrsg.), Marmosets and Tamarins: Systematics, Behaviour, and Ecology. Oxford University Press, Oxford, S. 176–199.

517. Rothe, H., Darms, K., Koenig, A., Radespiel, U. & Juenemann, B. (1993): Long-term study of infant-carrying behavior in captive common marmosets *(Callithrix jacchus)*: effect of nonreproductive helpers on the parents carrying performance. Int. J. Primatol. 14: 79–93.

518. Rowe, Noel (1996): The Pictorial Guide to the Living Primates. Pogonias Press, New York.

519. Rowell, Thelma E. (1974): The concept of social dominance. Behav. Biol. 11: 131–154.

520. Rudran, R. (1973): Adult male replacement in one-male troops of purple-faced langurs *(Presbytis senex senex)* and its effect on population structure. Folia Primatol. 19: 166–192.

521. Ruehlmann, T. E., Bernstein, I. S., Gordon, T. P. & Balcaen, P. (1988): Wounding patterns in three species of captive macaques. Am. J. Primatol. 14: 125–134.

522. Ruff, Christopher B., Trinkaus, E. & Holliday, T. W. (1997): Body mass and encephalization in Pleistocene *Homo*. Nature 387: 173–176.

523. de Ruiter, Jan R. & van Hooff, J.A.R.A.M. (1993): Male dominance rank and reproductive success in primate groups. Primates 34: 513–523.

524. de Ruiter, J. R., van Hooff, J.R.A.M. & Scheffrahn, W. (1994): Social and genetic aspects of paternity in wild long-tailed macaques *(Macaca fascicularis)*. Behaviour 129: 203–224.

525. Rumiz, D. I. (1990): *Alouatta caraya*: population density and demography in Northern Argentina. Am. J. Primatol. 21: 279–294.

526. Ryan, K. M. (1995): Preliminary report on social structure and alloparental care in *Pithecia pithecia* on an island in Guri Reservoir, Venezuela. Am. J. phys. Anthropol. 97: 187.

527. Sackett, Gene P. (1981): Receiving severe aggression correlates with fetal gender in pregnant pigtailed monkeys. Developmental Psychobiology 14: 267–272.

528. Sackett, G. P. & Fredrickson, W. T. (1987): Social preferences by pigtail macaques: familiarity versus degree and type of kinship. Anim. Behav. 35: 603–607.

529. Sade, Donald S. (1964): Seasonal cycle in size of testes of free-ranging *Macaca mulatta*. Folia Primatol. 2: 171–180.

530. Sapolsky, Robert M. (1987): Stress, social status, and reproductive physiology in free-living baboons. In: D. Crews (Hrsg.), Psychobiology of Reproductive Behavior. An Evolutionary Perspective. Prentice Hall, New York, S. 291–322.

531. Savage, Anne, Giraldo, L. H., Soto, L. H. & Snowdon, C. T. (1996): Demography,

group composition, and dispersal in wild cotton-top tamarin *(Saguinus oedipus)* groups. Am. J. Primatol. 38: 85–100.

532. Savage-Rumbaugh, Sue & Lewin, R. (1995): Kanzi. Der sprechende Schimpanse. Droemer Knaur, München.

533. Schenkel, Rudolf (1967): Submission: its features and function in the wolf and dog. Am. Zool. 7: 319–329.

534. Schino, G., Aureli, F., D'Amato, F. R., D'Antoni, M., Pandolfi, N. & Troisi, A. (1993): Infant kidnapping and co-mothering in Japanese macaques. Am. J. Primatol. 30: 257–262.

535. Schjelderup-Ebbe, Thorleif (1922): Beiträge zur Sozialpsychologie des Haushuhns. Z. für Psychologie 88: 225–252.

536. Schmid, Jutta & Kappeler, P. M. (1994): Sympatric mouse lemurs *(Microcebus* spp.) in Western Madagascar. Folia Primatol. 63: 162–170.

537. Schultz, Adolph H. (1938): The relative weight of the testes in primates. Anat. Rec. 72: 387–394.

538. Scott, Eugenie C. (1987): Antievolutionism, scientific creationism, and physical anthropology. Yearb. Phys. Anthropol. 30: 21–39.

539. Seyfarth, Robert M. (1983): Grooming and social competition in primates. In: R. A. Hinde (Hrsg.), Primate Social relationships. Blackwell, Oxford, S. 182–190.

540. Seyfarth, R. M. & Cheney, D. L. (1984): Grooming, alliances and reciprocal altruism in vervet monkeys. Nature 308: 541–543.

541. Shively, Carol & Smith, D. G. (1985): Social status and reproductive success of male *Macaca fascicularis*. Am. J. Primatol. 9: 129–135.

542. Shopland, Jennifer M. (1982): An intergroup encounter with fatal consequences in yellow baboons *(Papio cynocephalus)*. Am. J. Primatol. 3: 263–266.

543. Short, Roger V. (1979): Sexual selection and its component parts, somatic and genital selection as illustrated by man and the great apes. Adv. Study Behav. 9: 131–158.

544. Sibley, Charles G. & Ahlquist, Jon E. (1984): The phylogeny of the hominoid primates, as indicated by DNA-DNA hybridization. J. Mol. Evol. 20: 2–15.

545. Sibley, C. G., Comstock, J. A. & Ahlquist, J. E. (1990): DNA hybridization evidence of hominoid phylogeny: a reanalysis of the data. J. Mol. Evol. 30: 202–236.

546. Sigg, Hans & Falett, Jost (1985): Experiments on respect of possession and property in hamadryas baboons *(Papio hamadryas)*. Anim. Behav. 33: 978–984.

547. Sigg, H. & Stolba, A. (1981): Home range and daily march in a hamadryas baboon troop. Folia Primatol. 36: 40–75.

548. Silk, Joan B. (1980): Kidnapping and female competition among captive bonnet macaques. Primates 21: 100–110.

549. Silk, J. B. (1980): Adoption and kinship in Oceania. Am. Anthropol. 82: 799–820.

550. Silk, J. B. (1982): Altruism among female *Macaca radiata*: explanations and analysis of grooming and coalition formation. Behaviour 79: 162–188.

551. Silk, J. B. (1983): Local resource competition and facultative adjustment of sex ratios in relation to competitive abilities. Am. Nat. 121: 56–66.

552. Silk, J. B. (1988): Maternal investment in captive bonnet macaques *(Macaca radiata)*. Am. Nat. 132: 1–19.
553. Silk, J. B. (1990): Sources of variation in interbirth intervals among captive bonnet macaques *(Macaca radiata)*. Am. J. phys. Anthropol. 82: 213–230.
554. Silk, J. B. (1990): Human adoption in evolutionary perspective. Human Nature 1: 25–52.
555. Silk, J. B. (1992): The patterning of intervention among male bonnet macaques: reciprocity, revenge, and loyalty. Curr. Anthropol. 33: 318–325.
556. Silk, J. B., Clark-Wheatley, C. B., Rodman, P. S. & Samuels, A. (1981): Differential reproductive success and facultative adjustment of sex ratios among captive female bonnet macaques *(Macaca radiata)*. Anim. Behav. 29: 1106–1120.
557. Silverberg, James & Gray, J. P. (1992): Violence and peacefulness as behavioral potentialities of primates. J. Silverberg & J. P. Gray (Hrsg.), Aggression and Peacefulness in Humans and Other Primates. Oxford University Press, Oxford, S. 1–36.
558. Simpson, Anne E. & Simpson, M. J. A. (1985): Short-term consequences of different breeding histories for captive rhesus macaque mothers and young. Behav. Ecol. Sociobiol. 18: 83–89.
559. Simpson, M. J. A. & Simpson, A. E. (1982): Birth sex ratios and social rank in rhesus monkey mothers. Nature 300: 440–441.
560. Skamel, Uta & Paul, A. (1996): Beyond the mating season: male-female relationships in Barbary macaques *(Macaca sylvanus)*. Primate Report 44: 45.
561. Small, Meredith F. (1988): Female primate sexual behavior and conception; are there really sperm to spare? Curr. Anthropol. 29: 81–100.
562. Small, M. F. (1989): Female choice in nonhuman primates. Yearb. Phys. Anthropol. 32: 103–127.
563. Small, M. F. (1992): The evolution of female sexuality and mate choice in humans. Human Nature 3: 133–156.
564. Small, M. F. (1993): Female Choices. Sexual Behavior of Female Primates. Cornell University Press, Ithaca.
565. Small, M. F. & Hrdy, S. B. (1986): Secondary sex ratios by maternal rank, parity, and age in captive rhesus macaques *(Macaca mulatta)*. Am. J. Primatol. 11: 359–365.
566. Small, M. F. & Smith, D. G. (1982): The relationship between maternal and paternal rank in rhesus macaques *(Macaca mulatta)*. Anim. Behav. 30: 626–627.
567. Smith, David G. (1981): The association between rank and reproductive success of male rhesus monkeys. Am. J. Primatol. 1: 83–90.
568. Smith, D. G. (1993): A 15-year study of the association between dominance rank and reproductive success of male rhesus macaques. Primates 34: 471–480.
569. Smith, D. G. (1994): Male dominance and reproductive success in a captive group of rhesus macaques *(Macaca mulatta)*. Behaviour 129: 225–242.
570. Smith, D. G. & Smith, S. (1988): Parental rank and reproductive success of natal rhesus males. Anim. Behav. 36: 554–562.
571. Smith, D. G., Small, M. F., Ahlfors, C. E., Lorey, F. W., Stern, B. R. & Rolfs, B. K.

(1984): Paternity exclusion analysis and its applications to studies of nonhuman primates. Adv. Vet. Sci. Comp. Med. 28: 1–24.

572. Smith, Robert L. (1984): Human sperm competition. In: R. L. Smith (Hrsg.), Sperm Competition and the Evolution of Animal Mating Systems. Academic Press, Orlando, S. 601–659.

573. Smuts, Barbara B. (1985): Sex and Friendship in Baboons. Aldine, New York.

574. Smuts, B. B. (1987): Gender, aggression, and influence. In: B. B. Smuts, D. L. Cheney, R. M. Seyfarth, R. W. Wrangham & T. T. Struhsaker (Hrsg.), Primate Societies. University of Chicago Press, Chicago, S. 400–412.

575. Smuts, B. B. (1987): Sexual competition and mate choice. In: B. B. Smuts, D. L. Cheney, R. M. Seyfarth, R. W. Wrangham & T. T. Struhsaker (Hrsg.), Primate Societies. University of Chicago Press, Chicago, S. 385–399.

576. Smuts, B. B. (1992): Male aggression against women: an evolutionary perspective. Human Nature 3: 1–44.

577. Smuts, B. B. (1995): The evolutionary origins of patriarchy. Human Nature 6: 1–32.

578. Smuts, B. B. & Gubernick, D. J. (1992): Male-infant relationships in nonhuman primates: paternal investment or mating effort? In: B. S. Hewlett (Hrsg.), Father-Child Relations. Cultural and Biosocial Contexts. Aldine de Gruiter, New York, S. 1–30.

579. Smuts, B. & Nicolson, N. (1989): Reproduction in wild female olive baboons. Am. J. Primatol. 19: 229–246.

580. Smuts, B. B. & Smuts, R. W. (1993): Male aggression and sexual coercion of females in nonhuman primates and other mammals: evidence and theoretical implications. Adv. Stud. Behav. 22: 1–63.

581. Smuts, B. B., Cheney, D. L., Seyfarth, R. M., Wrangham, R. W. & Struhsaker, T. T. (Hrsg.) (1987): Primate Societies. University of Chicago Press.

582. Snowdon, Charles T. (1990): Language capacities of nonhuman animals. Yearb. Phys. Anthropol. 33: 215–243.

583. Snowdon, C. T. & Suomi, S. J. (1982): Paternal behavior in primates. In: H. E. Fitzgerald, J. Mullins & P. Gage (Hrsg.), Child Nurturance, Vol. 3. Studies of Development in Nonhuman Primates. Plenum Press, New York, S. 63–108.

584. Soini, Pekka (1982): Ecology and population dynamics of the pygmy marmoset, *Cebuella pygmaea*. Folia Primatol. 39: 1–21.

585. Sommer, Volker (1989): Die Affen. Unsere wilde Verwandtschaft. Geo, Hamburg.

586. Sommer, V. (1989): Sexual harassment in langur monkeys *(Presbytis entellus)*: competition for ova, sperm, and nurture? Ethology 80: 205–217.

587. Sommer, V. (1990): Wider die Natur? Homosexualität und Evolution. C. H. Beck, München.

588. Sommer, V. (1992): Lob der Lüge. Täuschung und Selbstbetrug bei Tier und Mensch. C. H. Beck, München.

589. Sommer, V. (1994): Infanticide among the langurs of Jodhpur: testing the sexual selection hypothesis with a long-term record. In: S. Parmigiani & F. S. vom Saal (Hrsg.), Infanticide and Parental Care. Harwood, Chur, S. 155–198.

590. Sommer, V. (1996): Heilige Egoisten. Die Soziobiologie indischer Tempelaffen. C. H. Beck, München.

591. Sommer, V. & Rajpurohit, L. S. (1989): Male reproductive success in harem troops of Hanuman langurs *(Presbytis entellus)*. Int. J. Primatol. 10: 293–317.

592. Sommer, V., Srivastava, A. & Borries, C. (1992): Cycles, sexuality, and conception in free-ranging langurs *(Presbytis entellus)*. Am. J. Primatol. 28: 1–27.

593. Srivastava, Arun, Borries, C. & Sommer, V. (1991): Homosexual mounting in free-ranging female Hanuman langurs *(Presbytis entellus)*. Archives of Sexual Behavior 20: 487–512.

594. Stammbach, Eduard (1987): Desert, forest, and montane baboons: multilevel societies. In: B. B. Smuts, D. L. Cheney, R. M. Seyfarth, R. W. Wrangham & T. T. Struhsaker (Hrsg.), Primate Societies. University of Chicago Press, Chicago, S. 112–120.

595. Stammbach, E. (1988): An experimental study of social knowledge: adaptation to the special manipulative skills of single individuals in a *Macaca fascicularis* group. In: R. W. Byrne & A. Whiten (Hrsg.), Machiavellian Intelligence. Social Expertise and the Evolution of Intellect in Monkeys, Apes, and Humans. Clarendon Press, Oxford, S. 309–326.

596. Stamp Dawkins, Marian (1994): Die Entdeckung des tierischen Bewußtseins. Spektrum, Heidelberg.

597. Stanford, Craig B. (1992): Costs and benefits of allomothering in wild capped langurs *(Presbytis pileata)*. Behav. Ecol. Sociobiol. 30: 29–34.

598. Stanford, C. B., Wallis, J., Mpongo, E. & Goodall, J. (1994): Hunting decisions in wild chimpanzees. Behaviour 131: 1–18.

599. Sterck, Liesbeth (1995): Females, foods and fights. Dissertation, Universität Utrecht, Utrecht.

600. Stern, Bonnie R. & Smith, D. G. (1984): Sexual behaviour and paternity in three captive groups of rhesus monkeys *(Macaca mulatta)*. Anim. Behav. 32: 23–32.

601. Stern, J. M. & Leiblum, S. R. (1986): Postpartum sexual behavior of American women as a function of the absence or frequency of breast feeding: a preliminary communication. In: J. G. Else & P. C. Lee (Hrsg.), Primate Ontogeny, Cognition and Social Behaviour. Cambridge University Press, Cambridge, S. 319–328.

602. Stewart, Kelly J. & Harcourt, A. H. (1987): Gorillas: Variation in female relationships. In: B. B. Smuts, D. L. Cheney, R. M. Seyfarth, R. W. Wrangham & T. T. Struhsaker (Hrsg.), Primate Societies. University of Chicago Press, Chicago, S. 155–164.

603. Stewart, K. J., Harcourt, A. H. & Watts, D. P. (1988): Determinants of fertility in wild gorillas and other primates. In: P. Diggory, W. Potts & S. Teper (Hrsg.), Natural Human Fertility. McMillan, London, S. 22–38.

604. Strassman, Beverley I. (1981): Sexual selection, paternal care, and concealed ovulation. Ethol. Sociobiol. 2: 31–40.

605. Strier, Karen B. (1992): Faces in the Forest: The Endangered Muriqui Monkeys of Brazil. Oxford University Press, New York.

606. Struhsaker, Thomas T. & Leland, Lysa (1987): Colobines: infanticide by adult

males. In: B. B. Smuts, D. L. Cheney, R. M. Seyfarth, R. W. Wrangham & T. T. Struhsaker (Hrsg.), Primate Societies. University of Chicago Press, Chicago, S. 83–97.

607. Strum, Shirley C. (1982): Agonistic dominance in male baboons: an alternative view. Int. J. Primatol. 3: 175–202.

608. Sugiyama, Yukimaru (1965): On the social change of hanuman langurs *(Presbytis entellus)* in their natural condition. Primates 6: 381–418.

609. Sugiyama, Y. & Ohsawa, H. (1982): Population dynamics of Japanese monkeys with special reference to the effect of artificial feeding. Folia Primatol. 39: 238–263.

610. Sussman, Robert W. & Garber, P. A. (1987): A new interpretation of the social organization and mating system of the Callithrichidae. Int. J. Primatol. 8: 73–92.

611. Sussman, R. W., Cheverud, J. M. & Bartlett, T. Q. (1995): Infant killing as an evolutionary strategy: reality or myth? Evol. Anthropol. 3: 149–151.

612. Suzuki, Akira (1965): An ecological study of wild Japanese monkeys in snowy areas. Primates 6: 31–72.

613. Svare, Bruce, Broida, J., Kinsley, C. & Mann, M. (1984): Psychobiological determinants underlying infanticide in mice. In: G. Hausfater & S. B. Hrdy (Hrsg.), Infanticide. Comparative and Evolutionary Perspectives. Aldine, New York, S. 387–400.

614. Symons, Donald (1979): The Evolution of Human Sexuality. Oxford University Press, New York, Oxford.

615. Symons, Elwyn L. (1988): A new species of Propithecus (Primates) from Northeast Madagascar. Folia Primatol. 50: 143–151.

616. Takahata, Yukio (1982): Social relations between adult males and females of Japanese monkeys in the Arashiyama B troop. Primates 23: 1–23.

617. Takahata, Y., Koyama, N., Huffman, M. A., Norikoshi, K. & Suzuki, H. (1995): Are daughters more costly to produce for Japanese macaque mothers? Sex of the offspring and subsequent interbirth intervals. Primates 36: 571–574.

618. Takenaka, O., Kawamoto, S., Udono, T., Arakawa, M., Takasaki, H. & Takenaka, A. (1993): Chimpanzee microsatellite PCR primers applied to paternity testing in a captive colony. Primates 34: 357–363.

619. Tanaka, I. & Takefushi, H. (1993): Elimination of external parasites (lice) is the primary function of grooming in free-ranging Japanese macaques. Anthropological Science 101: 187–193.

620. Teas, Jane (1984): Rhesus monkey aggression and grooming social dynamics. In: M. F. Small (Hrsg.), Female Primates. Alan R. Liss, New York, S. 237–247.

621. Teleki, Geza (1973): Group response to the accidental death of a chimpanzee in Gombe National Park, Tanzania. Folia Primatol. 20: 81–94.

622. Teleki, G. (1989): Population status of wild chimpanzees *(Pan troglodytes)* and threats to survival. In: P. G. Heltne & L. A. Marquardt (Hrsg.), Understanding Chimpanzees. Harvard University Press, Cambridge, MA, S. 312–353.

623. Tenaza, R. R. (1989): Female sexual swellings in the Asian colobine *Simias concolor*. Am. J. Primatol. 17: 81–86.

624. Terborgh, John & Goldizen, A. W. (1985): On the mating system of the cooperatively breeding saddle-backed tamarin *(Saguinus fuscicollis)*. Behav. Ecol. Sociobiol. 16: 293–299.
625. Thierry, Bernard (1990): Feedback loop between kinship and dominance: the macaque model. J. theor. Biol. 145: 511–521.
626. Thierry, B. & Anderson, J. R. (1986): Adoption in anthropoid primates. Int. J. Primatol. 7: 191–216.
627. Thierry, B., Anderson, J. R., Demaria, C., Desportes C. & Petit, O. (1994): Tonkean macaque behaviour from the perspective of the evolution of Sulawesi macaques. In: J. J. Roeder, B. Thierry, J. R. Anderson & N. Herrenschmidt (Hrsg.), Current Primatology, Vol II. Social Development, Learning and Behaviour. ULP Press, Strasbourg, S. 103–117.
628. Thornhill, Nancy W. & Thornhill, R. (1988): Comment on Small. Curr. Anthropol. 29: 93–94.
629. Tiger, Lionel & Fox, Robin (1976): Das Herrentier. dtv, München.
630. Tinbergen, Nikolaas (1953): Instinktlehre. Parey, Berlin.
631. Tokida, E., Tanaka, I., Takefushi, H. & Hagiwara, T. (1994): Tool using in Japanese macaques: use of stones to obtain fruit from a pipe. Anim. Behav. 47: 1023–1030.
632. Tomasello, Michael & Call, Joseph (1994): Social cognition of monkeys and apes. Yearb. Phys. Anthropol. 378: 273–305.
633. Tomasello, M., Davis-Dasilva, M., Camak, L. & Bard, K. 1987): Observational learning of tool-use by young chimpanzees. Hum. Evol. 2: 175–183.
634. Trivers, Robert L. (1971): The evolution of reciprocal altruism. Q. Rev. Biol. 46: 35–57.
635. Trivers, R. L. (1972): Parental investment and sexual selection. In: B. Campbell (Hrsg.), Sexual Selection and the Descent of Man, 1871–1971. Aldine, Chicago, S. 136–179.
636. Trivers, R. L. (1974): Parent-offspring conflict. Am. Zool. 14: 249–264.
637. Trivers, R. L. (1985): Social Evolution. Benjamin/Cummings Publ. Menlo Park.
638. Trivers, R. L. & Willard, D. E. (1973): Natural selection of parental ability to vary the sex ratio of offspring. Science 179: 90–92.
639. Tsukahara, Takahiro (1993): Lions eat chimpanzees: the first evidence of predation by lions on wild chimpanzees. Am. J. Primatol. 29: 1–11.
640. Tudge, Colin (1993): Letzte Zuflucht Zoo. Spektrum, Heidelberg.
641. Turke, Paul W. (1984): Effects of ovulatory concealment and synchrony on protohominid mating systems and parental roles. Ethol. Sociobiol. 5: 33–44.
642. Turke, P. W. (1988): Helpers at the nest: childcare networks on Ifaluk. In: L. Betzig, M. Borgerhoff Mulder & P. Turke (Hrsg.), Human Reproductive Behavior. Cambridge University Press, Cambridge, S. 173–188.
643. Tutin, Caroline E. G. (1979): Mating patterns and reproductive strategies in a community of wild chimpanzees *(Pan troglodytes schweinfurthii)*. Behav. Ecol. Sociobiol. 6: 29–38.
644. Tutin, C. E. G. & McGinnis P. R. (1981): Chimpanzee reproduction in the wild.

In: C. E. Graham (Hrsg.), Reproductive Biology of the Great Apes. Academic Press, New York, S. 239–264.

645. Valderrama, X., Srikosamatara, S. & Robinson, R. G. (1990): Infanticide in wedge-capped capuchin monkeys, *Cebus olivaceus*. Folia Primatol. 54: 171–176.

646. van der Dennen, J. G. M. (Hrsg.) (1992): The Nature of the Sexes. Origin Press, Groningen.

647. van Hooff, Jan A. R. A. M. & van Schaik, C. P. (1992): Cooperation in competition: the ecology of primate bonds. In: A. H. Harcourt & F. B. M. de Waal (Hrsg.), Coalitions and Alliances in Humans and Other Animals. Oxford University Press, Oxford, S. 357–389.

648. van Lawick-Goodall, Jane (1971): Wilde Schimpansen. Rowohlt, Reinbek bei Hamburg.

649. van Noordwijk, Maria A. & van Schaik, C. P. (1987): Competition among female long-tailed macaques, *Macaca fascicularis*. Anim. Behav. 35: 577–589.

650. Van Noordwijk, M. A. & van Schaik, C. P. (1988): Male careers in Sumatran long-tailed macaques *(Macaca fascicularis)*. Behaviour 107: 24–43.

651. van Noordwijk, M. A. & van Schaik, C. (1994): Determinants of female reproductive success in wild long-tailed macaques, *Macaca fascicularis*. XVth Congress of the IPS. Handbook and Abstracts. S. 146.

652. van Schaik, Carel P. (1983): Why are diurnal primates living in groups? Behaviour 87: 120–144.

653. van Schaik, C. P. (1989): The ecology of social relationships amongst female primates. In: V. Standen & R. A. Foley (Hrsg.), Comparative Socioecology. Blackwell, Oxford, S. 195–218.

654. van Schaik, C. P. (1996): Social evolution in primates: the role of ecological factors and male behaviour. In: W. G. Runciman, J. Maynard Smith & R. I. M. Dunbar (Hrsg.), Evolution of Social Behaviour Patterns in Primates and Man. Oxford University Press, Oxford, S. 9–31.

655. van Schaik, C. P. & de Visser, J. A. G. M. (1990): Fragile sons or harassed daughters? Sex differences in mortality among juvenile primates. Folia Primatol. 55: 10–23.

656. van Schaik, C. P. & Dunbar, R. I. M. (1990): The evolution of monogamy in large primates: a new hypothesis and some crucial tests. Behaviour 115: 30–62.

657. van Schaik, C. P. & Hörstermann, M. (1994): Predation risk and the number of adult males in a primate group: a comparative test. Behav. Ecol. Sociobiol. 35: 261–272.

658. van Schaik, C. P. & Hrdy, Sarah B. (1991): Intensity of local resource competition shapes the relationship between maternal rank and sex ratios at birth in cercopithecine primates. Am. Nat. 138: 1555–1562.

659. van Schaik, C. P. & Kappeler, P. M. (1993): Life history, activity period and lemur social systems. In: P. M. Kappeler & J. U. Ganzhorn (Hrsg.), Lemur Social Systems and Their Ecological Basis. Plenum Press, New York, S. 241–260.

660. van Schaik, C. P. & van Hooff, J. A. R. A. M. (1983): On the ultimate causes of primate social systems. Behaviour 85: 91–117.

661. van Schaik, C. P. & van Hooff, J. A. R. A. M. (1996): Toward an understanding

of the orangutan's social system. In: W. C. McGrew, L. F. Marchant & T. Nishida (Hrsg.), Great Ape Societies. Cambridge University Press, Cambridge, S. 3–15.

662. van Schaik, C. P. & van Noordwijk, M. A. (1985): Evolutionary effect of the absence of felids on the social organization of the macaques on the island of Simeulue (*Macaca fascicularis fusca* Miller, 1903). Folia Primatol. 44: 138–147.

663. van Schaik, C. P. & Noordwijk, M. A. (1989): The special role of male *Cebus* monkeys in predation avoidance and its effect on group composition. Behav. Ecol. Sociobiol. 24: 265–276.

664. van Schaik, C. P., Netto, W. J., van Amerongen, A. J. J. & Westland, H. (1989): Social rank and sex ratio of captive long-tailed macaque females *(Macaca fascicularis)*. Am. J. Primatol. 19: 147–161.

665. van Schaik, C. P., Fox, E. A. & Sitompul, A. F. (1996): Manufacture and use of tools in wild Sumatran Orangutans. Naturwissenschaften 83: 186–188.

666. Vandenbergh, John G. (1969): Endocrine coordination in monkeys: male sexual responses to the female. Physiol. Behav. 17: 979–984.

667. Vandenbergh, J. G. & Drickamer, L. C. (1974): Reproductive coordination among free-ranging rhesus monkeys. Physiol. Behav. 13: 373–376.

668. Vandenbergh, J. G. & Post, W. (1976): Endocrine coordination in rhesus monkeys: female responses to the male. Physiol. Behav. 17: 979–984.

669. Vasey, Paul L. (1995): Homosexual behavior in primates: a review of evidence and theory. Int. J. Primatol. 16: 173–204.

670. Vehrencamp, Sandra (1983): A model for the evolution of despotic versus egalitarian societies. Anim. Behav. 31: 667–682.

671. Vessey, Stephen H. & Meikle, D. B. (1987): Factors affecting social behavior and reproductive success of male rhesus monkeys. Int. J. Primatol. 8: 281–292.

672. Vick, L. G. & Pereira, M. E. (1989): Episodic targeting aggression and the histories of *Lemur* social groups. Behav. Ecol. Sociobiol. 25: 3–12.

673. Vining, Daniel R. Jr. (1986): Social versus reproductive success: the central theoretical problem of human sociobiology. Behav. Brain Sci. 9: 167–216.

674. Visalberghi, Elisabetta (1990): Tool use in *Cebus*. Folia Primatol. 54: 146–154.

675. Visalberghi, E. & Fragaszy, D. M. (1990): Do monkeys ape? In: S. T. Parker & K. R. Gibson (Hrsg.), „Language" and Intelligence in Monkeys and Apes. Comparative Developmental Perspectives. Cambridge University Press, New York, S. 247–273.

676. Vogel, Christian (1979): Der Hanuman-Langur *(Presbytis entellus)*, ein Parade-Exempel für die theoretischen Konzepte der „Soziobiologie"? Verh. Dtsch. Zool. Ges. 1979: 73–89.

677. Vogel, C. (1984): Patterns of infant-transfer within two troops of common langurs *(Presbytis entellus)* near Jodhpur: testing hypotheses concerning the benefits and risks. In: M. L. Roonwal, S. M. Mohnot & N. S. Rathore (Hrsg.), Current Primate Researches. Jodhpur University Press, Jodhpur, India, S. 361–379.

678. Vogel, C. (1989): Vom Töten zum Mord. Das wirklich Böse in der Evolutionsgeschichte. Hanser, München.

679. Vogel, C. (1990): Die Monogamie des Menschen, ein stammesgeschichtliches Erbe? Veröff. Joachim Jungius-Ges. Wiss. Hamburg, 62: 11–25.

680. Voland, Eckart (1993): Grundriß der Soziobiologie. G. Fischer (UTB), Stuttgart.
681. Voland, E. (1996): Konkurrenz in Evolution und Geschichte. Ethik und Sozialwissenschaften 7: 93–107.
682. Voland, E. & Voland, Renate (1993): Schuld, Scham und Schande: Zur Evolution des Gewissens. In: E. Voland (Hrsg.), Evolution und Anpassung. Hirzel, Stuttgart, S. 210–228.
683. von Schilcher, Florian (1988): Vererbung des Verhaltens. Thieme, Stuttgart.
684. de Waal, Frans B. M. (1983): Unsere haarigen Vettern. Harnack, München.
685. de Waal, F. B. M. (1986): The integration of dominance and social bonding in primates. Q. Rev. Biol. 61: 459–479.
686. de Waal, F. B. M. (1986): The brutal elimination of a rival among captive male chimpanzees. Ethol. Sociobiol. 7: 237–251.
687. de Waal, F. B. M. (1987): Dynamics of social relationships. In: B. B. Smuts, D. L. Cheney, R. M. Seyfarth, R. W. Wrangham & T. T. Struhsaker (Hrsg.), Primate Societies. University of Chicago Press, Chicago, S. 421–430.
688. de Waal, F. B. M. (1989): The myth of a simple relation between space and aggression in captive primates. Zoo Biology, Suppl. 1: 141–148.
689. de Waal, F. B. M. (1989): Dominance „style" and primate social organization. In: V. Standen & R. A. Foley (Hrsg.), Comparative Socioecology. Blackwell, Oxford, S. 243–263.
690. de Waal, F. B. M. (1991): Wilde Diplomaten. Hanser, München.
691. de Waal, Frans B. M. (1993): Reconciliation among primates: a review of empirical evidence and unresolved issues. In: W. A. Mason & S. P. Mendoza (Hrsg.), Primate Social Conflict. State University of New York Press, Albany, NY, S. 111–144.
692. de Waal, F. B. M. (1997): Der gute Affe. Der Ursprung von Recht und Unrecht bei Menschen und anderen Tieren. Hanser, München.
693. de Waal, F. B. M. & Luttrell, L. M. (1988): Mechanisms of social reciprocity in three primate species: Symmetrical relationship characteristics or cognition? Ethol. Sociobiol. 9: 101–118.
694. de Waal, F. B. M. & Luttrell, L. M. (1989): Toward a comparative socioecology of the genus *Macaca*: Different dominance styles in rhesus and stumptail monkeys. Am. J. Primatol. 19: 83–109.
695. Wahome, J. M., Rowell, T. M. & Tsingalia, H. M. (1993): The natural history of de Brazza's monkey in Kenya. Int. J. Primatol. 14: 445–466.
696. Wallis, Jeanette (1992): Chimpanzee genital swelling and its role in the pattern of sociosexual behavior. Am. J. Primatol. 28: 101–113.
697. Walraven, Vera, van Elsacker, L. & Verheyen, R. (1995): Reactions of a group of pygmy chimpanzees *(Pan paniscus)* to their mirror-images: evidence for self-recognition. Primates 36: 145–150.
698. Walters, Jeffrey R. & Seyfarth, R. M. (1987): Conflict and cooperation. In: B. B. Smuts, D. L. Cheney, R. M. Seyfarth, R. W. Wrangham & T. T. Struhsaker (Hrsg.), Primate Societies. University of Chicago Press, Chicago, S. 306–317.
699. Wasser, Samuel K. (1983): Reproductive competition and cooperation among

female yellow baboons. In: S. K. Wasser (Hrsg.), Social Behavior of Female Vertebrates. Academic Press, New York, S. 349–390.

700. Wasser, S. K. (1995): Costs of conception in baboons. Nature 376: 219–220.

701. Wasser, S. K. & Barash, D. P. (1981): The selfish ‚allomother‘: a comment on Scollay and DeBold (1980). Ethol. Sociobiol. 2: 91–93.

702. Wasser, S. K. & Barash, D. P. (1983): Reproductive suppression among female mammals: implications for biomedicine and sexual selection theory. Q. Rev. Biol. 58: 513–538.

703. Wasser, S. K. & Norton, G. (1993): Baboons adjust secondary sex ratio in response to predictors of sex-specific offspring survival. Behav. Ecol. Sociobiol. 32: 273–281.

704. Wasser, S. K. & Starling, A. K. (1986): Reproductive competition among female yellow baboons. In: J. G. Else & P. C. Lee (Hrsg.), Primate Ontogeny, Cognition and Social Behaviour. Cambridge University Press, Cambridge, S. 343–354.

705. Wasser, S. K. & Starling, A. K. (1988): Proximate and ultimate causes of reproductive suppression among female yellow baboons at Mikumi National Park, Tanzania. Am. J. Primatol. 16: 97–121.

706. Watanabe, Kunio (1989): Fish: a new addition to the diet of Japanese macaques on Koshima island. Folia Primatol. 52: 124–131.

707. Watanabe, K., Mori, A. & Kawai, M. (1992): Characteristic features of the reproduction of Koshima monkeys, *Macaca fuscata fuscata*: a summary of thirty-four years of observation. Primates 33: 1–32.

708. Watson, P. J. & Thornhill, R. (1994): Fluctuating asymmetry and sexual selection. Trends Ecol. Evol. 9: 21–25.

709. Watts, David P. (1989): Infanticide in mountain gorillas: new cases and a review of evidence. Ethology 81: 1–18.

710. Watts, D. P. (1991): Mountain gorilla reproduction and sexual behavior. Am. J. Primatol. 24: 211–225.

711. Welker, Christian (1985): Das Vererben des Ranges bei den Javanermakaken. Fragen und erste Antworten zum Rang des Individuums. Studia Cassellana 1: 296–308.

712. White, Frances J. (1989): Social organization of pygmy chimpanzees. In: P. G. Heltne & L. A. Marquardt (Hrsg.), Understanding Chimpanzees. Harvard University Press, Cambridge, MA, S. 194–207.

713. White, Tim D., Suwa, G. & Asfaw, B. (1994): *Australopithecus ramidus*, a new species of early hominid from Aramis, Ethiopia. Nature 371: 306–312.

714. Whitten, Patricia L. (1983): Diet and dominance among female vervet monkeys *(Cercopithecus aethiops)*. Am. J. Primatol. 5: 139–159.

715. Whitten, P. L. (1987): Infants and adult males. In: B. B. Smuts, D. L. Cheney, R. M. Seyfarth, R. W. Wrangham & T. T. Struhsaker (Hrsg.), Primate Societies. University of Chicago Press, Chicago, S. 343–357.

716. Wickings, E. Jean, Bossi, T. & Dixson, A. F. (1993): Reproductive success in the mandrill, *Mandrillus sphinx*: correlations of male dominance and mating success with paternity, as determined by DNA fingerprinting. J. Zool., Lond. B 231: 563–574.

717. Wickler, Wolfgang (1967): Socio-sexual signals and their intra-specific imitation among primates. In: D. Morris (Hrsg.), Primate Ethology. Weidenfield and Nicolson, London, S. 69–147.

718. Wickler, W. (1968): Mimikry. Nachahmung und Täuschung in der Natur. Kindler, München.

719. Wickler, W. (1974): Antworten der Verhaltensforschung. Kindler, München.

720. Wickler, W. & Seibt, Uta (1983): Monogamy, an ambiguous concept. In: P. Bateson (Hrsg.), Mate Choice. Cambridge University Press, Cambridge, S. 33–50.

721. Wickler, W. & Seibt, U. (1991): Das Prinzip Eigennutz. Piper, München.

722. Williams, George C. (1966): Adaptation and Natural Selection. A Critique of Some Current Evolutionary Thought. Princeton University Press, Princeton.

723. Williams, L., Gibson, S., McDaniel, M., Bazzel, J., Barnes, S. & Abee, C. (1994): Allomaternal interactions in the Bolivian squirrel monkey *(Saimiri boliviensis boliviensis)*. Am. J. Primatol. 34: 145–156.

724. Wilson, A. P. & Boelkins, R. C. (1970): Evidence for seasonal variation in aggressive behavior by *Macaca mulatta*. Anim. Behav. 18: 710–724.

725. Wilson, Edward O. (1975): Sociobiology: The New Synthesis. Belknap Press of Harvard University Press, Cambridge.

726. Wilson, E. O. (Hrsg.) (1992): Ende der biologischen Vielfalt? Spektrum, Heidelberg.

727. Wilson, E. O. (1995): Der Wert der Vielfalt. Piper, München.

728. Wilson, M. E., Gordon, T. P. & Bernstein, I. S. (1978): Timing of births and reproductive success in rhesus monkey social groups. J. med. Primatol. 7: 202–212.

729. Winkler, Paul, Podzuweit, D. & Borries, C. (1993): Zur Toleranz gezwungen – oder warum Hanuman-Languren nicht nur in Harems leben. In: E. Voland (Hrsg.), Evolution und Anpassung. Hirzel, Stuttgart, S. 94–103.

730. Witt, R., Schmidt, C. & Schmitt, J. (1981): Social rank and Darwinian fitness in a multimale group of Barbary macaques *(Macaca sylvana* Linnaeus, 1758). Folia Primatol. 36: 201–211.

731. Wolf, K. & Fleagle, J. G. (1977): Adult male replacement in a group of silvered leaf-monkeys *(Presbytis christata)* at Kuala Selangor, Malaysia. Primates 18: 949–955.

732. Wolfe, Linda D. (1984): Female rank and reproductive success among Arashiyama B Japanese macaques *(Macaca fuscata)*. Int. J. Primatol. 5: 133–143.

733. Wolfheim, J. H. (1977): Sex differences in behavior in a group of captive juvenile talapoin monkeys *(Miopithecus talapoin)*. Behaviour 63: 110–128.

734. Wood, K. D. & White, Frances J. (1996): Female feeding priority without female dominance in wild pygmy chimpanzees. Am. J. Phys. Anthropol., Suppl. 22: 247.

735. Worlein, Julie M., Eaton, G. G., Johnson, D. F. & Glick, B. B. (1988): Mating season effects on mother-infant conflict in Japanese macaques, *Macaca fuscata*. Anim. Behav. 36: 1472–1481.

736. Wrangham, Richard W. (1979): On the evolution of ape social systems. Soc. Sci. Information 18: 334–368.

737. Wrangham, R. W. (1980): An ecological model of female-bonded primate groups. Behaviour 75: 262–300.

738. Wrangham, R. W. & Peterson, D. (1996): Demonic Males. Apes and the Origins of Human Violence. Houghton Mufflin, New York.
739. Wright, Patricia C. (1995): Demography and life history of free-ranging *Propithecus diadema edwardsi* in Ramonafama National Park, Madagascar. Int. J. Primatol. 16: 835–854.
740. Wright, Robert (1996): Jenseits von Gut und Böse. Die biologischen Grundlagen unserer Ethik. Limes, München.
741. Wu, Hannah M. H., Holmes, W. G., Medina, S. R. & Sackett, G. P. (1980): Kin preferences in *Macaca nemestrina*. Nature 285: 225–227.
742. Yamamura, Norio, Hasegawa, T. & Ito, Y. (1990): Why mothers do not resist infanticide: a cost-benefit genetic model. Evolution 44: 1346–1357.
743. Zeller, Anne (1991): The grieving process in non-human primates. In: D. Counts & D. Counts (Hrsg.), Coping With The Final Tragedy. Baywood Press, Amityville, NY, S. 5–26.
744. Zhao, Qi-Kun. (1996): Etho-ecology of Tibetan macaques at Mount Emei, China. In: J. E. Fa & D. G. Lindburg (Hrsg.), Evolution and Ecology of Macaque Societies. Cambridge University Press, Cambridge, S. 263–289.
745. Zuckerman, Solly (1981): The Social Life of Monkeys and Apes. Re-issue of 1932 Edition together with a Postscript. Routledge & Kegan Paul, London.
746. Zumpe, Doris & Michael, R. P. (1985): Mate competition between female rhesus monkeys. Naturwissenschaften 712: 382–383.

Glossar

Altruismus: Hilfreiches Verhalten, das die (→) direkte Fitness des Empfängers erhöht, die direkte Fitness des Helfers dagegen mindert.

catarrhine Primaten: Bezeichnung der Systematik für Altweltaffen, Menschenaffen und Menschen.

DNA: Desoxyribonukleinsäure; Trägerin der Erbinformation.

Dominanzhierarchie: Soziale Rangfolge innerhalb einer Gruppe, die sich u. a. dadurch auszeichnet, daß Konflikte nicht durch dauernde Kämpfe ausgetragen werden und in der Regel einen vorhersagbaren Ausgang nehmen.

Fitness: Maß für den genetischen Beitrag eines Individuums zur nächsten Generation.

direkte Fitness: Durch eigene Fortpflanzung erreichte Fitness.

indirekte Fitness: Durch Verwandtenunterstützung erreichte Fitness.

Gesamtfitness: Durch eigene Fortpflanzung und Verwandtenunterstützung erreichte Fitness.

Fusion-fission-Gesellschaft: Sozialsystem, das sich durch regelmäßige Aufspaltung („fission") und Wiedervereinigung („fusion") von Untereinheiten („Subgruppen") auszeichnet.

genetischer Fingerabdruck: Molekulargenetisches Verfahren, das sich die Individualität bestimmter, hochvariabler Sequenzen der Erbinformation (→ DNA) zur Identifizierung von Personen und zur Feststellung von Verwandtschaftsbeziehungen zunutze macht.

Grooming: In der Umgangssprache als „Lausen" bekanntes Verhalten, das neben der hygienischen Funktion auch eine starke soziale Komponente enthält.

Infantizid: Kindestötung.

Investment, elterliches: Jegliche Investition in ein vorhandenes Kind, die die Chancen, weitere Nachkommen zu produzieren, vermindert.

Inzuchtdepression: Durch Inzucht bewirkte Verminderung der Fitness.

Konzeption: Befruchtung

Kooperation: Hilfeleistung, die sowohl dem Ausführenden wie dem Empfänger Vorteile bringen kann.

Laktationsamenorrhoe: Die durch das Stillen eines Säuglings bedingte Unterdrückung des weiblichen Sexualzyklus.

matrilinear: Über die mütterliche Abstammungslinie verwandt.

Menarche: Die erste Menstruation.

Monogamie: Paarungssystem mit exklusiven Sexualbeziehungen; beide Geschlechter paaren sich dauerhaft oder zeitlich begrenzt mit nur einem Partner; folgen mehrere exklusive Sexualbeziehungen aufeinander, spricht man von „serieller" Monogamie.

Mutualismus: Gegenseitige Hilfeleistung (vgl. → Kooperation).

Natalgruppe: Gruppe, in der ein Individuum geboren wurde.

naturalistischer Fehlschluß: Nichtbeachten des von dem englischen Philosophen und Historiker David Hume um 1740 herausgearbeiteten Grundsatzes „Aus dem Sein folgt kein Sollen" „No Ought from an Is").

Neocortex: Entwicklungsgeschichtlich jüngster Teil der Großhirnrinde; Sitz „höherer" kognitiver Funktionen.

Nepotismus: Verwandtenbevorzugung.

Östrus: Zyklisch auftretende weibliche Paarungsbereitschaft; bei Halbaffen auf die Phase des Eisprungs beschränkt.

Ovulation: Follikel- oder Eisprung

patrilinear: Über die väterliche Abstammungslinie verwandt.

patrilokal: Gesellschaftssystem, bei dem die männlichen Nachkommen an ihrem Geburtsort (oder in ihrer Geburtsgruppe) verbleiben.

periovulatorisch: Zeitraum um die Phase des Eisprungs.

phänotypischer Abgleich: Mechanismus der Verwandtenerkennung, bei dem sich das Verhalten eines Individuums gegenüber einem anderen danach richtet, wie ähnlich beide im Erscheinungsbild, im Geruch oder anderen phänotypischen Merkmalen sind.

Philopatrie: Lebenslanges Verbleiben in dem Gebiet oder der Gruppe, in der man geboren wurde.

platyrrhine Primaten: Bezeichnung der Systematik für „Breitnasen-" oder Neuweltaffen.

Polyandrie: „Vielmännerei"; Paarungssystem, bei dem sich die Weibchen mit mehreren Männchen paaren.

Polygamie: Paarungssystem, bei dem sich ein oder beide Geschlecht(er) mit mehreren Sexualpartnern paaren.

Polygynie: „Vielweiberei"; Paarungssystem, bei dem sich die Männchen mit mehreren Weibchen paaren.

opportunistische P.: Männchen suchen opportunistisch nach Paarungschancen mit verstreut lebenden Weibchen.

Ressourcen-Verteidigungsp.: Männchen monopolisieren Ressourcen, die Weibchen zur Fortpflanzung benötigen.

Weibchenverteidigungsp.: Männchen monopolisieren den Zugang zu paarungsbereiten Weibchen.

Promiskuität: Paarungssystem ohne exklusive Sexualbeziehungen; beide Geschlechter paaren sich mit mehreren Partnern.

proximate Ursache: „Wirkursache"; bezieht sich auf die unmittelbaren Mechanismen der Verhaltenssteuerung und Verhaltensentwicklung (vergl. ultimate U.).

reziproker Altruismus: Hilfeleistung, die zu einem späteren Zeitpunkt vom Empfänger der Hilfe erwidert wird (→ Altruismus).

Selektion: „Auslese"; die unterschiedliche Fähigkeit von Individuen, Kopien ihrer Gene an die nächste Generation weiterzugeben.

natürliche S.: Bezieht sich auf Merkmale, die einen unterschiedlichen Fortpflanzungserfolg zu Folge haben.

sexuelle S.: Bezieht sich auf Merkmale, die den Zugang zu Geschlechtspartnern beeinflussen.

Verwandtens.: Bezieht sich auf die Unterstützung der Fortpflanzung verwandter Individuen.

Sexualdimorphismus: Unterschiede in Gestalt, Verhalten und anderen Merkmalen zwischen den Geschlechtern.

simische Primaten: Systematische Bezeichnung für alle Primaten außer den Halbaffen (Affen, Menschenaffen und Menschen).

Soziobiologie: Teilgebiet der Verhaltensbiologie, das sich mit den (→) ultimaten Ursachen tierischen und menschlichen Sozial- und Sexualverhaltens befaßt.

Spermienkonkurrenz: Konkurrenz zwischen individuellen Samenzellen (Spermien) verschiedener Männchen um die Befruchtung einer (oder mehrerer) Eizelle(n).

Strategie: Genetisch bestimmter Satz von Verhaltensregeln, die ein Individuum zeigt.

konditionale S.: Satz von Verhaltensregeln, bei der unterschiedliche Optionen (Taktiken) situationsgerecht eingesetzt werden können.

submissiv: Unterwürfiges Verhalten.

Taktik: Verhaltensoption im Rahmen einer konditionalen Strategie.

ultimate Ursache: „Zweckursache"; bezieht sich auf den Selektionsvorteil eines Merkmals.

Varianz: Statistisches Maß dafür, wie stark Meßwerte durchschnittlich von ihrem Mittelwert abweichen.

Verhaltensökologie: Teilgebiet der Verhaltensbiologie, das sich mit den Abhängigkeiten tierischen und menschlichen Verhaltens von Umweltbedingungen und seinen Fitnesskonsequenzen befaßt.

Verwandtschaftskoeffizient: Maß für den Anteil gemeinsamer Gene durch Abstammung von einem gemeinsamen Vorfahren.

Register

Personenregister

Acton, William 252
Alexander, Richard 97. 246
Allman, William 259
Altmann, Jeanne 162
Altmann, Stuart 254
Angst, Walter 75
Arendt, Hannah 53
August „der Starke" 253

Barash, David 195
Bateman, Angus John 100
Beck, Benjamin 257
Benshoof, Lee 97
Berard, John 88 f. 181
Bernstein, Irwin 28. 89
Blumenbach, Johann Friedrich 2
Boehm, Christopher 248
Boesch, Christophe 19. 23. 26. 233
Boinski, Sue 121
Bonner, John Tyler 229
Borroughs, Edgar Rice 33
Bowlby, John 168
Bramblett, Claud 248
Brehm, Alfred 1. 33. 35. 96. 167. 245
Bshary, Redouan 24. 26
Bulger, John 156. 254
Burley, Nancy 97
Busch, Wilhelm 190
Buss, David 124. 251
Byrne, Richard 259

Carpenter, Clarence Ray 30. 39. 247
Cartmill, Matt 259
Chance, Michael 72
Chapais, Bernard 89. 248. 249. 254
Cheney, Dorothy 15 f. 25. 214. 222

Chomsky, Noam 223. 224
Clutton-Brock, Timothy 176
Cords, Marina 46. 118
Cowlishaw, Guy 156. 161

Daly, Martin 40. 59
Darwin, Charles 1. 2. 3. 5. 7. 9. 10. 18.
  32. 46. 95. 100. 107 f. 119. 120. 128.
  131. 149. 165. 200. 205. 206. 211.
  246
Dathe, Heinrich 68
Davis, Ruth 220
Dawkins, Richard 11. 35. 128. 247
Deag, John 75
DeVore, Irven 242. 248
Diamond, Jared 251
Dittus, Wolfgang 38
Dixson, Alan 251
Dunbar, Robin 147. 156. 161. 256

Eibl-Eibesfeldt, Irenäus 47. 52 f. 73.
  248. 249
Eichmann, Adolf 53
Etkin, Willam 249

Fairbanks, Lynn 193. 194 f.
Fedigan, Linda 134. 135
Fei-Ti 253
Flinn, Mark 250
Fossey, Dian 205
Fouts, Roger 233
Freud, Sigmund 201
Frisch, Karl von 92

Galdikas, Biruté, 205
Gallup, Gordon 213

Gessner, Conrad 1
Goldizen, Anne 105
Gomendio, Montserrat 182 f.
Goodall, Jane 52. 64 f. 134. 167. 205.
   207. 219. 234. 249. 258. 259
Griffin, Donald 223. 256
Gubernick, David 255

Hamilton, William D. 11. 35. 129. 247
Hamilton, William J. 207
Harcourt, Alexander 77
Harlow, Harry F. 168
Harris, Marvin 162 f.
Hasegawa, Toshikazu 56
Hassenstein, Bernhard 255
Hausfater, Glenn 75. 150 f. 159
Hawkes, Kristen 246
Heberer, Gerhard 245
Hediger, Heini 227. 229. 257
Hemelrijk, Charlotte 16. 19
Heyes, Catherine und Keith 223
Hill, David 248
Hinde, Robert 20. 248
Hiraiwa-Hasegawa, Mariko 56
Honecker, Erich 149
Hooker, Joseph 10
Horrocks, Julia 248
Hrdy, Sarah 41. 47. 51. 57. 97. 132.
   180. 181. 248
Hunte, Wayne 248
Huxley, Thomas Henry 2. 7. 221.
   246

Itani, Junichiro 192

Jacob, François 8
Janson, Charles 22. 121
Jeffreys, Alec 151

Kano, Takayoshi 62
Kästner, Erich 8
Katz, Mary 190
Kawai, Masao 227. 229. 248
Kawamura, Shunzo 79. 248
Kellogg, Louise und Winthrop 223

Kipphardt, Heinar 53
Koehler, Otto 226
Koford, Carl 87 f.
Köhler, Wolfgang 210 ff. 224. 231. 232.
   257
Konner, Melvin 190
Kortland, Adriaan 207
Koyama, Naoki 134. 253
Kropotkin, Pjotr Aleksejewitsch 10
Kummer, Hans 27. 30. 36. 42. 229. 251.
   258
Kuroda, Suehisha 85
Küster, Jutta 13 f.

Lancaster, Jane 193
Leakey, Louis 205
Leutenegger, Walter 111
LeVay, Simon 249
Lewin, Roger 258
Lindauer, Martin 92
Linné, Carl von 1
Lorenz, Konrad 33 ff. 47. 92. 100. 197.
   211. 248
Low, Bobbi 250

Marchesi, Paul 259
Markl, Hubert 129. 130
Martin, Robert 238. 251. 256
Mason, William 248
Maynard Smith, John 12
McFarland Symington, Margaret 182
McGrew, William 13. 209. 229. 235.
   258. 259
McKenna, James 196
Meder, Angela 257
Meikle, Douglas 181. 182
Menzel, Emil 217
Meyer-Bahlburg, Heino 60
Michael, Richard 253
Midgley, Mary 226. 258
Mitani, John 250
Morris, Desmond 96. 249
Moulay Ismail 128. 132. 134. 163
Mundy, N. 251
Murdock, George P. 106

Nieuwenhuijsen, Kees 254
Nishida, Toshisada 64. 91
Noë, Ronald 24. 26
Noonan, Catherine 97
Noordwijk, Maria van 181

Ockham, William von 257
Okayasu, Naobi 248
Orwell, George 70
Osten, Wilhelm von 216
Owen, Richard 2

Packer, Craig 134
Pagel, Mark 252
Parish, Amy 84
Patterson, Francine 215 f. 257
Pérusse, Daniel 164 f. 255
Peterson, Dale 258. 259
Pfungst, Oskar 216
Popp, Joseph 248
Premack, Ann und David 227. 229. 234

Quiatt, Duane 196

Rensch, Bernhard 250
Romanes, George 206
Rowell, Thelma 74 f. 87

Sahlins, Marshall 92
Savage, Thomas 205
Savage-Rumbaugh, Sue 224 ff. 258
Schaik, Carel van 22. 26. 180. 181
Schenkel, Rudolf 68
Schjelderup-Ebbe, Thorleif 70. 75
Schultz, Adolph H. 110
Seyfarth, Robert 15 f. 72. 214. 222
Sharman, Martin 147
Short, Roger 251
Silk, Joan 177. 179. 180. 183. 195
Simenon, Georges 106
Skinner, Burrhus 224. 257
Small, Meredith 118. 251. 255
Smith, David Glenn 159
Smith, Robert 251

Smuts, Barbara 30. 118. 247. 249. 255
Sommer, Volker 194. 248. 259
Speck, Richard 60
Spencer, Herbert 10
Spitz, René, 168
Stamp Dawkins, Marian 258
Stanford, Craig 194. 246
Stewart, Kelly 76
Strier, Karen 252
Symons, Donald 97. 246. 251

Teleki, Geza 220. 259
Tenaza, Richard 252
Tennyson, Alfred 8
Terborgh, John 105
Terrace, Herbert 224
Thomas von Aquin 201
Thornhill, Randy 97
Tinbergen, Nikolaas 68
Trivers, Robert 15. 100. 170. 173. 175 ff.
Tudge, Colin 259

Vessey, Stephen 181. 182
Vining, Daniel 163. 255
Visalberghi, Elisabetta 211
Vogel, Christian 194. 251
Voland, Eckart 252

Waal, Frans de 18. 45. 74 f. 91 f. 95. 215. 219. 220. 246. 247. 248. 249
Walraven, Vera 257
Wasser, Samuel 195
Watanabe, Kunio 258
Welker, Christian 87
Whiten, Andrew 259
Wickler, Wolfgang 34
Willard, Dan 175 ff.
Williams, George 35. 41
Wilson, Edward 35. 247. 253. 259
Wilson, Margo 40. 59
Wolfe, Linda 253
Wrangham, Richard 20 ff.

Zuckerman, Sir Solly 26. 218
Zumpe, Doris 253

Sachregister

Adoption 193. 197 ff.
Affenadler 30
Aggression 11. 22. 30. 31. 32. 33 ff. 83.
  85. 121. 144. 147. 148. 220. 254. 256
Alarmrufe 214. 222 f.
Altiatlasius koulchii 5
Altruismus 11 ff. 195. 246. 247
Altweltaffen 3
Anubispavian 43. 51. 135. 137. 138.
  157. 186. 203
Ardipithecus ramidus 5
Arterhaltung 35. 47. 51
Aufmerksamkeitsstruktur 72. 248
Austern 130. 169
Australopithecus anamensis 5

Bankivahuhn 76. 248
Bärenmakak 38. 41. 42. 43. 46. 82. 141.
  152. 155. 178. 186. 254
Bärenmaki 43. 203
Bärenpavian 29. 43. 51. 137. 138. 157.
  186. 206 f. 251. 254
Batemansches Prinzip 100. 132
Berberaffe 13 f. 39. 78. 83. 116. 123.
  134. 141. 142. 153. 155. 158. 178. 180.
  186. 187. 188. 191 f. 193. 195. 197.
  218. 252. 254
Berggorilla 46. 49. 51. 76 f. 79. 205.
  242
Bewußtsein 129. 201. 235. 241
Bonobo 5 f. 18. 43. 46. 62. 66. 84 f. 95 ff.
  105. 112. 113. 209. 213. 224 f. 234.
  247. 257
Brauner Brüllaffe 50. 242
Brauner Kapuzineraffe 29. 50. 121
Brauner Maki 185. 250. 255
Braunrückentamarin 185. 187. 188
Brazzameerkatze 185. 250
Brillenlangur 185
Brüllaffen 30. 57. 62. 78. 80. 104. 133.
  237. 247. 250
Büschelohrmaki 243. 245
Buschwaldgalago 43

Campbells Meerkatze 50. 185
Cayo Santiago 11. 87. 88. 181. 231
Ceylon-Hutaffe 43. 51. 139. 180. 186
Contest-Konkurrenz 76. 80 f.

Dampfkesseltheorie 34
Dauerrezeptivität, weibliche 96 f.
Delacour-Langur 242. 243
Delphin 202. 204. 240
demographischer Übergang 163
Diademmeerkatze 50. 104
Diademsifaka 50
Diana-Meerkatze 24. 185
Dianakoboldmaki 245
DNA 6 f. 151. 154
Dominanz 70 ff. 120. 121. 130
 – und Fortpflanzungserfolg 135 ff.
 – und Geschlechterverhältnis 177 ff.
Dominanztrieb 75. 87. 89
Don-Juan-Strategie 184
Drill 114. 251
Drohung, gesicherte 30
Dschelada 20. 56. 63. 104. 108. 114.
  132. 138. 146. 147. 171. 174. 185. 203.
  237. 247. 251

Egoismus 12. 129. 246. 252 f.
Einsicht 209 ff. 230. 234
Ejakulatvolumen 111
Eltern-Kind-Konflikt 39. 173 f.
Empathie 214
Entwöhnung (s. auch Eltern-Kind-
  Konflikt) 174
Ernährung 21 f.
 – und Fortpflanzung 136. 142
 – und Intelligenz 237
Evolution 7. 8. 10. 11. 14. 22. 33. 53.
  54. 66. 85. 93. 96. 110. 113. 128. 129.
  155. 159. 183. 187. 188. 196. 204.
  235 ff. 247. 258. 259

Fehlgeburten 139
female-bonded 20 ff. 46

Fingertier 3. 203. 259
fission-fusion-Gemeinschaft 66
Fitis 6
Fitness 12. 38. 39. 54. 56. 58. 59. 61. 98.
  128. 129. 130. 144. 175. 195. 198. 253
fluktuierende Asymmetrien 126
formale Dominanz 74
Fortpflanzungserfolg 20. 25. 44. 57. 81.
  100. 109. 110. 115. 118. 128 ff. 172.
  175. 176. 177. 180. 181. 246. 252. 255
Fortpflanzungspotential 132. 165
Freundschaft 30 f. 189. 247
Fruchtbarkeit 130. 137. 142. 165. 255

Galagos 3. 102. 169. 245
Galapagos-Spechtfink 206
Geburten-Intervall 170. 171
Geburtsgewicht 105. 172. 188. 190. 194
Gefolgsgehorsam 93 f.
Gehaubter Kapuziner 43. 186. 203
Gehirn 53. 56. 200. 236. 237
– und Energieverbrauch 238
Gehirngröße 202 ff. 256. 259
Gelber Pavian 43. 51. 137. 138. 154.
  157. 186. 247
Gelbkopfbüschelaffe 185. 186. 187. 256
genetischer Fingerabdruck 131. 151
Gesamtfitness 79
Geschlechterverhältnis (bei der Ge-
  burt) 177 ff.
Geschlechtschromosomen 60. 176. 179
Geschlechtsunterschiede 108. 193
– im Aggressionsverhalten 40 ff.
– im Fortpflanzungspotential 131 ff.
Gibbons 3. 26. 83. 108. 113. 185. 213
Gleichgewicht des Schreckens 66
Goldener Bambuslemur 245
Gorilla 5 f. 20. 104. 109 ff. 114. 170.
  185. 188. 200 f. 204. 205. 209. 212.
  213. 215 ff. 219. 224. 237. 238. 245.
  249. 250. 257
Grooming 14 f. 72. 120. 246
Grüne Meerkatze 15 f. 20. 25. 28. 29.
  43. 50. 79. 105. 138. 141. 175. 178.
  186. 193. 195. 214

Grüner Stummelaffe 116
Gruppenleben 20 ff. 27. 46
Guatemala-Brüllaffe 185
Guereza 50

Hackordnung 70. 74
Halbaffen 5. 20. 27. 96. 102. 110. 113.
  169. 202. 209. 240
Hanumanlangur 43. 47 ff. 50. 63. 80.
  104. 140. 143. 185. 192. 194. 247. 249
Harpyie 30
Haubenlangur 50
Hauskatze 202
Hierarchie 22. 62. 70 ff. (s. auch Rang-
  ordnung)
Hodengröße 102. 109 ff. 117. 155
Homosexualität 98 ff. 146
Hospitalismus 168
Hühner 70
Husarenaffe 46. 104. 133. 152. 185
Hutaffe 38. 141. 177. 179. 180. 183. 186

Imitation 230 f. 258
Indri 3. 237
Infantizid s. Kindestötung
Insekten, soziale 11. 145
Intelligenz 200 ff. 259
Investment, elterliches 56 f. 167 ff.
Inzesttabu 14
Inzestvermeidung 122. 145. 160
Inzuchtdepression 122

Jagd (bei Schimpansen) 18. 19
Japanmakak 31. 38. 39. 43. 51. 78 f. 83.
  134 f. 139. 140. 141. 152. 159. 168.
  178. 183. 186. 192. 208. 211. 227 ff.
  247. 248. 249. 253. 254. 258
Javaneraffe 16. 46. 50. 87. 139. 152.
  157. 160. 178. 181. 186. 247

K-Strategie 169
Kannibalismus 52
Kapuzineraffen 3. 28. 62. 104. 113.
  204. 205. 206. 207. 208. 211. 250. 259
Kastration, psychische 144 f. 253

Katta 27. 43. 46. 50. 83. 86. 105. 113. 152
Katzenmakis 3. 169
Kawamura-Prinzip 79. 248
Kidnapping 195 f.
Kielnagelgalago 43
Killer-Gen 60 f.
Kindchenschema 197. 198. 256
Kindestötung 31 f. 47 ff. 86. 97. 115. 117. 123. 144. 148. 175. 248
Klammeraffe 203. 206. 237
Kluger-Hans-Effekt 216 f. 222. 225
Koalitionen 16 f. 157. 249
– zwischen Savannenpavianen 17. 157
Koboldmaki 171. 185. 203
kommunale Aufzucht (s. auch kooperative Jungenaufzucht) 196
Kommunikation 221 ff.
Konjugation 95
Konkurrenz 32. 35. 73. 93. 115. 118. 148. 149. 165. 169. 197. 239
– um Geschlechtspartner(innen) 101. 103. 108. 117. 124. 252
– um Nahrung 21. 26. 29. 43. 76 ff. 80. 81. 136. 145. 177. 180. 181. 196. 253
– zwischen Gruppen 22. 25. 82
Konzeptionswahrscheinlichkeit 150. 156
Kooperation 17. 19 ff. 38. 46. 82. 149. 226. 239
kooperative Jungenaufzucht 105
Koshima 227 ff. 230. 231
Kosten-Nutzen-Kalkulation 37. 56. 59. 89. 172 f.
Krallenaffen 3. 13. 18. 28. 55. 83. 105. 110. 144 f. 169. 171. 186 ff. 194. 250
Krieg 64
Kronenadler 30
Kultur 69. 201. 226 ff. 235. 258
Kurzschwanzlangur 185. 252

Laktation 171
Laktationsamenorrhoe 39. 57. 170. 171
Lama 170

Languren 3. 16. 20. 30. 49. 54. 56. 57. 61. 78. 104. 119. 128. 133. 145. 196. 218. 251
Larvensifaka 43. 185. 203
Lehren 229. 232 f. 258
Lemuren 3. 31. 82 ff. 104. 105. 108. 203. 242. 247
Lernen 40. 229 ff.
Lisztaffe 145. 185. 189
Loris 3. 203
Löwe 53. 202
Löwenaffe 39. 43. 185. 242. 243. 247. 253

Makaken 3. 20. 38. 79. 105. 110. 214
Mandrill 108. 109. 114. 120. 154. 155. 251
Mangaben 42. 58. 247
Manipulation, elterliche 56
Mantelbrüllaffe 43. 49. 50. 138. 143
Mantelpavian 20. 30. 36. 42. 46. 63. 104. 108. 109. 114. 116. 185. 237. 248. 251
Matriarchat 82
Maues-Krallenaffe 245
Mausmaki 3. 144. 169. 202. 203
Meerkatzen 3. 104. 113. 141. 142. 174. 175. 189. 222. 239
Menarche 142
Mensch 40 (Aggression und Geschlecht) 56. 59 (Kindestötungen) 98 f. (Homosexualität) 106 f. (Eheformen) 110. 112 (genitale Selektion) 124 ff. (Partnerwahl) 128 ff. (als „Vehikel" seiner Gene) 162 ff. (sozialer Status und Fortpflanzungserfolg) 170 (Schwangerschaftsdauer) 172 (Abtreibung) 182 (Stilldauer) 188 (Geburtsgewicht) 190 f. (väterliches Investment) 197 ff. (Adoption) 202. 204 (Hirngröße) 205 (als Werkzeughersteller) 250 (Partnerwahl)
Menschenaffen 3 f. 204. 209
mentale Landkarte 237

Mentawailangur 185
Miozän 5
Mohrenmakak 82
Mohrenmaki 185. 250. 255
Mongozmaki 170. 203
Monogamie 100 ff. 106
Moral 246
Mortalität 38
Muriqui 80. 242. 252
Mutualismus 19. 246

Nachtaffen 28. 83. 109. 185. 188. 203.
  247
Nahrungsökologie 79 f.
Nasenaffe 108
naturalistischer Fehlschluß 71
Naturheilkunde (bei Schimpansen)
  208
Neandertaler 236. 258
Neocortex 203 ff. 240. 256. 259
Nestflüchter 57. 170
Nesthocker 57. 171
Neuweltaffen 3. 113. 186. 203
Nilgirilangur 43

Orang-Utan 5. 30. 31. 102. 109. 200 f.
  204. 205. 209. 212. 213. 224. 238. 245.
  249 f.
Östrus 96 ff. 150. 155. 161
Ovulation 96 f. 113. 115. 123. 136. 144.
  145. 150. 161. 170. 179. 253

Paarungsaufwand 189. 191
Paarungserfolg 100. 150 f. 155. 156.
  164. 254
Paarungsstörungen 146. 174
Paarungssysteme 100 ff. 109. 110 ff.
  114 f. 121. 122. 132. 155. 187. 250.
  251
Paläozän 5
Pantoffeltierchen 95
Parasiten 120. 123. 252. 253
Partnerwahl, männliche 124. 159 f.
– weibliche 108. 112. 118 ff. 158 f.
– beim Menschen 124 ff.

Pathologie 51
Paviane 3. 20. 54. 83. 110. 139. 141.
  167. 172. 180. 205. 206
Penislänge 109 ff.
Penismorphologie 112 f.
Plumplori 23. 203
Polyandrie 105 f. 107. 187. 250
Polygynie 102 ff. 106. 132 f. 251
Populationsdichte 42. 55
Postkonzeptionsöstrus 146
Postpartum-Östrus 63. 171
Potto 43
Priority-of-access-Modell 150. 160. 254
Promiskuität 105. 107. 117. 121. 123 f.
  161. 188. 249
Prosimiae, s. Halbaffen
Prostitution 123

r-Strategie 169
Rang 13. 28. 32. 37. 52. 135. 177 ff. (s.
  auch Dominanz)
Rangordnung 29. 45. 70 ff. 248
Raubfeinde 23 f. 29 f. 120. 175. 247. 253
Rauchgraue Mangabe 43
Reduktionismus 129
Reproduktionserfolg, s. Fortpflanzungserfolg
reproduktive Unterdrückung 136.
  144 ff.
Respekt 36
reziproker Altruismus 14 ff. 194. 246.
  249
Rhesusaffe 9. 11. 28. 30. 31. 37. 38. 39.
  41 f. 43. 46. 50. 79. 83. 87. 88. 114.
  119. 140. 152 f. 158. 159. 160. 168.
  170. 173. 177. 178. 180. 181. 182 f.
  186. 188. 192. 203. 231. 239. 243. 247.
  251. 253. 254
Roter Brüllaffe 43. 49. 50. 152. 186.
  203
Roter Langur 185
Roter Stummelaffe 18. 24. 50. 57. 114.
  116. 203
Rotgesichtsmakak s. Japanmakak
Rothirsch 176

Rotschwanzmeerkatze 50. 104. 203
Rotstirnmaki 46. 83

Saisonalität 27. 38. 86. 104. 105. 160
Säuglingsmortalität 48 f. 137
Savannenpaviane 17. 30. 31. 37. 56.
    78 f. 105. 134. 137. 147. 150 f. 155.
    157. 158. 162. 171. 177. 178. 179. 189.
    247
Schimpanse 5 f. 13. 18. 19. 20. 23 f. 42.
    43. 46. 49. 51. 52. 54. 55. 62. 64 ff. 81.
    91. 103. 105. 109 f. 112. 113. 114. 116.
    117. 123. 154. 167. 170. 186. 188. 200.
    204. 205. 207. 208. 209. 210 ff. 219 ff.
    223 ff. 232 ff. 237. 238. 239. 242. 245.
    246. 248. 251. 257. 258. 259
Schlankaffen 3. 113
Schlanklori 174
Schmutzgeier 206
Schopfgibbon 250
Schopflangur 185. 194
Schopfmakak 42. 82
Schwangerschaft 170. 254
Schwarzer Brüllaffe 50
Schwarzer Klammeraffe 178. 182
Schwarzrückentamarin 185
Schweifaffen 185. 255
Schweinsaffe 12. 28. 42. 43. 46. 153.
    158. 160. 186. 254
Scramble-Konkurrenz 76. 248
Seeotter 206
Selbstbeschränkung, reproduktive
    255
Selbstbewußtsein 212 ff. 236
Selbstwahrnehmung 213 ff.
Selektion 10. 11. 12. 23. 27. 35. 41. 48.
    53. 58. 59. 69. 98 f. 107. 109. 110. 117.
    129. 176. 194. 196. 239
– sexuelle 86. 107 ff. 118. 124. 131. 134
Senegalgalago 203
Sexualdimorphismus 83. 84. 86. 108 f.
    250. 251. 252
Sexualität 95 ff.
Sexualschwellung 28. 113 ff. 150.
    254

Sexualzyklus, weiblicher 26. 62 f. 67.
    97 f. 113 f. 146 f. 150. 161. 170 f. 195.
    249. 251. 253. 254
Siamang 6. 184. 185. 188. 204
Sifakas 3
Silbergibbon 242
Sneaker 157 f.
Sonderstellung, menschliche 7
Sozialdarwinismus 10
Sozialisation 87. 193
Sozialsysteme 20 ff. 101. 250
Soziobiologie 35 f. 38. 58. 99. 129. 136.
    162. 198. 247
soziosexuelles Verhalten 99
Spermienkonkurrenz 109 ff. 124.
    155
Sprache 201. 221 ff. 235
Springaffen 20. 28. 83. 109. 184. 185.
    188
Springtamarin 28. 171. 185. 188
Strategie 35 f. 93. 94. 1. 105. 115. 123.
    148
Streß 136. 139. 179
Stummelaffen 3. 30. 80. 114. 237
Synchronisierung 114. 160 f.
Syntax 223. 257
Systematik 1 ff.

Taktik 36. 61. 94. 157. 175
Tattersall-Sifaka 245
Täuschung 214 f. 222. 239. 240.
    259
Teilen (von Nahrung) 17 f. 91
Testosteron 41. 114. 251. 254
Thomas-Mützenlangur 50
Tibetmakak 43. 186. 187. 247. 256
Tikopia 59
Tod (Konzept vom) 215 ff. 248
Tonkin-Stumpfnasenaffe 242
Tonkinmakak 82. 153. 155
Totenkopfaffen 84. 113. 120 f. 186. 188.
    192. 194. 203. 249. 256
Tötungshemmung 47. 68 f.
Transport (von Jungtieren) 171 f.
Trivers-Willard-Modell 175 ff.

Unterstützung (s. auch Koalitionen) 15f. 28. 30. 72. 194. 240

Vari 169. 185. 247
Varianz (im Fortpflanzungserfolg) 133. 135. 175
Vaterschaftssicherheit 115. 184. 186ff.
Vaterschaftstest 100. 120. 131. 133. 151. 154. 181. 253
Vergewaltigung 30. 103. 249f.
Verhaltensökologie 38
Verletzungen 37. 43. 44. 58. 81. 254
Versöhnung 46
Vertrautheit 13. 68. 122
Verwandtenhilfe 12. 77. 130. 194
Verwandtenselektion 12ff. 99. 194. 198. 246
Verwandtschaftsgrad 12. 13. 122

Weißbartlangur 50
Weißbrauengibbon 250
Weißbüschelaffe 50. 145. 185. 203
Weißhandgibbon 6. 204
Weißschulter-Kapuzineraffe 29. 50
Werkzeugverhalten 192. 205ff.
Wieselmakis 3. 203. 237
Wildhund, afrikanischer 55. 145
Wolf 68f.
Wollaffe 203. 237

Yanomami 59. 66f. 163

Zilpzalp 6
Zwerggalago 43
Zwergmausmaki 245
Zwergmeerkatze 41. 43. 84. 203
Zwergmungo 53. 55. 145
Zwergseidenaffe 185. 256